W0236071

MANESSE BIBLIOTHEK DER WELTLITERATUR

Märchen.

KINDER-
UND HAUSMÄRCHEN

GESAMMELT DURCH DIE

BRÜDER GRIMM

Mit Illustrationen

von Ludwig Richter und Moritz von Schwind

I. BAND

MANESSE VERLAG

ZÜRICH

HERAUSGEGEBEN UND MIT NACHWORT VERSEHEN
VON CARL HELBLING

An die Frau

BETTINA VON ARNIM

Sage vergeht nie ganz, die verbreitete, welche der Völker
redende Lippe umschwebt: denn sie ist unsterbliche Göttin.

Hesiod 763.

Wir finden es wohl, wenn von Sturm oder anderem Unglück, das der Himmel schickt, eine ganze Saat zu Boden geschlagen wird, daß noch bei niedrigen Hecken oder Sträuchen, die am Wege stehen, ein kleiner Platz sich gesichert hat und einzelne Ähren aufrecht geblieben sind. Scheint dann die Sonne wieder günstig, so wachsen sie einsam und unbeachtet fort: keine frühe Sichel schneidet sie für die großen Vorratskammern; aber im Spätsommer, wenn sie reif und voll geworden, kommen arme Hände, die sie suchen, und Ähre an Ähre gelegt, sorgfältig gebunden und höher geachtet als sonst ganze Garben, werden sie heimgetragen, und winterlang sind sie Nahrung, vielleicht auch der einzige Samen für die Zukunft.

So ist es uns vorgekommen, wenn wir gesehen haben, wie von so vielem, was in früherer Zeit geblüht hat, nichts mehr übriggeblieben, selbst die Erinnerung daran fast ganz verloren war, als unter dem Volke Lieder, ein paar Bücher, Sagen und diese unschuldigen Hausmärchen. Die Plätze am Ofen, der Küchenherd, Bodentreppen, Feiertage noch gefeiert, Triften und Wälder in ihrer Stille, vor allem die ungetrübte Phantasie sind die Hecken gewesen, die sie gesichert und einer Zeit aus der andern überliefert haben.

Es war vielleicht gerade Zeit, diese Märchen festzuhalten, da diejenigen, die sie bewahren sollen, immer seltner werden. Freilich, die sie noch wissen, wissen gemeinlich auch recht viel, weil die Menschen ihnen absterben, sie nicht den Menschen: aber die Sitte selber nimmt immer mehr ab, wie alle heimlichen Plätze in Wohnungen und Gärten, die vom Großvater bis zum Enkel fortdauerten, dem stetigen Wechsel einer leeren Prächtigkeit weichen, die dem Lächeln gleicht, womit man von diesen Hausmärchen spricht, welches vornehm aussieht und doch wenig kostet. Wo sie noch da sind, leben sie so, daß man nicht daran denkt, ob sie gut oder schlecht sind, poetisch oder für gescheite Leute abgeschmackt: man weiß sie und liebt sie, weil man sie eben so empfangen hat, und freut sich daran, ohne einen Grund dafür. So herrlich ist lebendige Sitte, ja auch das hat die Poesie mit allem Unvergänglichen gemein, daß man ihr selbst gegen einen andern Willen geneigt sein muß. Leicht wird man übrigens bemerken, daß sie nur da gehaftet hat, wo überhaupt eine regere Empfänglichkeit für Poesie oder eine noch nicht von den Verkehrtheiten des Lebens ausgelöschte Phantasie vorhanden war. Wir wollen in gleichem Sinne diese Märchen nicht rühmen oder gar gegen eine entgegengesetzte Meinung verteidigen: ihr bloßes Dasein reicht hin, sie zu schützen. Was so mannigfach und immer wieder von neuem erfreut, bewegt und belehrt hat, das trägt seine Notwendigkeit in sich und ist gewiß aus jener ewigen Quelle gekommen, die alles Leben betaut, und wenn es auch nur ein einziger Tropfen wäre, den ein kleines, zusammenhaltendes Blatt gefaßt hat, so schimmert er doch in dem ersten Morgenrot.

Darum geht innerlich durch diese Dichtungen jene Reinheit, um derentwillen uns Kinder so wunderbar und selig erscheinen: sie haben gleichsam dieselben bläulichweißen, makellosen, glänzenden Augen, die nicht mehr wachsen können, während die andern Glieder noch zart, schwach und zum Dienste der Erde ungeschickt sind. Das ist der Grund, warum wir durch unsere Sammlung nicht bloß der Geschichte der Poesie und Mythologie einen Dienst erweisen wollten, sondern es zugleich Absicht war, daß die Poesie selbst, die darin lebendig ist, wirke und erfreue, wen sie erfreuen kann, also auch, daß es als ein Erziehungsbuch diene. Wir suchen für ein solches nicht jene Reinheit, die durch ein ängstliches Ausscheiden dessen, was Bezug auf gewisse Zustände und Verhältnisse hat, wie sie täglich vorkommen und auf keine Weise verborgen bleiben können, erlangt wird, und wobei man zugleich in der Täuschung ist, daß, was in einem gedruckten Buche ausführbar, es auch im wirklichen Leben sei. Wir suchen die Reinheit in der Wahrheit einer geraden, nichts Unrechtes im Rückhalt bergenden Erzählung. Dabei haben wir jeden für das Kinderalter nicht passenden Ausdruck in dieser neuen Auflage sorgfältig gelöscht. Sollte man dennoch einzuwenden haben, daß Eltern eins und das andere in Verlegenheit setze und ihnen anstößig vorkomme, so daß sie das Buch Kindern nicht geradezu in die Hände geben wollten, so mag für einzelne Fälle die Sorge begründet sein, und sie können dann leicht eine Auswahl treffen: im ganzen, das heißt für einen gesunden Zustand, ist sie gewiß unnötig. Nichts besser kann uns verteidigen als die Natur selber, welche diese Blumen und Blätter in solcher Farbe und Gestalt hat wachsen lassen; wem sie nicht zuträglich sind nach besonderen Bedürfnissen, der kann nicht fordern, daß sie deshalb anders gefärbt und geschnitten werden sollen. Oder auch, Regen und Tau fällt als eine Wohltat für alles herab, was auf der Erde steht; wer seine Pflanzen nicht hineinzustellen getraut, weil sie zu empfindlich sind und Schaden nehmen könnten, sondern sie lieber in der Stube mit abgeschrecktem Wasser begießt, wird doch nicht verlangen, daß Regen und Tau darum ausbleiben sollen. Gedeihlich aber kann alles werden, was natürlich ist, und danach sollen wir trachten. Übrigens wissen wir kein gesundes und kräftiges Buch, welches das Volk erbaut hat, wenn wir die Bibel obenan stellen, wo solche Bedenklichkeiten nicht in ungleich größerem Maß einträten; der rechte Gebrauch aber findet nichts Böses heraus, sondern, wie ein schönes Wort sagt, ein Zeugnis unseres Herzens. Kinder deuten ohne Furcht in die Sterne, während andere, nach dem Volksglauben, die Engel damit beleidigen.

Gesammelt haben wir an diesen Märchen seit etwa dreizehn Jahren; der erste Band, welcher im Jahre 1812 erschien, enthielt meist, was wir nach und nach in Hessen, in den Main- und Kinziggegenden der Grafschaft Hanau, wo wir her sind, von mündlichen Überlieferungen aufgefaßt hatten. Der zweite Band wurde im Jahre 1814 beendigt und kam schneller zustande, teils weil das Buch selbst sich Freunde verschafft hatte, die es nun, wo sie bestimmt sahen, was und wie es gemeint war, unterstützten, teils weil uns das Glück begünstigte, das Zufall scheint, aber gewöhnlich beharrlichen und fleißigen Sammlern beisteht. Ist man erst gewöhnt, auf dergleichen zu achten, so begegnet es doch häufiger, als man sonst glaubt, und das ist überhaupt mit Sitten und Eigentümlichkeiten, Sprüchen und Scherzen des Volkes der Fall. Die schönen plattdeutschen Märchen aus dem Fürstentum Münster und Paderborn verdanken wir besonderer Güte und Freundschaft: das Zutrauliche der Mundart bei der innern Vollständigkeit zeigt sich hier besonders günstig. Dort, in den altberühmten Gegenden deutscher Freiheit, haben sich an manchen Orten die Sagen und Märchen als eine fast regelmäßige Vergnügung der Feiertage erhalten, und das Land ist noch reich an ererbten Gebräuchen und Liedern. Da, wo die Schrift teils noch nicht durch Einführung des Fremden stört oder durch Überladung abstumpft, teils weil sie sichert, dem Gedächtnis noch nicht nachlässig zu werden gestattet, überhaupt bei Völkern, deren Literatur unbedeutend ist, pflegt sich als Ersatz die Überlieferung stärker und ungetrübter zu zeigen. So scheint auch Niedersachsen mehr als alle anderen Gegenden behalten zu haben. Was für eine viel vollständigere und innerlich reichere Sammlung wäre im 15. Jahrhundert oder auch noch im 16. zu Hans Sachsens und Fischarts Zeiten in Deutschland möglich gewesen!

Einer jener guten Zufälle aber war es, daß wir aus dem bei Kassel gelegenen Dorfe Niederzwehrn eine Bäuerin kennenlernten, die uns die meisten und schönsten Märchen des zweiten Bandes erzählte. Die Frau Viehmännin war noch rüstig und nicht viel über fünfzig Jahre alt. Ihre Gesichtszüge hatten etwas Festes, Verständiges und Angenehmes, und aus großen Augen blickte sie hell und scharf. Sie bewahrte die alten Sagen fest im Gedächtnis und sagte wohl selbst, daß diese Gabe nicht jedem verliehen sei und mancher gar nichts im Zusammenhange behalten könne. Dabei erzählte sie bedächtig, sicher und ungemein lebendig, mit eigenem Wohlgefallen daran, erst ganz frei, dann, wenn man es wollte, noch einmal langsam, so daß man ihr mit einiger Übung nachschreiben konnte. Manches ist auf diese Weise wörtlich beibehalten und wird in seiner Wahrheit nicht zu verkennen sein. Wer an leichte Verfälschung der Überlieferung, Nachlässigkeit bei Aufbewahrung und daher an Unmöglichkeit langer Dauer als Regel glaubt, der hätte hören müssen, wie genau sie immer bei der Erzählung blieb und auf ihre Richtigkeit eifrig war; sie änderte niemals bei einer Wiederholung etwas in der Sache ab und besserte ein Versehen, sobald sie es bemerkte, mitten in der Rede gleich selber. Die Anhänglichkeit an das Überlieferte ist bei Menschen, die in gleicher Lebensart unabänderlich fortfahren, stärker, als wir, zur Veränderung geneigt, begreifen. Eben darum hat es, so vielfach bewährt, eine gewisse eindringliche Nähe und innere Tüchtigkeit, zu der anderes, das äußerlich viel glänzender erscheinen kann, nicht so leicht gelangt. Der epische Grund der Volksdichtung gleicht dem durch die ganze Natur in mannigfachen Abstufungen verbreiteten Grün, das sättigt und sänftigt, ohne je zu ermüden.

Wir erhielten außer den Märchen des zweiten Bandes auch reichliche Nachträge zu dem ersten und bessere Erzählungen vieler dort gelieferten gleichfalls aus jener oder andern ähnlichen Quellen. Hessen hat als ein bergichtes, von großen Heerstraßen abseits liegendes und zunächst mit dem Ackerbau beschäftigtes

Land den Vorteil, daß es alte Sitten und Überlieferungen besser aufbewahren kann. Ein gewisser Ernst, eine gesunde, tüchtige und tapfere Gesinnung, die von der Geschichte nicht wird unbeachtet bleiben, selbst die große und schöne Gestalt der Männer in den Gegenden, wo der eigentliche Sitz der Chatten war, haben sich auf diese Art erhalten und lassen den Mangel an dem Bequemen und Zierlichen, den man im Gegensatz zu andern Ländern, etwa aus Sachsen kommend, leicht bemerkt, eher als einen Gewinn betrachten. Dann empfindet man auch, daß die zwar rauheren, aber oft ausgezeichnet herrlichen Gegenden wie eine gewisse Strenge und Dürftigkeit der Lebensweise zu dem Ganzen gehören. Überhaupt müssen die Hessen zu den Völkern unseres Vaterlandes gezählt werden, die am meisten wie die alten Wohnsitze so auch die Eigentümlichkeit ihres Wesens durch die Veränderung der Zeit festgehalten haben.

Was wir nun bisher für unsere Sammlung gewonnen hatten, wollten wir bei dieser zweiten Auflage dem Buch einverleiben. Daher ist der erste Band fast ganz umgearbeitet, das Unvollständige ergänzt, manches einfacher und reiner erzählt, und nicht viele Stücke werden sich finden, die nicht in besserer Gestalt erscheinen. Es ist noch einmal geprüft, was verdächtig schien, das heißt was etwa hätte fremden Ursprungs oder durch Zusätze verfälscht sein können, und dann alles ausgeschieden. Dafür sind die neuen Stücke, worunter wir

auch Beiträge aus Östreich und Deutsch-
böhmen zählen, eingerückt, so daß man manches bisher ganz Unbekannte finden wird.
Für die Anmerkungen war uns früher nur ein
enger Raum gegeben; bei dem erweiterten
Umfange des Buches konnten wir für jene nun
einen eigenen dritten Band bestimmen. Hier-
durch ist es möglich geworden, nicht nur das,
was wir früher ungern zurückbehielten, mit-
zuteilen, sondern auch neue, hierher gehörige
Abschnitte zu liefern, die, wie wir hoffen, den
wissenschaftlichen Wert dieser Überlieferungen
noch deutlicher machen werden.

Was die Weise betrifft, in der wir hier gesammelt haben, so ist es uns zuerst auf Treue
und Wahrheit angekommen. Wir haben nämlich aus eigenen Mitteln nichts hinzugesetzt,
keinen Umstand und Zug der Sage selbst ver-
schönert, sondern ihren Inhalt so wiedergegeben, wie wir ihn empfangen hatten; daß
der Ausdruck und die Ausführung des Einzelnen großenteils von uns herrührt, versteht
sich von selbst, doch haben wir jede Eigentümlichkeit, die wir bemerkten, zu erhalten
gesucht, um auch in dieser Hinsicht der Sammlung die Mannigfaltigkeit der Natur zu lassen.
Jeder, der sich mit ähnlicher Arbeit befaßt,
wird es übrigens begreifen, daß dies kein sorg-
loses und unachtsames Auffassen kann genannt
werden, im Gegenteil ist Aufmerksamkeit und
ein Takt nötig, der sich erst mit der Zeit er-
wirbt, um das Einfachere, Reinere und doch
in sich Vollkommnere von dem Verfälschten

zu unterscheiden. Verschiedene Erzählungen haben wir, sobald sie sich ergänzten und zu ihrer Vereinigung keine Widersprüche wegzuschneiden waren, als eine mitgeteilt, wenn sie aber abwichen, wo dann jede gewöhnlich ihre eigentümlichen Züge hatte, der besten den Vorzug gegeben und die andern für die Anmerkungen aufbewahrt. Diese Abweichungen nämlich erschienen uns merkwürdiger als denen, welche darin bloß Abänderungen und Entstellungen eines einmal dagewesenen Urbildes sehen, da es im Gegenteil vielleicht nur Versuche sind, einem im Geist bloß vorhandenen, unerschöpflichen, auf mannigfachen Wegen sich zu nähern. Wiederholungen einzelner Sätze, Züge und Einleitungen sind wie epische Zeilen zu betrachten, die, sobald der Ton sich rührt, der sie anschlägt, immer wiederkehren, und in einem andern Sinne eigentlich nicht zu verstehen.

Eine entschiedene Mundart haben wir gerne beibehalten. Hätte es überall geschehen können, so würde die Erzählung ohne Zweifel gewonnen haben. Es ist hier ein Fall, wo die erlangte Bildung, Feinheit und Kunst der Sprache zuschanden wird, und man fühlt, daß eine geläuterte Schriftsprache, so gewandt sie in allem übrigen sein mag, heller und durchsichtiger, aber auch schmackloser geworden ist und nicht mehr so fest dem Kerne sich anschließt. Schade, daß die niederhessische Mundart in der Nähe von Kassel, als in den Grenzpunkten des alten sächsischen und fränkischen

Hessengaues, eine unbestimmte und nicht reinlich aufzufassende Mischung von Niedersächsischem und Hochdeutschem ist.

In diesem Sinne gibt es unseres Wissens sonst keine Sammlung von Märchen in Deutschland. Entweder waren es nur ein paar zufällig erhaltene, die man mitteilte, oder man betrachtete sie bloß als rohen Stoff, um größere Erzählungen daraus zu bilden. Gegen solche Bearbeitungen erklären wir uns geradezu. Zwar ist es unbezweifelt, daß in allem lebendigen Gefühl für eine Dichtung ein poetisches Bilden und Fortbilden liegt, ohne welches auch eine Überlieferung etwas Unfruchtbares und Abgestorbenes wäre; ja eben dies ist mit Ursache, warum jede Gegend nach ihrer Eigentümlichkeit, jeder Mund anders erzählt. Aber es ist doch ein großer Unterschied zwischen jenem halb unbewußten, dem stillen Forttreiben der Pflanzen ähnlichen und von der unmittelbaren Lebensquelle getränkten Entfalten und einer absichtlichen, alles nach Willkür zusammenknüpfenden und auch wohl leimenden Umänderung: diese aber ist es, welche wir nicht billigen können. Die einzige Richtschnur wäre dann die von seiner Bildung abhängende, gerade vorherrschende Ansicht des Dichters, während bei jenem natürlichen Fortbilden der Geist des Volkes in dem einzelnen waltet und einem besondern Gelüsten, vorzudringen, nicht erlaubt. Räumt man den Überlieferungen wissenschaftlichen Wert ein, das heißt, gibt man zu, daß sich in ihnen An-

17

schauungen und Bildungen der Vorzeit erhalten, so versteht sich von selbst, daß dieser Wert durch solche Bearbeitungen fast immer zugrunde gerichtet wird. Allein, die Poesie gewinnt nicht dadurch; denn wo lebt sie wirklich als da, wo sie die Seele trifft, wo sie in der Tat kühlt und erfrischt oder wärmt und stärkt? Aber jede Bearbeitung dieser Sagen, welche ihre Einfachheit, Unschuld und prunklose Reinheit wegnimmt, reißt sie aus dem Kreise, welchem sie angehören und wo sie ohne Überdruß immer wieder begehrt werden. Es kann sein, und dies ist der beste Fall, daß man Feinheit, Geist, besonders Witz, der die Lächerlichkeit der Zeit mit hineinzieht, ein zartes Ausmalen des Gefühls, wie es einer von der Poesie aller Völker genährten Bildung nicht allzu schwer fällt, dafür gibt: aber diese Gabe hat doch mehr Schimmer als Nutzen, sie denkt an das einmalige Anhören oder Lesen, an das sich unsere Zeit gewöhnt hat, und sammelt und spitzt dafür die Reize. Doch in der Wiederholung ermüdet uns der Witz, und das Dauernde ist etwas Ruhiges, Stilles und Reines. Die geübte Hand solcher Bearbeitungen gleicht doch jener unglücklich begabten, die alles, was sie anrührte, auch die Speisen, in Gold verwandelte, und kann uns mitten im Reichtum nicht sättigen und tränken. Gar, wo aus bloßer Einbildungskraft die Mythologie mit ihren Bildern soll angeschafft werden, wie kahl, innerlich leer und gestaltlos sieht dann trotz den besten und stärksten Worten alles aus!

Übrigens ist dies nur gegen sogenannte Bearbeitungen gesagt, welche die Märchen zu verschönern und poetischer auszustatten vorhaben, nicht gegen ein freies Auffassen derselben zu eigenen, ganz der Zeit angehörenden Dichtungen; denn wer hätte Lust, der Poesie Grenzen abzustecken?

Wir übergeben dies Buch wohlwollenden Händen; dabei denken wir an die segnende Kraft, die in ihnen liegt, und wünschen, daß denen, welche diese Brosamen der Poesie Armen und Genügsamen nicht gönnen, es gänzlich verborgen bleiben möge.

Kassel, am 3. Julius 1819.

1

DER FROSCHKÖNIG
ODER DER EISERNE HEINRICH

In den alten Zeiten, wo das Wünschen noch
geholfen hat, lebte ein König, dessen Töchter
waren alle schön; aber die jüngste war so schön,
daß die Sonne selber, die doch so vieles gesehen
hat, sich verwunderte, sooft sie ihr ins Gesicht
schien. Nahe bei dem Schlosse des Königs lag
ein großer dunkler Wald, und in dem Walde
unter einer alten Linde war ein Brunnen: wenn
nun der Tag recht heiß war, so ging das Königs-
kind hinaus in den Wald und setzte sich an den
Rand des kühlen Brunnens: und wenn sie
Langeweile hatte, so nahm sie eine goldene
Kugel, warf sie in die Höhe und fing sie wieder;
und das war ihr liebstes Spielwerk.

Nun trug es sich einmal zu, daß die goldene
Kugel der Königstochter nicht in ihr Händchen
fiel, das sie in die Höhe gehalten hatte, sondern
vorbei auf die Erde schlug und geradezu ins
Wasser hineinrollte. Die Königstochter folgte
ihr mit den Augen nach, aber die Kugel verschwand, und der Brunnen war tief, so tief,
daß man keinen Grund sah. Da fing sie an zu
weinen und weinte immer lauter und konnte

sich gar nicht trösten. Und wie sie so klagte, rief ihr jemand zu: «Was hast du vor, Königstochter, du schreist ja, daß sich ein Stein erbarmen möchte.» Sie sah sich um, woher die Stimme käme, da erblickte sie einen Frosch, der seinen dicken häßlichen Kopf aus dem Wasser streckte. «Ach, du bist's, alter Wasserpatscher», sagte sie, «ich weine über meine goldene Kugel, die mir in den Brunnen hinabgefallen ist.» — «Sei still und weine nicht», antwortete der Frosch, «ich kann wohl Rat schaffen, aber was gibst du mir, wenn ich dein Spielwerk wieder heraufhole?» — «Was du haben willst, lieber Frosch», sagte sie, «meine Kleider, meine Perlen und Edelsteine, auch noch die goldene Krone, die ich trage.» Der Frosch antwortete: «Deine Kleider, deine Perlen und Edelsteine und deine goldene Krone, die mag ich nicht: aber wenn du mich liebhaben willst und ich soll dein Geselle und Spielkamerad sein, an deinem Tischlein neben dir sitzen, von deinem goldenen Tellerlein essen, aus deinem Becherlein trinken, in deinem Bettlein schlafen: wenn du mir das versprichst, so will ich hinuntersteigen und dir die goldene Kugel wieder heraufholen.» — «Ach ja», sagte sie, «ich verspreche dir alles, was du willst, wenn du mir nur die Kugel wieder bringst.» Sie dachte aber: Was der einfältige Frosch schwätzt, der sitzt im Wasser bei seinesgleichen und quakt und kann keines Menschen Geselle sein.

Der Frosch, als er die Zusage erhalten hatte, tauchte seinen Kopf unter, sank hinab, und über ein Weilchen kam er wieder heraufgerudert, hatte die Kugel im Maul und warf sie ins Gras. Die Königstochter war voll Freude, als sie ihr schönes Spielwerk wieder erblickte, hob es auf und sprang damit fort. «Warte, warte», rief der Frosch, «nimm mich mit, ich kann nicht so laufen wie du.» Aber was half es ihm, daß er ihr sein quak quak so laut nachschrie, als er konnte! Sie hörte nicht darauf, eilte nach Haus und hatte bald den armen Frosch vergessen, der wieder in seinen Brunnen hinabsteigen mußte.

Am andern Tage, als sie mit dem König und allen Hofleuten sich zur Tafel gesetzt hatte und von ihrem goldenen Tellerlein aß, da kam, plitsch platsch, plitsch platsch, etwas die Marmortreppe heraufgekrochen, und als es oben angelangt war, klopfte es an die Tür und rief: «Königstochter, jüngste, mach mir auf.» Sie lief und wollte sehen, wer draußen wäre, als sie aber aufmachte, so saß der Frosch davor. Da warf sie die Tür hastig zu, setzte sich wieder an den Tisch, und es war ihr ganz angst. Der König sah wohl, daß ihr das Herz gewaltig klopfte, und sprach: «Mein Kind, was fürchtest du dich, steht etwa ein Riese vor der Tür und will dich holen?» — «Ach nein», antwortete sie, «es ist kein Riese, sondern ein garstiger Frosch.» — «Was will der Frosch von dir?» — «Ach, lieber Vater, als ich gestern im Wald bei dem Brunnen saß und spielte, da fiel meine goldene Kugel ins Wasser. Und weil ich so weinte, hat sie der Frosch wieder heraufgeholt, und weil er es durchaus verlangte, so versprach ich ihm, er sollte mein Geselle werden; ich dachte aber nimmermehr, daß er aus seinem Wasser herauskönnte. Nun ist er draußen und will zu mir herein.» Indem klopfte es zum zweitenmal und rief:

> «Königstochter, jüngste,
> Mach mir auf,
> Weißt du nicht, was gestern
> Du zu mir gesagt
> Bei dem kühlen Brunnenwasser?
> Königstochter, jüngste,
> Mach mir auf.»

Da sagte der König: «Was du versprochen hast, das mußt du auch halten; geh nur und mach ihm auf.» Sie ging und öffnete die Türe, da hüpfte der Frosch herein, ihr immer auf dem Fuße nach, bis zu ihrem Stuhl. Da saß er und rief: «Heb mich herauf zu dir.» Sie zauderte, bis es endlich der König befahl. Als der Frosch erst auf dem Stuhl war, wollte er auf den Tisch, und als er da saß, sprach er: «Nun schieb mir dein goldenes Tellerlein näher, damit wir zusammen essen.» Das tat sie zwar, aber man sah wohl, daß sie's nicht gerne tat. Der Frosch ließ sich's gut schmecken, aber ihr blieb fast jedes Bißlein im Halse. Endlich sprach er: «Ich habe mich sattgegessen und bin müde; nun trag mich in dein Kämmerlein und mach dein seiden Bettlein zurecht, da wollen wir uns schlafenlegen.» Die Königstochter fing an zu weinen und fürchtete sich vor dem kalten Frosch, den sie nicht anzurühren getraute, und der nun in ihrem schönen reinen Bettlein schlafen sollte. Der König aber ward zornig und sprach: «Wer dir geholfen hat, als du in der Not warst, den sollst du hernach nicht verachten.» Da packte sie ihn mit zwei Fingern, trug ihn hinauf und setzte ihn in eine Ecke. Als sie aber im Bett lag, kam er gekrochen und sprach: «Ich bin müde, ich will schlafen so gut wie du: heb mich herauf, oder ich sag's deinem Vater.» Da ward sie erst bitterböse, holte ihn herauf und warf ihn aus allen Kräften wider die Wand; «nun wirst du Ruhe haben, du garstiger Frosch.»

Als er aber herabfiel, war er kein Frosch, sondern ein Königssohn mit schönen und freundlichen Augen. Der war nun nach ihres Vaters Willen ihr lieber Geselle und Gemahl. Da erzählte er ihr, er wäre von einer bösen Hexe verwünscht worden, und niemand hätte ihn aus dem Brunnen erlösen können als sie allein, und morgen wollten sie zusammen in sein Reich gehen. Dann schliefen sie ein, und am andern Morgen, als die Sonne sie aufweckte, kam ein Wagen herangefahren, mit acht weißen Pferden bespannt, die hatten weiße Straußfedern auf dem Kopf und gingen in goldenen Ketten, und hinten stand der Diener des jungen Königs, das war der treue Heinrich. Der treue Heinrich hatte sich so betrübt, als sein Herr war in einen Frosch verwandelt worden, daß er drei eiserne Bande hatte um sein Herz legen

lassen, damit es ihm nicht vor Weh und Traurigkeit zerspränge. Der Wagen aber sollte den
jungen König in sein Reich abholen; der treue
Heinrich hob beide hinein, stellte sich wieder
hinten auf und war voller Freude über die Erlösung. Und als sie ein Stück Wegs gefahren
waren, hörte der Königssohn, daß es hinter
ihm krachte, als wäre etwas zerbrochen. Da
drehte er sich um und rief:

«Heinrich, der Wagen bricht.»
«Nein, Herr, der Wagen nicht,
Es ist ein Band von meinem Herzen,
Das da lag in großen Schmerzen,
Als Ihr in dem Brunnen saßt,
Als Ihr eine Fretsche wast.»

Noch einmal und noch einmal krachte es auf
dem Weg, und der Königssohn meinte immer,
der Wagen bräche, und es waren doch nur die
Bande, die vom Herzen des treuen Heinrich
absprangen, weil sein Herr erlöst und glücklich
war.

2

KATZE UND MAUS IN GESELLSCHAFT

Eine Katze hatte Bekanntschaft mit einer Maus
gemacht und ihr so viel von der großen Liebe
und Freundschaft vorgesagt, die sie zu ihr
trüge, daß die Maus endlich einwilligte, mit
ihr zusammen in einem Hause zu wohnen und

gemeinschaftliche Wirtschaft zu führen. «Aber für den Winter müssen wir Vorsorge tragen, sonst leiden wir Hunger», sagte die Katze, «du, Mäuschen, kannst dich nicht überall hinwagen und gerätst mir am Ende in eine Falle.» Der gute Rat ward also befolgt und ein Töpfchen mit Fett angekauft. Sie wußten aber nicht, wo sie es hinstellen sollten; endlich, nach langer Überlegung, sprach die Katze: «Ich weiß keinen Ort, wo es besser aufgehoben wäre, als die Kirche, da getraut sich niemand, etwas wegzunehmen: wir stellen es unter den Altar und rühren es nicht eher an, als bis wir es nötig haben.» Das Töpfchen ward also in Sicherheit gebracht, aber es dauerte nicht lange, so trug die Katze Gelüsten danach und sprach zur Maus: «Was ich dir sagen wollte, Mäuschen, ich bin von meiner Base zu Gevatter gebeten: sie hat ein Söhnchen zur Welt gebracht, weiß mit braunen Flecken, das soll ich über die Taufe halten. Laß mich heute ausgehen und besorge du das Haus allein.» — «Ja, ja», antwortete die Maus, «geh in Gottes Namen; wenn du was Gutes issest, so denk an mich: von dem süßen, roten Kindbetterwein tränk ich auch gerne ein Tröpfchen.» Es war aber alles nicht wahr, die Katze hatte keine Base und war nicht zu Gevatter gebeten. Sie ging geradeswegs nach der Kirche, schlich zu dem Fettöpfchen, fing an zu lecken und leckte die fette Haut ab. Dann machte sie einen Spaziergang auf den Dächern der Stadt, besah sich die Gelegenheit, streckte sich hernach in der Sonne aus und wischte sich den Bart, sooft sie an das Fettöpfchen dachte. Erst als es Abend war, kam sie wieder nach Haus. «Nun, da bist du ja wieder», sagte die Maus, «du hast gewiß einen lustigen Tag gehabt.» — «Es ging wohl an», antwortete die Katze. «Was hat denn das Kind für einen Namen bekommen?» fragte die Maus. «*Hautab*», sagte die Katze ganz trocken. «Hautab», rief die Maus, «das ist ja ein wunderlicher und seltsamer Name; ist der in eurer Familie gebräuchlich?» — «Was ist da weiter», sagte die Katze, «er ist nicht schlechter als Bröseldieb, wie deine Paten heißen.»

Nicht lange danach überkam die Katze wieder ein Gelüsten. Sie sprach zur Maus: «Du mußt mir den Gefallen tun und nochmals das Hauswesen allein besorgen, ich bin zum zweitenmal zu Gevatter gebeten, und da das Kind einen weißen Ring um den Hals hat, so kann ich's nicht absagen.» Die gute Maus willigte ein, die Katze aber schlich hinter der Stadtmauer zu der Kirche und fraß den Fettopf halb aus. «Es schmeckt nichts besser», sagte sie, «als was man selber ißt», und war mit ihrem Tagewerk ganz zufrieden. Als sie heimkam, fragte die Maus: «Wie ist denn dieses Kind getauft worden?» — «*Halbaus*», antwortete die Katze. «Halbaus! was du sagst! den Namen habe ich mein Lebtag noch nicht gehört; ich wette, der steht nicht in dem Kalender.»

Der Katze wässerte das Maul bald wieder nach dem Leckerwerk. «Aller guten Dinge sind drei», sprach sie zu der Maus, «da soll ich wieder Gevatter stehen, das Kind ist ganz schwarz und hat bloß weiße Pfoten, sonst kein weißes Haar am ganzen Leib; das trifft sich alle paar Jahr nur einmal: du lässest mich doch ausgehen?» — «Hautab! Halbaus!» antwortete die Maus, «es sind so kuriose Namen, die machen mich so nachdenksam.» — «Da sitzest du daheim in deinem dunkelgrauen Flausrock und deinem langen Haarzopf», sprach die Katze, «und fängst Grillen: das kommt davon, wenn man bei Tage nicht ausgeht.» Die Maus räumte während der Abwesenheit der Katze auf und brachte das Haus in Ordnung, die naschhafte Katze aber fraß den Fettopf rein aus. «Wenn erst alles aufgezehrt ist, so hat man Ruhe», sagte sie zu sich selbst und kam satt und dick erst in der Nacht nach Haus. Die Maus fragte gleich nach dem Namen, den das dritte Kind bekommen hätte. «Er wird dir wohl auch nicht gefallen», sagte die Katze, «er heißt *Ganzaus.*» — «Ganzaus!» rief die Maus, «das ist der allerbedenklichste Name; gedruckt ist er mir noch nicht vorgekommen. Ganzaus! was soll das bedeuten?» Sie schüttelte den Kopf, rollte sich zusammen und legte sich schlafen.

Von nun an wollte niemand mehr die Katze zu Gevatter bitten; als aber der Winter herangekommen und draußen nichts mehr zu finden war, gedachte die Maus ihres Vorrats und sprach: «Komm, Katze, wir wollen zu unserm Fettopfe gehen, den wir uns aufgespart haben, der wird uns schmecken.» — «Jawohl», antwortete die Katze, «der wird dir schmecken, als wenn du deine feine Zunge zum Fenster hinausstreckst.» Sie machten sich auf den Weg, und als sie anlangten, stand zwar der Fettopf noch an seinem Platz, er war aber leer. «Ach», sagte die Maus, «jetzt merke ich, was geschehen ist, jetzt kommt's an den Tag, du bist mir die wahre Freundin! aufgefressen hast du alles, wie du zu Gevatter gestanden hast: erst Haut ab, dann halb aus, dann . . .» — «Willst du schweigen», rief die Katze, «noch ein Wort, und ich fresse dich auf.» — «Ganz aus», hatte die arme Maus schon auf der Zunge; kaum war es heraus, so tat die Katze einen Satz nach ihr, packte sie und schluckte sie hinunter. Siehst du, so geht's in der Welt.

3

MARIENKIND

Vor einem großen Walde lebte ein Holzhacker mit seiner Frau, der hatte nur ein einziges Kind, das war ein Mädchen von drei Jahren. Sie waren aber so arm, daß sie nicht mehr das tägliche Brot hatten und nicht wußten, was sie ihm sollten zu essen geben. Eines Morgens ging der Holzhacker voller Sorgen hinaus in den Wald an seine Arbeit, und wie er da Holz hackte, stand auf einmal eine schöne große Frau vor ihm, die hatte eine Krone von leuchtenden Sternen auf dem Haupt und sprach zu ihm: «Ich bin die Jungfrau Maria, die Mutter des Christkindleins: du bist arm und dürftig, bring mir dein Kind, ich will es mit mir nehmen, seine Mutter sein und für es sorgen.» Der Holzhacker gehorchte, holte sein Kind und übergab es der Jungfrau Maria, die nahm es mit sich hinauf in den Himmel. Da ging es ihm wohl, es aß Zuckerbrot und trank süße Milch, und seine Kleider waren von Gold, und die Englein spielten mit ihm. Als es nun vierzehn Jahr alt geworden war, rief es einmal die Jungfrau Maria zu sich und sprach: «Liebes Kind, ich habe eine große Reise vor, da nimm die Schlüssel zu den dreizehn Türen des Himmelreichs in Verwahrung: zwölf davon darfst du aufschließen und die Herrlichkeiten darin betrachten, aber die dreizehnte, wozu dieser kleine Schlüssel gehört, die ist dir verboten: hüte dich, daß du sie nicht aufschließest, sonst wirst du unglücklich.» Das Mädchen versprach, gehorsam zu sein, und als nun die Jungfrau Maria weg war, fing es an und besah die Wohnungen des Himmelreichs: jeden Tag schloß es eine auf, bis die zwölfe herum waren. In jeder aber saß ein Apostel und war von großem Glanz umgeben, und es freute sich über all die Pracht und Herrlichkeit, und die Englein, die es immer begleiteten, freuten sich mit ihm. Nun war die verbotene Tür allein noch übrig; da empfand es eine große Lust zu wissen, was dahinter verborgen wäre, und sprach zu den Englein: «Ganz aufmachen will ich sie nicht und will auch nicht hineingehen, aber ich will sie aufschließen, damit wir ein wenig durch den Ritz sehen.» — «Ach nein», sagten die Englein, «das wäre Sünde: die Jungfrau Maria hat's verboten, und es könnte leicht dein Unglück werden.» Da schwieg es still, aber die Begierde in seinem Herzen schwieg nicht still, sondern nagte und pickte ordentlich daran und ließ ihm keine Ruhe. Und als die Englein einmal alle hinausgegangen waren, dachte es: nun bin ich ganz allein und könnte hineingucken; es weiß es ja niemand, wenn ich's tue. Es suchte den Schlüssel heraus, und als es ihn in der Hand hielt, steckte es ihn auch in das Schloß, und als es ihn hineingesteckt hatte, drehte es auch um. Da sprang die Türe auf, und es sah da die Dreieinigkeit im Feuer und Glanz sitzen. Es blieb ein Weilchen stehen und betrachtete alles mit Erstaunen, dann rührte es ein wenig mit dem Finger an den Glanz, da ward der Finger ganz golden. Alsbald empfand es eine gewaltige Angst, schlug die Türe heftig zu und lief fort. Die Angst wollte auch nicht wieder weichen, es mochte anfangen, was es wollte, und das Herz klopfte in einem fort und wollte nicht ruhig werden: auch das Gold blieb an dem Finger und ging nicht ab, es mochte waschen und reiben, soviel es wollte.

Gar nicht lange, so kam die Jungfrau Maria von ihrer Reise zurück. Sie rief das Mädchen zu sich und forderte ihm die Himmelsschlüssel wieder ab. Als es den Bund hinreichte, blickte ihm die Jungfrau in die Augen und sprach: «Hast du auch nicht die dreizehnte Türe geöffnet?» — «Nein», antwortete es. Da legte sie ihre Hand auf sein Herz, fühlte, wie es klopfte und klopfte, und merkte wohl, daß es ihr Gebot übertreten und die Türe aufgeschlossen hatte. Da sprach sie noch einmal: «Hast du es gewiß nicht getan?» — «Nein», sagte das Mädchen zum zweitenmal. Da erblickte sie den Finger, der von der Berührung des himmlischen Feuers golden geworden war, sah wohl, daß es gesündigt hatte, und sprach zum drittenmal: «Hast du es nicht getan?» — «Nein», sagte das Mädchen zum drittenmal. Da sprach die Jungfrau Maria: «Du hast mir nicht gehorcht und hast noch dazu gelogen; du bist nicht mehr würdig, im Himmel zu sein.»

Da versank das Mädchen in einen tiefen Schlaf, und als es erwachte, lag es unten auf der Erde, mitten in einer Wildnis. Es wollte rufen, aber es konnte keinen Laut hervorbringen. Es sprang auf und wollte fortlaufen, aber wo es sich hinwendete, immer ward es von dichten Dornhecken zurückgehalten, die es nicht durchbrechen konnte. In der Einöde, in welche es eingeschlossen war, stand ein alter hohler Baum, das mußte seine Wohnung sein. Da kroch es hinein, wenn die Nacht kam, und schlief darin, und wenn es stürmte und regnete, fand es darin Schutz: aber es war ein jämmerliches Leben, und wenn es daran dachte, wie es im Himmel so schön gewesen war und die Engel mit ihm gespielt hatten, so weinte es bitterlich. Wurzeln und Waldbeeren waren seine einzige Nahrung; die suchte es sich, soweit es kommen konnte. Im Herbst sammelte es die herabgefallenen Nüsse und Blätter und trug sie in die Höhle, die Nüsse waren im Winter seine Speise, und wenn Schnee und Eis kam, so kroch es wie ein armes Tierchen in die Blätter, daß es nicht fror. Nicht lange, so zerrissen seine Kleider und fiel ein Stück nach dem andern vom Leib herab. Sobald dann die Sonne wieder warm schien, ging es heraus und setzte sich vor den Baum, und seine langen Haare bedeckten es von allen Seiten wie ein Mantel. So saß es ein Jahr nach dem andern und fühlte den Jammer und das Elend der Welt.

Einmal, als die Bäume wieder in frischem Grün standen, jagte der König des Landes in dem Wald und verfolgte ein Reh, und weil es in das Gebüsch geflohen war, das den Waldplatz einschloß, stieg er vom Pferd, riß das Gestrüppe auseinander und hieb sich mit seinem Schwert einen Weg. Als er endlich hindurchgedrungen war, sah er unter dem Baum ein wunderschönes Mädchen sitzen, das saß da und war von seinem goldenen Haar bis zu den Fußzehen bedeckt. Er stand still und betrachtete es voll Erstaunen; dann redete er es an und sprach: «Wer bist du? Warum sitzest du hier in der Einöde?» Es gab aber keine Antwort, denn es konnte seinen Mund nicht auftun. Der König sprach weiter: «Willst du mit mir auf mein Schloß gehen?» Da nickte es nur ein wenig mit dem Kopf. Der König nahm es auf seinen Arm, trug es auf sein Pferd und ritt mit ihm heim, und als er auf das königliche Schloß kam, ließ er ihm schöne Kleider anziehen und gab ihm alles im Überfluß. Und ob es gleich nicht sprechen konnte, so war es doch so schön und holdselig, daß er es von Herzen lieb gewann, und es dauerte nicht lange, da vermählte er sich mit ihm.

Als etwa ein Jahr verflossen war, brachte die Königin einen Sohn zur Welt. Darauf in der Nacht, wo sie allein in ihrem Bette lag, erschien ihr die Jungfrau Maria und sprach: «Willst du die Wahrheit sagen und gestehen, daß du die verbotene Tür aufgeschlossen hast, so will ich deinen Mund öffnen und dir die Sprache wiedergeben: verharrst du aber in der Sünde und leugnest hartnäckig, so nehm ich dein neugebornes Kind mit mir.» Da war der Königin verliehen zu antworten, sie blieb aber verstockt und sprach: «Nein, ich habe die verbotene Tür nicht aufgemacht», und die Jungfrau Maria nahm das neugeborene Kind ihr aus den Armen und verschwand damit. Am andern Morgen, als das Kind nicht zu finden war, ging ein Gemurmel unter den Leuten, die Königin wäre eine Menschenfresserin und hätte ihr eigenes Kind umgebracht. Sie hörte alles und konnte nichts dagegen sagen, der König aber wollte es nicht glauben, weil er sie so lieb hatte.

Nach einem Jahr gebar die Königin wieder einen Sohn. In der Nacht trat auch wieder die Jungfrau Maria zu ihr herein und sprach: «Willst du gestehen, daß du die verbotene Türe geöffnet hast, so will ich dir dein Kind wiedergeben und deine Zunge lösen: verharrst du aber in der Sünde und leugnest, so nehme ich auch dieses neugeborne mit mir.» Da sprach die Königin wiederum: «Nein, ich habe die verbotene Tür nicht geöffnet», und die Jungfrau nahm ihr das Kind aus den Armen weg und mit sich in den Himmel. Am Morgen, als das Kind abermals verschwunden war, sagten die Leute ganz laut, die Königin hätte es verschlungen, und des Königs Räte verlangten, daß sie sollte gerichtet werden. Der König aber hatte sie so lieb, daß er es nicht glauben wollte, und befahl den Räten bei Leibes- und Lebensstrafe, nichts mehr darüber zu sprechen.

Im nächsten Jahre gebar die Königin ein schönes Töchterlein; da erschien ihr zum drittenmal nachts die Jungfrau Maria und sprach: «Folge mir.» Sie nahm sie bei der Hand und führte sie in den Himmel und zeigte ihr da ihre beiden ältesten Kinder, die lachten sie an und spielten mit der Weltkugel. Als sich die Königin darüber freute, sprach die Jungfrau Maria: «Ist dein Herz noch nicht erweicht? Wenn du eingestehst, daß du die verbotene Tür geöffnet hast, so will ich dir deine beiden Söhnlein zurückgeben.» Aber die Königin antwortete zum drittenmal: «Nein, ich habe die verbotene Tür nicht geöffnet.» Da ließ sie die Jungfrau wieder zur Erde herabsinken und nahm ihr auch das dritte Kind.

Am andern Morgen, als es ruchbar ward, riefen alle Leute laut: «Die Königin ist eine Menschenfresserin, sie muß verurteilt werden», und der König konnte seine Räte nicht mehr zurückweisen. Es ward ein Gericht über sie gehalten, und weil sie nicht antworten und sich nicht verteidigen konnte, ward sie verurteilt, auf dem Scheiterhaufen zu sterben. Das Holz wurde zusammengetragen, und als sie an einen Pfahl festgebunden war und das Feuer ringsumher zu brennen anfing, da schmolz das harte Eis des Stolzes, und ihr Herz ward von Reue bewegt, und sie dachte: könnt ich nur noch vor meinem Tode gestehen, daß ich die Tür geöffnet habe; da kam ihr die Stimme, daß sie laut ausrief: «Ja, Maria, ich habe es getan!» Und alsbald fing der Himmel an zu regnen und löschte die Feuerflammen, und über ihr brach ein Licht hervor, und die Jungfrau Maria kam herab und hatte die beiden Söhnlein zu ihren Seiten und das neugeborne Töchterlein auf dem Arm. Sie sprach freundlich zu ihr: «Wer seine Sünde bereut und eingesteht, dem ist sie vergeben», und reichte ihr die drei Kinder, löste ihr die Zunge und gab ihr Glück für das ganze Leben.

4

MÄRCHEN VON EINEM, DER AUSZOG, DAS FÜRCHTEN ZU LERNEN

Ein Vater hatte zwei Söhne, davon war der älteste klug und gescheit und wußte sich in alles wohl zu schicken, der jüngste aber war dumm, konnte nichts begreifen und lernen: und wenn ihn die Leute sahen, sprachen sie: «Mit dem wird der Vater noch seine Last haben!» Wenn nun etwas zu tun war, so mußte es der älteste allzeit ausrichten: hieß ihn aber der Vater noch spät oder gar in der Nacht etwas holen und der Weg ging dabei über den Kirchhof oder sonst einen schaurigen Ort, so antwortete er wohl: «Ach nein, Vater, ich gehe nicht dahin, es gruselt mir!» denn er fürchtete sich. Oder, wenn abends beim Feuer Geschichten erzählt wurden, wobei einem die Haut schaudert, so sprachen die Zuhörer manchmal: «Ach, es gruselt mir!» Der jüngste saß in einer Ecke und hörte das mit an und konnte nicht begreifen, was es heißen sollte. «Immer sagen sie, es gruselt mir! es gruselt mir! mir gruselt's nicht: das wird wohl eine Kunst sein, von der ich auch nichts verstehe.»

Nun geschah es, daß der Vater einmal zu ihm sprach: «Hör du, in der Ecke dort, du wirst groß und stark, du mußt auch etwas lernen, womit du dein Brot verdienst. Siehst du, wie dein Bruder sich Mühe gibt, aber an dir ist Hopfen und Malz verloren.» — «Ei, Vater», antwortete er, «ich will gerne was lernen; ja, wenn's anginge, so möchte ich lernen, daß mir's gruselte; davon verstehe ich noch gar nichts.» Der älteste lachte, als er das hörte, und dachte bei sich: Du lieber Gott, was ist mein Bruder ein Dummbart, aus dem wird sein Lebtag nichts: was ein Häkchen werden will, muß sich beizeiten krümmen. Der Vater seufzte und antwortete ihm: «Das Gruseln, das sollst du schon lernen, aber dein Brot wirst du damit nicht verdienen.»

Bald danach kam der Küster zum Besuch ins Haus; da klagte ihm der Vater seine Not und erzählte, wie sein jüngster Sohn in allen Dingen so schlecht beschlagen wäre, er wüßte nichts und lernte nichts. «Denkt Euch, als ich ihn fragte, womit er sein Brot verdienen wollte, hat er gar verlangt, das Gruseln zu lernen.» — «Wenn's weiter nichts ist», antwortete der Küster, «das kann er bei mir lernen; tut ihn nur zu mir, ich will ihn schon abhobeln.» Der Vater war es zufrieden, weil er dachte: Der Junge wird doch ein wenig zugestutzt. Der Küster nahm ihn also ins Haus, und er mußte die Glocke läuten. Nach ein paar Tagen weckte er ihn um Mitternacht, hieß ihn aufstehen, in den Kirchturm steigen und läuten. Du sollst schon lernen, was Gruseln ist, dachte er, ging heimlich voraus, und als der Junge oben war und sich umdrehte und das Glockenseil fassen wollte, so sah er auf der Treppe, dem Schalloch gegenüber, eine weiße Gestalt stehen. «Wer da?» rief er, aber die Gestalt gab keine Antwort, regte und bewegte sich nicht. «Gib Antwort», rief der Junge, «oder mache, daß du fortkommst, du hast hier in der Nacht nichts zu schaffen.» Der Küster aber blieb unbeweglich stehen, damit der Junge glauben sollte, es wäre ein Gespenst. Der Junge rief zum zweitenmal: «Was willst du hier? sprich, wenn du ein ehrlicher Kerl bist, oder ich werfe dich die Treppe hinab.» Der Küster dachte: Das wird so schlimm nicht gemeint sein, gab keinen Laut von sich und

stand, als wenn er von Stein wäre. Da rief ihn
der Junge zum dritten Male an, und als das auch
vergeblich war, nahm er einen Anlauf und
stieß das Gespenst die Treppe hinab, daß es
zehn Stufen hinabfiel und in einer Ecke liegen-

blieb. Darauf läutete er die Glocke, ging heim, legte sich, ohne ein Wort zu sagen, ins Bett und schlief fort. Die Küsterfrau wartete lange Zeit auf ihren Mann, aber er wollte nicht wiederkommen. Da ward ihr endlich angst, sie weckte den Jungen und fragte: «Weißt du nicht, wo mein Mann geblieben ist? er ist vor dir auf den Turm gestiegen.» — «Nein», antwortete der Junge; «aber da hat einer dem Schalloch gegenüber auf der Treppe gestanden, und weil er keine Antwort geben und auch nicht weggehen wollte, so habe ich ihn für einen Spitzbuben gehalten und hinuntergestoßen. Geht nur hin, so werdet Ihr sehen, ob er's gewesen ist; es sollte mir leid tun.» Die Frau sprang fort und fand ihren Mann, der in einer Ecke lag und jammerte und ein Bein gebrochen hatte.

Sie trug ihn herab und eilte dann mit lautem Geschrei zu dem Vater des Jungen. «Euer Junge», rief sie, «hat ein großes Unglück angerichtet, meinen Mann hat er die Treppe hinabgeworfen, daß er ein Bein gebrochen hat: schafft den Taugenichts aus unserm Hause.» Der Vater erschrak, kam herbeigelaufen und schalt den Jungen aus. «Was sind das für gottlose Streiche, die muß dir der Böse eingegeben haben.» — «Vater», antwortete er, «hört nur an, ich bin ganz unschuldig: er stand da in der Nacht wie einer, der Böses im Sinne hat. Ich wußte nicht, wer's war, und habe ihn dreimal ermahnt, zu reden oder wegzugehen.» — «Ach», sprach der Vater, «mit dir erleb ich nur

Unglück, geh mir aus den Augen, ich will dich nicht mehr ansehen.» — «Ja, Vater, recht gerne, wartet nur, bis Tag ist, da will ich ausgehen und das Gruseln lernen, so versteh ich doch eine Kunst, die mich ernähren kann.» — «Lerne, was du willst», sprach der Vater, «mir ist alles einerlei. Da hast du fünfzig Taler, damit geh in die weite Welt und sage keinem Menschen, wo du her bist und wer dein Vater ist, denn ich muß mich deiner schämen.» — «Ja, Vater, wie Ihr's haben wollt; wenn Ihr nicht mehr verlangt, das kann ich leicht in acht behalten.»

Als nun der Tag anbrach, steckte der Junge seine fünfzig Taler in die Tasche, ging hinaus auf die große Landstraße und sprach immer vor sich hin: «Wenn mir's nur gruselte! wenn mir's nur gruselte!» Da kam ein Mann heran, der hörte das Gespräch, das der Junge mit sich selber führte, und als sie ein Stück weiter waren, daß man den Galgen sehen konnte, sagte der Mann zu ihm: «Siehst du, dort ist der Baum, wo siebene mit des Seilers Tochter Hochzeit gehalten haben und jetzt das Fliegen lernen: setz dich darunter und warte, bis die Nacht kommt, so wirst du schon das Gruseln lernen.» — «Wenn weiter nichts dazu gehört», antwortete der Junge, «das ist leicht getan; lerne ich aber so geschwind das Gruseln, so sollst du meine fünfzig Taler haben: komm nur morgen früh wieder zu mir.» Da ging der Junge zu dem Galgen, setzte sich darunter und wartete, bis der Abend kam. Und weil ihn fror, machte er sich ein Feuer an: aber um Mitternacht ging der Wind so kalt, daß er trotz des Feuers nicht warm werden wollte. Und als der Wind die Gehenkten gegeneinanderstieß, daß sie sich hin und her bewegten, so dachte er: Du frierst unten bei dem Feuer, was mögen die da oben erst frieren und zappeln. Und weil er mitleidig war, legte er die Leiter an, stieg hinauf, knüpfte einen nach dem andern los und holte alle siebene herab. Darauf schürte er das Feuer, blies es an und setzte sie ringsherum, daß sie sich wärmen sollten. Aber sie saßen da und regten sich nicht, und das Feuer ergriff ihre Kleider. Da sprach er: «Nehmt euch in acht, sonst häng ich euch wieder hinauf.» Die Toten aber hörten nicht, schwiegen und ließen ihre Lumpen fortbrennen. Da ward er bös und sprach: «Wenn ihr nicht achtgeben wollt, so kann ich euch nicht helfen, ich will nicht mit euch verbrennen», und hing sie nach der Reihe wieder hinauf. Nun setzte er sich zu seinem Feuer und schlief ein, und am andern Morgen, da kam der Mann zu ihm, wollte die fünfzig Taler haben und sprach: «Nun, weißt du, was gruseln ist?» — «Nein», antwortete er, «woher sollte ich's wissen? die da droben haben das Maul nicht aufgetan und waren so dumm, daß sie die paar alten Lappen, die sie am Leibe haben, brennen ließen.» Da sah der Mann, daß er die fünfzig Taler heute nicht davontragen würde, ging fort und sprach: «So einer ist mir noch nicht vorgekommen.»

Der Junge ging auch seines Wegs und fing wieder an, vor sich hin zu reden: «Ach, wenn mir's nur gruselte! ach, wenn mir's nur gruselte!» Das hörte ein Fuhrmann, der hinter ihm herschritt, und fragte: «Wer bist du?» — «Ich weiß nicht», antwortete der Junge. Der Fuhrmann fragte weiter: «Wo bist du her?» — «Ich weiß nicht.» — «Wer ist dein Vater?» — «Das darf ich nicht sagen.» — «Was brummst du beständig in den Bart hinein?» — «Ei», antwortete der Junge, «ich wollte, daß mir's gruselte, aber niemand kann mir's lehren.» — «Laß dein dummes Geschwätz», sprach der Fuhrmann, «komm, geh mit mir, ich will sehen, daß ich dich unterbringe.» Der Junge ging mit dem Fuhrmann, und abends gelangten sie zu einem Wirtshaus, wo sie übernachten wollten. Da sprach er beim Eintritt in die Stube wieder ganz laut: «Wenn mir's nur gruselte! wenn mir's nur gruselte!» Der Wirt, der das hörte, lachte und sprach: «Wenn dich danach lüstet, dazu sollte hier wohl Gelegenheit sein.» — «Ach, schweig stille», sprach die Wirtsfrau, «so mancher Vorwitzige hat schon sein Leben eingebüßt, es wäre Jammer und Schade um die schönen Augen, wenn die das Tageslicht nicht wieder sehen sollten.» Der Junge aber sagte: «Wenn's noch so schwer wäre, ich will's einmal lernen, deshalb bin ich ja ausgezogen.» Er ließ dem Wirt auch keine Ruhe, bis dieser erzählte, nicht weit davon stände ein verwünschtes Schloß, wo einer wohl lernen könnte, was gruseln wäre, wenn er nur drei

Nächte darin wachen wollte. Der König hätte dem, der's wagen wollte, seine Tochter zur Frau versprochen, und die wäre die schönste Jungfrau, welche die Sonne beschien: in dem Schlosse steckten auch große Schätze, von bösen Geistern bewacht, die würden dann frei und könnten einen Armen reich genug machen. Schon viele wären wohl hinein-, aber noch keiner wieder herausgekommen. Da ging der Junge am andern Morgen vor den König und sprach: «Wenn's erlaubt wäre, so wollte ich wohl drei Nächte in dem verwünschten Schlosse wachen.» Der König sah ihn an, und weil er ihm gefiel, sprach er: «Du darfst dir noch dreierlei ausbitten, aber es müssen leblose Dinge sein, und das darfst du mit ins Schloß nehmen.» Da antwortete er: «So bitt ich um ein Feuer, eine Drehbank und eine Schnitzbank mit dem Messer.»

Der König ließ ihm das alles bei Tage in das Schloß tragen. Als es Nacht werden wollte, ging der Junge hinauf, machte sich in einer Kammer ein helles Feuer an, stellte die Schnitzbank mit dem Messer daneben und setzte sich auf die Drehbank. «Ach, wenn mir's nur gruselte!» sprach er, «aber hier werde ich's auch nicht lernen.» Gegen Mitternacht wollte er sich sein Feuer einmal aufschüren: wie er so hineinblies, da schrie's plötzlich aus einer Ecke: «Au, miau! was uns friert!» — «Ihr Narren», rief er, «was schreit ihr? Wenn euch friert, kommt, setzt euch ans Feuer und wärmt euch.» Und wie er das gesagt hatte, kamen

zwei große schwarze Katzen in einem gewaltigen Sprunge herbei, setzten sich ihm zu beiden
Seiten und sahen ihn mit ihren feurigen Augen

ganz wild an. Über ein Weilchen, als sie sich
gewärmt hatten, sprachen sie: «Kamerad,
wollen wir eins in der Karte spielen?» —
«Warum nicht?» antwortete er, «aber zeigt
einmal eure Pfoten her.» Da streckten sie die
Krallen aus. «Ei», sagte er, «was habt ihr lange
Nägel! Wartet, die muß ich euch erst abschneiden.» Damit packte er sie beim Kragen, hob

sie auf die Schnitzbank und schraubte ihnen
die Pfoten fest. «Euch habe ich auf die Finger
gesehen», sprach er, «da vergeht mir die Lust
zum Kartenspiel», schlug sie tot und warf sie
hinaus ins Wasser. Als er aber die zwei zur
Ruhe gebracht hatte und sich wieder zu seinem
Feuer setzen wollte, da kamen aus allen Ecken
und Enden schwarze Katzen und schwarze
Hunde an glühenden Ketten, immer mehr und
mehr, daß er sich nicht mehr bergen konnte:
die schrien greulich, traten ihm auf sein Feuer,
zerrten es auseinander und wollten es ausmachen. Das sah er ein Weilchen ruhig mit an;
als es ihm aber zu arg ward, faßte er sein
Schnitzmesser und rief: «Fort mit dir, du Gesindel», und haute auf sie los. Ein Teil sprang
weg, die andern schlug er tot und warf sie
hinaus in den Teich. Als er wiedergekommen
war, blies er aus den Funken sein Feuer frisch
an und wärmte sich. Und als er so saß, wollten
ihm die Augen nicht länger offen bleiben, und
er bekam Lust zu schlafen. Da blickte er um
sich und sah in der Ecke ein großes Bett. «Das
ist mir eben recht», sprach er und legte sich
hinein. Als er aber die Augen zutun wollte,
so fing das Bett von selbst an zu fahren und
fuhr im ganzen Schloß herum. «Recht so»,
sprach er, «nur besser zu.» Da rollte das Bett
fort, als wären sechs Pferde vorgespannt, über
Schwellen und Treppen auf und ab: auf einmal
hopp, hopp! warf es um, das Unterste zuoberst,
daß es wie ein Berg auf ihm lag. Aber er schleu-
derte Decken und Kissen in die Höhe, stieg

heraus und sagte: «Nun mag fahren, wer Lust hat», legte sich an sein Feuer und schlief, bis es Tag war. Am Morgen kam der König, und als er ihn da auf der Erde liegen sah, meinte er, die Gespenster hätten ihn umgebracht und er wäre tot. Da sprach er: «Es ist doch schade um den schönen Menschen.» Das hörte der Junge, richtete sich auf und sprach: «So weit ist's noch nicht!» Da verwunderte sich der König, freute sich aber und fragte, wie es ihm gegangen wäre. «Recht gut», antwortete er, «eine Nacht wäre herum, die zwei andern werden auch herumgehen.» Als er zum Wirt kam, da machte der große Augen. «Ich dachte nicht», sprach er, «daß ich dich wieder lebendig sehen würde; hast du nun gelernt, was Gruseln ist?» — «Nein», sagte er, «es ist alles vergeblich: wenn mir's nur einer sagen könnte!»

Die zweite Nacht ging er abermals hinauf ins alte Schloß, setzte sich zum Feuer und fing sein altes Lied wieder an: «Wenn mir's nur gruselte!» Wie Mitternacht herankam, ließ sich ein Lärm und Gepolter hören, erst sachte, dann immer stärker, dann war's ein bißchen still, endlich kam mit lautem Geschrei ein halber Mensch den Schornstein herab und fiel vor ihn hin. «Heda!» rief er, «noch ein halber gehört dazu, das ist zu wenig.» Da ging der Lärm von frischem an, es tobte und heulte und fiel die andere Hälfte auch herab. «Wart», sprach er, «ich will dir erst das Feuer ein wenig anblasen.» Wie er das getan hatte und sich wieder umsah, da waren die beiden Stücke zusammengefahren und saß da ein greulicher Mann auf seinem Platz. «So haben wir nicht gewettet», sprach der Junge, «die Bank ist mein.» Der Mann wollte ihn wegdrängen, aber der Junge ließ sich's nicht gefallen, schob ihn mit Gewalt weg und setzte sich wieder auf seinen Platz. Da fielen noch mehr Männer herab, einer nach dem andern, die holten neun Totenbeine und zwei Totenköpfe, setzten auf und spielten Kegel. Der Junge bekam auch Lust und fragte: «Hört ihr, kann ich mit sein?» — «Ja, wenn du Geld hast.» — «Geld genug», antwortete er; «aber eure Kugeln sind nicht recht rund.» Da nahm er die Totenköpfe, setzte sie in die Drehbank und drehte sie rund. «So, jetzt werden sie besser schüppeln», sprach er, «heida! nun geht's lustig!» Er spielte mit und verlor etwas von seinem Geld; als es aber zwölf Uhr schlug, war alles vor seinen Augen verschwunden. Er legte sich nieder und schlief ruhig ein. Am andern Morgen kam der König und wollte sich erkundigen. «Wie ist dir's diesmal gegangen?» fragte er. — «Ich habe gekegelt», antwortete er, «und ein paar Heller verloren.» — «Hat dir denn nicht gegruselt?» — «Ei was», sprach er, «lustig hab ich mich gemacht. Wenn ich nur wüßte, was Gruseln wäre?»

In der dritten Nacht setzte er sich wieder auf seine Bank und sprach ganz verdrießlich: «Wenn es mir nur gruselte!» Als es spät ward, kamen sechs große Männer und brachten eine Totenlade hereingetragen. Da sprach er: «Ha, ha, das ist gewiß mein Vetterchen, das erst vor ein paar Tagen gestorben ist», winkte mit dem Finger und rief: «Komm, Vetterchen, komm!» Sie stellten den Sarg auf die Erde, er aber ging hinzu und nahm den Deckel ab: da lag ein toter Mann darin. Er fühlte ihm ans Gesicht, aber es war kalt wie Eis. «Wart», sprach er, «ich will dich ein bißchen wärmen», ging ans Feuer, wärmte seine Hand und legte sie ihm aufs Gesicht, aber der Tote blieb kalt. Nun nahm er ihn heraus, setzte sich ans Feuer und legte ihn auf seinen Schoß und rieb ihm die Arme, damit das Blut wieder in Bewegung kommen sollte. Als auch das nichts helfen wollte, fiel ihm ein, wenn zwei zusammen im Bett liegen, so wärmen sie sich, brachte ihn ins Bett, deckte ihn zu und legte sich neben ihn. Über ein Weilchen ward auch der Tote warm und fing an, sich zu regen. Da sprach der Junge: «Siehst du, Vetterchen, hätt ich dich nicht gewärmt!» Der Tote aber hub an und rief: «Jetzt will ich dich erwürgen.» — «Was», sagte er, «ist das mein Dank? Gleich sollst du wieder in deinen Sarg», hub ihn auf, warf ihn hinein und machte den Deckel zu; da kamen die sechs Männer und trugen ihn wieder fort. «Es will mir nicht gruseln», sagte er, «hier lerne ich's mein Lebtag nicht.»

Da trat ein Mann herein, der war größer als alle anderen und sah fürchterlich aus; er war aber alt und hatte einen langen weißen Bart. «O du Wicht», rief er, «nun sollst du bald lernen, was Gruseln ist, denn du sollst sterben.» —

«Nicht so schnell», antwortete der Junge, «soll ich sterben, so muß ich auch dabei sein.» — «Dich will ich schon packen», sprach der Unhold. — «Sachte, sachte, mach dich nicht so breit; so stark wie du bin ich auch und wohl noch stärker.» — «Das wollen wir sehn», sprach der Alte, «bist du stärker als ich, so will ich dich gehn lassen; komm, wir wollen's versuchen.» Da führte er ihn durch dunkle Gänge zu einem Schmiedefeuer, nahm eine Axt und schlug den einen Amboß mit einem Schlag in die Erde. «Das kann ich noch besser», sprach der Junge und ging zu dem andern Amboß: der Alte stellte sich neben hin und wollte zusehen, und sein weißer Bart hing herab. Da faßte der Junge die Axt, spaltete den Amboß auf einen Hieb und klemmte den Bart des Alten mit hinein. «Nun hab ich dich», sprach der Junge, «jetzt ist das Sterben an dir.» Dann faßte er eine Eisenstange und schlug auf den Alten los, bis er wimmerte und bat, er möchte aufhören, er wollte ihm große Reichtümer geben. Der Junge zog die Axt raus und ließ ihn los. Der Alte führte ihn wieder ins Schloß zurück und zeigte ihm in einem Keller drei Kasten voll Gold. «Davon», sprach er, «ist ein Teil den Armen, der andere dem König, der dritte dein.» Indem schlug es zwölfe, und der Geist verschwand, also daß der Junge im Finstern stand. «Ich werde mir doch heraushelfen können», sprach er, tappte herum, fand den Weg in die Kammer und schlief dort bei seinem Feuer ein. Am andern Morgen kam der

König und sagte: «Nun wirst du gelernt haben, was Gruseln ist?» — «Nein», antwortete er, «was ist's nur? Mein toter Vetter war da, und ein bärtiger Mann ist gekommen, der hat mir da unten viel Geld gezeigt; aber was Gruseln ist, hat mir keiner gesagt.» Da sprach der König: «Du hast das Schloß erlöst und sollst meine Tochter heiraten.» — «Das ist all recht gut», antwortete er; «aber ich weiß noch immer nicht, was Gruseln ist.»

Da ward das Gold heraufgebracht und die Hochzeit gefeiert, aber der junge König, so lieb er seine Gemahlin hatte und so vergnügt er war, sagte doch immer: «Wenn mir nur gruselte, wenn mir nur gruselte.» Das verdroß

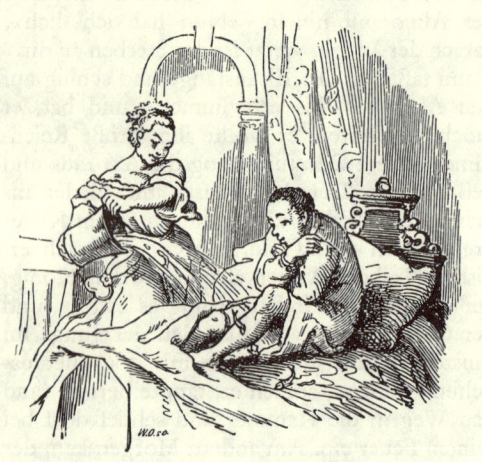

sie endlich. Ihr Kammermädchen sprach: «Ich will Hilfe schaffen, das Gruseln soll er schon lernen.» Sie ging hinaus zum Bach, der durch den Garten floß, und ließ sich einen ganzen Eimer voll Gründlinge holen. Nachts, als der junge König schlief, mußte seine Gemahlin ihm die Decke wegziehen und den Eimer voll kalt Wasser mit den Gründlingen über ihn herschütten, daß die kleinen Fische um ihn herum zappelten. Da wachte er auf und rief: «Ach, was gruselt mir, was gruselt mir, liebe Frau! Ja, nun weiß ich, was Gruseln ist.»

5

DER WOLF
UND DIE SIEBEN JUNGEN GEISSLEIN

Es war einmal eine alte Geiß, die hatte sieben junge Geißlein und hatte sie lieb, wie eine Mutter ihre Kinder liebhat. Eines Tages wollte sie in den Wald gehen und Futter holen; da rief sie alle sieben herbei und sprach: «Liebe Kinder, ich will hinaus in den Wald, seid auf eurer Hut vor dem Wolf; wenn er hereinkommt, so frißt er euch alle mit Haut und Haar. Der Bösewicht verstellt sich oft, aber an seiner rauhen Stimme und an seinen schwarzen Füßen werdet ihr ihn gleich erkennen.» Die Geißlein sagten: «Liebe Mutter, wir wollen uns schon in acht nehmen, Ihr könnt ohne Sorge fortgehen.»

Da meckerte die Alte und machte sich getrost
auf den Weg.

Es dauerte nicht lange, so klopfte jemand
an die Haustür und rief: «Macht auf, ihr lieben
Kinder, eure Mutter ist da und hat jedem von
euch etwas mitgebracht.» Aber die Geißerchen
hörten an der rauhen Stimme, daß es der Wolf
war. «Wir machen nicht auf», riefen sie, «du
bist unsere Mutter nicht, die hat eine feine und
liebliche Stimme, aber deine Stimme ist rauh;
du bist der Wolf.» Da ging der Wolf fort zu
einem Krämer und kaufte sich ein großes
Stück Kreide: die aß er und machte damit
seine Stimme fein. Dann kam er zurück, klopfte
an die Haustür und rief: «Macht auf, ihr lieben
Kinder, eure Mutter ist da und hat jedem von

euch etwas mitgebracht.» Aber der Wolf hatte
seine schwarze Pfote in das Fenster gelegt, das
sahen die Kinder und riefen: «Wir machen
nicht auf, unsere Mutter hat keinen schwarzen
Fuß wie du: du bist der Wolf.» Da lief der
Wolf zu einem Bäcker und sprach: «Ich habe
mich an den Fuß gestoßen, streich mir Teig
darüber.» Und als ihm der Bäcker die Pfote
bestrichen hatte, so lief er zum Müller und
sprach: «Streu mir weißes Mehl auf meine
Pfote.» Der Müller dachte: Der Wolf will einen
betrügen, und weigerte sich, aber der Wolf
sprach: «Wenn du es nicht tust, so fresse ich
dich.» Da fürchtete sich der Müller und machte
ihm die Pfote weiß. Ja, das sind die Menschen.

Nun ging der Bösewicht zum drittenmal zu
der Haustüre, klopfte an und sprach: «Macht
mir auf, Kinder, euer liebes Mütterchen ist
heimgekommen und hat jedem von euch etwas
aus dem Walde mitgebracht.» Die Geißerchen
riefen: «Zeig uns erst deine Pfote, damit
wir wissen, daß du unser liebes Mütterchen
bist.» Da legte er die Pfote ins Fenster, und
als sie sahen, daß sie weiß war, so glaubten
sie, es wäre alles wahr, was er sagte, und
machten die Türe auf. Wer aber hereinkam,
das war der Wolf. Sie erschraken und wollten
sich verstecken. Das eine sprang unter den
Tisch, das zweite ins Bett, das dritte in den
Ofen, das vierte in die Küche, das fünfte
in den Schrank, das sechste unter die Waschschüssel, das siebente in den Kasten der Wand-
uhr. Aber der Wolf fand sie alle und machte

nicht langes Federlesen: eins nach dem andern schluckte er in seinen Rachen; nur das jüngste in dem Uhrkasten, das fand er nicht. Als der Wolf seine Lust gebüßt hatte, trollte er sich fort, legte sich draußen auf der grünen Wiese unter einen Baum und fing an zu schlafen.

Nicht lange danach kam die alte Geiß aus dem Walde wieder heim. Ach, was mußte sie da erblicken! Die Haustüre stand sperrweit offen: Tisch, Stühle und Bänke waren umgeworfen, die Waschschüssel lag in Scherben, Decke und Kissen waren aus dem Bett gezogen. Sie suchte ihre Kinder, aber nirgends waren sie zu finden. Sie rief sie nacheinander bei Namen, aber niemand antwortete. Endlich, als sie an das jüngste kam, da rief eine feine Stimme: «Liebe Mutter, ich stecke im Uhrkasten.» Sie holte es heraus, und es erzählte ihr, daß der Wolf gekommen wäre und die andern alle gefressen hätte. Da könnt ihr denken, wie sie über ihre armen Kinder geweint hat.

Endlich ging sie in ihrem Jammer hinaus, und das jüngste Geißlein lief mit. Als sie auf die Wiese kam, so lag da der Wolf an dem Baum und schnarchte, daß die Äste zitterten. Sie betrachtete ihn von allen Seiten und sah, daß in seinem angefüllten Bauch sich etwas regte und zappelte. Ach Gott, dachte sie, sollten meine armen Kinder, die er zum Abendbrot hinuntergewürgt hat, noch am Leben sein? Da mußte das Geißlein nach Haus laufen und Schere, Nadel und Zwirn holen. Dann schnitt sie dem Ungetüm den Wanst auf, und kaum hatte sie

einen Schnitt getan, so streckte schon ein Geißlein den Kopf heraus, und als sie weiterschnitt,
so sprangen nacheinander alle sechse heraus
und waren noch alle am Leben und hatten
nicht einmal Schaden gelitten, denn das Ungetüm hatte sie in der Gier ganz hinuntergeschluckt. Das war eine Freude! Da herzten sie
ihre liebe Mutter und hüpften wie ein Schneider, der Hochzeit hält. Die Alte aber sagte:
«Jetzt geht und sucht Wackersteine, damit wollen wir dem gottlosen Tier den Bauch füllen,
solange es noch im Schlafe liegt.» Da schleppten die sieben Geißerchen in aller Eile die Steine
herbei und steckten sie ihm in den Bauch, soviel
sie hineinbringen konnten. Dann nähte ihn die
Alte in aller Geschwindigkeit wieder zu, daß
er nichts merkte und sich nicht einmal regte.

Als der Wolf endlich ausgeschlafen hatte,
machte er sich auf die Beine, und weil ihm die

Steine im Magen so großen Durst erregten, so
wollte er zu einem Brunnen gehen und trinken.
Als er aber anfing zu gehen und sich hin und
her zu bewegen, so stießen die Steine in seinem
Bauch aneinander und rappelten. Da rief er:

> «Was rumpelt und pumpelt
> In meinem Bauch herum?
> Ich meinte, es wären sechs Geißlein,
> So sind's lauter Wackerstein.»

Und als er an den Brunnen kam und sich über
das Wasser bückte und trinken wollte, da zogen
ihn die schweren Steine hinein, und er mußte
jämmerlich ersaufen. Als die sieben Geißlein
das sahen, da kamen sie herbeigelaufen, riefen
laut: «Der Wolf ist tot! Der Wolf ist tot!»
und tanzten mit ihrer Mutter vor Freude um
den Brunnen herum.

6

DER TREUE JOHANNES

Es war einmal ein alter König, der war krank
und dachte: Es wird wohl das Totenbett sein,
auf dem ich liege. Da sprach er: «Laßt mir den
getreuen Johannes kommen.» Der getreue
Johannes war sein liebster Diener und hieß so,
weil er ihm sein Lebelang so treu gewesen war.
Als er nun vor das Bett kam, sprach der König
zu ihm: «Getreuester Johannes, ich fühle, daß
mein Ende herannaht, und da habe ich keine
andere Sorge als um meinen Sohn: er ist noch
in jungen Jahren, wo er sich nicht immer
zu raten weiß, und wenn du mir nicht versprichst, ihn zu unterrichten in allem, was er
wissen muß, und sein Pflegevater zu sein, so
kann ich meine Augen nicht in Ruhe schließen.»
Da antwortete der getreue Johannes: «Ich will
ihn nicht verlassen und will ihm mit Treue
dienen, wenn's auch mein Leben kostet.» Da
sagte der alte König: «So sterb' ich getrost und
in Frieden.» Und sprach dann weiter: «Nach
meinem Tode sollst du ihm das ganze Schloß
zeigen, alle Kammern, Säle und Gewölbe und
alle Schätze, die darin liegen: aber die letzte
Kammer in dem langen Gange sollst du ihm
nicht zeigen, worin das Bild der Königstochter
vom goldenen Dache verborgen steht. Wenn
er das Bild erblickt, wird er eine heftige Liebe
zu ihr empfinden und wird in Ohnmacht nie-
derfallen und wird ihretwegen in große Ge-

fahren geraten; davor sollst du ihn hüten.»
Und als der treue Johannes nochmals dem
alten König die Hand darauf gegeben hatte,
ward dieser still, legte sein Haupt auf das Kissen und starb.

Als der alte König zu Grabe getragen war,
da erzählte der treue Johannes dem jungen
König, was er seinem Vater auf dem Sterbe-
lager versprochen hatte, und sagte: «Das will
ich gewißlich halten und will dir treu sein,
wie ich ihm gewesen bin, und sollte es mein
Leben kosten.» Die Trauer ging vorüber; da
sprach der treue Johannes zu ihm: «Es ist nun
Zeit, daß du dein Erbe siehst: ich will dir dein
väterliches Schloß zeigen.» Da führte er ihn
überall herum, auf und ab, und ließ ihn alle die
Reichtümer und prächtigen Kammern sehen:
nur die eine Kammer öffnete er nicht, worin
das gefährliche Bild stand. Das Bild war aber
so gestellt, daß, wenn die Türe aufging, man
gerade darauf sah, und war so herrlich gemacht,
daß man meinte, es leibte und lebte und es gäbe
nichts Lieblicheres und Schöneres auf der
ganzen Welt. Der junge König aber merkte
wohl, daß der getreue Johannes immer an einer
Tür vorüberging, und sprach: «Warum schlie-
ßest du mir diese niemals auf?» — «Es ist etwas
darin», antwortete er, «vor dem du erschrickst.»
Aber der König antwortete: «Ich habe das
ganze Schloß gesehen, so will ich auch wissen,
was darin ist», ging und wollte die Türe mit
Gewalt öffnen. Da hielt ihn der getreue Johannes zurück und sagte: «Ich habe es deinem

Vater vor seinem Tode versprochen, daß du nicht sehen sollst, was in der Kammer steht: es könnte dir und mir zu großem Unglück ausschlagen.» — «Ach nein», antwortete der junge König, «wenn ich nicht hineinkomme, so ist's mein sicheres Verderben: ich würde Tag und Nacht keine Ruhe haben, bis ich's mit meinen Augen gesehen hätte. Nun gehe ich nicht von der Stelle, bis du aufgeschlossen hast.»

Da sah der getreue Johannes, daß es nicht mehr zu ändern war, und suchte mit schwerem Herzen und vielem Seufzen aus dem großen Bund den Schlüssel heraus. Als er die Türe geöffnet hatte, trat er zuerst hinein und dachte, er wolle das Bildnis bedecken, daß es der König vor ihm nicht sähe: aber was half das? Der König stellte sich auf die Fußspitzen und sah ihm über die Schulter. Und als er das Bildnis der Jungfrau erblickte, das so herrlich war und von Gold und Edelsteinen glänzte, da fiel er ohnmächtig zur Erde nieder. Der getreue Johannes hob ihn auf, trug ihn in sein Bett und dachte voll Sorgen: Das Unglück ist geschehen, Herr Gott, was will daraus werden! Dann stärkte er ihn mit Wein, bis er wieder zu sich selbst kam. Das erste Wort, das er sprach, war: «Ach! wer ist das schöne Bild?» — «Das ist die Königstochter vom goldenen Dache», antwortete der treue Johannes. Da sprach der König weiter: «Meine Liebe zu ihr ist so groß, wenn alle Blätter an den Bäumen Zungen wären, sie könnten's nicht aussagen; mein

Leben setze ich daran, daß ich sie erlange. Du bist mein getreuster Johannes, du mußt mir beistehen.»

Der treue Diener besann sich lange, wie die Sache anzufangen wäre; denn es hielt schwer, nur vor das Angesicht der Königstochter zu kommen. Endlich hatte er ein Mittel ausgedacht und sprach zu dem König: «Alles, was sie um sich hat, ist von Gold, Tische, Stühle, Schüsseln, Becher, Näpfe und alles Hausgerät: in deinem Schatze liegen fünf Tonnen Goldes, laß eine von den Goldschmieden des Reichs verarbeiten zu allerhand Gefäßen und Gerätschaften, zu allerhand Vögeln, Gewild und wunderbaren Tieren, das wird ihr gefallen, wir wollen damit hinfahren und unser Glück versuchen.» Der König ließ alle Goldschmiede herbeiholen, die mußten Tag und Nacht arbeiten, bis endlich die herrlichsten Dinge fertig waren. Als alles auf ein Schiff geladen war, zog der getreue Johannes Kaufmannskleider an, und der König mußte ein Gleiches tun, um sich ganz unkenntlich zu machen. Dann fuhren sie über das Meer und fuhren so lange, bis sie zu der Stadt kamen, worin die Königstochter vom goldenen Dache wohnte.

Der treue Johannes hieß den König auf dem Schiffe zurückbleiben und auf ihn warten. «Vielleicht», sprach er, «bring ich die Königstochter mit, darum sorgt, daß alles in Ordnung ist, laßt die Goldgefäße aufstellen und das ganze Schiff ausschmücken.» Darauf suchte er sich in sein Schürzchen allerlei von den Goldsachen zusammen, stieg ans Land und ging gerade nach dem königlichen Schloß. Als er in den Schloßhof kam, stand da beim Brunnen ein schönes Mädchen, das hatte zwei goldene Eimer in der Hand und schöpfte damit. Und als es das blinkende Wasser forttragen wollte und sich umdrehte, sah es den fremden Mann und fragte, wer er wäre? Da antwortete er: «Ich bin ein Kaufmann», und öffnete sein Schürzchen und ließ sie hineinschauen. Da rief sie: «Ei, was für schönes Goldzeug!» setzte die Eimer nieder und betrachtete eins nach dem andern. Da sprach das Mädchen: «Das muß die Königstochter sehen, die hat so große Freude an den Goldsachen, daß sie Euch alles abkauft.» Es nahm ihn bei der Hand und führte ihn hinauf, denn es war die Kammerjungfer. Als die Königstochter die Ware sah, war sie ganz vergnügt und sprach: «Es ist so schön gearbeitet, daß ich dir alles abkaufen will.» Aber der getreue Johannes sprach: «Ich bin nur der Diener von einem reichen Kaufmann: was ich hier habe, ist nichts gegen das, was mein Herr auf seinem Schiff stehen hat, und das ist das Künstlichste und Köstlichste, was je in Gold ist gearbeitet worden.» Sie wollte alles heraufgebracht haben, aber er sprach: «Dazu gehören viele Tage, so groß ist die Menge, und so viel Säle, um es aufzustellen, daß Euer Haus nicht Raum dafür hat.» Da ward ihre Neugierde und Lust immer mehr angeregt, so daß sie endlich sagte: «Führe mich hin zu dem Schiff, ich will selbst hingehen und deines Herrn Schätze betrachten.»

Da führte sie der getreue Johannes zu dem Schiffe hin und war ganz freudig, und der König, als er sie erblickte, sah, daß ihre Schönheit noch größer war, als das Bild sie dargestellt hatte, und meinte nicht anders, als das Herz wollte ihm zerspringen. Nun stieg sie in das Schiff, und der König führte sie hinein; der getreue Johannes aber blieb zurück bei dem Steuermann und hieß das Schiff abstoßen: «Spannt alle Segel auf, daß es fliegt wie ein Vogel in der Luft.» Der König aber zeigte ihr drinnen das goldene Geschirr, jedes einzeln, die Schüsseln, Becher, Näpfe, die Vögel, das Gewild und die wunderbaren Tiere. Viele Stunden gingen herum, während sie alles besah, und in ihrer Freude merkte sie nicht, daß das Schiff dahinfuhr. Nachdem sie das letzte betrachtet hatte, dankte sie dem Kaufmann und wollte heim; als sie aber an des Schiffes Rand kam, sah sie, daß es fern vom Land auf hohem Meere ging und mit vollen Segeln forteilte. «Ach», rief sie erschrocken, «ich bin betrogen, ich bin entführt und in die Gewalt eines Kaufmanns geraten; lieber wollt ich sterben!» Der König aber faßte sie bei der Hand und sprach: «Ein Kaufmann bin ich nicht, ich bin ein König und nicht geringer an Geburt, als du bist: aber daß ich dich mit List entführt habe, das ist aus übergroßer Liebe geschehen. Das erstemal, als ich dein Bildnis gesehen habe, bin ich ohnmächtig zur Erde gefallen.» Als die Königstochter vom goldenen Dache das hörte, ward sie getröstet, und ihr

Herz ward ihm geneigt, so daß sie gerne einwilligte, seine Gemahlin zu werden.

Es trug sich aber zu, während sie auf dem hohen Meere dahinfuhren, daß der getreue Johannes, als er vorn auf dem Schiffe saß und Musik machte, in der Luft drei Raben erblickte, die dahergeflogen kamen. Da hörte er auf zu spielen und horchte, was sie miteinander sprachen, denn er verstand das wohl. Die eine rief: «Ei, da führt er die Königstochter vom goldenen Dache heim.» — «Ja», antwortete die zweite, «er hat sie noch nicht.» Sprach die dritte: «Er hat sie doch, sie sitzt bei ihm im Schiffe.» Da fing die erste wieder an und rief: «Was hilft ihm das! Wenn sie ans Land kommen, wird ihm ein fuchsrotes Pferd entgegenspringen: da wird er sich aufschwingen wollen, und tut er das, so sprengt es mit ihm fort und in die Luft hinein, daß er nimmermehr seine Jungfrau wiedersieht.» Sprach die zweite: «Ist gar keine Rettung?» — «O ja, wenn ein anderer schnell aufsitzt, das Feuergewehr, das in den Halftern stecken muß, herausnimmt und das Pferd damit totschießt, so ist der junge König gerettet. Aber wer weiß das! Und wer's weiß und sagt's ihm, der wird zu Stein von den Fußzehen bis zum Knie.» Da sprach die zweite: «Ich weiß noch mehr; wenn das Pferd auch getötet wird, so behält der junge König doch nicht seine Braut: wenn sie zusammen ins Schloß kommen, so liegt dort ein gemachtes Brauthemd in einer Schüssel und sieht aus, als wär's von Gold und Silber gewebt, ist aber nichts als Schwefel und Pech: wenn er's antut, verbrennt es ihn bis auf Mark und Knochen.» Sprach die dritte: «Ist da gar keine Rettung?» — «O ja», antwortete die zweite, «wenn einer mit Handschuhen das Hemd packt und wirft es ins Feuer, daß es verbrennt, so ist der junge König gerettet. Aber was hilft's! Wer's weiß und es ihm sagt, der wird halbes Leibes Stein vom Knie bis zum Herzen.» Da sprach die dritte: «Ich weiß noch mehr; wird das Brauthemd auch verbrannt, so hat der junge König seine Braut doch noch nicht: wenn nach der Hochzeit der Tanz anhebt und die junge Königin tanzt, wird sie plötzlich erbleichen und wie tot hinfallen: und hebt sie nicht einer auf und zieht aus ihrer rechten Brust drei Tropfen Blut und speit sie wieder aus, so stirbt sie. Aber verrät das einer, der es weiß, so wird er ganzes Leibes zu Stein vom Wirbel bis zur Fußzehe.» Als die Raben das miteinander gesprochen hatten, flogen sie weiter, und der getreue Johannes hatte alles wohl verstanden, aber von der Zeit an war er still und traurig; denn verschwieg er seinem Herrn, was er gehört hatte, so war dieser unglücklich: entdeckte er es ihm, so mußte er selbst sein Leben hingeben. Endlich aber sprach er bei sich: «Meinen Herrn will ich retten, und sollt ich selbst darüber zugrunde gehen.»

Als sie nun ans Land kamen, da geschah es, wie die Rabe vorher gesagt hatte, und es sprengte ein prächtiger fuchsroter Gaul daher. «Wohlan», sprach der König, «der soll mich in mein Schloß tragen», und wollte sich aufsetzen, doch der treue Johannes kam ihm zuvor, schwang sich schnell darauf, zog das Gewehr aus den Halftern und schoß den Gaul nieder. Da riefen die andern Diener des Königs, die dem treuen Johannes doch nicht gut waren: «Wie schändlich, das schöne Tier zu töten, das den König in sein Schloß tragen sollte!» Aber der König sprach: «Schweigt und laßt ihn gehen, es ist mein getreuester Johannes, wer weiß, wozu das gut ist!» Nun gingen sie ins Schloß, und da stand im Saal eine Schüssel, und das gemachte Brauthemd lag darin und sah aus nicht anders, als wäre es von Gold und Silber. Der junge König ging darauf zu und wollte es ergreifen, aber der treue Johannes schob ihn weg, packte es mit Handschuhen an, trug es schnell ins Feuer und ließ es verbrennen. Die anderen Diener fingen wieder an zu murren und sagten: «Seht, nun verbrennt er gar des Königs Brauthemd.» Aber der junge König sprach: «Wer weiß, wozu es gut ist, laßt ihn gehen, es ist mein getreuester Johannes.» Nun ward die Hochzeit gefeiert: der Tanz hub an, und die Braut trat auch hinein, da hatte der treue Johannes acht und schaute ihr ins Antlitz; auf einmal erbleichte sie und fiel wie tot zur Erde. Da sprang er eilends hinzu, hob sie auf und trug sie in eine Kammer, da legte er sie nieder, kniete und sog die drei Blutstropfen aus ihrer rechten Brust und speite sie aus. Alsbald atmete sie wieder und erholte sich, aber der junge König hatte es mit angesehen und wußte nicht, warum es der getreue Johannes getan hatte, ward zornig darüber und rief: «Werft ihn ins Gefängnis.» Am andern Morgen ward der getreue Johannes verurteilt und zum Galgen geführt, und als er oben stand, und gerichtet werden sollte, sprach er: «Jeder, der sterben soll, darf vor seinem Ende noch einmal reden, soll ich das Recht auch haben?» — «Ja», antwortete der König, «es soll dir vergönnt sein.» Da sprach der treue Johannes: «Ich bin mit Unrecht verurteilt und bin dir immer treu gewesen», und erzählte, wie er auf dem Meer das Gespräch der Raben gehört und wie er, um seinen Herrn zu retten, das alles hätte tun müssen. Da rief der König: «O mein treuester Johannes, Gnade! Gnade! Führt ihn herunter.» Aber der treue Johannes war bei dem letzten Wort, das er geredet hatte, leblos herabgefallen und war ein Stein.

Darüber trug nun der König und die Königin großes Leid, und der König sprach: «Ach, was hab ich große Treue so übel belohnt!» und ließ das steinerne Bild aufheben und in seine Schlafkammer neben sein Bett stellen. So oft er es ansah, weinte er und sprach: «Ach, könnt ich dich wieder lebendig machen, mein getreuester Johannes.» Es ging eine Zeit herum, da gebar die Königin Zwillinge, zwei Söhnlein, die wuchsen heran und waren ihre Freude. Einmal, als die Königin in der Kirche war und die zwei Kinder bei dem Vater saßen und spielten, sah dieser wieder das steinerne Bildnis voll Trauer an, seufzte und rief: «Ach, könnt ich dich wieder lebendig machen, mein getreuester Johannes.» Da fing der Stein an zu reden und sprach: «Ja, du kannst mich wieder lebendig machen, wenn du dein Liebstes daran wenden willst.» Da rief der König: «Alles, was ich auf der Welt habe, will ich für dich hingeben.» Sprach der Stein weiter: «Wenn du mit deiner eigenen Hand deinen beiden Kindern den Kopf abhaust und mich mit ihrem Blute bestreichst, so erhalte ich das Leben wieder.» Der König erschrak, als er hörte, daß er seine liebsten Kinder selbst töten sollte, doch dachte er an die große Treue und daß der getreue Johannes für ihn gestorben war, zog sein Schwert und hieb mit eigener Hand den Kindern den Kopf ab. Und als er mit ihrem Blute den Stein bestrichen hatte, so kehrte das Leben zurück, und der getreue Johannes stand wieder frisch und gesund vor ihm. Er sprach zum König: «Deine Treue soll nicht unbelohnt bleiben», und nahm die Häupter der Kinder, setzte sie auf und bestrich die Wunde mit ihrem Blut, davon wurden sie im Augenblick wieder heil, sprangen herum und spielten fort, als wär ihnen nichts geschehen. Nun war der König voll Freude, und als er die Königin kommen sah, versteckte er den getreuen Johannes und die beiden Kinder in einen großen Schrank. Wie sie hereintrat, sprach er zu ihr: «Hast du gebetet in der Kirche?» — «Ja», antwortete sie, «aber ich habe beständig an den treuen Johannes gedacht, daß er so unglücklich durch uns geworden ist.» Da sprach er: «Liebe

Frau, wir können ihm das Leben wieder geben, aber es kostet uns unsere beiden Söhnlein, die müssen wir opfern.» Die Königin ward bleich und erschrak im Herzen, doch sprach sie: «Wir sind's ihm schuldig wegen seiner großen Treue.» Da freute er sich, daß sie dachte, wie er gedacht hatte, ging hin und schloß den Schrank auf, holte die Kinder und den treuen Johannes heraus und sprach: «Gott sei gelobt, er ist erlöst, und unsere Söhnlein haben wir auch wieder», und erzählte ihr, wie sich alles zugetragen hatte. Da lebten sie zusammen in Glückseligkeit bis an ihr Ende.

7

DER GUTE HANDEL

Ein Bauer, der hatte seine Kuh auf den Markt getrieben und für sieben Taler verkauft. Auf dem Heimweg mußte er an einem Teich vorbei, und da hörte er schon von weitem, wie die Frösche riefen: «Ak, ak, ak, ak.» — «Ja», sprach er für sich, «die schreien auch ins Haberfeld hinein: sieben sind's, die ich gelöst habe, keine acht.» Als er zu dem Wasser herankam, rief er ihnen zu: «Dummes Vieh, das ihr seid! Wißt ihr's nicht besser? Sieben Taler sind's und keine acht.» Die Frösche blieben aber bei ihrem «ak, ak, ak, ak.» — «Nun, wenn ihr's nicht glauben wollt, ich kann's euch vorzählen», holte das Geld aus der Tasche und

zählte die sieben Taler ab, immer vierundzwanzig Groschen auf einen. Die Frösche
kehrten sich aber nicht an seine Rechnung und
riefen abermals: «ak, ak, ak, ak.» — «Ei»,
rief der Bauer ganz bös, «wollt ihr's besser
wissen als ich, so zählt selber», und warf ihnen
das Geld miteinander ins Wasser hinein. Er
blieb stehen und wollte warten, bis sie fertig
wären und ihm das Seinige wieder brächten;
aber die Frösche beharrten auf ihrem Sinn,
schrien immerfort: «ak, ak, ak, ak», und warfen auch das Geld nicht wieder heraus. Er
wartete noch eine gute Weile, bis der Abend
anbrach und er nach Hause mußte; da schimpfte
er die Frösche aus und rief: «Ihr Wasserpatscher, ihr Dickköpfe, ihr Klotzaugen, ein
groß Maul habt ihr und könnt schreien, daß
einem die Ohren wehtun, aber sieben Taler
könnt ihr nicht zählen: meint ihr, ich wollte
dastehen, bis ihr fertig wärt?» Damit ging er
fort, aber die Frösche riefen noch: «ak, ak, ak,
ak» hinter ihm her, daß er ganz verdrießlich
heimkam.

Über eine Zeit erhandelte er sich wieder eine
Kuh, die schlachtete er und machte die Rechnung, wenn er das Fleisch gut verkaufte, könnte
er so viel lösen, als die beiden Kühe wert wären,
und das Fell hätte er obendrein. Als er nun mit
dem Fleisch zu der Stadt kam, war vor dem
Tore ein ganzes Rudel Hunde zusammengelau-
fen, voran ein großer Windhund: der sprang
um das Fleisch, schnupperte und bellte:
«was, was, was, was.» Als er gar nicht auf-

hören wollte, sprach der Bauer zu ihm: «Ja, ich merke wohl, du sagst ‚was, was', weil du etwas von dem Fleisch verlangst; da sollt ich aber schön ankommen, wenn ich dir's geben wollte.» Der Hund antwortete nichts als: «was, was.» — «Willst du's auch nicht wegfressen und für deine Kameraden da gutstehen?» — «Was, was», sprach der Hund. «Nun, wenn du dabei beharrst, so will ich dir's lassen, ich kenn dich wohl und weiß, bei wem du dienst: aber das sage ich dir, in drei Tagen muß ich mein Geld haben, sonst geht dir's schlimm: du kannst mir's nur hinausbringen.» Darauf lud er das Fleisch ab und kehrte wieder um: die Hunde machten sich darüber her und bellten laut: «was, was.» Der Bauer, der es von weitem hörte, sprach zu sich: «Horch, jetzt verlangen sie alle was, aber der große muß mir einstehen.»

Als drei Tage herum waren, dachte der Bauer: heute abend hast du dein Geld in der Tasche, und war ganz vergnügt. Aber es wollte niemand kommen und auszahlen. «Es ist kein Verlaß mehr auf jemand», sprach er, und endlich riß ihm die Geduld, daß er in die Stadt zu dem Fleischer ging und sein Geld forderte. Der Fleischer meinte, es wäre ein Spaß, aber der Bauer sagte: «Spaß beiseite, ich will mein Geld: hat der große Hund euch nicht die ganze geschlachtete Kuh vor drei Tagen heimgebracht?» Da ward der Fleischer zornig, griff nach einem Besenstiel und jagte ihn hinaus. «Wart», sprach der Bauer, «es gibt noch Gerechtigkeit auf der Welt!» und ging in das königliche Schloß und bat sich Gehör aus. Er ward vor den König geführt, der da saß mit seiner Tochter und fragte, was ihm für ein Leid widerfahren wäre? «Ach», sagte er, «die Frösche und die Hunde haben mir das Meinige genommen, und der Metzger hat mich dafür mit dem Stock bezahlt», und erzählte weitläufig, wie es zugegangen war. Darüber fing die Königstochter laut an zu lachen, und der König sprach zu ihm: «Recht kann ich dir hier nicht geben, aber dafür sollst du meine Tochter zur Frau haben: ihr Lebtag hat sie noch nicht gelacht als eben über dich, und ich habe sie dem versprochen, der sie zum Lachen brächte. Du kannst Gott für dein Glück danken.» — «Oh», antwortete der Bauer, «ich will sie gar nicht: ich habe daheim nur eine einzige Frau, und die ist mir schon zuviel; wenn ich nach Hause komme, so ist mir nicht anders, als ob in jedem Winkel eine stände.» Da ward der König zornig und sagte: «Du bist ein Grobian.» — «Ach, Herr König», antwortete der Bauer, «was könnt Ihr von einem Ochsen anders erwarten als Rindfleisch!» — «Warte», erwiderte der König, «du sollst einen andern Lohn haben. Jetzt pack dich fort, aber in drei Tagen komm wieder, so sollen dir fünfhundert vollgezählt werden.»

Wie der Bauer hinaus vor die Tür kam, sprach die Schildwache: «Du hast die Königstochter zum Lachen gebracht, da wirst du was Rechtes bekommen haben.» — «Ja, das mein ich», antwortete der Bauer, «fünfhundert werden mir ausbezahlt.» — «Hör», sprach der Soldat, «gib mir etwas davon: was willst du mit all dem Geld anfangen!» — «Weil du's bist», sprach der Bauer, «so sollst du zweihundert haben; melde dich in drei Tagen beim König und laß dir's aufzählen.» Ein Jude, der in der Nähe gestanden und das Gespräch mit angehört hatte, lief dem Bauer nach, hielt ihn beim Rock und sprach: «Gotteswunder, was seid Ihr ein Glückskind! Ich will's Euch wechseln, ich will's Euch umsetzen in Scheidemünz, was wollt Ihr mit den harten Talern?» — «Mauschel», sagte der Bauer, «dreihundert kannst du noch haben, gib mir's gleich in Münze; heut über drei Tage wirst du dafür beim König bezahlt werden.» Der Jude freute sich über das Profitchen und brachte die Summe in schlechten Groschen, wo drei so viel wert sind als zwei gute. Nach Verlauf der drei Tage ging der Bauer, dem Befehl des Königs gemäß, vor den König. «Zieht ihm den Rock aus», sprach dieser, «er soll seine fünfhundert haben.» — «Ach», sagte der Bauer, «sie gehören nicht mehr mein; zweihundert habe ich an die Schildwache verschenkt, und dreihundert hat mir der Jude eingewechselt, von Rechts wegen gebührt mir gar nichts.» Indem kamen der Soldat und der Jude herein, verlangten das Ihrige, das sie dem Bauer abgewonnen hätten, und erhielten die Schläge richtig zugemessen. Der Soldat ertrug's geduldig und wußte schon, wie's schmeckte: der Jude aber tat jämmerlich, «au weih geschrien! sind das die harten Taler?»

Der König mußte über den Bauer lachen, und da aller Zorn verschwunden war, sprach er: «Weil du deinen Lohn schon verloren hast, bevor er dir zuteil ward, so will ich dir einen Ersatz geben: geh in meine Schatzkammer und hol dir Geld, soviel du willst.» Der Bauer ließ sich das nicht zweimal sagen und füllte in seine weiten Taschen, was nur hinein wollte. Danach ging er ins Wirtshaus und überzählte sein Geld. Der Jude war ihm nachgeschlichen und hörte, wie er mit sich allein brummte: «Nun hat mich der Spitzbube von König doch hinters Licht geführt! Hätte er mir nicht selbst das Geld geben können, so wüßte ich, was ich hätte; wie kann ich nun wissen, ob das richtig ist, was ich so auf gut Glück eingesteckt habe!» — «Gott bewahre», sprach der Jude für sich, «der spricht despektierlich von unserm Herrn; ich lauf und geb's an, da krieg ich eine Belohnung, und er wird obendrein noch bestraft.» Als der König von den Reden des Bauern hörte, geriet er in Zorn und ließ den Juden hingehen und den Sünder herbeiholen. Der Jude lief zum Bauer: «Ihr sollt gleich zum Herrn König kommen, wie Ihr geht und steht.» — «Ich weiß besser, was sich schickt», antwortete der Bauer, «erst laß ich mir einen neuen Rock machen; meinst du, ein Mann, der so viel Geld in der Tasche hat, sollte in dem alten Lumpenrock hingehen?» Der Jude, als er sah, daß der Bauer ohne einen andern Rock nicht wegzubringen war, und weil er fürchtete, wenn der Zorn des Königs verraucht wäre, so käme er um seine

Belohnung und der Bauer um seine Strafe, so sprach er: «Ich will Euch für die kurze Zeit einen schönen Rock leihen aus bloßer Freundschaft; was tut der Mensch nicht alles aus Liebe!» Der Bauer ließ sich das gefallen, zog den Rock vom Juden an und ging mit ihm fort. Der König hielt dem Bauer die bösen Reden vor, die der Jude hinterbracht hatte. «Ach», sprach der Bauer, «was ein Jude sagt, ist immer gelogen, dem geht kein wahres Wort aus dem Munde; der Kerl da ist imstand und behauptet, ich hätte seinen Rock an.» — «Was soll mir das?» schrie der Jude, «ist der Rock nicht mein, hab ich ihn Euch nicht aus bloßer Freundschaft geborgt, damit Ihr vor den Herrn König treten konntet?» Wie der König das hörte, sprach er: «Einen hat der Jude gewiß betrogen, mich oder den Bauer», und ließ ihm noch etwas in harten Talern nachzahlen. Der Bauer aber ging in dem guten Rock und mit dem guten Geld in der Tasche heim und sprach: «Diesmal hab ich's getroffen.»

8

DER WUNDERLICHE SPIELMANN

Es war einmal ein wunderlicher Spielmann, der ging durch einen Wald mutterseligallein und dachte hin und her, und als für seine Gedanken nichts mehr übrig war, sprach er zu sich selbst: «Mir wird hier im Walde Zeit und Weile lang, ich will einen guten Gesellen herbeiholen.» Da nahm er die Geige vom Rücken und fiedelte eins, daß es durch die Bäume schallte. Nicht lange, so kam ein Wolf durch das Dickicht dahergetrabt. «Ach, ein Wolf kommt! Nach dem trage ich kein Verlangen», sagte der Spielmann; aber der Wolf schritt näher und sprach zu ihm: «Ei, du lieber Spielmann, was fiedelst du so schön! das möcht ich auch lernen.» — «Das ist bald gelernt», antwortete ihm der Spielmann, «du mußt nur alles tun, was ich dich heiße.» — «O Spielmann», sprach der Wolf, «ich will dir gehorchen wie ein Schüler seinem Meister.» Der Spielmann hieß ihn mitgehen, und als sie ein Stück Wegs zusammen gegangen waren, kamen sie an einen alten Eichbaum, der innen hohl und in der Mitte aufgerissen war. «Sieh her», sprach der Spielmann, «willst du fiedeln lernen, so lege die Vorderpfoten in diesen Spalt.» Der Wolf gehorchte, aber der Spielmann hob schnell einen Stein auf und keilte ihm die beiden Pfoten mit einem Schlag so fest, daß er wie ein Gefangener da liegenbleiben mußte. «Warte da so lange, bis ich wiederkomme», sagte der Spielmann und ging seines Weges.

Über eine Weile sprach er abermals zu sich selber: «Mir wird hier im Walde Zeit und Weile lang, ich will einen andern Gesellen herbeiholen», nahm seine Geige und fiedelte wieder in den Wald hinein. Nicht lange, so kam ein Fuchs durch die Bäume dahergeschlichen. «Ach, ein Fuchs kommt!» sagte der

Spielmann, «nach dem trage ich kein Verlangen.» Der Fuchs kam zu ihm heran und sprach: «Ei, du lieber Spielmann, was fiedelst du so schön! das möcht ich auch lernen.» — «Das ist bald gelernt», sprach der Spielmann, «du mußt nur alles tun, was ich dich heiße.» — «O Spielmann», antwortete der Fuchs, «ich will dir gehorchen wie ein Schüler seinem Meister.» — «Folge mir», sagte der Spielmann, und als sie ein Stück Wegs gegangen waren, kamen sie auf einen Fußweg, zu dessen beiden Seiten hohe Sträuche standen. Da hielt der Spielmann still, bog von der einen Seite ein Haselnußbäumchen zur Erde herab und trat mit dem Fuß auf die Spitze, dann bog er von der andern Seite noch ein Bäumchen herab und sprach: «Wohlan, Füchslein, wenn du etwas lernen willst, so reich mir deine linke Vorderpfote.» Der Fuchs gehorchte, und der Spielmann band ihm die Pfote an den linken Stamm. «Füchslein», sprach er, «nun reich mir die rechte»: die band er ihm an den rechten Stamm. Und als er nachgesehen hatte, ob die Knoten der Stricke auch fest genug waren, ließ er los, und die Bäumchen fuhren in die Höhe und schnellten das Füchslein hinauf, daß es in der Luft schwebte und zappelte. «Warte da so lange, bis ich wiederkomme», sagte der Spielmann und ging seines Weges.

Wiederum sprach er zu sich: «Zeit und Weile wird mir hier im Walde lang; ich will einen andern Gesellen herbeiholen», nahm seine Geige, und der Klang erschallte durch den

Wald. Da kam ein Häschen dahergesprungen. «Ach, ein Hase kommt!» sagte der Spielmann, «den wollte ich nicht haben.» — «Ei, du lieber Spielmann», sagte das Häschen, «was fiedelst du so schön! das möchte ich auch lernen.» — «Das ist bald gelernt», sprach der Spielmann, «du mußt nur alles tun, was ich dich heiße.» — «O Spielmann», antwortete das Häslein, «ich will dir gehorchen wie ein Schüler seinem Meister.» Sie gingen ein Stück Wegs zusammen, bis sie zu einer lichten Stelle im Wald kamen, wo ein Espenbaum stand. Der Spielmann band dem Häschen einen langen Bindfaden um den Hals, wovon er das andere Ende an den Baum knüpfte. «Munter, Häschen, jetzt spring mir zwanzigmal um den Baum herum», rief der Spielmann, und das Häschen gehorchte, und wie es zwanzigmal herumgelaufen war, so hatte sich der Bindfaden zwanzigmal um den Stamm gewickelt, und das Häschen war gefangen, und es mochte ziehen und zerren wie es wollte, es schnitt sich nur den Faden in den weichen Hals. «Warte da so lange, bis ich wiederkomme», sprach der Spielmann und ging weiter.

Der Wolf indessen hatte gerückt, gezogen, an dem Stein gebissen und so lange gearbeitet, bis er die Pfoten frei gemacht und wieder aus der Spalte gezogen hatte. Voll Zorn und Wut eilte er hinter dem Spielmann her und wollte ihn zerreißen. Als ihn der Fuchs laufen sah, fing er an zu jammern und schrie aus Leibeskräften: «Bruder Wolf, komm mir zur Hilfe, der Spielmann hat mich betrogen.» Der Wolf

zog die Bäumchen herab, biß die Schnüre entzwei und machte den Fuchs frei, der mit ihm
ging und an dem Spielmann Rache nehmen
wollte. Sie fanden das gebundene Häschen, das
sie ebenfalls erlösten, und dann suchten alle
zusammen ihren Feind auf.

Der Spielmann hatte auf seinem Weg abermals seine Fiedel erklingen lassen, und diesmal
war er glücklicher gewesen. Die Töne drangen
zu den Ohren eines armen Holzhauers, der alsbald, er mochte wollen oder nicht, von der
Arbeit abließ und mit dem Beil unter dem
Arme herankam, die Musik zu hören. «Endlich kommt doch der rechte Geselle», sagte der
Spielmann, «denn einen Menschen suchte ich
und keine wilden Tiere.» Und fing an und
spielte so schön und lieblich, daß der arme
Mann wie bezaubert dastand und ihm das Herz
vor Freude aufging. Und wie er so stand, kamen der Wolf, der Fuchs und das Häslein heran, und er merkte wohl, daß sie etwas Böses
im Schilde führten. Da erhob er seine blinkende
Axt und stellte sich vor den Spielmann, als
wollte er sagen: «Wer an ihn will, der hüte
sich, der hat es mit mir zu tun.» Da ward den
Tieren angst, und sie liefen in den Wald zurück;
der Spielmann aber spielte dem Manne noch
eins zum Dank und zog dann weiter.

9

DIE ZWÖLF BRÜDER

Es war einmal ein König und eine Königin, die lebten in Frieden miteinander und hatten zwölf Kinder, das waren aber lauter Buben. Nun sprach der König zu seiner Frau: «Wenn das dreizehnte Kind, das du zur Welt bringst, ein Mädchen ist, so sollen die zwölf Buben sterben, damit sein Reichtum groß wird und das Königreich ihm allein zufällt.» Er ließ auch zwölf Särge machen, die waren schon mit Hobelspänen gefüllt, und in jedem lag das Totenkißchen, und ließ sie in eine verschlossene Stube bringen, dann gab er der Königin den Schlüssel und gebot ihr, niemand etwas davon zu sagen.

Die Mutter aber saß nun den ganzen Tag und trauerte, so daß der kleinste Sohn, der immer bei ihr war und den sie nach der Bibel Benjamin nannte, zu ihr sprach: «Liebe Mutter, warum bist du so traurig?» — «Liebstes Kind», antwortete sie, «ich darf dir's nicht sagen.» Er ließ ihr aber keine Ruhe, bis sie ging und die Stube aufschloß und ihm die zwölf mit Hobelspänen schon gefüllten Totenladen zeigte. Darauf sprach sie: «Mein liebster Benjamin, diese Särge hat dein Vater für dich und deine elf Brüder machen lassen, denn wenn ich ein Mädchen zur Welt bringe, so sollt ihr allesamt getötet und darin begraben werden.» Und als sie weinte, während sie das sprach, so tröstete sie der Sohn und sagte: «Weine nicht, liebe Mutter, wir wollen uns schon helfen und wollen fortgehen.» Sie aber sprach: «Geh mit deinen elf Brüdern hinaus in den Wald, und einer setze sich immer auf den höchsten Baum, der zu finden ist, und halte Wacht und schaue nach dem Turm hier im Schloß. Gebär ich ein Söhnlein, so will ich eine weiße Fahne aufstecken, und dann dürft ihr wiederkommen: gebär ich ein Töchterlein, so will ich eine rote Fahne aufstecken, und dann flieht fort, so schnell ihr könnt, und der liebe Gott behüte euch. Alle Nacht will ich aufstehen und für euch beten, im Winter, daß ihr an einem Feuer euch wärmen könnt, im Sommer, daß ihr nicht in der Hitze schmachtet.»

Nachdem sie also ihre Söhne gesegnet hatte, gingen sie hinaus in den Wald. Einer hielt um den andern Wacht, saß auf der höchsten Eiche und schauete nach dem Turm. Als elf Tage herum waren und die Reihe an Benjamin kam, da sah er, wie eine Fahne aufgesteckt wurde: es war aber nicht die weiße, sondern die rote Blutfahne, die verkündigte, daß sie alle sterben sollten. Wie die Brüder das hörten, wurden sie zornig und sprachen: «Sollten wir um eines Mädchens willen den Tod leiden! Wir schwören, daß wir uns rächen wollen: wo wir ein Mädchen finden, soll sein rotes Blut fließen.»

Darauf gingen sie tiefer in den Wald hinein, und mitten drein, wo er am dunkelsten war, fanden sie ein kleines verwünschtes Häuschen, das leer stand. Da sprachen sie: «Hier wollen wir wohnen, und du, Benjamin, du bist der jüngste und schwächste, du sollst daheimbleiben und haushalten, wir andern wollen ausgehen und Essen holen.» Nun zogen sie in den Wald und schossen Hasen, wilde Rehe, Vögel und Täuberchen und was zu essen stand: das brachten sie dem Benjamin, der mußte es ihnen zurechtmachen, damit sie ihren Hunger stillen konnten. In dem Häuschen lebten sie zehn Jahre zusammen, und die Zeit ward ihnen nicht lang.

Das Töchterchen, das ihre Mutter, die Königin, geboren hatte, war nun herangewachsen, war gut von Herzen und schön von Angesicht und hatte einen goldenen Stern auf der Stirne. Einmal, als große Wäsche war, sah es darunter zwölf Mannshemden und fragte seine Mutter: «Wem gehören diese zwölf Hemden, für den Vater sind sie doch viel zu klein?» Da antwortete sie mit schwerem Herzen: «Liebes Kind, die gehören deinen zwölf Brüdern.» Sprach das Mädchen: «Wo sind meine zwölf Brüder, ich habe noch niemals von ihnen gehört.» Sie antwortete: «Das weiß Gott, wo sie sind: sie irren in der Welt herum.» Da nahm sie das Mädchen und schloß ihm das Zimmer auf und zeigte ihm die zwölf Särge mit den Hobelspänen und den Totenkißchen. «Diese Särge», sprach sie, «waren für deine Brüder bestimmt, aber sie sind heimlich fortgegangen, eh' du geboren warst», und erzählte ihm, wie sich alles zugetragen hatte. Da sagte das Mädchen: «Liebe Mutter, weine nicht, ich will gehen und meine Brüder suchen.»

Nun nahm es die zwölf Hemden und ging fort und geradezu in den großen Wald hinein. Es ging den ganzen Tag, und am Abend kam es zu dem verwünschten Häuschen. Da trat es hinein und fand einen jungen Knaben, der fragte: «Wo kommst du her und wo willst du hin?» und erstaunte, daß sie so schön war, königliche Kleider trug und einen Stern auf der Stirne hatte. Da antwortete sie: «Ich bin eine Königstochter und suche meine zwölf Brüder und will gehen, soweit der Himmel blau ist, bis ich sie finde.» Sie zeigte ihm auch die zwölf Hemden, die ihnen gehörten. Da sah Benjamin, daß es seine Schwester war, und sprach: «Ich bin Benjamin, dein jüngster Bruder.» Und sie fing an zu weinen vor Freude und Benjamin auch, und sie küßten und herzten einander vor großer Liebe. Hernach sprach er: «Liebe Schwester, es ist noch ein Vorbehalt da; wir hatten verabredet, daß ein jedes Mädchen, das uns begegnete, sterben sollte, weil wir um ein Mädchen unser Königreich verlassen mußten.» Da sagte sie: «Ich will gerne sterben, wenn ich damit meine zwölf Brüder erlösen kann.» — «Nein», antwortete er, «du sollst nicht sterben, setze dich unter diese Bütte, bis die elf Brüder kommen, dann will ich schon einig mit ihnen werden.» Also tat sie; und wie es Nacht ward, kamen die andern von der Jagd, und die Mahlzeit war bereit. Und als sie am Tische saßen und aßen, fragten sie: «Was gibt's Neues?» Sprach Benjamin: «Wißt ihr nichts?» — «Nein», antworteten sie. Sprach er weiter: «Ihr seid im Walde gewesen, und ich bin daheimgeblieben und weiß doch mehr als ihr.» — «So erzähle uns», riefen sie. Antwortete er: «Versprecht ihr mir auch, daß das erste Mädchen, das uns begegnet, nicht soll getötet werden?» — «Ja», riefen sie alle, «das soll Gnade haben, erzähl uns nur.» Da sprach er: «Unsere Schwester ist da», und hub die Bütte auf, und die Königstochter kam hervor in ihren königlichen Kleidern, mit dem goldenen Stern auf der Stirne und war so schön, zart und fein. Da freuten sie sich alle, fielen ihr um den Hals und küßten sie und hatten sie von Herzen lieb.

Nun blieb sie bei Benjamin zu Haus und half ihm in der Arbeit. Die elfe zogen in den Wald, fingen Gewild, Rehe, Vögel und Täuberchen, damit sie zu essen hatten, und die Schwester und Benjamin sorgten, daß es zubereitet wurde. Sie suchte das Holz zum Kochen und die Kräuter zum Gemüs und stellte die Töpfe ans Feuer, also daß die Mahlzeit immer fertig war, wenn die elfe kamen. Sie hielt auch sonst Ordnung im Häuschen und deckte die Bettlein hübsch weiß und rein, und die Brüder waren immer zufrieden und lebten in großer Einigkeit mit ihr.

Auf eine Zeit hatten die beiden daheim eine schöne Kost zurechtgemacht, und wie sie nun alle beisammen waren, setzten sie sich, aßen und tranken und waren voller Freude. Es war aber ein kleines Gärtchen an dem verwünschten Häuschen, darin standen zwölf Lilienblumen, die man auch Studenten heißt: nun wollte sie ihren Brüdern ein Vergnügen machen, brach die zwölf Blumen ab und dachte, jedem aufs Essen eine zu schenken. Wie sie aber die Blumen abgebrochen hatte, in demselben Augenblick waren die zwölf Brüder in zwölf Raben verwandelt und flogen über den Wald hin fort, und das Haus mit dem Garten war auch verschwunden. Da war nun das arme Mädchen allein in dem wilden Wald, und wie es sich umsah, so stand eine alte Frau neben ihm, die sprach: «Mein Kind, was hast du angefangen? Warum hast du die zwölf weißen Blumen nicht stehenlassen? Das waren deine Brüder, die sind nun auf immer in Raben verwandelt.» Das Mädchen sprach weinend: «Ist denn kein Mittel, sie zu erlösen?» — «Nein», sagte die Alte, «es ist keins auf der ganzen Welt als eins, das ist aber so schwer, daß du sie damit nicht befreien wirst, denn du mußt sieben Jahre stumm sein, darfst nicht sprechen und nicht lachen, und sprichst du ein einziges Wort und es fehlt nur eine Stunde an den sieben Jahren, so ist alles umsonst, und deine Brüder werden von dem einen Wort getötet.»

Da sprach das Mädchen in seinem Herzen: «Ich weiß gewiß, daß ich meine Brüder erlöse», und ging und suchte einen hohen Baum, setzte sich darauf und spann und sprach nicht und lachte nicht. Nun trug's sich zu, daß ein König in dem Walde jagte; der hatte einen großen Windhund, der lief zu dem Baum, wo das Mädchen drauf saß, sprang herum, schrie und bellte hinauf. Da kam der König herbei und sah die schöne Königstochter mit dem goldenen Stern auf der Stirne und war so entzückt über ihre Schönheit, daß er ihr zurief, ob sie seine Gemahlin werden wollte. Sie gab keine Antwort, nickte aber ein wenig mit dem Kopf. Da stieg er selbst auf den Baum, trug sie herab, setzte sie auf sein Pferd und führte sie heim. Da ward die Hochzeit mit großer Pracht und Freude gefeiert: aber die Braut sprach nicht und lachte nicht. Als sie ein paar Jahre miteinander vergnügt gelebt hatten, fing die Mutter des Königs, die eine böse Frau war, an, die junge Königin zu verleumden, und sprach zum König: «Es ist ein gemeines Bettelmädchen, das du dir mitgebracht hast; wer weiß, was für gottlose Streiche sie heimlich treibt. Wenn sie stumm ist und nicht sprechen kann, so könnte sie doch einmal lachen, aber wer nicht lacht, der hat ein böses Gewissen.» Der König wollte zuerst nicht daran glauben, aber die Alte trieb es so lange und beschuldigte sie so viel böser Dinge, daß der König sich endlich überreden ließ und sie zum Tod verurteilte.

Nun ward im Hof ein großes Feuer angezündet, darin sollte sie verbrannt werden: und der König stand oben am Fenster und sah mit weinenden Augen zu, weil er sie noch immer so lieb hatte. Und als sie schon an den Pfahl festgebunden war und das Feuer an ihren Kleidern mit roten Zungen leckte, da war eben der letzte Augenblick von den sieben Jahren verflossen. Da ließ sich in der Luft ein Geschwirr hören, und zwölf Raben kamen hergezogen und senkten sich nieder: und wie sie die Erde berührten, waren es ihre zwölf Brüder, die sie erlöst hatte. Sie rissen das Feuer auseinander, löschten die Flammen, machten ihre liebe Schwester frei und küßten und herzten sie. Nun aber, da sie ihren Mund auftun und reden durfte, erzählte sie dem Könige, warum sie stumm gewesen wäre und niemals gelacht hätte. Der König freute sich, als er hörte, daß sie unschuldig war, und sie lebten nun alle zusammen in Einigkeit bis an ihren Tod. Die böse Stiefmutter ward vor Gericht gestellt und in ein Faß gesteckt, das mit siedendem Öl und giftigen Schlangen angefüllt war, und starb eines bösen Todes.

10

DAS LUMPENGESINDEL

Hähnchen sprach zum Hühnchen: «Jetzt ist die Zeit, wo die Nüsse reif werden, da wollen wir zusammen auf den Berg gehen und uns einmal recht sattessen, ehe sie das Eichhorn alle wegholt.» — «Ja», antwortete das Hühnchen, «komm, wir wollen uns eine Lust miteinander machen.» Da gingen sie zusammen fort auf den Berg, und weil es ein heller Tag war, blieben sie bis zum Abend. Nun weiß ich nicht, ob sie sich so dickgegessen hatten oder ob sie so übermütig geworden waren, kurz, sie wollten nicht zu Fuß nach Haus gehen, und das Hähnchen mußte einen kleinen Wagen von Nußschalen bauen. Als er fertig war, setzte sich Hühnchen hinein und sagte zum Hähnchen: «Du kannst dich nur immer vorspannen.» — «Du kommst mir recht», sagte das Hähnchen, «lieber geh ich zu Fuß nach Haus, als daß ich mich vorspannen lasse: nein, so haben wir nicht gewettet. Kutscher will ich wohl sein und auf dem Bock sitzen, aber selbst ziehen, das tu ich nicht.»

Wie sie so stritten, schnatterte eine Ente daher: «Ihr Diebsvolk, wer hat euch geheißen, in meinen Nußberg gehen? Wartet, das soll euch schlecht bekommen!» ging also mit aufgesperrtem Schnabel auf das Hähnchen los. Aber Hähnchen war auch nicht faul und stieg der Ente tüchtig zu Leib; endlich hackte es mit seinen Sporn so gewaltig auf sie los, daß sie um Gnade bat und sich gern zur Strafe vor den Wagen spannen ließ. Hähnchen setzte sich nun auf den Bock und war Kutscher, und darauf ging es fort in einem Jagen: «Ente, lauf zu, was du kannst!» Als sie ein Stück Weges gefahren waren, begegneten sie zwei Fußgängern, einer Stecknadel und einer Nähnadel. Sie riefen: «Halt! halt!» und sagten, es würde gleich stichdunkel werden, da könnten sie keinen Schritt weiter, auch wäre es so schmutzig auf der Straße, ob sie nicht ein wenig einsitzen könnten: sie wären auf der Schneiderherberge vor dem Tor gewesen und hätten sich beim Bier verspätet. Hähnchen, da es magere

Leute waren, die nicht viel Platz einnahmen, ließ sie beide einsteigen, doch mußten sie versprechen, ihm und seinem Hühnchen nicht auf die Füße zu treten. Spät abends kamen sie zu einem Wirtshaus, und weil sie die Nacht nicht weiterfahren wollten, die Ente auch nicht gut zu Fuß war und von einer Seite auf die andere fiel, so kehrten sie ein. Der Wirt machte anfangs viel Einwendungen, sein Haus wäre schon voll, gedachte auch wohl, es möchte keine vornehme Herrschaft sein, endlich aber, da sie süße Reden führten, er sollte das Ei haben, welches das Hühnchen unterwegs gelegt hatte, auch die Ente behalten, die alle Tage eins legte, so sagte er endlich, sie möchten die Nacht über bleiben. Nun ließen sie wieder frisch auftragen und lebten in Saus und Braus. Frühmorgens, als es dämmerte und noch alles schlief, weckte Hähnchen das Hühnchen, holte das Ei, pickte es auf, und sie verzehrten es zusammen; die Schalen aber warfen sie auf den Feuerherd. Dann gingen sie zu der Nähnadel, die noch schlief, packten sie beim Kopf und steckten sie in das Sesselkissen des Wirts, die Stecknadel aber in sein Handtuch, endlich flogen sie, mir nichts, dir nichts, über die Heide davon. Die Ente, die gern unter freiem Himmel schlief und im Hof geblieben war, hörte sie fortschnurren, machte sich munter und fand einen Bach, auf dem sie hinabschwamm; und das ging geschwinder als vor dem Wagen. Ein paar Stunden später machte sich erst der Wirt aus den Federn, wusch sich und wollte

sich am Handtuch abtrocknen; da fuhr ihm
die Stecknadel über das Gesicht und machte
ihm einen roten Strich von einem Ohr zum
andern: dann ging er in die Küche und wollte
sich eine Pfeife anstecken; wie er aber an den
Herd kam, sprangen ihm die Eierschalen in die
Augen. «Heute morgen will mir alles an meinen
Kopf», sagte er und ließ sich verdrießlich auf
seinen Großvaterstuhl nieder; aber geschwind
fuhr er wieder in die Höhe und schrie: «auweh!»,
denn die Nähnadel hatte ihn noch schlimmer
und nicht in den Kopf gestochen. Nun war er
vollends böse und hatte Verdacht auf die Gäste,
die so spät gestern abend gekommen waren;
und wie er ging und sich nach ihnen umsah,
waren sie fort. Da tat er einen Schwur, kein
Lumpengesindel mehr in sein Haus zu nehmen,
das viel verzehrt, nichts bezahlt und zum Dank
noch obendrein Schabernack treibt.

11

BRÜDERCHEN UND SCHWESTERCHEN

Brüderchen nahm sein Schwesterchen an der
Hand und sprach: «Seit die Mutter tot ist,
haben wir keine gute Stunde mehr; die Stiefmutter schlägt uns alle Tage, und wenn wir
zu ihr kommen, stößt sie uns mit den Füßen
fort. Die harten Brotkrusten, die übrigbleiben,
sind unsere Speise, und dem Hündlein unter
dem Tisch geht's besser: dem wirft sie doch

manchmal einen guten Bissen zu. Daß Gott erbarm, wenn das unsere Mutter wüßte! Komm, wir wollen miteinander in die weite Welt gehen.» Sie gingen den ganzen Tag über Wiesen, Felder und Steine, und wenn es regnete, sprach das Schwesterchen: «Gott und unsere Herzen, die weinen zusammen!» Abends kamen sie in einen großen Wald und waren so müde von Jammer, Hunger und dem langen Weg, daß sie sich in einen hohlen Baum setzten und einschliefen.

Am andern Morgen, als sie aufwachten, stand die Sonne schon hoch am Himmel und schien heiß in den Baum hinein. Da sprach das Brüderchen: «Schwesterchen, mich dürstet; wenn ich ein Brünnlein wüßte, ich ging und tränk einmal; ich mein, ich hört eins rauschen.» Brüderchen stand auf, nahm Schwesterchen an der Hand, und sie wollten das Brünnlein suchen. Die böse Stiefmutter aber war eine Hexe und hatte wohl gesehen, wie die beiden Kinder fortgegangen waren, war ihnen nachgeschlichen, heimlich, wie die Hexen schleichen, und hatte alle Brunnen im Walde verwünscht. Als sie nun ein Brünnlein fanden, das so glitzerig über die Steine sprang, wollte das Brüderchen daraus trinken: aber das Schwesterchen hörte, wie es im Rauschen sprach: «Wer aus mir trinkt, wird ein Tiger; wer aus mir trinkt, wird ein Tiger.» Da rief das Schwesterchen: «Ich bitte dich, Brüderchen, trink nicht, sonst wirst du ein wildes Tier und zerreißest mich.» Das Brüderchen trank nicht,

ob es gleich so großen Durst hatte, und sprach:
«Ich will warten bis zur nächsten Quelle.» Als
sie zum zweiten Brünnlein kamen, hörte das
Schwesterchen, wie auch dieses sprach: «Wer
aus mir trinkt, wird ein Wolf; wer aus mir
trinkt, wird ein Wolf.» Da rief das Schwesterchen: «Brüderchen, ich bitte dich, trink nicht,
sonst wirst du ein Wolf und frissest mich.»
Das Brüderchen trank nicht und sprach:
«Ich will warten, bis wir zur nächsten Quelle
kommen, aber dann muß ich trinken, du magst
sagen, was du willst: mein Durst ist gar zu
groß.» Und als sie zum dritten Brünnlein
kamen, hörte das Schwesterlein, wie es im
Rauschen sprach: «Wer aus mir trinkt, wird
ein Reh; wer aus mir trinkt, wird ein Reh.»
Das Schwesterchen sprach: «Ach, Brüderchen,
ich bitte dich, trink nicht, sonst wirst du ein
Reh und läufst mir fort.» Aber das Brüderchen
hatte sich gleich beim Brünnlein niedergekniet,
hinabgebeugt und von dem Wasser getrunken,
und wie die ersten Tropfen auf seine Lippen
gekommen waren, lag es da als ein Rehkälbchen.

Nun weinte das Schwesterchen über das
arme verwünschte Brüderchen, und das Rehchen weinte auch und saß so traurig neben
ihm. Da sprach das Mädchen endlich: «Sei
still, liebes Rehchen, ich will dich ja nimmermehr verlassen.» Dann band es sein goldenes
Strumpfband ab und tat es dem Rehchen um
den Hals und rupfte Binsen und flocht ein
weiches Seil daraus. Daran band es das Tier-

chen und führte es weiter und ging immer tiefer in den Wald hinein. Und als sie lange, lange gegangen waren, kamen sie endlich an ein kleines Haus, und das Mädchen schaute hinein, und weil es leer war, dachte es: Hier können wir bleiben und wohnen. Da suchte es dem Rehchen Laub und Moos zu einem weichen Lager, und jeden Morgen ging es aus und sammelte sich Wurzeln, Beeren und Nüsse, und für das Rehchen brachte es zartes Gras mit, das fraß es ihm aus der Hand, war vergnügt und spielte vor ihm herum. Abends, wenn Schwesterchen müde war und sein Gebet gesagt hatte, legte es seinen Kopf auf den Rücken des Rehkälbchens, das war sein Kissen, darauf es sanft einschlief. Und hätte das Brüderchen nur seine menschliche Gestalt gehabt, es wäre ein herrliches Leben gewesen.

Das dauerte eine Zeitlang, daß sie so allein in der Wildnis waren. Es trug sich aber zu, daß der König des Landes eine große Jagd in dem Wald hielt. Da schallte das Hörnerblasen, Hundegebell und das lustige Geschrei der Jäger durch die Bäume, und das Rehlein hörte es und wäre gar zu gerne dabeigewesen. «Ach», sprach es zum Schwesterlein, «laß mich hinaus in die Jagd, ich kann's nicht länger mehr aushalten», und bat so lange, bis es einwilligte. «Aber», sprach es zu ihm, «komm mir ja abends wieder, vor den wilden Jägern schließ ich mein Türlein; und damit ich dich kenne, so klopf und sprich: mein Schwesterlein, laß mich herein, und wenn du nicht so sprichst, so

schließ ich mein Türlein nicht auf.» Nun
sprang das Rehchen hinaus, und war ihm
so wohl und war so lustig in freier Luft. Der
König und seine Jäger sahen das schöne Tier
und setzten ihm nach, aber sie konnten es nicht
einholen, und wenn sie meinten, sie hätten es
gewiß, da sprang es über das Gebüsch weg
und war verschwunden. Als es dunkel ward,
lief es zu dem Häuschen, klopfte und sprach:
«Mein Schwesterlein, laß mich herein.» Da
ward ihm die kleine Tür aufgetan, es sprang
hinein und ruhete sich die ganze Nacht auf
seinem weichen Lager aus. Am andern Morgen
ging die Jagd von neuem an, und als das Rehlein wieder das Hifthorn hörte und das Hoho!
der Jäger, da hatte es keine Ruhe und sprach:
«Schwesterchen, mach mir auf, ich muß
hinaus.» Das Schwesterchen öffnete ihm die
Türe und sprach: «Aber zu Abend mußt du
wieder da sein und dein Sprüchlein sagen.»
Als der König und seine Jäger das Rehlein
mit dem goldenen Halsband wieder sahen,
jagten sie ihm alle nach, aber es war ihnen zu
schnell und behend. Das währte den ganzen
Tag, endlich aber hatten es die Jäger abends
umzingelt, und einer verwundete es ein wenig
am Fuß, so daß es hinken mußte und langsam
fortlief. Da schlich ihm ein Jäger nach bis zu
dem Häuschen und hörte, wie es rief: «Mein
Schwesterlein, laß mich herein», und sah, daß
die Tür ihm aufgetan und alsbald wieder zu-
geschlossen ward. Der Jäger behielt das alles
wohl im Sinn, ging zum König und erzählte

ihm, was er gesehen und gehört hatte. Da sprach der König: «Morgen soll noch einmal gejagt werden.»

Das Schwesterchen aber erschrak gewaltig, als es sah, daß sein Rehkälbchen verwundet war. Es wusch ihm das Blut ab, legte Kräuter auf und sprach: «Geh auf dein Lager, lieb Rehchen, daß du wieder heil wirst.» Die Wunde aber war so gering, daß das Rehchen am Morgen nichts mehr davon spürte. Und als es die Jagdlust wieder draußen hörte, sprach es: «Ich kann's nicht aushalten, ich muß dabei sein; so bald soll mich keiner kriegen.» Das Schwesterchen weinte und sprach: «Nun werden sie dich töten, und ich bin hier allein im Wald und bin verlassen von aller Welt: ich laß dich nicht hinaus.» — «So sterb ich dir hier vor Betrübnis», antwortete das Rehchen, «wenn ich das Hifthorn höre, so mein ich, ich müßt aus den Schuhen springen!» Da konnte das Schwesterchen nicht anders und schloß ihm mit schwerem Herzen die Tür auf, und das Rehchen sprang gesund und fröhlich in den Wald. Als es der König erblickte, sprach er zu seinen Jägern: «Nun jagt ihm den ganzen Tag nach bis in die Nacht, aber daß ihm keiner etwas zuleide tut.» Sobald die Sonne untergegangen war, sprach der König zum Jäger: «Nun komm und zeige mir das Waldhäuschen.» Und als er vor dem Türlein war, klopfte er an und rief: «Lieb Schwesterlein, laß mich herein.» Da ging die Tür auf, und der König trat herein, und da stand ein Mädchen, das war so schön, wie er noch keins gesehen hatte. Das Mädchen erschrak, als es sah, daß nicht sein Rehlein, sondern ein Mann hereinkam, der eine goldene Krone auf dem Haupt hatte. Aber der König sah es freundlich an, reichte ihm die Hand und sprach: «Willst du mit mir gehen auf mein Schloß und meine liebe Frau sein?» — «Ach ja», antwortete das Mädchen, «aber das Rehchen muß auch mit, das verlaß ich nicht.» Sprach der König: «Es soll bei dir bleiben, solange du lebst, und soll ihm an nichts fehlen.» Indem kam es hereingesprungen, da band es das Schwesterchen wieder an das Binsenseil, nahm es selbst in die Hand und ging mit ihm aus dem Waldhäuschen fort.

Der König nahm das schöne Mädchen auf sein Pferd und führte es in sein Schloß, wo die Hochzeit mit großer Pracht gefeiert wurde, und war es nun die Frau Königin, und lebten sie lange Zeit vergnügt zusammen; das Rehlein ward gehegt und gepflegt und sprang in dem Schloßgarten herum. Die böse Stiefmutter aber, um derentwillen die Kinder in die Welt hineingegangen waren, die meinte nicht anders, als Schwesterchen wäre von den wilden Tieren im Walde zerrissen worden und Brüderchen als ein Rehkalb von den Jägern totgeschossen. Als sie nun hörte, daß sie so glücklich waren und es ihnen so wohlging, da wurden Neid und Mißgunst in ihrem Herzen rege und ließen ihr keine Ruhe, und sie hatte keinen andern Gedanken, als wie sie die beiden doch noch ins Unglück bringen könnte.

Ihre rechte Tochter, die häßlich war wie die Nacht und nur ein Auge hatte, die machte ihr Vorwürfe und sprach: «Eine Königin zu werden, das Glück hätte mir gebührt.» — «Sei nur still», sagte die Alte und sprach sie zufrieden, «wenn's Zeit ist, will ich schon bei der Hand sein.» Als nun die Zeit herangerückt war und die Königin ein schönes Knäblein zur Welt gebracht hatte und der König gerade auf der Jagd war, nahm die alte Hexe die Gestalt der Kammerfrau an, trat in die Stube, wo die Königin lag, und sprach zu der Kranken: «Kommt, das Bad ist fertig, das wird Euch wohltun und frische Kräfte geben: geschwind, eh es kalt wird.» Ihre Tochter war auch bei der Hand, sie trugen die schwache Königin in die Badstube und legten sie in die Wanne: dann schlossen sie die Tür ab und liefen davon. In der Badstube aber hatten sie ein rechtes Höllenfeuer angemacht, daß die schöne junge Königin bald ersticken mußte.

Als das vollbracht war, nahm die Alte ihre Tochter, setzte ihr eine Haube auf und legte sie ins Bett an der Königin Stelle. Sie gab ihr auch die Gestalt und das Ansehen der Königin, nur das verlorene Auge konnte sie ihr nicht wiedergeben. Damit es aber der König nicht merkte, mußte sie sich auf die Seite legen, wo sie kein Auge hatte. Am Abend, als er heimkam und hörte, daß ihm ein Söhnlein geboren war, freute er sich herzlich und wollte ans Bett seiner lieben Frau gehen und sehen, was sie machte. Da rief die Alte geschwind: «Beileibe, laßt die

Vorhänge zu, die Königin darf noch nicht ins Licht sehen und muß Ruhe haben.» Der König ging zurück und wußte nicht, daß eine falsche Königin im Bette lag.

Als es aber Mitternacht war und alles schlief, da sah die Kinderfrau, die in der Kinderstube neben der Wiege saß und allein noch wachte, wie die Türe aufging und die rechte Königin hereintrat. Sie nahm das Kind aus der Wiege, legte es in ihren Arm und gab ihm zu trinken. Dann schüttelte sie ihm sein Kißchen, legte es wieder hinein und deckte es mit dem Deckbettchen zu. Sie vergaß aber auch das Rehchen nicht, ging in die Ecke, wo es lag, und streichelte ihm über den Rücken. Darauf ging sie ganz stillschweigend wieder zur Türe hinaus, und die Kinderfrau fragte am andern Morgen die Wächter, ob jemand während der Nacht ins Schloß gegangen wäre, aber sie antworteten: «Nein, wir haben niemand gesehen.» So kam sie viele Nächte und sprach niemals ein Wort dabei; die Kinderfrau sah sie immer, aber sie getraute sich nicht, jemand etwas davon zu sagen.

Als nun so eine Zeit verflossen war, da hub die Königin in der Nacht an zu reden und sprach:

«Was macht mein Kind? was macht mein
    Reh?
Nun komm ich noch zweimal und dann
    nimmermehr.»

Die Kinderfrau antwortete ihr nicht, aber als sie wieder verschwunden war, ging sie zum König und erzählte ihm alles. Sprach der König: «Ach Gott, was ist das! ich will in der nächsten Nacht bei dem Kinde wachen.» Abends ging er in die Kinderstube, aber um Mitternacht erschien die Königin wieder und sprach:

«Was macht mein Kind? was macht mein
    Reh?
Nun komm ich noch einmal und dann
    nimmermehr.»

Und pflegte dann des Kindes, wie sie gewöhnlich tat, ehe sie verschwand. Der König getraute sich nicht, sie anzureden, aber er wachte auch in der folgenden Nacht. Sie sprach abermals:

«Was macht mein Kind? was macht mein
    Reh?
Nun komm ich noch diesmal und dann
    nimmermehr.»

Da konnte sich der König nicht zurückhalten, sprang zu ihr und sprach: «Du kannst niemand anders sein als meine liebe Frau.» Da antwortete sie: «Ja, ich bin deine liebe Frau», und hatte in dem Augenblick durch Gottes Gnade das Leben wieder erhalten, war frisch, rot und gesund. Darauf erzählte sie dem König den Frevel, den die böse Hexe und ihre Tochter an ihr verübt hatten. Der König ließ beide vor Gericht führen, und es ward ihnen das Urteil gesprochen. Die Tochter ward in den Wald ge-

führt, wo sie die wilden Tiere zerrissen, die
Hexe aber ward ins Feuer gelegt und mußte
jammervoll verbrennen. Und wie sie zu Asche
verbrannt war, verwandelte sich das Rehkälbchen und erhielt seine menschliche Gestalt
wieder; Schwesterchen und Brüderchen aber
lebten glücklich zusammen bis an ihr Ende.

12

RAPUNZEL

Es war einmal ein Mann und eine Frau, die
wünschten sich schon lange vergeblich ein
Kind; endlich machte sich die Frau Hoffnung,
der liebe Gott werde ihren Wunsch erfüllen.
Die Leute hatten in ihrem Hinterhaus ein kleines Fenster, daraus konnte man in einen prächtigen Garten sehen, der voll der schönsten Blumen und Kräuter stand; er war aber von einer
hohen Mauer umgeben, und niemand wagte
hineinzugehen, weil er einer Zauberin gehörte,
die große Macht hatte und von aller Welt gefürchtet ward. Eines Tages stand die Frau an
diesem Fenster und sah in den Garten hinab;
da erblickte sie ein Beet, das mit den schönsten
Rapunzeln bepflanzt war: und sie sahen so
frisch und grün aus, daß sie lüstern ward und
das größte Verlangen empfand, von den Rapunzeln zu essen. Das Verlangen nahm jeden
Tag zu, und da sie wußte, daß sie keine davon
bekommen konnte, so fiel sie ganz ab, sah blaß

und elend aus. Da erschrak der Mann und fragte: «Was fehlt dir, liebe Frau?» — «Ach», antwortete sie, «wenn ich keine Rapunzeln aus dem Garten hinter unserm Hause zu essen kriege, so sterbe ich.» Der Mann, der sie liebhatte, dachte: eh du deine Frau sterben lässest, holst du ihr von den Rapunzeln, es mag kosten, was es will. In der Abenddämmerung stieg er also über die Mauer in den Garten der Zauberin, stach in aller Eile eine Handvoll Rapunzeln und brachte sie seiner Frau. Sie machte sich sogleich Salat daraus und aß sie in voller Begierde auf. Sie hatten ihr aber so gut, so gut geschmeckt, daß sie den andern Tag noch dreimal so viel Lust bekam. Sollte sie Ruhe haben, so mußte der Mann noch einmal in den Garten steigen. Er machte sich also in der Abenddämmerung wieder hinab; als er aber die Mauer herabgeklettert war, erschrak er gewaltig, denn er sah die Zauberin vor sich stehen. «Wie kannst du es wagen», sprach sie mit zornigem Blick, «in meinen Garten zu steigen und wie ein Dieb mir meine Rapunzeln zu stehlen? Das soll dir schlechtbekommen.» — «Ach», antwortete er, «laßt Gnade für Recht ergehen, ich habe mich nur aus Not dazu entschlossen: meine Frau hat Eure Rapunzeln aus dem Fenster erblickt und empfindet ein so großes Gelüsten, daß sie sterben würde, wenn sie nicht davon zu essen bekäme.» Da ließ die Zauberin in ihrem Zorne nach und sprach zu ihm: «Verhält es sich so, wie du sagst, so will ich dir gestatten, Rapunzeln mitzunehmen, soviel du willst, allein, ich mache eine Bedingung: du mußt mir das Kind geben, das deine Frau zur Welt bringen wird. Es soll ihm gut gehen, und ich will für es sorgen wie eine Mutter.» Der Mann sagte in der Angst alles zu, und als die Frau in Wochen kam, so erschien sogleich die Zauberin, gab dem Kinde den Namen *Rapunzel* und nahm es mit sich fort.

Rapunzel ward das schönste Kind unter der Sonne. Als es zwölf Jahre alt war, schloß es die Zauberin in einen Turm, der in einem Walde lag und weder Treppe noch Türe hatte, nur ganz oben war ein kleines Fensterchen. Wenn die Zauberin hinein wollte, so stellte sie sich unten hin und rief:

«Rapunzel, Rapunzel,
Laß mir dein Haar herunter.»

Rapunzel hatte lange prächtige Haare, fein wie gesponnen Gold. Wenn sie nun die Stimme der Zauberin vernahm, so band sie ihre Zöpfe los, wickelte sie oben um einen Fensterhaken, und dann fielen die Haare zwanzig Ellen tief herunter, und die Zauberin stieg daran hinauf.

Nach ein paar Jahren trug es sich zu, daß der Sohn des Königs durch den Wald ritt und an dem Turm vorüberkam. Da hörte er einen Gesang, der war so lieblich, daß er stille hielt und horchte. Das war Rapunzel, die in ihrer Einsamkeit sich die Zeit damit vertrieb, ihre süße Stimme erschallen zu lassen. Der Königssohn wollte zu ihr hinaufsteigen und suchte nach einer Türe des Turms, aber es war keine zu finden. Er ritt heim, doch der Gesang hatte ihm so sehr das Herz gerührt, daß er jeden Tag hinaus in den Wald ging und zuhörte. Als er einmal so hinter einem Baum stand, sah er, daß eine Zauberin herankam, und hörte, wie sie hinaufrief:

> «Rapunzel, Rapunzel,
> Laß dein Haar herunter.»

Da ließ Rapunzel die Haarflechten herab, und die Zauberin stieg zu ihr hinauf. «Ist das die Leiter, auf welcher man hinaufkommt, so will ich auch einmal mein Glück versuchen.» Und den folgenden Tag, als es anfing dunkel zu werden, ging er zu dem Turme und rief:

> «Rapunzel, Rapunzel,
> Laß dein Haar herunter.»

Alsbald fielen die Haare herab, und der Königssohn stieg hinauf.

Anfangs erschrak Rapunzel gewaltig, als ein Mann zu ihr hereinkam, wie ihre Augen noch nie einen erblickt hatten, doch der Königssohn fing an, ganz freundlich mit ihr zu reden, und erzählte ihr, daß von ihrem Gesang sein Herz so sehr sei bewegt worden, daß es ihm keine Ruhe gelassen und er sie selbst habe sehen müssen. Da verlor Rapunzel ihre Angst, und als er sie fragte, ob sie ihn zum Manne nehmen wollte, und sie sah, daß er jung und schön war, so dachte sie: Der wird mich lieber haben als die

alte Frau Gothel, und sagte ja und legte ihre
Hand in seine Hand. Sie sprach: «Ich will gerne
mit dir gehen, aber ich weiß nicht, wie ich
herabkommen kann. Wenn du kommst, so
bring jedesmal einen Strang Seide mit, daraus
will ich eine Leiter flechten, und wenn die
fertig ist, so steige ich herunter und du nimmst
mich auf dein Pferd.» Sie verabredeten, daß er
bis dahin alle Abend zu ihr kommen sollte,
denn bei Tag kam die Alte. Die Zauberin
merkte auch nichts davon, bis einmal Rapunzel
anfing und zu ihr sagte: «Sag sie mir doch,
Frau Gothel, wie kommt es nur, sie wird mir
viel schwerer heraufzuziehen als der junge
Königssohn, der ist in einem Augenblick bei
mir.» — «Ach, du gottloses Kind», rief die
Zauberin, «was muß ich von dir hören; ich
dachte, ich hätte dich von aller Welt geschie-
den, und du hast mich doch betrogen!» In
ihrem Zorne packte sie die schönen Haare der
Rapunzel, schlug sie ein paarmal um ihre linke
Hand, griff eine Schere mit der rechten, und
ritsch, ratsch, waren sie abgeschnitten, und
die schönen Flechten lagen auf der Erde. Und
sie war so unbarmherzig, daß sie die arme
Rapunzel in eine Wüstenei brachte, wo sie in
großem Jammer und Elend leben mußte.

Denselben Tag aber, wo sie Rapunzel verstoßen hatte, machte abends die Zauberin die
abgeschnittenen Flechten oben am Fensterhaken fest, und als der Königssohn kam und
rief: «Rapunzel, Rapunzel,
        Laß dein Haar herunter»,

so ließ sie die Haare hinab. Der Königssohn stieg hinauf, aber er fand oben nicht seine liebste Rapunzel, sondern die Zauberin, die ihn mit bösen und giftigen Blicken ansah. «Aha», rief sie höhnisch, «du willst die Frau Liebste holen, aber der schöne Vogel sitzt nicht mehr im Nest und singt nicht mehr; die Katze hat ihn geholt und wird dir auch noch die Augen auskratzen. Für dich ist Rapunzel verloren, du wirst sie nie wieder erblicken.» Der Königssohn geriet außer sich vor Schmerz, und in der Verzweiflung sprang er den Turm herab: das Leben brachte er davon, aber die Dornen, in die er fiel, zerstachen ihm die Augen. Da irrte er blind im Walde umher, aß nichts als Wurzeln und Beeren und tat nichts als jammern und weinen über den Verlust seiner liebsten Frau. So wanderte er einige Jahre im Elend umher und geriet endlich in die Wüstenei, wo Rapunzel mit den Zwillingen, die sie geboren hatte, einem Knaben und Mädchen, kümmerlich lebte. Er vernahm eine Stimme, und sie deuchte ihm so bekannt: da ging er darauf zu, und wie er herankam, erkannte ihn Rapunzel und fiel ihm um den Hals und weinte. Zwei von ihren Tränen aber benetzten seine Augen, da wurden sie wieder klar, und er konnte damit sehen wie sonst. Er führte sie in sein Reich, wo er mit Freude empfangen ward, und sie lebten noch lange glücklich und vergnügt.

13

DIE DREI MÄNNLEIN IM WALDE

Es war ein Mann, dem starb seine Frau, und eine Frau, der starb ihr Mann; und der Mann hatte eine Tochter, und die Frau hatte auch eine Tochter. Die Mädchen waren miteinander bekannt und gingen zusammen spazieren und kamen hernach zu der Frau ins Haus. Da sprach sie zu des Mannes Tochter: «Hör, sage deinem Vater, ich wollt ihn heiraten, dann sollst du jeden Morgen dich in Milch waschen und Wein trinken, meine Tochter aber soll sich in Wasser waschen und Wasser trinken.» Das Mädchen ging nach Haus und erzählte seinem Vater, was die Frau gesagt hatte. Der Mann sprach: «Was soll ich tun? Das Heiraten ist eine Freude und ist auch eine Qual.» Endlich, weil er keinen Entschluß fassen konnte, zog er seinen Stiefel aus und sagte: «Nimm diesen Stiefel, der hat in der Sohle ein Loch, geh damit auf den Boden, häng ihn an den großen Nagel und gieß dann Wasser hinein. Hält er das Wasser, so will ich wieder eine Frau nehmen, läuft's aber durch, so will ich nicht.» Das Mädchen tat, wie ihm geheißen war: aber das Wasser zog das Loch zusammen, und der Stiefel ward voll bis obenhin. Es verkündigte seinem Vater, wie's ausgefallen war. Da stieg er selbst hinauf, und als er sah, daß es seine Richtigkeit hatte, ging er zu der Witwe und freite sie, und die Hochzeit ward gehalten.

Am andern Morgen, als die beiden Mädchen sich aufmachten, da stand vor des Mannes Tochter Milch zum Waschen und Wein zum Trinken, vor der Frau Tochter aber stand Wasser zum Waschen und Wasser zum Trinken. Am zweiten Morgen stand Wasser zum Waschen und Wasser zum Trinken so gut vor des Mannes Tochter als vor der Frau Tochter. Und am dritten Morgen stand Wasser zum Waschen und Wasser zum Trinken vor des Mannes Tochter, und Milch zum Waschen und Wein zum Trinken vor der Frau Tochter, und dabei blieb's. Die Frau ward ihrer Stieftochter spinnefeind und wußte nicht, wie sie es ihr von einem Tag zum andern schlimmer machen sollte. Auch war sie neidisch, weil ihre Stieftochter schön und lieblich war, ihre rechte Tochter aber häßlich und widerlich.

Einmal im Winter, als es steinhart gefroren hatte und Berg und Tal vollgeschneit lag, machte die Frau ein Kleid von Papier, rief das Mädchen und sprach: «Da zieh das Kleid an, geh hinaus in den Wald und hol mir ein Körbchen voll Erdbeeren; ich habe Verlangen danach.» — «Du lieber Gott», sagte das Mädchen, «im Winter wachsen ja keine Erdbeeren, die Erde ist gefroren, und der Schnee hat auch alles zugedeckt. Und warum soll ich in dem Papierkleide gehen? Es ist draußen so kalt, daß einem der Atem friert: da weht ja der Wind hindurch, und die Dornen reißen mir's vom Leib.» — «Willst du mir noch widersprechen?» sagte die Stiefmutter, «mach, daß du fortkommst, und laß dich nicht eher wieder sehen, als bis du das Körbchen voll Erdbeeren hast.» Dann gab sie ihm noch ein Stückchen hartes Brot und sprach: «Davon kannst du den Tag über essen», und dachte, draußen wird's erfrieren und verhungern und mir nimmermehr wieder vor die Augen kommen.

Nun war das Mädchen gehorsam, tat das Papierkleid an und ging mit dem Körbchen hinaus. Da war nichts als Schnee die Weite und Breite und war kein grünes Hälmchen zu merken. Als es in den Wald kam, sah es ein kleines Häuschen, daraus guckten drei kleine Haulemännerchen. Es wünschte ihnen die Tageszeit und klopfte bescheidentlich an die Tür. Sie riefen herein, und es trat in die Stube und setzte sich auf die Bank am Ofen, da wollte es sich wärmen und sein Frühstück essen. Die Haulemännerchen sprachen: «Gib uns auch etwas davon.» — «Gerne», sprach es, teilte sein Stückchen Brot entzwei und gab ihnen die Hälfte. Sie fragten: «Was willst du zur Winterzeit in deinem dünnen Kleidchen hier im Wald?» — «Ach», antwortete es, «ich soll ein Körbchen voll Erdbeeren suchen und darf nicht eher nach Hause kommen, als bis ich es mitbringe.» Als es sein Brot gegessen hatte, gaben sie ihm einen Besen und sprachen: «Kehre damit an der Hintertüre den Schnee weg.» Wie es aber draußen war, sprachen die drei Männerchen untereinander: «Was sollen wir ihm schenken, weil es so artig und gut ist und sein Brot mit uns geteilt hat?» Da sagte der erste: «Ich schenk ihm, daß es jeden Tag schöner wird.» Der zweite sprach: «Ich schenk ihm, daß Goldstücke ihm aus dem Mund fallen, sooft es ein Wort spricht.» Der dritte sprach: «Ich schenk ihm, daß ein König kommt und es zu seiner Gemahlin nimmt.»

Das Mädchen aber tat, wie die Haulemänner-chen gesagt hatten, kehrte mit dem Besen den Schnee hinter dem kleinen Hause weg, und was glaubt ihr wohl, daß es gefunden hat? Lauter reife Erdbeeren, die ganz dunkelrot aus dem Schnee hervorkamen. Da raffte es in seiner Freude sein Körbchen voll, dankte den kleinen Männern, gab jedem die Hand und lief nach Haus und wollte der Stiefmutter das Verlangte bringen. Wie es eintrat und «guten Abend» sagte, fiel ihm gleich ein Goldstück aus dem Mund. Darauf erzählte es, was ihm im Walde begegnet war, aber bei jedem Worte, das es sprach, fielen ihm die Goldstücke aus dem Mund, so daß bald die ganze Stube damit be-deckt ward. «Nun sehe einer den Übermut», rief die Stiefschwester, «das Geld so hinzu-werfen», aber heimlich war sie neidisch darüber und wollte auch hinaus in den Wald und Erd-beeren suchen. Die Mutter sprach: «Nein, mein liebes Töchterchen, es ist zu kalt, du könn-test mir erfrieren.» Weil sie ihr aber keine Ruhe ließ, gab sie endlich nach, nähte ihm einen präch-tigen Pelzrock, den es anziehen mußte, und gab ihm Butterbrot und Kuchen mit auf den Weg.

Das Mädchen ging in den Wald und gerade auf das kleine Häuschen zu. Die drei kleinen

Haulemänner guckten wieder, aber es grüßte sie nicht, und ohne sich nach ihnen umzusehen und ohne sie zu grüßen, stolperte es in die Stube hinein, setzte sich an den Ofen und fing an, sein Butterbrot und seinen Kuchen zu essen. «Gib uns etwas davon», riefen die Kleinen, aber es antwortete: «Es schickt mir selber nicht, wie kann ich andern noch davon abgeben?» Als es nun fertig war mit dem Essen, sprachen sie: «Da hast du einen Besen, kehr uns draußen vor der Hintertür rein.» — «Ei, kehrt euch selber», antwortete es, «ich bin eure Magd nicht.» Wie es sah, daß sie ihm nichts schenken wollten, ging es zur Türe hinaus. Da sprachen die kleinen Männer untereinander: «Was sollen wir ihm schenken, weil es so unartig ist und ein böses, neidisches Herz hat, das niemand etwas gönnt?» Der erste sprach: «Ich schenk ihm, daß es jeden Tag häßlicher wird.» Der zweite sprach: «Ich schenk ihm, daß ihm bei jedem Wort, das es spricht, eine Kröte aus dem Munde springt.» Der dritte sprach: «Ich schenk ihm, daß es eines unglücklichen Todes stirbt.» Das Mädchen suchte draußen nach Erdbeeren; als es aber keine fand, ging es verdrießlich nach Haus. Und wie es den Mund auftat und seiner Mutter erzählen wollte, was ihm im Walde begegnet war, da sprang ihm bei jedem Wort eine Kröte aus dem Mund, so daß alle einen Abscheu vor ihm bekamen.

Nun ärgerte sich die Stiefmutter noch viel mehr und dachte nur darauf, wie sie der Tochter des Mannes alles Herzeleid antun wollte, deren Schönheit doch alle Tage größer ward. Endlich nahm sie einen Kessel, setzte ihn zum Feuer und sott Garn darin. Als es gesotten war, hing sie es dem armen Mädchen auf die Schulter und gab ihm eine Axt dazu; damit sollte es auf den gefrorenen Fluß gehen, ein Eisloch hauen und das Garn schlittern. Es war gehorsam, ging hin und hackte ein Loch in das Eis, und als es mitten im Hacken war, kam ein prächtiger Wagen hergefahren, worin der König saß. Der Wagen hielt still, und der König fragte: «Mein Kind, wer bist du und was machst du da?» — «Ich bin ein armes Mädchen und schlittere Garn.» Da fühlte der König Mitleiden, und als er sah, wie es so gar schön war, sprach er: «Willst du mit mir fahren?» — «Ach ja, von Herzen gern», antwortete es, denn es war froh, daß es der Mutter und Schwester aus den Augen kommen sollte.

Also stieg es in den Wagen und fuhr mit dem König fort, und als sie auf sein Schloß gekommen waren, ward die Hochzeit mit großer Pracht gefeiert, wie es die kleinen Männlein dem Mädchen geschenkt hatten. Über ein Jahr gebar die junge Königin einen Sohn, und als die Stiefmutter von dem großen Glücke gehört hatte, so kam sie mit ihrer Tochter in das Schloß und tat, als wollte sie einen Besuch machen. Als aber der König einmal hinausgegangen und sonst niemand zugegen war, packte das böse Weib die Königin am Kopf, und ihre Tochter packte sie an den Füßen, hoben sie aus dem Bett und warfen sie zum Fenster hinaus in den vorbeifließenden Strom. Darauf legte sich ihre häßliche Tochter ins Bett, und die Alte deckte sie zu bis über den Kopf. Als der König wieder zurückkam und mit seiner Frau sprechen wollte, rief die Alte: «Still, still, jetzt geht das nicht, sie liegt in starkem Schweiß, Ihr müßt sie heute ruhen lassen.» Der König dachte nichts Böses dabei und kam erst den andern Morgen wieder, und wie er mit seiner Frau sprach und sie ihm Antwort gab, sprang bei jedem Wort eine Kröte hervor, während sonst ein Goldstück herausgefallen war. Da fragte er, was das wäre, aber die Alte sprach, das hätte sie von dem starken Schweiß gekriegt und würde sich schon wieder verlieren.

In der Nacht aber sah der Küchenjunge, wie eine Ente durch die Gosse geschwommen kam, die sprach:

> «König, was machst du?
> Schläfst du oder wachst du?»

Und als er keine Antwort gab, sprach sie:

> «Was machen meine Gäste?»

Da antwortete der Küchenjunge:

> «Sie schlafen feste.»

Fragte sie weiter:

> «Was macht mein Kindelein?»

Antwortete er:

> «Es schläft in der Wiege fein.»

Da ging sie in der Königin Gestalt hinauf, gab ihm zu trinken, schüttelte ihm sein Bettchen, deckte es zu und schwamm als Ente wieder durch die Gosse fort. So kam sie zwei Nächte; in der dritten sprach sie zu dem Küchenjungen: «Geh und sage dem König, daß er sein Schwert nimmt und auf der Schwelle dreimal über mir schwingt.» Da lief der Küchenjunge und sagte es dem König, der kam mit seinem Schwert und schwang es dreimal über dem Geist: und beim drittenmal stand seine Gemahlin vor ihm, frisch, lebendig und gesund, wie sie vorher gewesen war.

Nun war der König in großer Freude; er hielt aber die Königin in einer Kammer verborgen bis auf den Sonntag, wo das Kind getauft werden sollte. Und als es getauft war, sprach er: «Was gehört einem Menschen, der den andern aus dem Bett trägt und ins Wasser wirft?» — «Nichts Besseres», antwortete die Alte, «als daß man den Bösewicht in ein Faß steckt, das mit Nägeln ausgeschlagen ist, und den Berg hinab ins Wasser rollt.» Da sagte der König: «Du hast dein Urteil gesprochen», ließ ein solches Faß holen und die Alte mit ihrer Tochter hineinstecken, dann ward der Boden zugehämmert und das Faß bergab gekullert, bis es in den Fluß rollte.

Es war ein Mädchen faul und wollte nicht
spinnen, und die Mutter mochte sagen, was
sie wollte, sie konnte es nicht dazubringen.
Endlich übernahm die Mutter einmal Zorn und
Ungeduld, daß sie ihm Schläge gab, worüber
es laut zu weinen anfing. Nun fuhr gerade die
Königin vorbei, und als sie das Weinen hörte,
ließ sie anhalten, trat in das Haus und fragte
die Mutter, warum sie ihre Tochter schlüge,
daß man draußen auf der Straße das Schreien
hörte. Da schämte sich die Frau, daß sie die
Faulheit ihrer Tochter offenbaren sollte, und
sprach: «Ich kann sie nicht vom Spinnen ab-
bringen, sie will immer und ewig spinnen, und
ich bin arm und kann den Flachs nicht herbeischaffen.» Da antwortete die Königin: «Ich
höre nichts lieber als spinnen und bin nicht
vergnügter, als wenn die Räder schnurren: gebt
mir Eure Tochter mit ins Schloß, ich habe
Flachs genug, da soll sie spinnen, soviel sie
Lust hat.» Die Mutter war's von Herzen gerne
zufrieden, und die Königin nahm das Mädchen
mit. Als sie ins Schloß gekommen waren, führte sie es hinauf zu drei Kammern, die lagen von
unten bis oben voll vom schönsten Flachs.
«Nun spinn mir diesen Flachs», sprach sie,
«und wenn du es fertigbringst, so sollst du
meinen ältesten Sohn zum Gemahl haben; bist
du gleich arm, so acht ich nicht darauf; dein

unverdroßner Fleiß ist Ausstattung genug.» Das Mädchen erschrak innerlich, denn es konnte den Flachs nicht spinnen, und wär's dreihundert Jahr alt geworden und hätte jeden Tag von Morgen bis Abend dabeigesessen. Als es nun allein war, fing es an zu weinen und saß so drei Tage, ohne die Hand zu rühren. Am dritten Tage kam die Königin, und als sie sah, daß noch nichts gesponnen war, verwunderte sie sich; aber das Mädchen entschuldigte sich damit, daß es vor großer Betrübnis über die Entfernung aus seiner Mutter Hause noch nicht hätte anfangen können. Das ließ sich die Königin gefallen, sagte aber beim Weggehen: «Morgen mußt du mir anfangen zu arbeiten.»

Als das Mädchen wieder allein war, wußte es sich nicht mehr zu raten und zu helfen und trat in seiner Betrübnis vor das Fenster. Da sah es drei Weiber herkommen, davon hatte die erste einen breiten Platschfuß, die zweite hatte eine so große Unterlippe, daß sie über das Kinn herunterhing, und die dritte hatte einen breiten Daumen. Die blieben vor dem Fenster stehen, schauten hinauf und fragten das Mädchen, was ihm fehlte. Es klagte ihnen seine Not; da trugen sie ihm ihre Hilfe an und sprachen: «Willst du uns zur Hochzeit einladen, dich unser nicht schämen und uns deine Basen heißen, auch an deinen Tisch setzen, so wollen wir dir den Flachs wegspinnen, und das in kurzer Zeit.» — «Von Herzen gern», antwortete es, «kommt nur herein und fangt gleich die Arbeit an.» Da ließ es die drei seltsamen Weiber herein und machte in der ersten Kammer eine Lücke, wo sie sich hinsetzten und ihr Spinnen anhuben. Die eine zog den Faden und trat das Rad, die andere netzte den Faden, die dritte drehte ihn und schlug mit dem Finger auf den Tisch, und sooft sie schlug, fiel eine Zahl Garn zur Erde, und das war aufs feinste gesponnen. Vor der Königin verbarg sie die drei Spinnerinnen und zeigte ihr, sooft sie kam, die Menge des gesponnenen Garns, daß diese des Lobes kein Ende fand. Als die erste Kammer leer war, ging's an die zweite, endlich an die dritte, und die war auch bald aufgeräumt. Nun nahmen die drei Weiber Abschied und sagten zu dem Mädchen: «Vergiß nicht, was du uns versprochen hast, es wird dein Glück sein.»

Als das Mädchen der Königin die leeren Kammern und den großen Haufen Garn zeigte, richtete sie die Hochzeit aus, und der Bräutigam freute sich, daß er eine so geschickte und fleißige Frau bekäme, und lobte sie gewaltig. «Ich habe drei Basen», sprach das Mädchen, «und da sie mir viel Gutes getan haben, so wollte ich sie nicht gern in meinem Glück vergessen: erlaubt doch, daß ich sie zu der Hochzeit einlade und daß sie mit an den Tisch sitzen.» Die Königin und der Bräutigam sprachen: «Warum sollen wir das nicht erlauben?» Als nun das Fest anhub, traten die drei Jungfern in wunderlicher Tracht herein, und die Braut sprach: «Seid willkommen, liebe Basen.» — «Ach», sagte der Bräutigam, «wie kommst du zu der garstigen Freundschaft?» Darauf ging er zu der einen mit dem breiten Platschfuß und fragte: «Wovon habt Ihr einen solchen breiten Fuß?» — «Vom Treten», antwortete sie, «vom Treten.» Da ging der Bräutigam zur zweiten und sprach: «Wovon habt Ihr nur die herunterhängende Lippe?» — «Vom Lecken», antwortete sie, «vom Lecken.» Da fragte er die dritte: «Wovon habt Ihr den breiten Daumen?» — «Vom Fadendrehen», antwortete sie, «vom Fadendrehen.» Da erschrak der Königssohn und sprach: «So soll mir nun und nimmermehr meine schöne Braut ein Spinnrad anrühren.» Damit war sie das böse Flachsspinnen los.

15

HÄNSEL UND GRETEL

Vor einem großen Walde wohnte ein armer Holzhacker mit seiner Frau und seinen zwei Kindern; das Bübchen hieß Hänsel und das Mädchen Gretel. Er hatte wenig zu beißen und zu brechen, und einmal, als große Teuerung ins Land kam, konnte er auch das tägliche Brot nicht mehr schaffen. Wie er sich nun abends im Bette Gedanken machte und sich vor Sorgen herumwälzte, seufzte er und sprach zu seiner Frau: «Was soll aus uns werden? Wie können wir unsere armen Kinder ernähren, da wir für uns selbst nichts mehr haben?» — «Weißt du was, Mann», antwortete die Frau, «wir wollen morgen in aller Frühe die Kinder hinaus in den Wald führen, wo er am dicksten ist: da machen wir ihnen ein Feuer an und geben jedem noch ein Stückchen Brot, dann gehen wir an unsere Arbeit und lassen sie allein. Sie finden den Weg nicht wieder nach Haus, und wir sind sie los.» — «Nein, Frau», sagte der Mann, «das tue ich nicht; wie sollt ich's übers Herz bringen, meine Kinder im Walde allein zu lassen; die wilden Tiere würden bald kommen und sie zerreißen.» — «O du Narr», sagte sie, «dann müssen wir alle viere Hungers sterben, du kannst nur die Bretter für die Särge hobeln», und ließ ihm keine Ruhe, bis er einwilligte. «Aber die armen Kinder dauern mich doch», sagte der Mann.

Die zwei Kinder hatten vor Hunger auch nicht einschlafen können und hatten gehört, was die Stiefmutter zum Vater gesagt hatte. Gretel weinte bittere Tränen und sprach zu Hänsel: «Nun ist's um uns geschehen.» — «Still, Gretel», sprach Hänsel, «gräme dich nicht, ich will uns schon helfen.» Und als die Alten eingeschlafen waren, stand er auf, zog sein Röcklein an, machte die Untertüre auf und schlich sich hinaus. Da schien der Mond ganz helle, und die weißen Kieselsteine, die vor dem Haus lagen, glänzten wie lauter Batzen. Hänsel bückte sich und steckte so viel in sein Rocktäschlein, als nur hinein wollten. Dann ging er wieder zurück, sprach zu Gretel: «Sei getrost, liebes Schwesterchen, und schlaf nur ruhig ein, Gott wird uns nicht verlassen», und legte sich wieder in sein Bett.

Als der Tag anbrach, noch ehe die Sonne aufgegangen war, kam schon die Frau und weckte die beiden Kinder: «Steht auf, ihr Faulenzer, wir wollen in den Wald gehen und Holz holen.» Dann gab sie jedem ein Stückchen Brot und sprach: «Da habt ihr etwas für den Mittag, aber eßt's nicht vorher auf, weiter kriegt ihr nichts.» Gretel nahm das Brot unter die Schürze, weil Hänsel die Steine in der Tasche hatte. Danach machten sie sich alle zusammen auf den Weg nach dem Wald. Als sie ein Weilchen gegangen waren, stand Hänsel still und guckte nach dem Haus zurück und tat das wieder und immer wieder. Der Vater sprach: «Hänsel, was guckst du da und bleibst zurück, hab acht und vergiß deine Beine nicht.» — «Ach, Vater», sagte Hänsel, «ich sehe nach meinem weißen Kätzchen, das sitzt oben auf dem Dach und will mir Ade sagen.» Die Frau sprach: «Narr, das ist dein Kätzchen

nicht, das ist die Morgensonne, die auf den Schornstein scheint.» Hänsel aber hatte nicht nach dem Kätzchen gesehen, sondern immer einen von den blanken Kieselsteinen aus seiner Tasche auf den Weg geworfen.

Als sie mitten in den Wald gekommen waren, sprach der Vater: «Nun sammelt Holz, ihr Kinder, ich will ein Feuer anmachen, damit ihr nicht friert.» Hänsel und Gretel trugen Reisig zusammen, einen kleinen Berg hoch. Das Reisig ward angezündet, und als die Flamme recht hoch brannte, sagte die Frau: «Nun legt euch ans Feuer, ihr Kinder, und ruht euch aus, wir gehen in den Wald und hauen Holz. Wenn wir fertig sind, kommen wir wieder und holen euch ab.»

Hänsel und Gretel saßen am Feuer, und als der Mittag kam, aß jedes sein Stücklein Brot. Und weil sie die Schläge der Holzaxt hörten, so glaubten sie, ihr Vater wäre in der Nähe. Es war aber nicht die Holzaxt, es war ein Ast, den er an einen dürren Baum gebunden hatte und den der Wind hin und her schlug. Und als sie so lange gesessen hatten, fielen ihnen die Augen vor Müdigkeit zu, und sie schliefen fest ein. Als sie endlich erwachten, war es schon finstere Nacht. Gretel fing an zu weinen und sprach: «Wie sollen wir nun aus dem Wald kommen!» Hänsel aber tröstete sie: «Wart nur ein Weilchen, bis der Mond aufgegangen ist, dann wollen wir den Weg schon finden.» Und als der volle Mond aufgestiegen war, so nahm Hänsel sein Schwesterchen an der Hand und ging den Kieselsteinen nach, die schimmerten wie neugeschlagene Batzen und zeigten ihnen den Weg. Sie gingen die ganze Nacht hindurch und kamen bei anbrechendem Tag wieder zu ihres Vaters Haus. Sie klopften an die Tür, und als die Frau aufmachte und sah, daß es Hänsel und Gretel war, sprach sie: «Ihr bösen Kinder, was habt ihr so lange im Wald geschlafen; wir haben geglaubt, ihr wolltet gar nicht wiederkommen.» Der Vater aber freute sich, denn es war ihm zu Herzen gegangen, daß er sie so allein zurückgelassen hatte.

Nicht lange danach war wieder Not in allen Ecken, und die Kinder hörten, wie die Mutter nachts im Bette zu dem Vater sprach: «Alles ist wieder aufgezehrt, wir haben noch einen halben Laib Brot, hernach hat das Lied ein Ende. Die Kinder müssen fort, wir wollen sie tiefer in den Wald hineinführen, damit sie den Weg nicht wieder heraus finden; es ist sonst keine Rettung für uns.» Dem Mann fiel's schwer aufs Herz, und er dachte: Es wäre besser, daß du den letzten Bissen mit deinen Kindern teiltest. Aber die Frau hörte auf nichts, was er sagte, schalt ihn und machte ihm Vorwürfe. Wer A sagt, muß auch B sagen, und weil er das erstemal nachgegeben hatte, so mußte er es auch zum zweitenmal.

Die Kinder waren aber noch wach gewesen und hatten das Gespräch mit angehört. Als die Alten schliefen, stand Hänsel wieder auf, wollte hinaus und Kieselsteine auflesen wie das vorige Mal, aber die Frau hatte die Tür verschlossen, und Hänsel konnte nicht heraus. Aber er tröstete sein Schwesterchen und sprach: «Weine nicht, Gretel, und schlaf nur ruhig, der liebe Gott wird uns schon helfen.»

Am frühen Morgen kam die Frau und holte die Kinder aus dem Bette. Sie erhielten ihr Stückchen Brot, das war aber noch kleiner als das vorige Mal. Auf dem Wege nach dem Wald bröckelte es Hänsel in der Tasche, stand oft still und warf ein Bröcklein auf die Erde. «Hänsel, was stehst du und guckst dich um», sagte der Vater, «geh deiner Wege.» — «Ich sehe nach meinem Täubchen, das sitzt auf dem Dache und will mir Ade sagen», antwortete Hänsel. «Narr», sagte die Frau, «das ist dein Täubchen nicht, das ist die Morgensonne, die auf den Schornstein oben scheint.» Hänsel aber warf nach und nach alle Bröcklein auf den Weg.

Die Frau führte die Kinder noch tiefer in den Wald, wo sie ihr Lebtag noch nicht gewesen waren. Da ward wieder ein großes Feuer angemacht, und die Mutter sagte: «Bleibt nur da sitzen, ihr Kinder, und wenn ihr müde seid, könnt ihr ein wenig schlafen: wir gehen in den Wald und hauen Holz, und abends, wenn wir fertig sind, kommen wir und holen euch ab.» Als es Mittag war, teilte Gretel ihr Brot mit Hänsel, der sein Stück auf den Weg gestreut hatte. Dann schliefen sie ein, und der Abend verging, aber niemand kam zu den armen Kindern. Sie erwachten erst in der finstern Nacht, und Hänsel tröstete sein Schwesterchen und sagte: «Wart nur, Gretel, bis der Mond aufgeht, dann werden wir die Brotbröcklein sehen, die ich ausgestreut habe, die zeigen uns den Weg nach Haus.» Als der Mond kam, machten sie sich auf, aber sie fanden kein Bröcklein mehr, denn die viel tausend Vögel, die im Walde und im Felde umherfliegen, die hatten sie weggepickt. Hänsel sagte zu Gretel: «Wir werden den Weg schon finden», aber sie fanden ihn nicht. Sie gingen die ganze Nacht und noch einen Tag von Morgen bis Abend, aber sie kamen aus dem Wald nicht heraus und waren so hungrig, denn sie hatten nichts als die paar Beeren, die auf der Erde standen. Und weil sie so müde waren, daß die Beine sie nicht mehr tragen wollten, so legten sie sich unter einen Baum und schliefen ein.

Nun war's schon der dritte Morgen, daß sie ihres Vaters Haus verlassen hatten. Sie fingen wieder an zu gehen, aber sie gerieten immer tiefer in den Wald, und wenn nicht bald Hilfe kam, so mußten sie verschmachten. Als es Mittag war, sahen sie ein schönes schneeweißes Vöglein auf einem Ast sitzen, das sang so schön, daß sie stehenblieben und ihm zuhörten. Und als es fertig war, schwang es seine Flügel und flog vor ihnen her, und sie gingen ihm nach, bis sie zu einem Häuschen gelangten, auf dessen Dach es sich setzte, und als sie ganz nah herankamen, so sahen sie, daß das Häuslein aus Brot gebaut war und mit Kuchen gedeckt; aber die Fenster waren von hellem Zukker. «Da wollen wir uns dranmachen», sprach Hänsel, «und eine gesegnete Mahlzeit halten. Ich will ein Stück vom Dach essen, Gretel, du kannst vom Fenster essen, das schmeckt süß.» Hänsel reichte in die Höhe und brach sich ein wenig vom Dach ab, um zu versuchen, wie es schmeckte, und Gretel stellte sich an die Scheiben und knuperte daran. Da rief eine feine Stimme aus der Stube heraus:

«Knuper, knuper, kneischen,
Wer knupert an meinem Häuschen?»

Die Kinder antworteten:
«Der Wind, der Wind,
Das himmlische Kind»,

und aßen weiter, ohne sich irre machen zu lassen. Hänsel, dem das Dach sehr gut schmeckte,

riß sich ein großes Stück davon herunter, und Gretel stieß eine ganze runde Fensterscheibe heraus, setzte sich nieder und tat sich wohl damit. Da ging auf einmal die Türe auf, und eine steinalte Frau, die sich auf eine Krücke stützte, kam herausgeschlichen. Hänsel und Gretel erschraken so gewaltig, daß sie fallen ließen, was sie in den Händen hielten. Die Alte aber wakkelte mit dem Kopfe und sprach: «Ei, ihr lieben Kinder, wer hat euch hierher gebracht? Kommt nur herein und bleibt bei mir, es geschieht euch kein Leid.» Sie faßte beide an der Hand und führte sie in ihr Häuschen. Da ward gutes Essen aufgetragen, Milch und Pfannekuchen mit Zucker, Äpfel und Nüsse. Hernach wurden zwei schöne Bettlein weiß gedeckt, und Hänsel und Gretel legten sich hinein und meinten, sie wären im Himmel.

Die Alte hatte sich nur so freundlich angestellt, sie war aber eine böse Hexe, die den Kindern auflauerte, und hatte das Brothäuslein bloß gebaut, um sie herbeizulocken. Wenn eins in ihre Gewalt kam, so machte sie es tot, kochte es und aß es, und das war ihr ein Festtag. Die Hexen haben rote Augen und können nicht weit sehen, aber sie haben eine feine Witterung wie die Tiere und merken's, wenn Menschen herankommen. Als Hänsel und Gretel in ihre Nähe kamen, da lachte sie boshaft und sprach höhnisch: «Die habe ich, die sollen mir nicht wieder entwischen.» Frühmorgens, ehe die Kinder erwacht waren, stand sie schon auf, und als sie beide so lieblich ruhen sah, mit den vol-

len roten Backen, so murmelte sie vor sich hin:
«Das wird ein guter Bissen werden.» Da packte
sie Hänsel mit ihrer dürren Hand und trug ihn
in einen kleinen Stall und sperrte ihn mit einer
Gittertüre ein; er mochte schreien, wie er
wollte, es half ihm nichts. Dann ging sie zur
Gretel, rüttelte sie wach und rief: «Steh auf,
Faulenzerin, trag Wasser und koch deinem
Bruder etwas Gutes, der sitzt draußen im
Stall und soll fett werden. Wenn er fett ist, so
will ich ihn essen.» Gretel fing an, bitterlich zu
weinen, aber es war alles vergeblich, sie mußte
tun, was die böse Hexe verlangte.

Nun ward dem armen Hänsel das beste Essen gekocht, aber Gretel bekam nichts als
Krebsschalen. Jeden Morgen schlich die Alte
zu dem Ställchen und rief: «Hänsel, streck
deine Finger heraus, damit ich fühle, ob du
bald fett bist.» Hänsel streckte ihr aber ein
Knöchlein heraus, und die Alte, die trübe Augen hatte, konnte es nicht sehen und meinte,
es wären Hänsels Finger, und verwunderte sich,
daß er gar nicht fett werden wollte. Als vier
Wochen herum waren und Hänsel immer
mager blieb, da übernahm sie die Ungeduld,
und sie wollte nicht länger warten. «Heda,
Gretel», rief sie dem Mädchen zu, «sei flink
und trag Wasser: Hänsel mag fett oder
mager sein, morgen will ich ihn schlachten
und kochen.» Ach, wie jammerte das arme
Schwesterchen, als es das Wasser tragen mußte,
und wie flossen ihm die Tränen über die
Backen herunter! «Lieber Gott, hilf uns doch»,

rief sie aus, «hätten uns nur die wilden Tiere im Wald gefressen, so wären wir doch zusammen gestorben.» — «Spar nur dein Geplärre», sagte die Alte, «es hilft dir alles nichts.»

Frühmorgens mußte Gretel heraus, den Kessel mit Wasser aufhängen und Feuer anzünden. «Erst wollen wir backen», sagte die Alte, «ich habe den Backofen schon eingeheizt und den Teig geknetet.» Sie stieß das arme Gretel hinaus zu dem Backofen, aus dem die Feuerflammen schon herausschlugen. «Kriech hinein», sagte die Hexe, «und sieh zu, ob recht eingeheizt ist, damit wir das Brot hineinschießen können.» Und wenn Gretel darin war, wollte sie den Ofen zumachen, und Gretel sollte darin braten, und dann wollte sie's auch aufessen. Aber Gretel merkte, was sie im Sinn hatte, und sprach: «Ich weiß nicht, wie ich's machen soll; wie komm ich da hinein?» — «Dumme Gans», sagte die Alte, «die Öffnung ist groß genug, siehst du wohl, ich könnte selbst hinein», krappelte heran und steckte den Kopf in den Backofen. Da gab ihr Gretel einen Stoß, daß sie weit hineinfuhr, machte die eiserne Tür zu und schob den Riegel vor. Hu! da fing sie an zu heulen, ganz grauselig; aber Gretel lief fort, und die gottlose Hexe mußte elendiglich verbrennen.

Gretel aber lief schnurstracks zum Hänsel, öffnete sein Ställchen und rief: «Hänsel, wir sind erlöst, die alte Hexe ist tot.» Da sprang Hänsel heraus wie ein Vogel aus dem Käfig, wenn ihm die Türe aufgemacht wird. Wie haben sie sich gefreut, sind sich um den Hals gefallen, sind herumgesprungen und haben sich geküßt! Und weil sie sich nicht mehr zu fürchten brauchten, so gingen sie in das Haus der Hexe hinein, da standen in allen Ecken Kasten mit Perlen und Edelsteinen. «Die sind noch besser als Kieselsteine», sagte Hänsel und steckte in seine Taschen, was hinein wollte, und Gretel sagte: «Ich will auch etwas mit nach Haus bringen», und füllte sich sein Schürzchen voll. «Aber jetzt wollen wir fort», sagte Hänsel, «damit wir aus dem Hexenwald herauskommen.» Als sie aber ein paar Stunden gegangen waren, gelangten sie an ein großes Wasser. «Wir können nicht hinüber», sprach Hänsel, «ich seh keinen Steg und keine Brücke.» — «Hier fährt auch kein Schiffchen», antwortete Gretel, «aber da schwimmt eine weiße Ente; wenn ich die bitte, so hilft sie uns hinüber.» Da rief sie:

«Entchen, Entchen,
Da steht Gretel und Hänsel.
Kein Steg und keine Brücke,
Nimm uns auf deinen weißen Rücken.»

Das Entchen kam auch heran, und Hänsel setzte sich auf und bat sein Schwesterchen, sich zu ihm zu setzen. «Nein», antwortete Gretel, «es wird dem Entchen zu schwer, es soll uns nacheinander hinüberbringen.» Das tat das gute Tierchen, und als sie glücklich drüben

waren und ein Weilchen fortgingen, da kam
ihnen der Wald immer bekannter und immer
bekannter vor, und endlich erblickten sie von
weitem ihres Vaters Haus. Da fingen sie an zu
laufen, stürzten in die Stube hinein und fielen
ihrem Vater um den Hals. Der Mann hatte keine
frohe Stunde gehabt, seitdem er die Kinder im
Walde gelassen hatte, die Frau aber war gestorben. Gretel schüttelte sein Schürzchen aus,
daß die Perlen und Edelsteine in der Stube
herumsprangen, und Hänsel warf eine Handvoll nach der andern aus seiner Tasche dazu.
Da hatten alle Sorgen ein Ende, und sie lebten
in lauter Freude zusammen. Mein Märchen ist
aus, dort lauft eine Maus, wer sie fängt, darf
sich eine große große Pelzkappe daraus machen.

16

DIE DREI SCHLANGENBLÄTTER

Es war einmal ein armer Mann, der konnte
seinen einzigen Sohn nicht mehr ernähren.
Da sprach der Sohn: «Lieber Vater, es geht
Euch so kümmerlich, ich falle Euch zur Last,
lieber will ich selbst fortgehen und sehen, wie
ich mein Brot verdiene.» Da gab ihm der
Vater seinen Segen und nahm mit großer
Trauer von ihm Abschied. Zu dieser Zeit
führte der König eines mächtigen Reiches
Krieg; der Jüngling nahm Dienste bei ihm
und zog mit ins Feld. Und als er vor den

Feind kam, so ward eine Schlacht geliefert, und es war große Gefahr und regnete blaue Bohnen, daß seine Kameraden von allen Seiten niederfielen. Und als auch der Anführer blieb, so wollten die übrigen die Flucht ergreifen, aber der Jüngling trat heraus, sprach ihnen Mut zu und rief: «Wir wollen unser Vaterland nicht zugrunde gehen lassen.» Da folgten ihm die andern, und er drang ein und schlug den Feind. Der König, als er hörte, daß er ihm allein den Sieg zu danken habe, erhob ihn über alle andern, gab ihm große Schätze und machte ihn zum Ersten in seinem Reich.

Der König hatte eine Tochter, die war sehr schön, aber sie war auch sehr wunderlich. Sie hatte das Gelübde getan, keinen zum Herrn und Gemahl zu nehmen, der nicht verspräche, wenn sie zuerst stürbe, sich lebendig mit ihr begraben zu lassen. «Hat er mich von Herzen lieb», sagte sie, «wozu dient ihm dann noch das Leben?» Dagegen wollte sie ein gleiches tun und wenn er zuerst stürbe, mit ihm in das Grab steigen. Dieses seltsame Gelübde hatte bis jetzt alle Freier abgeschreckt, aber der Jüngling wurde von ihrer Schönheit so eingenommen, daß er auf nichts achtete, sondern bei ihrem Vater um sie anhielt. «Weißt du auch», sprach der König, «was du versprechen mußt?» — «Ich muß mit ihr in das Grab gehen», antwortete er, «wenn ich sie überlebe, aber meine Liebe ist so groß, daß ich der Gefahr nicht achte.» Da willigte der König ein, und die Hochzeit ward mit großer Pracht gefeiert.

Nun lebten sie eine Zeitlang glücklich und vergnügt miteinander; da geschah es, daß die junge Königin in eine schwere Krankheit fiel und kein Arzt ihr helfen konnte. Und als sie tot dalag, da erinnerte sich der junge König, was er hatte versprechen müssen, und es grauste ihm davor, sich lebendig in das Grab zu legen, aber es war kein Ausweg: der König hatte alle Tore mit Wachen besetzen lassen, und es war nicht möglich, dem Schicksal zu entgehen. Als der Tag kam, wo die Leiche in das königliche Gewölbe beigesetzt wurde, da ward er mit hinabgeführt und dann das Tor verriegelt und verschlossen.

Neben dem Sarg stand ein Tisch, darauf vier Lichter, vier Laibe Brot und vier Flaschen Wein. Sobald dieser Vorrat zu Ende ging, mußte er verschmachten. Nun saß er da voll Schmerz und Trauer, aß jeden Tag nur ein Bißlein Brot, trank nur einen Schluck Wein und sah doch, wie der Tod immer näherrückte. Indem er so vor sich hinstarrte, sah er aus der Ecke des Gewölbes eine Schlange hervorkriechen, die sich der Leiche näherte. Und weil er dachte, sie käme, um daran zu nagen, zog er sein Schwert und sprach: «Solange ich lebe, sollst du sie nicht anrühren», und hieb sie in drei Stücke. Über ein Weilchen kroch eine zweite Schlange aus der Ecke hervor; als sie aber die andere tot und zerstückt liegen sah, ging sie zurück, kam bald wieder und hatte drei grüne Blätter im Munde. Dann nahm sie die drei Stücke von der Schlange, legte sie, wie sie zusammengehörten, und tat auf jede Wunde eins von den Blättern. Alsbald fügte sich das Getrennte aneinander, die Schlange regte sich und ward wieder lebendig, und beide eilten miteinander fort. Die Blätter blieben auf der Erde liegen, und dem Unglücklichen, der alles mit angesehen hatte, kam es in die Gedanken, ob nicht die wunderbare Kraft der Blätter, welche die Schlange wieder lebendig gemacht hatte, auch einem Menschen helfen könnte. Er hob also die Blätter auf und legte eins davon auf den Mund der Toten, die beiden andern auf ihre Augen. Und kaum war es geschehen, so bewegte sich das Blut in den Adern, stieg in das bleiche Angesicht und rötete es wieder. Da zog sie Atem, schlug die Augen auf und sprach: «Ach, Gott, wo bin ich?» — «Du bist bei mir, liebe Frau», antwortete er und erzählte ihr, wie alles gekommen war und er sie wieder ins Leben erweckt hatte. Dann reichte er ihr etwas Wein und Brot, und als sie wieder zu Kräften gekommen war, erhob sie sich, und sie gingen zu der Türe und klopften und riefen so laut, daß es die Wachen hörten und dem König meldeten. Der König kam selbst herab und öffnete die Türe, da fand er beide frisch und gesund und freute sich mit ihnen, daß nun alle Not überstanden war. Die drei Schlangenblätter aber nahm der junge König mit, gab sie einem Diener und sprach: «Verwahr sie mir sorgfältig und trag sie zu jeder Zeit bei dir; wer weiß, in welcher Not sie uns noch helfen können.»

Es war aber in der Frau, nachdem sie wieder ins Leben war erweckt worden, eine Veränderung vorgegangen: es war, als ob alle Liebe zu ihrem Manne aus ihrem Herzen gewichen wäre. Als er nach einiger Zeit eine Fahrt zu seinem alten Vater über das Meer machen wollte und sie auf ein Schiff gestiegen waren, so vergaß sie die große Liebe und Treue, die er ihr bewiesen und womit er sie vom Tode gerettet hatte, und faßte eine böse Neigung zu dem Schiffer. Und als der junge König einmal dalag und schlief, rief sie den Schiffer herbei und faßte den Schlafenden am Kopfe, und der Schiffer mußte ihn an den Füßen fassen, und so warfen sie ihn hinab ins Meer. Als die Schandtat vollbracht war, sprach sie zu ihm: «Nun laß uns heimkehren und sagen, er sei unterwegs gestorben. Ich will dich schon bei meinem Vater so herausstreichen und rühmen, daß er mich mit dir vermählt und dich zum Erben seiner Krone einsetzt.» Aber der treue Diener, der alles mit angesehen hatte, machte unbemerkt ein kleines Schifflein von dem großen los, setzte sich hinein, schiffte seinem Herrn nach und ließ die Verräter fortfahren. Er fischte den Toten wieder auf, und mit Hilfe der drei Schlangenblätter, die er bei sich trug und ihm auf die Augen und den Mund legte, brachte er ihn glücklich wieder ins Leben.

Sie ruderten beide aus allen Kräften Tag und Nacht, und ihr kleines Schiff flog so schnell dahin, daß sie früher als das andere bei dem alten Könige anlangten. Er verwunderte sich, als er sie allein kommen sah, und fragte, was ihnen begegnet wäre. Als er die Bosheit seiner Tochter vernahm, sprach er: «Ich kann's nicht glauben, daß sie so schlecht gehandelt hat, aber die Wahrheit wird bald an den Tag kommen», und hieß beide in eine verborgene Kammer gehen und sich vor jedermann heimlich halten. Bald hernach kam das große Schiff herangefahren, und die gottlose Frau erschien vor ihrem Vater mit einer betrübten Miene. Er sprach: «Warum kehrst du allein zurück? Wo ist dein Mann?» — «Ach, lieber Vater», antwortete sie, «ich komme in großer Trauer wieder heim, mein Mann ist während der Fahrt plötzlich erkrankt und gestorben, und wenn der gute Schiffer mir nicht Beistand geleistet hätte, so wäre es mir schlimm ergangen; er ist bei seinem Tode zugegen gewesen und kann Euch alles erzählen.» Der König sprach: «Ich will den Toten wieder lebendig machen» und öffnete die Kammer und hieß die beiden herausgehen. Die Frau, als sie ihren Mann erblickte, war wie vom Donner gerührt, sank auf die Knie und bat um Gnade. Der König sprach: «Da ist keine Gnade; er war bereit, mit dir zu sterben, und hat dir dein Leben wiedergegeben, du aber hast ihn im Schlaf umgebracht und sollst deinen verdienten Lohn empfangen.» Da ward sie mit ihrem Helfershelfer in ein durchlöchertes Schiff gesetzt und hinaus ins Meer getrieben, wo sie bald in den Wellen versanken.

Es ist nun schon lange her, da lebte ein König, dessen Weisheit im ganzen Lande berühmt war. Nichts blieb ihm unbekannt, und es war, als ob ihm Nachricht von den verborgensten Dingen durch die Luft zugetragen würde. Er hatte aber eine seltsame Sitte. Jeden Mittag, wenn von der Tafel alles abgetragen und niemand mehr zugegen war, mußte ein vertrauter Diener noch eine Schüssel bringen. Sie war aber zugedeckt, und der Diener wußte selbst nicht, was darin lag, und kein Mensch wußte es, denn der König deckte sie nicht eher auf und aß nicht davon, bis er ganz allein war. Das hatte schon lange Zeit gedauert, da überkam eines Tages den Diener, der die Schüssel wieder wegtrug, die Neugierde, daß er nicht widerstehen konnte, sondern die Schüssel in seine Kammer brachte. Als er die Tür sorgfältig verschlossen hatte, hob er den Deckel auf, und da sah er, daß eine weiße Schlange darin lag. Bei ihrem Anblick konnte er die Lust nicht zurückhalten, sie zu kosten; er schnitt ein Stückchen davon ab und steckte es in den Mund. Kaum aber hatte es seine Zunge berührt, so hörte er vor seinem Fenster ein seltsames Gewisper von feinen Stimmen. Er ging und horchte, da merkte er, daß es die Sperlinge waren, die miteinander sprachen und sich allerlei erzählten, was sie im Felde und Walde gesehen hatten.

Der Genuß der Schlange hatte ihm die Fähigkeit verliehen, die Sprache der Tiere zu verstehen.

Nun trug es sich zu, daß gerade an diesem Tage der Königin ihr schönster Ring fortkam und auf den vertrauten Diener, der überall Zugang hatte, der Verdacht fiel, er habe ihn gestohlen. Der König ließ ihn vor sich kommen und drohte ihm unter heftigen Scheltworten, wenn er bis morgen den Täter nicht zu nennen wüßte, so sollte er dafür angesehen und gerichtet werden. Es half nichts, daß er seine Unschuld beteuerte, er ward mit keinem bessern Bescheid entlassen. In seiner Unruhe und Angst ging er hinab auf den Hof und bedachte, wie er sich aus seiner Not helfen könnte. Da saßen die Enten an einem fließenden Wasser friedlich nebeneinander und ruhten, sie putzten sich mit ihren Schnäbeln glatt und hielten ein vertrauliches Gespräch. Der Diener blieb stehen und hörte ihnen zu. Sie erzählten sich, wo sie heute morgen all herumgewackelt wären und was für gutes Futter sie gefunden hätten; da sagte eine verdrießlich: «Mir liegt etwas schwer im Magen, ich habe einen Ring, der unter der Königin Fenster lag, in der Hast mit hinuntergeschluckt.» Da packte sie der Diener gleich beim Kragen, trug sie in die Küche und sprach zum Koch: «Schlachte doch diese ab, sie ist wohl genährt.» — «Ja», sagte der Koch und wog sie in der Hand, «die hat keine Mühe gescheut, sich zu mästen, und schon lange darauf gewartet, gebraten zu werden.»

Er schnitt ihr den Hals ab, und als sie ausgenommen ward, fand sich der Ring der Königin in ihrem Magen. Der Diener konnte nun leicht vor dem Könige seine Unschuld beweisen, und da dieser sein Unrecht wieder gutmachen wollte, erlaubte er ihm, sich eine Gnade auszubitten, und versprach ihm die größte Ehrenstelle, die er sich an seinem Hofe wünschte.

Der Diener schlug alles aus und bat nur um ein Pferd und Reisegeld; denn er hatte Lust, die Welt zu sehen und eine Weile darin herumzuziehen. Als seine Bitte erfüllt war, machte er sich auf den Weg und kam eines Tages an einem Teich vorbei, wo er drei Fische bemerkte, die sich im Rohr gefangen hatten und nach Wasser schnappten. Obgleich man sagt, die Fische wären stumm, so vernahm er doch ihre Klage, daß sie so elend umkommen müßten. Weil er ein mitleidiges Herz hatte, so stieg er vom Pferde ab und setzte die drei Gefangenen wieder ins Wasser. Sie zappelten vor Freude, streckten die Köpfe heraus und riefen ihm zu: «Wir wollen dir's gedenken und dir's vergelten, daß du uns errettet hast.» Er ritt weiter, und nach einem Weilchen kam es ihm vor, als hörte er zu seinen Füßen in dem Sand eine Stimme. Er horchte und vernahm, wie ein Ameisenkönig klagte: «Wenn uns nur die Menschen mit den ungeschickten Tieren vom Leib blieben! Da tritt mir das dumme Pferd mit seinen schweren Hufen meine Leute ohne Barmherzigkeit nieder!» Er lenkte auf einen Seitenweg ein, und der Ameisenkönig rief ihm zu: «Wir wollen dir's gedenken und dir's vergelten.» Der Weg führte ihn in einen Wald, und da sah er einen Rabenvater und eine Rabenmutter, die standen bei ihrem Nest und warfen ihre Jungen heraus. «Fort mit euch, ihr Galgenschwengel», riefen sie, «wir können euch nicht mehr satt machen, ihr seid groß genug und könnt euch selbst ernähren.» Die armen Jungen lagen auf der Erde, flatterten und schlugen mit ihren Fittichen und schrien: «Wir hilflosen Kinder, wir sollen uns selbst ernähren und können noch nicht fliegen! Was bleibt uns übrig, als hier Hungers zu sterben!» Da stieg der gute Jüngling ab, tötete das Pferd mit seinem Degen und überließ es den jungen Raben zum Futter. Die kamen herbeigehüpft, sättigten sich und riefen: «Wir wollen dir's gedenken und dir's vergelten.»

Er mußte jetzt seine eigenen Beine gebrauchen, und als er lange Wege gegangen war, kam er in eine große Stadt. Da war großer Lärm und Gedränge in den Straßen und kam einer zu Pferde und machte bekannt: Die Königstochter suche einen Gemahl, wer sich aber um sie bewerben wolle, der müsse eine schwere Aufgabe vollbringen, und könne er es nicht glücklich ausführen, so habe er sein Leben verwirkt. Viele hatten es schon versucht, aber vergeblich ihr Leben daran gesetzt. Der Jüngling, als er die Königstochter sah, ward er von ihrer großen Schönheit so verblendet, daß er alle Gefahren vergaß, vor den König trat und sich als Freier meldete.

Alsbald ward er hinaus ans Meer geführt und vor seinen Augen ein goldener Ring hineingeworfen. Dann hieß ihn der König diesen Ring aus dem Meeresgrund wieder hervorzuholen und fügte hinzu: «Wenn du ohne ihn wieder in die Höhe kommst, so wirst du immer aufs neue hinabgestürzt, bis du in den Wellen umkommst.» Alle bedauerten den schönen Jüngling und ließen ihn dann einsam am Meere zurück. Er stand am Ufer und überlegte, was er wohl tun sollte, da sah er auf einmal drei Fische daherschwimmen, und es waren keine andern als jene, welchen er das Leben gerettet hatte. Der mittelste hielt eine Muschel im Munde, die er an den Strand zu den Füßen des Jünglings hinlegte, und als dieser sie aufhob und öffnete, so lag der Goldring darin. Voll Freude brachte er ihn dem Könige und erwartete, daß er ihm den verheißenen Lohn gewähren würde. Die stolze Königstochter aber, als sie vernahm, daß er ihr nicht ebenbürtig war, verschmähte ihn und verlangte, er sollte zuvor eine zweite Aufgabe lösen. Sie ging hinab in den Garten und streute selbst zehn Säcke voll Hirsen ins Gras. «Die muß er morgen, eh die Sonne hervorkommt, aufgelesen haben», sprach sie, «und darf kein Körnchen fehlen.» Der Jüngling setzte sich in den Garten und dachte nach, wie es möglich wäre, die Aufgabe zu lösen, aber er konnte nichts ersinnen, saß da ganz traurig und erwartete, bei Anbruch des Morgens zum Tode geführt zu werden. Als aber die ersten Sonnenstrahlen in den Garten fielen, so sah er die zehn Säcke alle wohlgefüllt nebeneinander stehen, und kein Körnchen fehlte darin. Der Ameisenkönig war mit seinen tausend und tausend Ameisen in der Nacht angekommen, und die dankbaren Tiere hatten die Hirsen mit großer Emsigkeit gelesen und in die Säcke gesammelt. Die Königstochter kam selbst in den Garten herab und sah mit Verwunderung, daß der Jüngling vollbracht hatte, was ihm aufgegeben war. Aber sie konnte ihr stolzes Herz noch nicht bezwingen und sprach: «Hat er auch die beiden Aufgaben gelöst, so soll er doch nicht eher mein Gemahl werden, bis er mir einen Apfel vom Baume des Lebens gebracht hat.» Der Jüngling wußte nicht, wo der Baum des Lebens stand; er machte sich auf und wollte immerzu gehen, solange ihn seine Beine trügen, aber er hatte keine Hoffnung, ihn zu finden. Als er schon durch drei Königreiche gewandert war und abends in einen Wald kam, setzte er sich unter einen Baum und wollte schlafen: da hörte er in den Ästen ein Geräusch, und ein goldner Apfel fiel in seine Hand. Zugleich flogen drei Raben zu ihm herab, setzten sich auf seine Knie und sagten: «Wir sind die drei jungen Raben, die du vom Hungertod errettet hast; als wir groß geworden waren und hörten, daß du den goldenen Apfel suchtest, so sind wir über das Meer geflogen bis ans Ende der Welt, wo der Baum des Lebens steht, und haben dir den Apfel geholt.» Voll Freude machte sich der Jüngling auf den Heimweg und brachte der schönen Königstochter den goldenen Apfel, der nun keine Ausrede mehr übrigblieb. Sie teilten den Apfel des Lebens und aßen ihn zusammen: da ward ihr Herz mit Liebe zu ihm erfüllt, und sie erreichten in ungestörtem Glück ein hohes Alter.

STROHHALM, KOHLE UND BOHNE

In einem Dorfe wohnte eine arme alte Frau, die hatte ein Gericht Bohnen zusammengebracht und wollte sie kochen. Sie machte also auf ihrem Herd ein Feuer zurecht, und damit es desto schneller brennen sollte, zündete sie es mit einer Handvoll Stroh an. Als sie die Bohnen in den Topf schüttete, entfiel ihr unbemerkt eine, die auf dem Boden neben einen Strohhalm zu liegen kam; bald danach sprang auch eine glühende Kohle vom Herd zu den beiden herab. Da fing der Strohhalm an und sprach: «Liebe Freunde, von wannen kommt ihr her?» Die Kohle antwortete: «Ich bin zu gutem Glück dem Feuer entsprungen, und hätte ich das nicht mit Gewalt durchgesetzt, so war mir der Tod gewiß: ich wäre zu Asche verbrannt.» Die Bohne sagte: «Ich bin auch noch mit heiler Haut davongekommen, aber hätte mich die Alte in den Topf gebracht, ich wäre ohne Barmherzigkeit zu Brei gekocht worden wie meine Kameraden.» — «Wäre mir denn ein besser

Schicksal zuteil geworden?» sprach das Stroh, «alle meine Brüder hat die Alte in Feuer und Rauch aufgehen lassen, sechzig hat sie auf einmal gepackt und ums Leben gebracht. Glücklicherweise bin ich ihr zwischen den Fingern durchgeschlüpft.» —«Was sollen wir aber nun anfangen?» sprach die Kohle. «Ich meine», antwortete die Bohne, «weil wir so glücklich dem Tode entronnen sind, so wollen wir uns als gute Gesellen zusammenhalten und, damit uns hier nicht wieder ein neues Unglück ereilt, gemeinschaftlich auswandern und in ein fremdes Land ziehen.»

Der Vorschlag gefiel den beiden andern, und sie machten sich miteinander auf den Weg. Bald aber kamen sie an einen kleinen Bach, und da keine Brücke oder Steg da war, so wußten sie nicht, wie sie hinüberkommen sollten. Der Strohhalm fand guten Rat und sprach: «Ich will mich querüber legen, so könnt ihr auf mir wie auf einer Brücke hinübergehen.» Der Strohhalm streckte sich also von einem Ufer zum andern, und die Kohle, die von hitziger Natur war, trippelte auch ganz keck auf die neugebaute Brücke. Als sie aber in die Mitte gekommen war und unter ihr das Wasser rauschen hörte, ward ihr doch angst: sie blieb stehen und getraute sich nicht weiter. Der Strohhalm aber fing an zu brennen, zerbrach in zwei Stücke und fiel in den Bach: die Kohle rutschte nach, zischte, wie sie ins Wasser kam, und gab den Geist auf. Die Bohne, die vorsichtigerweise noch auf dem Ufer zurückgeblieben war, mußte über die Geschichte lachen, konnte nicht

aufhören und lachte so gewaltig, daß sie zer-
platzte. Nun war es ebenfalls um sie geschehen,
wenn nicht zu gutem Glück ein Schneider,
der auf der Wanderschaft war, sich an dem
Bach ausgeruht hätte. Weil er ein mitleidiges
Herz hatte, so holte er Nadel und Zwirn heraus
und nähte sie zusammen. Die Bohne bedankte
sich bei ihm aufs schönste, aber da er schwarzen Zwirn gebraucht hatte, so haben seit der
Zeit alle Bohnen eine schwarze Naht.

19

VON DEM FISCHER UN SYNER FRU

Dar wöör maal eens en Fischer un syne Fru,
de waanden tosamen in'n Pißputt, dicht an der
See, un de Fischer güng alle Dage hen un
angeld: un he angeld un angeld.

So seet he ook eens by de Angel un seeg jümmer in dat blanke Water henin: un he seet un seet.

Do güng de Angel to Grund, deep ünner, un
as he se heruphaald, so haald he enen grooten
Butt heruut. Do säd de Butt to em: «Hör mal,
Fischer, ik bidd dy, laat my lewen, ik bün keen
rechten Butt, ik bün'n verwünschten Prins. Wat
helpt dy dat, dat du my doot maakst? Ik würr
dy doch nich recht smecken: sett my wedder
in dat Water un laat my swemmen.» — «Nu»,
säd de Mann, «du bruukst nich so veel Wöörd
to maken, eenen Butt, de spreken kann, hadd
ik doch wol swemmen laten.» Mit des sett't

he em wedder in dat blanke Water, do güng de Butt to Grund un leet enen langen Strypen Bloot achter sik. Do stünn de Fischer up un güng na syne Fru in'n Pißputt.

«Mann», säd de Fru, «hest du hüüt niks fungen?» — «Ne», säd de Mann, «ik füng enen Butt, de säd, he wöör en verwünschten Prins, do hebb ik em wedder swemmen laten.» — «Hest du dy denn niks wünschd?» säd de Fru. «Ne», säd de Mann, «wat schull ik my wünschen?» — «Ach», säd de Fru, «dat is doch äwel, hyr man jümmer in'n Pißputt to waanen, dat stinkt un is so eeklig: du haddst uns doch ene lüttje Hütt wünschen kunnt. Ga noch hen un roop em: segg em, wy wählt 'ne lüttje Hütt hebben, he dait dat gewiß.» — «Ach», säd de Mann, «wat schull ik door noch hengaan?» — «I», säd de Fru, «du haddst em doch fungen, un hest em wedder swemmen laten, he dait dat gewiß. Ga glyk hen.» De Mann wull noch nich recht, wull awerst syn Fru ook nich to weddern syn un güng hen na der See.

As he door köhm, wöör de See ganß grön un geel un goor nich meer so blank. So güng he staan un säd:

> «Manntje, Manntje, Timpe Te,
> Buttje, Buttje in der See,
> Myne Fru de Ilsebill
> Will nich so, as ik wol will.»

Do köhm de Butt answemmen un säd: «Na, wat will se denn?» — «Ach», säd de Mann, «ik hebb dy doch fungen hatt, nu säd myn Fru, ik hadd my doch wat wünschen schullt. Se mag nich meer in'n Pißputt wanen, se wull geern 'ne Hütt.» — «Ga man hen», säd de Butt, «se hett se all.»

Do güng de Mann hen, un syne Fru seet nich meer in'n Pißputt, dar stünn awerst ene lüttje Hütt, un syne Fru seet vor de Döhr up ene Bänk. Do nöhm syne Fru em by de Hand un säd to em: «Kumm man herin, süh, nu is dat doch veel beter.» Do güngen se henin, un in de Hütt was een lüttjen Vörplatz un en lüttje herrliche Stuw un Kamer, wo jem eer Beed stünn, un Kääk un Spysekamer, allens up dat beste mit Gerädschoppen un up dat schönnste upgefleyt, Tinntüüg un Mischen (Messing), wat sik darin höört. Un achter was ook en lüttjen Hof mit Hönern un Aanten, un en lüttjen Goorn mit Grönigkeiten un Aaft (Obst). «Süh», säd de Fru, «is dat nich nett?» — «Ja», säd de Mann, «so schall't blywen, nu wähl wy recht vergnöögt lewen.» — «Dat wähl wy uns bedenken», säd de Fru. Mit des eeten se wat un güngen to Bedd.

So güng dat wol 'n acht oder veertein Dag, do säd de Fru: «Hör, Mann, de Hütt is ook goor to eng, un de Hof un de Goorn is so kleen: de Butt hadd uns ook wol een grötter Huus schenken kunnt. Ich much woll in enem grooten stenern Slott wanen: ga hen tom Butt, he schall uns en Slott schenken.» — «Ach, Fru», säd de Mann, «de Hütt is jo god noog, wat wähl wy in'n Slott wanen.» — «I wat», säd de Fru, «ga du man hen, de Butt kann dat jümmer doon.» — «Ne, Fru», säd de Mann, «de Butt hett uns eerst de Hütt gewen, ik mag nu nich all wedder kamen, den Butt muchd et vördreten.» — «Ga doch», säd de Fru, «he kann dat recht good un dait dat geern; ga du man hen.» Dem Mann wöör syn Hart so swoor, un wull nich; he säd by sik sülwen: «Dat is nich recht», he güng awerst doch hen.

As he an de See köhm, wöör dat Water ganß vigelett un dunkelblau un grau un dick, un goor nich meer so grön un geel, doch wöör't noch still. Do güng he staan un säd:

> «Manntje, Manntje, Timpe Te,
> Buttje, Buttje in der See,
> Myne Fru de Ilsebill
> Will nich so, as ik wol will.»

«Na, wat will se denn?» säd de Butt. «Ach», säd de Mann half bedrööft, «se will in'n groot stenern Slott wanen.» — «Ga man hen, se stait vör der Döhr», säd de Butt.

Da güng de Mann hen un dachd, he wull na Huus gaan, as he awerst daar köhm, so stün door 'n grooten stenern Pallast, un syn Fru stünn ewen up de Trepp un wull henin gaan: do nöhm se em by de Hand un säd: «Kumm man herin.» Mit des güng he mit ehr henin, un in dem Slott wöör ene grote Dehl mit marmelstenern Asters (Estrich), un dar wören so veel Bedeenters, de reten de grooten Dören up, un de Wende wören all blank un mit schöne Tapeten, un in de Zimmers luter gollne Stöhl un Dischen, un krystallen Kroonlüchters hüngen an dem Bähn, un so wöör dat all de Stuwen un Kamers mit Footdeken: un dat Aeten un de allerbeste Wyn stünn uy den Dischen, as wenn se breken wullen. Un achter dem Huse wöör ook'n grooten Hof mit Peerd- un Kohstall un Kutschwagens up dat allerbeste, ook was door en grooten herrlichen Goorn mit de schönnsten Blomen un fyne Aaftbömer, un en Lustholt wol 'ne halwe Myl lang, door wören Hirschen un Reh un Hasen drin un allens, wat man sik jümmer wünschen mag. «Na», säd de Fru, «is dat nu nich schön?» — «Ach ja», säd de Mann, «so schall't ook blywen, nu wähl wy ook in dat schöne Slott wanen un wähl tofreden syn.» — «Dat wähl wy uns bedenken», säd de Fru, «un wählen't beslapen.» Mit des güngen se to Bedd.

Den annern Morgen waakd de Fru to eerst up, dat was jüst Dag, un seeg uut jem ehr Bedd dat herrliche Land vör sik liggen. De Mann reckd sik noch, do stödd se em mit dem Ellbagen in de Syd un säd: «Mann, sta up un kyk mal uut dem Fenster. Süh, kunnen wy nich König warden äwer all düt Land? Ga hen tom Butt, wy wählt König syn.» — «Ach, Fru», säd de Mann, «wat wähl wy König syn! Ik mag nich König syn.» — «Na», säd de Fru, «wult du nich König syn, so will ik König syn. Ga hen tom Butt, ik will König syn.» — «Ach, Fru», säd de Mann, «wat wullst du König syn? Dat mag ik em nich seggen.» — «Worüm nich?» säd de Fru, «ga stracks hen,

ik mutt König syn.» Do güng de Mann hen
un wöör ganß bedröft, dat syne Fru König
warden wull. «Dat is nich recht un is nich
recht», dachd de Mann. He wull nich hen gaan,
güng awerst doch hen.

Un as he an de See köhm, do wöör de See
ganß swartgrau, un dat Water geerd so von
ünnen up un stünk ook ganß fuul. Do güng
he staan un säd:

> «Manntje, Manntje, Timpe Te,
> Buttje, Buttje in der See,
> Myne Fru de Ilsebill
> Will nich so, as ik wol will.»

«Na, wat will se denn?» säd de Butt. «Ach»,
säd de Mann, «se will König warden.» —
«Ga man hen, se is't all», säd de Butt.

Do güng de Mann hen, un as he na dem
Pallast köhm, so wöör dat Slott veel grötter
worren, mit enem grooten Toorn un herrlyken
Zyraat doran: un de Schildwacht stünn vor de
Döhr, un dar wören so väle Soldaten un
Pauken un Trumpeten. Un as he in dat Huus
köhm, so wöör allens von purem Marmelsteen
mit Gold un sammtne Deken un groote gollne
Quasten. Do güngen de Dören von dem Saal
up, door de ganße Hofstaat wöör, un syne Fru
seet up enem hogen Troon von Gold un
Demant, un hadd ene groote gollne Kroon up
un den Zepter in der Hand von purem Gold
un Edelsteen, un up beyden Syden by ehr
stünnen ses Jumpfern in ene Reeg, jümmer ene

enen Kops lüttjer as de annere. Do güng he staan un säd: «Ach, Fru, büst du nu König?» — «Ja», säd de Fru, «nu bün ik König.» Do stünn he un seeg se an, un as he se do een Flach (eine Zeitlang) so ansehn hadd, säd he: «Ach, Fru, wat lett dat schöön, wenn du König büst! Nu wähl wy ook niks meer wünschen.» — «Ne, Mann», säd de Fru un wöör ganß unruhig, «my waart de Tyd un Wyl al lang, ik kann dat nich meer utholen. Ga hen tom Butt, König bün ik, nu mutt ik ook Kaiser warden.» — «Ach, Fru», säd de Mann, «wat wullst du Kaiser warden.» — «Mann», säd se, «ga tom Butt, ik will Kaiser syn.» — «Ach, Fru», säd de Mann, «Kaiser kann he nich maken, ik mag dem Butt dat nich seggen; Kaiser is man eenmal im Reich: Kaiser kann de Butt jo nich maken, dat kann un kann he nich.» — «Wat», säd de Fru, «ik bünn König, und du büst man myn Mann, wullt du glyk hengaan? Glyk ga hen, kann he König maken, kann he ook Kaiser maken, ik will un will Kaiser syn; glyk ga hen.» Do mussd he hengaan. Do de Mann awer hengüng, wöör em ganß bang, un as he so güng, dachd he by sik: Düt gait un gait nich good: Kaiser is to uutvörschaamt, de Butt wart am Ende möd.

Mit des köhm he an de See, do wöör de See noch ganß swart un dick un füng al so von ünnen up to geeren, dat et so Blasen smeet, un et güng so een Keekwind äwer hen, dat et sik so köhrd; un de Mann wurr groen (grauen). Do güng he staan un säd:

«Manntje, Manntje, Timpe Te,
Buttje, Buttje in der See,
Myne Fru de Ilsebill
Will nich so, as ik wol will.»

«Na, wat will se denn?» säd de Butt. «Ach,
Butt», säd he, «myn Fru will Kaiser warden.»
— «Ga man hen», säd de Butt, «se is't all.»

Do güng de Mann hen, un as he door köhm,
so wöör dat ganße Slott von poleertem Marmelsteen mit albasternen Figuren un gollnen
Zyraten. Vör de Döhr marscheerden de Soldaten, un se blösen Trumpeten un slögen Pauken
un Trummeln: awerst in dem Huse da güngen
de Baronen un Graven un Herzogen man so as
Bedeenters herüm: do maakden se em de Dören
up, de von luter Gold wören. Un as he herin-
köhm, door seet syne Fru up enen Troon, de
wöör von een Stück Gold, un wöör wol twe
Myl hoog: un hadd ene groote gollne Kroon
up, de wöör dre Elen hoog un mit Briljanten
un Karfunkelsteen besett't; in de ene Hand
hadde se den Zepter un in de annere Hand
den Reichsappel, un up beyden Syden by eer
door stünnen de Trabanten so in twe Reegen,
jümmer en lüttjer as de annere, von dem aller-
gröttesten Rysen, de wöör twe Myl hoog,
bet to dem allerlüttjesten Dwaark, de wöör
man so groot as min lüttje Finger. Un vör
ehr stünnen so vele Fürsten un Herzogen.
Door güng de Mann tüschen staan un säd:
«Fru, büst du nu Kaiser?» — «Ja», säd se,
«ik bün Kaiser.»

Do güng he staan un beseeg se sik so recht, un as he se so'n Flach ansehen hadd, so säd he: «Ach, Fru, wat lett dat schöön, wenn du Kaiser büst.» — «Mann», säd se, «wat staist du door? Ik bün nu Kaiser, nu will ik awerst ook Paabst warden, ga hen tom Butt.» — «Ach, Fru», säd de Mann, «wat wulst du man nich? Paabst kannst du nich warden, Paabst is man eenmal in der Kristenhait, dat kann he doch nik maken.» — «Mann», säd se, «ik will Paabst warden, ga glyk hen, ik mutt hüüt noch Paabst warden.» — «Ne, Fru», säd de Mann, «dat mag ik em nich seggen, dat gait nich good, dat is to groß, tom Paabst kann de Butt nich maken.» — «Mann, wat Snack!» säd de Fru, «kann he Kaiser maken, kann he ook Paabst maken. Ga foorts hen, ik bün Kaiser, un du büst man myn Mann, wult du wol hengaan?» Do wurr he bang un güng hen, em wöör ganß flau, un zitterd un beewd, un de Knee un de Waden slakkerden em. Un dar streek so'n Wind äwer dat Land, un de Wolken flögen, as dat düster wurr gegen Awend: de Bläder waiden von den Bömern, un dat Water güng un bruusd as kaakd dat, un platschd an dat Aever, un von feern seeg he de Schepen, de schöten in der Noot un danß- den un sprüngen up den Bülgen. Doch wöör de Himmel noch so'n bitten blau in de Midd, awerst an den Syden door toog dat so recht rood up as en swohr Gewitter. Do güng he recht vörzufft (verzagt) staan in de Angst un säd:

154

«Manntje, Manntje, Timpe Te,
Buttje, Buttje in der See,
Myne Fru de Ilsebill
Will nich so, as ik wol will.»

«Na, wat will se denn?» säd de Butt. «Ach»,
säd de Mann, «se will Paabst warden.» — «Ga
man hen, se is't all», säd de Butt.

Do güng he hen, un as he door köhm, so
wöör dar as en groote Kirch mit luter Palla-
stens ümgewen. Door drängd he sik dorch dat
Volk: inwendig was awer allens mit dausend
un dausend Lichtern erleuchtet, un syne Fru
wöör in luter Gold gekledet un seet noch up
enem veel högeren Troon un hadde dre groote
gollne Kronen up, un üm ehr dar so veel von
geistlykem Staat, un up beyden Syden by ehr
door stünnen twe Reegen Lichter, da gröttste
so dick un groot as de allergröttste Toorn, bet
to dem allerkleensten Käkenlicht; un alle de
Kaisers un de Königen de legen vör ehr up de
Kne un küßden ehr den Tüffel. «Fru», säd de
Mann un seeg se so recht an, «büst du nu
Paabst?» — «Ja», säd se, «ik bün Paabst.»
Do güng he staan un seeg se recht an, un dat
wöör, as wenn he in de hell Sunn seeg. As he
se do en Flach ansehn hadd, so segt he: «Ach,
Fru, wat lett dat schöön, wenn du Paabst
büst!» Se seet awerst ganß styf as en Boom
un rüppeld un röhrd sik nich. Do säd he:
«Fru, nu sy tofreden, nu du Paabst büst, nu
kannst du doch niks meer warden.» — «Dat
will ik my bedenken», säd de Fru. Mit des

güngen se beyde to Bedd, awerst se wöör nich tofreden, un de Girighait leet se nich slapen, se dachd jümmer, wat so noch warden wull.

De Mann sleep recht good un fast, he hadd den Dag veel lopen, de Fru awerst kunn goor nicht inslapen un smeet sik von een Syd to der annern de ganße Nacht un dachd man jümmer, wat se noch wol warden kunn, un kunn sik doch up niks meer besinnen. Mit des wull de Sünn upgaan, un as se dat Morgenrood seeg, richt'd se sik äwer End im Bedd un seeg door henin, un as se uut dem Fenster de Sünn so herup kamen seeg, «ha», dachd se, «kunn ik nich ook de Sünn un de Maan upgaan laten?» «Mann», säd se un stöd em mit dem Ellbagen in de Ribben, «waak up, ga hen tom Butt, ik will warden as de lewe Gott.» De Mann was noch meist in'n Slaap, awerst he vörschrok sik so, dat he uut dem Bedd füll. He meend, he hadd sik vörhöörd, un reef sik de Ogen uut un säd: «Ach, Fru, wat säd'st du?» — «Mann», säd se, «wenn ik nich de Sünn un de Maan kan upgaan laten un mutt dat so ansehn, dat de Sünn un de Maan upgaan, ik kann dat nich uuthollen, un hebb kene geruhige Stünd meer, dat ik se nich sülwst kann upgaan laten.» Do seeg se em so recht gräsig an, dat em so'n Schudder äwerleep. «Glyk ga hen, ik will warden as de lewe Gott.» — «Ach, Fru», säd de Mann un füll vör eer up de Knee, «dat kann de Butt nich. Kaiser un Paabst kann he maken, ik bidd dy, sla in dy un blyf Paabst.» Do köhm se in de Booshait, de Hoor flögen ehr so wild

156

üm den Kopp, do reet se sik dat Lyfken up un geef em eens mit dem Foot un schreed: «Ik holl dat nich uut un holl dat nich länger uut, wult du hengaan??» Do slööpd he sik de Büxen an un leep wech as unsinnig.

Buten awer güng de Storm un bruusde, dat he kuum up de Föten staan kunn: de Huser un de Bömer waiden um, un de Baarge beewden, un de Felsenstücken rullden in de See, un de Himmel wöör ganß pickswart, un dat dunnerd un blitzd, un de See güng in so hoge swarte Bülgen as Kirchentöörn un as Baarge, un de hadden bawen alle ene witte Kroon von Schuum up. Do schre he un kun syn egen Woord nich hören:

«Manntje, Manntje, Timpe Te,
Buttje, Buttje in der See,
Myne Fru de Ilsebill
Will nich so, as ik wol will.»

«Na, wat will se denn?» säd de Butt. «Ach», säd he, «se will warden as de lewe Gott.» — «Ga man hen, se sitt all weder in'n Pißputt.»

Door sitten se noch bet up hüüt un düssen Dag.

20

DAS TAPFERE SCHNEIDERLEIN

An einem Sommermorgen saß ein Schneiderlein auf seinem Tisch am Fenster, war guter
Dinge und nähte aus Leibeskräften. Da kam
eine Bauersfrau die Straße herab und rief: «Gut
Mus feil! Gut Mus feil!» Das klang dem Schneiderlein lieblich in die Ohren, er steckte sein
zartes Haupt zum Fenster hinaus und rief: «Hier
herauf, liebe Frau, hier wird sie ihre Ware los.»
Die Frau stieg die drei Treppen mit ihrem
schweren Korbe zu dem Schneider herauf und
mußte die Töpfe sämtlich vor ihm auspacken.
Er besah sie alle, hob sie in die Höhe, hielt die
Nase dran und sagte endlich: «Das Mus
scheint mir gut, wieg sie mir doch vier Lot ab,
liebe Frau; wenn's auch ein Viertelpfund ist,
kommt es mir nicht darauf an.» Die Frau,
welche gehofft hatte, einen guten Absatz zu
finden, gab ihm, was er verlangte, ging aber
ganz ärgerlich und brummig fort. «Nun, das
Mus soll mir Gott gesegnen», rief das Schneiderlein, «und soll mir Kraft und Stärke geben»,
holte das Brot aus dem Schrank, schnitt sich
ein Stück über den ganzen Laib und strich das
Mus darüber. «Das wird nicht bitter schmekken», sprach er, «aber erst will ich den Wams
fertigmachen, eh ich anbeiße.» Er legte das
Brot neben sich, nähte weiter und machte vor
Freude immer größere Stiche. Indes stieg der
Geruch von dem süßen Mus hinauf an die

Wand, wo die Fliegen in großer Menge saßen, so daß sie herangelockt wurden und sich scharenweis darauf niederließen. «Ei, wer hat euch eingeladen?» sprach das Schneiderlein und jagte die ungebetenen Gäste fort. Die Fliegen aber, die kein Deutsch verstanden, ließen sich nicht abweisen, sondern kamen in immer größerer Gesellschaft wieder. Da lief dem Schneiderlein endlich, wie man sagt, die Laus über die Leber, es langte aus seiner Hölle nach einem Tuchlappen, und «wart, ich will es

euch geben!» schlug es unbarmherzig drauf.
Als es abzog und zählte, so lagen nicht weniger
als sieben vor ihm tot und streckten die Beine.
«Bist du so ein Kerl?» sprach es und mußte
selbst seine Tapferkeit bewundern, «das soll
die ganze Stadt erfahren.» Und in der Hast
schnitt sich das Schneiderlein einen Gürtel,
nähte ihn und stickte mit großen Buchstaben
darauf: Siebene auf einen Streich! — «Ei was,
Stadt!» sprach er weiter, «die ganze Welt soll's
erfahren!» und sein Herz wackelte ihm vor
Freude wie ein Lämmerschwänzchen.

Der Schneider band sich den Gürtel um den
Leib und wollte in die Welt hinaus, weil er
meinte, die Werkstätte sei zu klein für seine
Tapferkeit. Eh er abzog, suchte er im Haus
herum, ob nichts da wäre, was er mitnehmen
könnte; er fand aber nichts als einen alten Käs,
den steckte er ein. Vor dem Tore bemerkte er
einen Vogel, der sich im Gesträuch gefangen
hatte; der mußte zu dem Käse in die Tasche.
Nun nahm er den Weg tapfer zwischen die
Beine, und weil er leicht und behend war,
fühlte er keine Müdigkeit. Der Weg führte ihn
auf einen Berg, und als er den höchsten Gipfel
erreicht hatte, so saß da ein gewaltiger Riese
und schaute sich ganz gemächlich um. Das
Schneiderlein ging beherzt auf ihn zu, redete
ihn an und sprach: «Guten Tag, Kamerad, gelt,
du sitzest da und besiehst dir die weitläufige
Welt? Ich bin eben auf dem Wege dahin und
will mich versuchen. Hast du Lust mitzu-
gehen?» Der Riese sah den Schneider veräch-

lich an und sprach: «Du Lump! Du miserabler Kerl!» — «Das wäre!» antwortete das Schneiderlein, knöpfte den Rock auf und zeigte dem Riesen den Gürtel, «da kannst du lesen, was ich für ein Mann bin.» Der Riese las: «Siebene auf einen Streich», meinte, das wären Menschen gewesen, die der Schneider erschlagen hätte, und kriegte ein wenig Respekt vor dem kleinen Kerl. Doch wollte er ihn erst prüfen, nahm einen Stein in die Hand und drückte ihn zusammen, daß das Wasser heraustropfte. «Das mach mir nach», sprach der Riese, «wenn du Stärke hast.» — «Ist's weiter nichts?» sagte das Schneiderlein, «das ist bei unsereinem Spielwerk», griff in die Tasche, holte den weichen Käs und drückte ihn, daß der Saft herauslief. «Gelt», sprach er, «das war ein wenig besser?» Der Riese wußte nicht, was er sagen sollte, und konnte es von dem Männlein nicht glauben. Da hob der Riese einen Stein auf und warf ihn so hoch, daß man ihn mit Augen kaum noch sehen konnte: «Nun, du Erpelmännchen, das tu mir nach.» — «Gut geworfen», sagte der Schneider, «aber der Stein hat doch wieder zur Erde herabfallen müssen; ich will dir einen werfen, der soll gar nicht wiederkommen», griff in die Tasche, nahm den Vogel und warf ihn in die Luft. Der Vogel, froh über seine Freiheit, stieg auf, flog fort und kam nicht wieder. «Wie gefällt dir das Stückchen, Kamerad?» fragte der Schneider. «Werfen kannst du wohl», sagte der Riese, «aber nun wollen wir sehen, ob du imstande bist, etwas Ordentliches zu tragen.» Er führte das Schneiderlein zu einem mächtigen Eichbaum, der da gefällt auf dem Boden lag, und sagte: «Wenn du stark genug bist, so hilf mir den Baum aus dem Walde heraustragen.» — «Gerne», antwortete der kleine Mann, «nimm du nur den Stamm auf deine Schulter, ich will die Äste mit dem Gezweig aufheben und tragen, das ist doch das Schwerste.» Der Riese nahm den Stamm auf die Schulter, der Schneider aber setzte sich auf einen Ast, und der Riese, der sich nicht umsehen konnte, mußte den ganzen Baum und das Schneiderlein noch obendrein forttragen. Es war da hinten ganz lustig und guter Dinge, pfiff das Liedchen «Es ritten drei Schneider zum Tore hinaus», als wäre das Baumtragen ein Kinderspiel. Der Riese, nachdem er ein Stück Wegs die schwere Last fortgeschleppt hatte, konnte nicht weiter und rief: «Hör, ich muß den Baum fallen lassen.» Der Schneider sprang behendiglich herab, faßte den Baum mit beiden Armen, als wenn er ihn getragen hätte, und sprach zum Riesen: «Du bist ein so großer Kerl und kannst den Baum nicht einmal tragen.»

Sie gingen zusammen weiter, und als sie an einem Kirschbaum vorbeikamen, faßte der Riese die Krone des Baums, wo die zeitigsten Früchte hingen, bog sie herab, gab sie dem Schneider in die Hand und hieß ihn essen. Das Schneiderlein aber war viel zu schwach, um den Baum zu halten, und als der Riese losließ, fuhr der Baum in die Höhe, und der Schneider ward mit in die Luft geschnellt. Als er wieder ohne Schaden herabgefallen war, sprach der Riese: «Was ist das, hast du nicht Kraft, die schwache Gerte zu halten?» — «An der Kraft fehlt es nicht», antwortete das Schneiderlein, «meinst du, das wäre etwas für einen, der siebene mit einem Streich getroffen hat? Ich bin über den Baum gesprungen, weil die Jäger da unten in das Gebüsch schießen. Spring nach, wenn du's vermagst.» Der Riese machte den Versuch, konnte aber nicht über den Baum kommen, sondern blieb in den Ästen hängen, also daß das Schneiderlein auch hier die Oberhand behielt.

Der Riese sprach: «Wenn du ein so tapferer Kerl bist, so komm mit in unsere Höhle und übernachte bei uns.» Das Schneiderlein war bereit und folgte ihm. Als sie in der Höhle anlangten, saßen da noch andere Riesen beim Feuer, und jeder hatte ein gebratenes Schaf in der Hand und aß davon. Das Schneiderlein sah sich um und dachte: es ist doch hier viel weitläufiger als in meiner Werkstatt. Der Riese wies ihm ein Bett an und sagte, er sollte sich hineinlegen und ausschlafen. Dem Schneiderlein war aber das Bett zu groß, es legte sich nicht hinein, sondern kroch in eine Ecke. Als es Mitternacht war und der Riese meinte, das Schneiderlein läge in tiefem Schlafe, so stand er auf, nahm eine große Eisenstange und schlug das Bett mit einem Schlag durch und meinte, er hätte dem Grashüpfer den Garaus gemacht. Mit dem frühsten Morgen gingen die Riesen in den Wald und hatten das Schneiderlein ganz vergessen; da kam es auf einmal ganz lustig und verwegen dahergeschritten. Die Riesen erschraken, fürchteten, es schlüge sie alle tot, und liefen in einer Hast fort.

Das Schneiderlein zog weiter, immer seiner spitzen Nase nach. Nachdem es lange gewandert war, kam es in den Hof eines königlichen Palastes, und da es Müdigkeit empfand, so legte es sich ins Gras und schlief ein. Während es dalag, kamen die Leute, betrachteten es von allen Seiten und lasen auf dem Gürtel «Siebene auf einen Streich». «Ach», sprachen sie, «was will der große Kriegsheld hier mitten im Frieden? Das muß ein mächtiger Herr sein.» Sie gingen und meldeten es dem König und meinten, wenn Krieg ausbrechen sollte, wäre das ein wichtiger und nützlicher Mann, den man um keinen Preis fortlassen dürfte. Dem König gefiel der Rat, und er schickte einen von seinen Hofleuten an das Schneiderlein ab, der sollte ihm, wenn es aufgewacht wäre, Kriegsdienste anbieten. Der Abgesandte blieb bei dem Schläfer stehen, wartete, bis er seine Glieder streckte und die Augen aufschlug, und brachte dann seinen Antrag vor. «Eben deshalb bin ich hierher gekommen», antwortete er, «ich bin bereit, in des Königs Dienste zu treten.» Also ward er ehrenvoll empfangen und ihm eine besondere Wohnung angewiesen.

Die Kriegsleute aber waren dem Schneiderlein aufgesessen und wünschten, es wäre tausend Meilen weit weg. «Was soll daraus werden?» sprachen sie untereinander, «wenn wir Zank mit ihm kriegen und er haut zu, so fallen auf jeden Streich siebene. Da kann unsereiner nicht bestehen.» Also faßten sie einen Entschluß, begaben sich allesamt zum König und baten um ihren Abschied. «Wir sind nicht gemacht», sprachen sie, «neben einem Mann auszuhalten, der siebene auf einen Streich schlägt.» Der König war traurig, daß er um des einen willen alle seine treuen Diener verlieren sollte, wünschte, daß seine Augen ihn nie gesehen hätten, und wäre ihn gerne wieder los gewesen. Aber er getraute sich nicht, ihm den Abschied zu geben, weil er fürchtete, er möchte ihn samt seinem Volke totschlagen und sich auf den königlichen Thron setzen. Er sann lange hin und her, endlich fand er einen Rat. Er schickte zu dem Schneiderlein und ließ ihm sagen, weil er ein so großer Kriegsheld wäre, so wollte er ihm ein Anerbieten machen. In einem Walde seines Landes hausten zwei Riesen, die mit Rauben, Morden, Sengen und Brennen großen Schaden stifteten: niemand dürfte sich ihnen nahen, ohne sich in Lebensgefahr zu setzen. Wenn er diese beiden Riesen überwände und tötete, so wollte er ihm seine einzige Tochter zur Gemahlin geben und das halbe Königreich zur Ehesteuer; auch sollten hundert Reiter mitziehen und ihm Beistand leisten. Das wäre so etwas für einen Mann, wie du bist, dachte das Schneiderlein, eine schöne Königstochter und ein halbes Königreich wird einem nicht alle Tage angeboten. «O ja», gab er zur Antwort, «die Riesen will ich schon bändigen und habe die hundert Reiter dabei nicht nötig: wer siebene auf einen Streich trifft, braucht sich vor zweien nicht zu fürchten.»

Das Schneiderlein zog aus, und die hundert Reiter folgten ihm. Als er zu dem Rand des Waldes kam, sprach er zu seinen Begleitern: «Bleibt hier nur halten, ich will schon allein mit den Riesen fertig werden.» Dann sprang er in den Wald hinein und schaute sich rechts und links um. Über ein Weilchen erblickte er beide Riesen: sie lagen unter einem Baume und schliefen und schnarchten dabei, daß sich die Äste auf und nieder bogen. Das Schneiderlein, nicht faul, las beide Taschen voll Steine und stieg damit auf den Baum. Als es in der Mitte war, rutschte es auf einen Ast, bis es gerade über die Schläfer zu sitzen kam, und ließ dem einen Riesen einen Stein nach dem andern auf die Brust fallen. Der Riese spürte lange nichts, doch endlich wachte er auf, stieß seinen Gesellen an und sprach: «Was schlägst du mich?» — «Du träumst», sagte der andere, «ich schlage dich nicht.» Sie legten sich wieder zum Schlaf, da warf der Schneider auf den zweiten einen Stein herab. «Was soll das?» rief der andere, «warum wirfst du mich?» — «Ich werfe dich nicht», antwortete der erste und brummte. Sie zankten sich eine Weile herum, doch weil sie müde waren, ließen sie's gut sein, und die Augen fielen ihnen wieder zu. Das Schneiderlein fing sein Spiel von neuem an, suchte den

dicksten Stein aus und warf ihn dem ersten
Riesen mit aller Gewalt auf die Brust. «Das ist
zu arg!» schrie er, sprang wie ein Unsinniger

auf und stieß seinen Gesellen wider den Baum,
daß dieser zitterte. Der andere zahlte mit gleicher Münze, und sie gerieten in solche Wut,
daß sie Bäume ausrissen, aufeinander los-
schlugen, so lang, bis sie endlich beide zugleich

tot auf die Erde fielen. Nun sprang das Schneiderlein herab. «Ein Glück nur», sprach es, «daß sie den Baum, auf dem ich saß, nicht ausgerissen haben, sonst hätte ich wie ein Eichhörnchen auf einen andern springen müssen: doch unsereiner ist flüchtig!» Es zog sein Schwert und versetzte jedem ein paar tüchtige Hiebe in die Brust, dann ging es hinaus zu den Reitern und sprach: «Die Arbeit ist getan, ich habe beiden den Garaus gemacht: aber hart ist es hergegangen, sie haben in der Not Bäume ausgerissen und sich gewehrt, doch das hilft alles nichts, wenn einer kommt wie ich, der siebene auf einen Streich schlägt.» — «Seid Ihr denn nicht verwundet?» fragten die Reiter. «Das hat gute Wege», antwortete der Schneider, «kein Haar haben sie mir gekrümmt.» Die Reiter wollten ihm keinen Glauben beimessen und ritten in den Wald hinein: da fanden sie die Riesen in ihrem Blute schwimmend, und ringsherum lagen die ausgerissenen Bäume.

Das Schneiderlein verlangte von dem König die versprochene Belohnung, den aber reute sein Versprechen, und er sann aufs neue, wie er sich den Helden vom Halse schaffen könnte. «Ehe du meine Tochter und das halbe Reich erhältst», sprach er zu ihm, «mußt du noch eine Heldentat vollbringen. In dem Walde läuft ein Einhorn, das großen Schaden anrichtet, das mußt du erst einfangen.» — «Vor einem Einhorne fürchte ich mich noch weniger als vor zwei Riesen; siebene auf einen Streich, das ist meine Sache.» Er nahm sich einen Strick und eine Axt mit, ging hinaus in den Wald und hieß abermals die, welche ihm zugeordnet waren, außen warten. Er brauchte nicht lange zu suchen, das Einhorn kam bald daher und sprang geradezu auf den Schneider los, als wollte es ihn ohne Umstände aufspießen. «Sachte, sachte», sprach er, «so geschwind geht das nicht», blieb stehen und wartete, bis das Tier ganz nahe war, dann sprang er behendiglich hinter den Baum. Das Einhorn rannte mit aller Kraft gegen den Baum und spießte sein Horn so fest in den Stamm, daß es nicht Kraft genug hatte, es wieder herauszuziehen, und so war es gefangen. «Jetzt hab ich das Vöglein», sagte der Schneider, kam hinter dem Baum hervor, legte dem Einhorn den Strick erst um den Hals, dann hieb er mit der Axt das Horn aus dem Baum, und als alles in Ordnung war, führte er das Tier ab und brachte es dem König.

Der König wollte ihm den verheißenen Lohn noch nicht gewähren und machte eine dritte Forderung. Der Schneider sollte ihm vor der Hochzeit erst ein Wildschwein fangen, das in dem Wald großen Schaden tat; die Jäger sollten ihm Beistand leisten. «Gerne», sprach der Schneider, «das ist ein Kinderspiel.» Die Jäger nahm er nicht mit in den Wald, und sie waren's wohl zufrieden, denn das Wildschwein hatte sie schon mehrmals so empfangen, daß sie keine Lust hatten, ihm nachzustellen. Als das Schwein den Schneider erblickte, lief es mit schäumendem Munde und wetzenden

Zähnen auf ihn zu und wollte ihn zur Erde werfen: der flüchtige Held aber sprang in eine Kapelle, die in der Nähe war, und gleich oben zum Fenster in einem Satze wieder hinaus. Das Schwein war hinter ihm hergelaufen, er aber hüpfte außen herum und schlug die Türe hinter ihm zu; da war das wütende Tier gefangen, das viel zu schwer und unbehilflich war, um zu dem Fenster hinauszuspringen. Das Schneiderlein rief die Jäger herbei, die mußten den Gefangenen mit eigenen Augen sehen: der Held aber begab sich zum Könige, der nun, er mochte wollen oder nicht, sein Versprechen halten mußte und ihm seine Tochter und das halbe Königreich übergab. Hätte er gewußt, daß kein Kriegsheld, sondern ein Schneiderlein vor ihm stand, es wäre ihm noch mehr zu Herzen gegangen. Die Hochzeit ward also mit großer Pracht und kleiner Freude gehalten und aus einem Schneider ein König gemacht.

Nach einiger Zeit hörte die junge Königin in der Nacht, wie ihr Gemahl im Traume sprach: «Junge, mach mir den Wams und flick mir die Hosen, oder ich will dir die Elle über die Ohren schlagen.» Da merkte sie, in welcher Gasse der junge Herr geboren war, klagte am andern

Morgen ihrem Vater ihr Leid und bat, er möchte ihr von dem Manne helfen, der nichts anders als ein Schneider wäre. Der König sprach ihr Trost zu und sagte: «Laß in der nächsten Nacht deine Schlafkammer offen; meine Diener sollen außen stehen und, wenn er eingeschlafen ist, hineingehen, ihn binden und auf ein Schiff tragen, das ihn in die weite Welt führt.» Die Frau war damit zufrieden, des Königs Waffenträger aber, der alles mit angehört hatte, war dem jungen Herrn gewogen und hinterbrachte ihm den ganzen Anschlag. «Dem Ding will ich einen Riegel vorschieben», sagte das Schneiderlein. Abends legte es sich zu gewöhnlicher Zeit mit seiner Frau zu Bett: als sie glaubte, es sei eingeschlafen, stand sie auf, öffnete die Türe und legte sich wieder. Das Schneiderlein, das sich nur stellte, als wenn es schlief, fing an mit heller Stimme zu rufen: «Junge, mach mir den Wams und flick mir die Hosen, oder ich will dir die Elle über die Ohren schlagen! Ich habe siebene mit einem Streich getroffen, zwei Riesen getötet, ein Einhorn fortgeführt und ein Wildschwein gefangen und sollte mich vor denen fürchten, die draußen vor der Kammer stehen!» Als diese den Schneider also sprechen hörten, überkam sie eine große Furcht; sie liefen, als wenn das wilde Heer hinter ihnen wäre, und keiner wollte sich mehr an ihn wagen. Also war und blieb das Schneiderlein sein Lebtag ein König.

21

ASCHENPUTTEL

Einem reichen Manne, dem wurde seine Frau krank, und als sie fühlte, daß ihr Ende herankam, rief sie ihr einziges Töchterlein zu sich ans Bett und sprach: «Liebes Kind, bleib fromm und gut, so wird dir der liebe Gott immer beistehen, und ich will vom Himmel auf dich herabblicken und will um dich sein.» Darauf tat sie die Augen zu und verschied. Das Mädchen ging jeden Tag hinaus zu dem Grabe der Mutter und weinte und blieb fromm und gut. Als der Winter kam, deckte der Schnee ein weißes Tüchlein auf das Grab, und als die Sonne im Frühjahr es wieder herabgezogen hatte, nahm sich der Mann eine andere Frau.

Die Frau hatte zwei Töchter mit ins Haus gebracht, die schön und weiß von Angesicht waren, aber garstig und schwarz von Herzen. Da ging eine schlimme Zeit für das arme Stiefkind an. «Soll die dumme Gans bei uns in der Stube sitzen!» sprachen sie, «wer Brot essen will, muß es verdienen: hinaus mit der Küchenmagd.» Sie nahmen ihm seine schönen Kleider weg, zogen ihm einen grauen alten Kittel an und gaben ihm hölzerne Schuhe. «Seht einmal die stolze Prinzessin, wie sie geputzt ist!» riefen sie, lachten und führten es in die Küche. Da mußte es von Morgen bis Abend schwere Arbeit tun, früh vor Tag aufstehn, Wasser tragen, Feuer anmachen, kochen und waschen. Obendrein taten ihm die Schwestern alles ersinnliche Herzeleid an, verspotteten es und schütteten ihm die Erbsen und Linsen in die Asche, so daß es sitzen und sie wieder auslesen mußte. Abends, wenn es sich müdegearbeitet hatte, kam es in kein Bett, sondern mußte sich neben den Herd in die Asche legen. Und weil es darum immer staubig und schmutzig aussah, nannten sie es *Aschenputtel*.

Es trug sich zu, daß der Vater einmal in die Messe ziehen wollte; da fragte er die beiden Stieftöchter, was er ihnen mitbringen sollte? «Schöne Kleider», sagte die eine, «Perlen und Edelsteine» die zweite. «Aber du, Aschenputtel», sprach er, «was willst du haben?» — «Vater, das erste Reis, das Euch auf Eurem Heimweg an den Hut stößt, das brecht für mich ab.» Er kaufte nun für die beiden Stiefschwestern schöne Kleider, Perlen und Edelsteine, und auf dem Rückweg, als er durch einen grünen Busch ritt, streifte ihn ein Haselreis und stieß ihm den Hut ab. Da brach er das Reis ab und nahm es mit. Als er nach Haus

kam, gab er den Stieftöchtern, was sie sich gewünscht hatten, und dem Aschenputtel gab er das Reis von dem Haselbusch. Aschenputtel dankte ihm, ging zu seiner Mutter Grab und pflanzte das Reis darauf und weinte so sehr, daß die Tränen darauf niederfielen und es begossen. Es wuchs aber und ward ein schöner Baum. Aschenputtel ging alle Tage dreimal darunter, weinte und betete, und allemal kam ein weißes Vöglein auf den Baum, und wenn es einen Wunsch aussprach, so warf ihm das Vöglein herab, was es sich gewünscht hatte.

Es begab sich aber, daß der König ein Fest anstellte, das drei Tage dauern sollte und wozu alle schönen Jungfrauen im Lande eingeladen wurden, damit sich sein Sohn eine Braut aussuchen möchte. Die zwei Stiefschwestern, als sie hörten, daß sie auch dabei erscheinen sollten, waren guter Dinge, riefen Aschenputtel und sprachen: «Kämm uns die Haare, bürste uns die Schuhe und mache uns die Schnallen fest, wir gehen zur Hochzeit auf des Königs Schloß.» Aschenputtel gehorchte, weinte aber, weil es auch gern zum Tanz mitgegangen wäre, und bat die Stiefmutter, sie möchte es ihm erlauben. «Du Aschenputtel», sprach sie, «bist voll Staub und Schmutz und willst zur Hochzeit? Du hast keine Kleider und Schuhe und willst tanzen!» Als es aber mit Bitten anhielt, sprach sie endlich: «Da habe ich dir eine Schüssel Linsen in die Asche geschüttet; wenn du die Linsen in zwei Stunden wieder ausgelesen hast, so sollst du mitgehen.» Das Mädchen ging durch die Hintertüre nach dem Garten und rief: «Ihr zahmen Täubchen, ihr Turteltäubchen, all ihr Vöglein unter dem Himmel, kommt und helft mir lesen,

> die guten ins Töpfchen,
> die schlechten ins Kröpfchen.»

Da kamen zum Küchenfenster zwei weiße Täubchen herein und danach die Turteltäubchen, und endlich schwirrten und schwärmten alle Vöglein unter dem Himmel herein und ließen sich um die Asche nieder. Und die Täubchen nickten mit den Köpfchen und fingen an: pik, pik, pik, pik, und da fingen die übrigen auch an: pik, pik, pik, pik, und lasen alle guten Körnlein in die Schüssel. Kaum war eine Stunde herum, so waren sie schon fertig und flogen alle wieder hinaus. Da brachte das Mädchen die Schüssel der Stiefmutter, freute sich und glaubte, es dürfte nun mit auf die Hochzeit gehen. Aber sie sprach: «Nein, Aschenputtel, du hast keine Kleider und kannst nicht tanzen: du wirst nur ausgelacht.» Als es nun weinte, sprach sie: «Wenn du mir zwei Schüsseln voll Linsen in einer Stunde aus der Asche reinlesen kannst, so sollst du mitgehen», und dachte, das kann es ja nimmermehr. Als sie die zwei Schüsseln Linsen in die Asche geschüttet hatte, ging das Mädchen durch die Hintertüre nach dem Garten und rief: «Ihr zahmen Täubchen, ihr Turteltäubchen, all ihr Vöglein unter dem Himmel, kommt und helft mir lesen,

die guten ins Töpfchen,
die schlechten ins Kröpfchen.»

Da kamen zum Küchenfenster zwei weiße Täubchen herein und danach die Turteltäubchen, und endlich schwirrten und schwärmten alle Vöglein unter dem Himmel herein und ließen sich um die Asche nieder. Und die Täubchen nickten mit ihren Köpfchen und fingen an: pik,

pik, pik, pik, und da fingen die übrigen auch
an: pik, pik, pik, pik, und lasen alle guten Kör-
ner in die Schüsseln. Und eh eine halbe Stunde
herum war, waren sie schon fertig und flogen
alle wieder hinaus. Da trug das Mädchen die

Schüsseln zu der Stiefmutter, freute sich und
glaubte, nun dürfte es mit auf die Hochzeit
gehen. Aber sie sprach: «Es hilft dir alles
nichts: du kommst nicht mit, denn du hast
keine Kleider und kannst nicht tanzen; wir
müßten uns deiner schämen.» Darauf kehrte
sie ihm den Rücken zu und eilte mit ihren zwei
stolzen Töchtern fort.

Als nun niemand mehr daheim war, ging Aschenputtel zu seiner Mutter Grab unter den Haselbaum und rief:

«Bäumchen, rüttel dich und schüttel dich,
Wirf Gold und Silber über mich.»

Da warf ihm der Vogel ein golden und silbern Kleid herunter und mit Seide und Silber ausgestickte Pantoffeln. In aller Eile zog es das Kleid an und ging zur Hochzeit. Seine Schwestern aber und die Stiefmutter kannten es nicht und meinten, es müßte eine fremde Königstochter sein, so schön sah es in dem goldenen Kleide aus. An Aschenputtel dachten sie gar nicht und dachten, es säße daheim im Schmutz und suche die Linsen aus der Asche. Der Königssohn kam ihm entgegen, nahm es bei der Hand und tanzte mit ihm. Er wollte auch sonst mit niemand tanzen, also daß er ihm die Hand nicht losließ, und wenn ein anderer kam, es aufzufordern, sprach er: «Das ist meine Tänzerin.»

Es tanzte, bis es Abend war, da wollte es nach Haus gehen. Der Königssohn aber sprach: «Ich gehe mit und begleite dich», denn er wollte sehen, wem das schöne Mädchen angehörte. Sie entwischte ihm aber und sprang in das Taubenhaus. Nun wartete der Königssohn, bis der Vater kam, und sagte ihm, das fremde Mädchen wäre in das Taubenhaus gesprungen. Der Alte dachte: sollte es Aschenputtel sein, und sie mußten ihm Axt und Hakken bringen, damit er das Taubenhaus entzweischlagen konnte: aber es war niemand darin. Und als sie ins Haus kamen, lag Aschenputtel in seinen schmutzigen Kleidern in der Asche, und ein trübes Öllämpchen brannte im Schornstein; denn Aschenputtel war geschwind aus dem Taubenhaus hinten herabgesprungen und war zu dem Haselbäumchen gelaufen: da hatte es die schönen Kleider abgezogen und aufs Grab gelegt, und der Vogel hatte sie wieder weggenommen, und dann hatte es sich in seinem grauen Kittelchen in die Küche zur Asche gesetzt.

Am andern Tag, als das Fest von neuem anhub und die Eltern und Stiefschwestern wieder fort waren, ging Aschenputtel zu dem Haselbaum und sprach:

«Bäumchen, rüttel dich und schüttel dich,
Wirf Gold und Silber über mich.»

Da warf der Vogel ein noch viel stolzeres Kleid herab als am vorigen Tag. Und als es mit diesem Kleide auf der Hochzeit erschien, erstaunte jedermann über seine Schönheit. Der Königssohn aber hatte gewartet, bis es kam, nahm es gleich bei der Hand und tanzte nur allein mit ihm. Wenn die andern kamen und es aufforderten, sprach er: «Das ist meine Tänzerin.» Als es nun Abend war, wollte es fort, und der Königssohn ging ihm nach und wollte sehen, in welches Haus es ging: aber es sprang ihm fort und in den Garten hinter dem Haus. Darin stand ein schöner großer Baum, an dem die herrlichsten Birnen hingen; es kletterte so behend wie ein Eichhörnchen zwischen die Äste, und der Königssohn wußte nicht, wo es hingekommen war. Er wartete aber, bis der Vater kam, und sprach zu ihm: «Das fremde Mädchen ist mir entwischt, und ich glaube, es ist auf den Birnbaum gesprungen.» Der Vater dachte: sollte es Aschenputtel sein, ließ sich die Axt holen und hieb den Baum um, aber es war niemand darauf. Und als sie in die Küche kamen, lag Aschenputtel da in der Asche, wie sonst auch, denn es war auf der andern Seite vom Baum herabgesprungen, hatte dem Vogel auf dem Haselbäumchen die schönen Kleider wieder gebracht und sein graues Kittelchen angezogen.

Am dritten Tag, als die Eltern und Schwestern fort waren, ging Aschenputtel wieder zu seiner Mutter Grab und sprach zu dem Bäumchen:

«Bäumchen, rüttel dich und schüttel dich,
Wirf Gold und Silber über mich.»

Nun warf ihm der Vogel ein Kleid herab, das war so prächtig und glänzend, wie es noch keins gehabt hatte, und die Pantoffeln waren ganz golden. Als es in dem Kleid zu der Hochzeit kam, wußten sie alle nicht, was sie vor Verwunderung sagen sollten. Der Königssohn tanzte ganz allein mit ihm, und wenn es einer aufforderte, sprach er: «Das ist meine Tänzerin.»

Als es nun Abend war, wollte Aschenputtel fort, und der Königssohn wollte es begleiten, aber es entsprang ihm so geschwind, daß er

nicht folgen konnte. Der Königssohn hatte
aber eine List gebraucht und hatte die ganze
Treppe mit Pech bestreichen lassen: da war,
als es hinabsprang, der linke Pantoffel des
Mädchens hängengeblieben. Der Königssohn
hob ihn auf, und er war klein und zierlich und
ganz golden. Am nächsten Morgen ging er
damit zu dem Mann und sagte zu ihm: «Keine
andere soll meine Gemahlin werden als die, an
deren Fuß dieser goldene Schuh paßt.» Da
freuten sich die beiden Schwestern, denn sie
hatten schöne Füße. Die älteste ging mit dem
Schuh in die Kammer und wollte ihn anpro-
bieren, und die Mutter stand dabei. Aber sie
konnte mit der großen Zehe nicht hinein-
kommen, und der Schuh war ihr zu klein; da
reichte ihr die Mutter ein Messer und sprach:
«Hau die Zehe ab: wann du Königin bist, so
brauchst du nicht mehr zu Fuß zu gehen.» Das
Mädchen hieb die Zehe ab, zwängte den Fuß
in den Schuh, verbiß den Schmerz und ging heraus zum Königssohn. Da nahm er sie als seine
Braut aufs Pferd und ritt mit ihr fort. Sie mußten
aber an dem Grabe vorbei, da saßen die zwei
Täubchen auf dem Haselbäumchen und riefen:

«Rucke di guck, rucke di guck,
Blut ist im Schuck (Schuh):
Der Schuck ist zu klein,
Die rechte Braut sitzt noch daheim.»

Da blickte er auf ihren Fuß und sah, wie das
Blut herausquoll. Er wendete sein Pferd um,

brachte die falsche Braut wieder nach Haus und sagte, das wäre nicht die rechte, die andere Schwester sollte den Schuh anziehen. Da ging diese in die Kammer und kam mit den Zehen glücklich in den Schuh, aber die Ferse war zu groß. Da reichte ihr die Mutter ein Messer und sprach: «Hau ein Stück von der Ferse ab: wann du Königin bist, brauchst du nicht mehr zu Fuß zu gehen.» Das Mädchen hieb ein Stück von der Ferse ab, zwängte den Fuß in den Schuh, verbiß den Schmerz und ging hinaus zum Königssohn. Da nahm er sie als seine Braut aufs Pferd und ritt mit ihr fort. Als sie an dem Haselbäumchen vorbeikamen, saßen die zwei Täubchen darauf und riefen:

«Rucke di guck, rucke di guck,
Blut ist im Schuck:
Der Schuck ist zu klein,
Die rechte Braut sitzt noch daheim.»

Er blickte nieder auf ihren Fuß und sah, wie das Blut aus dem Schuh quoll und an den weißen Strümpfen ganz rot heraufgestiegen war. Da wendete er sein Pferd und brachte die falsche Braut wieder nach Haus. «Das ist auch nicht die rechte», sprach er, «habt ihr keine andere Tochter?» — «Nein», sagte der Mann, «nur von meiner verstorbenen Frau ist noch ein kleines verbuttetes Aschenputtel da: das kann unmöglich die Braut sein.» Der Königssohn sprach, er sollte es heraufschicken, die Mutter aber antwortete: «Ach nein, das ist viel zu schmutzig, das darf sich nicht sehen lassen.» Er wollte es aber durchaus haben, und Aschenputtel mußte gerufen werden. Da wusch es sich erst Hände und Angesicht rein, ging dann hin und neigte sich vor dem Königssohn, der ihm den goldenen Schuh reichte. Dann setzte es sich auf einen Schemel, zog den Fuß aus dem schweren Holzschuh und steckte ihn in den Pantoffel, der war wie angegossen. Und als es sich in die Höhe richtete und der Königssohn ihm ins Gesicht sah, so erkannte er das schöne Mädchen, das mit ihm getanzt hatte, und rief: «Das ist die rechte Braut!» Die Stiefmutter und die beiden Schwestern erschraken und wurden bleich vor Ärger: er aber nahm Aschenputtel aufs Pferd und ritt mit ihm fort. Als sie an dem Haselbäumchen vorbeikamen, riefen die zwei weißen Täubchen:

«Rucke di guck, rucke di guck,
Kein Blut ist im Schuck:
Der Schuck ist nicht zu klein,
Die rechte Braut, die führt er heim.»

Und als sie das gerufen hatten, kamen sie beide herabgeflogen und setzten sich dem Aschenputtel auf die Schultern, eine rechts, die andere links, und blieben da sitzen.

Als die Hochzeit mit dem Königssohn sollte gehalten werden, kamen die falschen Schwestern, wollten sich einschmeicheln und teil an seinem Glück nehmen. Als die Brautleute nun zur Kirche gingen, war die älteste zur rechten,

die jüngste zur linken Seite: da pickten die
Tauben einer jeden das eine Auge aus. Hernach, als sie herausgingen, war die älteste zur
linken und die jüngste zur rechten: da pickten
die Tauben einer jeden das andere Auge aus.
Und waren sie also für ihre Bosheit und Falsch-
heit mit Blindheit auf ihr Lebtag gestraft.

22

DAS RÄTSEL

Es war einmal ein Königssohn, der bekam
Lust, in der Welt umherzuziehen, und nahm
niemand mit als einen treuen Diener. Eines
Tages geriet er in einen großen Wald, und als
der Abend kam, konnte er keine Herberge
finden und wußte nicht, wo er die Nacht zubringen sollte. Da sah er ein Mädchen, das
nach einem kleinen Häuschen zuging, und als
er näherkam, sah er, daß das Mädchen jung
und schön war. Er redete es an und sprach:
«Liebes Kind, kann ich und mein Diener in
dem Häuschen für die Nacht ein Unterkommen
finden?» — «Ach ja», sagte das Mädchen mit
trauriger Stimme, «das könnt Ihr wohl, aber
ich rate Euch nicht dazu; geht nicht hinein.» —
«Warum soll ich nicht?» fragte der Königssohn. Das Mädchen seufzte und sprach:
«Meine Stiefmutter treibt böse Künste, sie
meint's nicht gut mit den Fremden.» Da merkte
er wohl, daß er zu dem Haus einer Hexe ge-

kommen war, doch weil es finster ward und er nicht weiter konnte, sich auch nicht fürchtete, so trat er ein. Die Alte saß auf einem Lehnstuhl beim Feuer und sah mit ihren roten Augen die Fremden an. «Guten Abend», schnarrte sie und tat ganz freundlich, «laßt euch nieder und ruht euch aus.» Sie blies die Kohlen an, bei welchen sie in einem kleinen Topf etwas kochte. Die Tochter warnte die beiden, vorsichtig zu sein, nichts zu essen und nichts zu trinken, denn die Alte braue böse Getränke. Sie schliefen ruhig bis zum frühen Morgen. Als sie sich zur Abreise fertigmachten und der Königssohn schon zu Pferde saß, sprach die Alte: «Warte einen Augenblick, ich will euch erst einen Abschiedstrank reichen.» Während sie ihn holte, ritt der Königssohn fort, und der Diener, der seinen Sattel festschnallen mußte, war allein noch zugegen, als die böse Hexe mit dem Trank kam. «Das bring deinem Herrn», sagte sie, aber in dem Augenblick sprang das Glas, und das Gift spritzte auf das Pferd und war so heftig, daß das Pferd gleich tot hinstürzte. Der Diener lief seinem Herrn nach und erzählte ihm, was geschehen war, wollte aber den Sattel nicht im Stich lassen und lief zurück, um ihn zu holen. Wie er aber zu dem toten Pferde kam, saß schon ein Rabe darauf und fraß davon. «Wer weiß, ob wir heute noch etwas Besseres finden», sagte der Diener, tötete den Raben und nahm ihn mit. Nun zogen sie in dem Walde den ganzen Tag weiter, konnten aber nicht herauskommen. Bei

Anbruch der Nacht fanden sie ein Wirtshaus und gingen hinein. Der Diener gab dem Wirt den Raben, den er zum Abendessen bereiten sollte. Sie waren aber in eine Mördergrube geraten, und in der Dunkelheit kamen zwölf Mörder und wollten die Fremden umbringen und berauben. Ehe sie sich aber ans Werk machten, setzten sie sich zu Tisch, und der Wirt und die Hexe setzten sich zu ihnen, und sie aßen zusammen eine Schüssel mit Suppe, in die das Fleisch des Raben gehackt war. Kaum aber hatten sie ein paar Bissen hinuntergeschluckt, so fielen sie alle tot nieder, denn dem Raben hatte sich das Gift von dem Pferdefleisch mitgeteilt. Es war nun niemand mehr im Hause übrig als die Tochter des Wirts, die es redlich meinte und an den gottlosen Dingen keinen Teil genommen hatte. Sie öffnete dem Fremden alle Türen und zeigte ihm die angehäuften Schätze. Der Königssohn aber sagte, sie möchte alles behalten, er wollte nichts davon und ritt mit seinem Diener weiter.

Nachdem sie lange herumgezogen waren, kamen sie in eine Stadt, worin eine schöne, aber übermütige Königstochter war, die hatte bekanntmachen lassen, wer ihr ein Rätsel vorlegte, das sie nicht erraten könnte, der sollte ihr Gemahl werden: erriete sie es aber, so müßte er sich das Haupt abschlagen lassen. Drei Tage hatte sie Zeit, sich zu besinnen; sie war aber so klug, daß sie immer die vorgelegten Rätsel vor der bestimmten Zeit erriet. Schon waren neune auf diese Weise umgekommen, als der Königssohn anlangte und von ihrer großen Schönheit geblendet sein Leben daransetzen wollte. Da trat er vor sie hin und gab ihr sein Rätsel auf: «Was ist das», sagte er, «einer schlug keinen und schlug doch zwölfe?» Sie wußte nicht, was das war, sie sann und sann, aber sie brachte es nicht heraus: sie schlug ihre Rätselbücher auf, aber es stand nicht darin: kurz, ihre Weisheit war zu Ende. Da sie sich nicht zu helfen wußte, befahl sie ihrer Magd, in das Schlafgemach des Herrn zu schleichen, da sollte sie seine Träume behorchen, und dachte, er rede vielleicht im Schlaf und verrate das Rätsel. Aber der kluge Diener hatte sich statt des Herrn ins Bett gelegt, und als die Magd herankam, riß er ihr den Mantel ab, in den sie sich verhüllt hatte, und jagte sie mit Ruten hinaus. In der zweiten Nacht schickte die Königstochter ihre Kammerjungfer, die sollte sehen, ob es ihr mit Horchen besser glückte; aber der Diener nahm auch ihr den Mantel weg und jagte sie mit Ruten hinaus. Nun glaubte der Herr, für die dritte Nacht sicher zu sein, und legte sich in sein Bett; da kam die Königstochter selbst, hatte einen nebelgrauen Mantel umgetan und setzte sich neben ihn. Und als sie dachte, er schliefe und träumte, so redete sie ihn an und hoffte, er werde im Traume antworten, wie viele tun: aber er war wach und verstand und hörte alles sehr wohl. Da fragte sie: «Einer schlug keinen, was ist das?» Er antwortete: «Ein Rabe, der von einem toten und vergifteten Pferde fraß und davon starb.» Weiter fragte sie: «Und schlug doch zwölfe, was ist das?» — «Das sind zwölf Mörder, die den Raben verzehrten und daran starben.» Als sie das Rätsel wußte, wollte sie sich fortschleichen, aber er hielt ihren Mantel fest, daß sie ihn zurücklassen mußte. Am andern Morgen verkündigte die Königstochter, sie habe das Rätsel erraten, und ließ die zwölf Richter kommen und löste es vor ihnen. Aber der Jüngling bat sich Gehör aus und sagte: «Sie ist in der Nacht zu mir geschlichen und hat mich ausgefragt, denn sonst hätte sie es nicht erraten.» Die Richter sprachen: «Bringt uns ein Wahrzeichen.» Da wurden die drei Mäntel von dem Diener herbeigebracht, und als die Richter den nebelgrauen erblickten, den die Königstochter zu tragen pflegte, so sagten sie: «Laßt den Mantel sticken mit Gold und Silber, so wird's Euer Hochzeitsmantel sein.»

23

VON DEM MÄUSCHEN,
VÖGELCHEN UND DER BRATWURST

Es waren einmal ein Mäuschen, ein Vögelchen und eine Bratwurst in Gesellschaft geraten, hatten einen Haushalt geführt, lange wohl und köstlich im Frieden gelebt und trefflich an Gütern zugenommen. Des Vögelchens Arbeit war, daß es täglich im Wald fliegen und Holz beibringen müßte. Die Maus sollte Wasser tragen, Feuer anmachen und den Tisch decken, die Bratwurst aber sollte kochen.

Wem zu wohl ist, den gelüstet immer nach neuen Dingen! Also eines Tages stieß dem Vöglein unterwegs ein anderer Vogel auf, dem es seine treffliche Gelegenheit erzählte und rühmte. Derselbe andere Vogel schalt es aber einen armen Tropf, der große Arbeit, die beiden zu Haus aber gute Tage hätten. Denn, wenn die Maus ihr Feuer angemacht und Wasser getragen hatte, so begab sie sich in ihr Kämmerlein zur Ruhe, bis man sie hieß, den Tisch decken. Das Würstlein blieb beim Hafen, sah zu, daß die Speise wohl kochte, und wenn es bald Essenszeit war, schlingte es sich einmal viere durch den Brei oder das Gemüs, so war es geschmalzen, gesalzen und bereitet. Kam dann das Vöglein heim und legte seine Bürde ab, so saßen sie zu Tisch, und nach gehabtem Mahl schliefen sie sich die Haut voll bis den andern Morgen; und das war ein herrlich Leben.

Das Vöglein wollte anderes Tages aus Anstiftung nicht mehr ins Holz, sprechend, es wäre lang genug Knecht gewesen und hätte gleichsam ihr Narr sein müssen, sie sollten einmal umwechseln und es auf eine andere Weise auch versuchen. Und wiewohl die Maus und auch die Bratwurst heftig dafür bat, so war der Vogel doch Meister: es mußte gewagt sein, spieleten derowegen und kam das Los auf die Bratwurst, die mußte Holz tragen, die Maus ward Koch, und der Vogel sollte Wasser holen.

Was geschieht? Das Bratwürstchen zog fort gen Holz, das Vöglein machte Feuer an, die Maus stellte den Topf zu, und erwarteten allein, bis Bratwürstchen heimkäme und Holz für den andern Tag brächte. Es blieb aber das Würstlein so lang unterwegs, daß ihnen beiden nichts Gutes vorkam und das Vöglein ein Stück Luft hinaus entgegenflog. Unfern aber findet es einen Hund am Weg, der das arme Bratwürstlein als freie Beut angetroffen, angepackt und niedergemacht. Das Vöglein beschwerte sich auch dessen als eines offenbaren Raubes sehr gegen den Hund, aber es half kein Wort, denn, sprach der Hund, er hätte falsche Briefe bei der Bratwurst gefunden, deswegen wäre sie ihm des Lebens verfallen gewesen.

Das Vöglein, traurig, nahm das Holz auf sich, flog heim und erzählte, was es gesehn und gehöret. Sie waren sehr betrübt, verglichen sich aber, das beste zu tun und beisammenzubleiben. Derowegen so deckte das Vöglein den Tisch, und die Maus rüstete das Essen und wollte anrichten und in den Hafen, wie zuvor das Würstlein, durch das Gemüs schlingen und schlupfen, dasselbe zu schmelzen: aber ehe sie in die Mitte kam, ward sie angehalten und mußte Haut und Haar und dabei das Leben lassen.

Als das Vöglein kam und wollte das Essen auftragen, da war kein Koch vorhanden. Das Vöglein warf bestürzt das Holz hin und her, rufte und suchte, konnte aber seinen Koch nicht mehr finden. Aus Unachtsamkeit kam das Feuer in das Holz, also daß eine Brunst ent-

stand; das Vöglein eilte, Wasser zu langen, da
entfiel ihm der Eimer in den Brunnen und es
mit hinab, daß es sich nicht mehr erholen
konnte und da ersaufen mußte.

24

FRAU HOLLE

Eine Witwe hatte zwei Töchter, davon war die
eine schön und fleißig, die andere häßlich und
faul. Sie hatte aber die häßliche und faule, weil
sie ihre rechte Tochter war, viel lieber, und die
andere mußte alle Arbeit tun und der Aschenputtel im Hause sein. Das arme Mädchen mußte
sich täglich auf die große Straße bei einem
Brunnen setzen und mußte so viel spinnen, daß
ihm das Blut aus den Fingern sprang. Nun trug
es sich zu, daß die Spule einmal ganz blutig war;
da bückte es sich damit in den Brunnen und
wollte sie abwaschen: sie sprang ihm aber aus
der Hand und fiel hinab. Es weinte, lief
zur Stiefmutter und erzählte ihr das Unglück.
Sie schalt es aber so heftig und war so unbarmherzig, daß sie sprach: «Hast du die Spule
hinunterfallen lassen, so hol sie auch wieder
herauf.» Da ging das Mädchen zu dem Brunnen
zurück und wußte nicht, was es anfangen sollte:
und in seiner Herzensangst sprang es in den
Brunnen hinein, um die Spule zu holen. Es verlor die Besinnung, und als es erwachte und
wieder zu sich selber kam, war es auf einer

schönen Wiese, wo die Sonne schien und viel tausend Blumen standen. Auf dieser Wiese ging es fort und kam zu einem Backofen, der war voller Brot; das Brot aber rief: «Ach, zieh mich raus, zieh mich raus, sonst verbrenn ich: ich bin schon längst ausgebacken.» Da trat es herzu und holte mit dem Brotschieber alles nacheinander heraus. Danach ging es weiter und kam zu einem Baum, der hing voll Äpfel, und rief ihm zu: «Ach, schüttel mich, schüttel mich, wir Äpfel sind alle miteinander reif.» Da schüttelte es den Baum, daß die Äpfel fielen, als regneten sie, und schüttelte, bis keiner mehr oben war; und als es alle in einen Haufen zusammengelegt hatte, ging es wieder weiter. Endlich kam es zu einem kleinen Haus, daraus guckte eine alte Frau; weil sie aber so große Zähne hatte, ward ihm angst, und es wollte fortlaufen. Die alte Frau aber rief ihm nach: «Was fürchtest du dich, liebes Kind? Bleib bei mir; wenn du alle Arbeit im Hause ordentlich tun willst, so soll dir's gut gehen. Du mußt nur achtgeben, daß du mein Bett gut machst und es fleißig aufschüttelst, daß die Federn fliegen, dann schneit es in der Welt; ich bin die Frau Holle.» Weil die Alte ihm so gut zusprach, so faßte sich das Mädchen ein Herz, willigte ein und begab sich in ihren Dienst. Es besorgte auch alles nach ihrer Zufriedenheit und schüttelte ihr das Bett immer gewaltig auf, daß die Federn wie Schneeflocken umherflogen; dafür hatte es auch ein gut Leben bei ihr, kein böses Wort und alle Tage Gesottenes und Gebratenes. Nun war es eine Zeitlang bei der Frau Holle, da ward es traurig und wußte anfangs selbst nicht, was ihm fehlte; endlich merkte es, daß es Heimweh war; ob es ihm hier gleich vieltausendmal besser ging als zu Haus, so hatte es doch ein Verlangen dahin. Endlich sagte es zu ihr: «Ich habe den Jammer nach Haus gekriegt, und wenn es mir auch noch so gut hier unten geht, so kann ich doch nicht länger bleiben, ich muß wieder hinauf zu den Meinigen.» Die Frau Holle sagte: «Es gefällt mir, daß du wieder nach Haus verlangst, und weil du mir so treu gedient hast, so will ich dich selbst wieder hinaufbringen.» Sie nahm es darauf bei der Hand und führte es vor ein großes Tor. Das Tor ward aufgetan, und wie das Mädchen gerade darunter stand, fiel ein gewaltiger Goldregen, und alles Gold blieb an ihm hängen, so daß es über und über davon bedeckt war. «Das sollst du haben, weil du so fleißig gewesen bist», sprach die Frau Holle und gab ihm auch die Spule wieder, die ihm in den Brunnen gefallen war. Darauf ward das Tor verschlossen, und das Mädchen befand sich oben auf der Welt, nicht weit von seiner Mutter Haus: und als es in den Hof kam, saß der Hahn auf dem Brunnen und rief:

«Kikeriki,
Unsere goldene Jungfrau ist wieder hie.»

Da ging es hinein zu seiner Mutter, und weil es so mit Gold bedeckt ankam, ward es von ihr und der Schwester gut aufgenommen.

Das Mädchen erzählte alles, was ihm begegnet war, und als die Mutter hörte, wie es zu dem großen Reichtum gekommen war, wollte sie der andern, häßlichen und faulen Tochter gerne dasselbe Glück verschaffen. Sie mußte sich an den Brunnen setzen und spinnen; und damit ihre Spule blutig ward, stach sie sich in die Finger und stieß sich die Hand in die Dornhecke. Dann warf sie die Spule in den Brunnen und sprang selber hinein. Sie kam, wie die andere, auf die schöne Wiese und ging auf demselben Pfade weiter. Als sie zu dem Backofen gelangte, schrie das Brot wieder: «Ach, zieh mich raus, zieh mich raus, sonst verbrenn ich, ich bin schon längst ausgebakken.» Die Faule aber antwortete: «Da hätt ich Lust, mich schmutzig zu machen», und ging fort. Bald kam sie zu dem Apfelbaum, der rief: «Ach, schüttel mich, schüttel mich, wir Äpfel sind alle miteinander reif.» Sie antwortete aber: «Du kommst mir recht, es könnte mir einer auf den Kopf fallen», und ging damit weiter. Als sie vor der Frau Holle Haus kam, fürchtete sie sich nicht, weil sie von ihren großen Zähnen schon gehört hatte, und verdingte sich gleich zu ihr. Am ersten Tag tat sie sich Gewalt an, war fleißig und folgte der Frau Holle, wenn sie ihr etwas sagte, denn sie dachte an das viele Gold, das sie ihr schenken würde; am zweiten Tag aber fing sie schon an zu faulenzen, am dritten noch mehr, da wollte sie morgens gar nicht aufstehen. Sie machte auch der Frau Holle das Bett nicht, wie sich's gebührte, und

schüttelte es nicht, daß die Federn aufflogen.
Das ward die Frau Holle bald müde und sagte
ihr den Dienst auf. Die Faule war das wohl zufrieden und meinte, nun würde der Goldregen
kommen; die Frau Holle führte sie auch zu
dem Tor, als sie aber darunter stand, ward statt
des Goldes ein großer Kessel voll Pech aus-
geschüttet. «Das ist zur Belohnung deiner
Dienste», sagte die Frau Holle und schloß das
Tor zu. Da kam die Faule heim, aber sie war
ganz mit Pech bedeckt, und der Hahn auf dem
Brunnen, als er sie sah, rief:

«Kikeriki,
Unsere schmutzige Jungfrau ist wieder hie.»

Das Pech aber blieb fest an ihr hängen und
wollte, solange sie lebte, nicht abgehen.

25

DIE SIEBEN RABEN

Ein Mann hatte sieben Söhne und immer noch kein Töchterchen, so sehr er sich's auch wünschte; endlich gab ihm seine Frau wieder gute Hoffnung zu einem Kinde, und wie's zur Welt kam, war's auch ein Mädchen. Die Freude war groß, aber das Kind war schmächtig und klein und sollte wegen seiner Schwachheit die Nottaufe haben. Der Vater schickte einen der Knaben eilends zur Quelle, Taufwasser zu holen: die andern sechs liefen mit, und weil jeder der erste beim Schöpfen sein wollte, so fiel ihnen der Krug in den Brunnen. Da standen sie und wußten nicht, was sie tun sollten, und keiner getraute sich heim. Als sie immer nicht zurückkamen, ward der Vater ungeduldig und sprach: «Gewiß haben sie's wieder über ein Spiel vergessen, die gottlosen Jungen.» Es ward ihm angst, das Mädchen müßte ungetauft verscheiden, und im Ärger rief er: «Ich wollte, daß die Jungen alle zu Raben würden.» Kaum war das Wort ausgeredet, so hörte er ein Geschwirr über seinem Haupt in der Luft, blickte in die Höhe und sah sieben kohlschwarze Raben auf und davon fliegen.

Die Eltern konnten die Verwünschung nicht mehr zurücknehmen, und so traurig sie über den Verlust ihrer sieben Söhne waren, trösteten sie sich doch einigermaßen durch ihr liebes Töchterchen, das bald zu Kräften kam und mit jedem Tage schöner ward. Es wußte lange Zeit nicht einmal, daß es Geschwister gehabt hatte, denn die Eltern hüteten sich, ihrer zu erwähnen, bis es eines Tages von ungefähr die Leute von sich sprechen hörte, das Mädchen wäre wohl schön, aber doch eigentlich schuld an dem Unglück seiner sieben Brüder. Da ward es ganz betrübt, ging zu Vater und Mutter und fragte, ob es denn Brüder gehabt hätte und wo sie hingeraten wären? Nun durften die Eltern das Geheimnis nicht länger verschweigen, sagten jedoch, es sei so des Himmels Verhängnis und seine Geburt nur der unschuldige Anlaß gewesen. Allein das Mädchen machte sich täglich ein Gewissen daraus und glaubte, es müßte seine Geschwister wieder erlösen. Es hatte nicht Ruhe und Rast, bis es sich heimlich aufmachte und in die weite Welt ging, seine Brüder irgendwo aufzuspüren und zu befreien, es möchte kosten, was es wollte. Es nahm nichts mit sich als ein Ringlein von seinen Eltern zum Andenken, einen Laib Brot für den Hunger, ein Krüglein Wasser für den Durst und ein Stühlchen für die Müdigkeit.

Nun ging es immer zu, weit, weit, bis an der Welt Ende. Da kam es zur Sonne, aber die war zu heiß und fürchterlich und fraß die kleinen Kinder. Eilig lief es weg und lief hin zu dem Mond, aber der war gar zu kalt und auch grausig und bös, und als er das Kind merkte, sprach er: «Ich rieche Menschenfleisch.» Da machte es sich geschwind fort und kam zu den Sternen, die waren ihm freundlich und gut, und jeder saß auf seinem besondern Stühlchen. Der Morgenstern aber stand auf, gab ihm ein Hinkelbeinchen und sprach: «Wenn du das Beinchen nicht hast, kannst du den Glasberg nicht aufschließen, und in dem Glasberg, da sind deine Brüder.»

Das Mädchen nahm das Beinchen, wickelte es wohl in ein Tüchlein und ging wieder fort, so lange, bis es an den Glasberg kam. Das Tor war verschlossen, und es wollte das Beinchen hervorholen; aber wie es das Tüchlein aufmachte, so war es leer, und es hatte das Geschenk der guten Sterne verloren. Was sollte es nun anfangen? Seine Brüder wollte es erretten und hatte keinen Schlüssel zum Glasberg. Das gute Schwesterchen nahm ein Messer, schnitt sich ein kleines Fingerchen ab, steckte es in das Tor und schloß glücklich auf. Als es eingegangen war, kam ihm ein Zwerglein entgegen, das sprach: «Mein Kind, was suchst du?» — «Ich suche meine Brüder, die sieben Raben», antwortete es. Der Zwerg sprach: «Die Herren Raben sind nicht zu Haus, aber willst du hier so lang warten, bis sie kommen, so tritt ein.» Darauf trug das Zwerglein die Speise der Raben herein auf sieben Tellerchen und in sieben Becherchen, und von jedem Tellerchen aß das Schwesterchen ein Bröckchen, und aus jedem Becherchen trank es ein Schlückchen; in das letzte Becherchen aber ließ es das Ringlein fallen, das es mitgenommen hatte.

Auf einmal hörte es in der Luft ein Geschwirr und ein Geweh, da sprach das Zwerglein: «Jetzt kommen die Herren Raben heimgeflogen.» Da kamen sie, wollten essen und trinken und suchten ihre Tellerchen und Becherchen. Da sprach einer nach dem andern: «Wer hat von meinem Tellerchen gegessen? Wer hat aus meinem Becherchen getrunken? Das ist eines Menschen Mund gewesen.» Und wie der siebente auf den Grund des Bechers kam, rollte ihm das Ringlein entgegen. Da sah er es an und erkannte, daß es ein Ring von Vater und Mutter war, und sprach: «Gott gebe, unser Schwesterlein wäre da, so wären wir erlöst.» Wie das Mädchen, das hinter der Türe stand und lauschte, den Wunsch hörte, so trat es hervor, und da bekamen alle die Raben ihre menschliche Gestalt wieder. Und sie herzten und küßten einander und zogen fröhlich heim.

26

ROTKÄPPCHEN

Es war einmal eine kleine, süße Dirne, die hatte jedermann lieb, der sie nur ansah, am allerliebsten aber ihre Großmutter, die wußte gar nicht, was sie alles dem Kinde geben sollte. Einmal schenkte sie ihm ein Käppchen von rotem Sammet, und weil ihm das so wohl stand und es nichts anders mehr tragen wollte, hieß es nur das Rotkäppchen. Eines Tages sprach seine Mutter zu ihm: «Komm, Rotkäppchen, da hast du ein Stück Kuchen und eine Flasche

Wein, bring das der Großmutter hinaus; sie ist krank und schwach und wird sich daran laben. Mach dich auf, bevor es heiß wird, und wenn du hinauskommst, so geh hübsch sittsam und lauf nicht vom Weg ab, sonst fällst du und zerbrichst das Glas, und die Großmutter hat nichts. Und wenn du in ihre Stube kommst, so vergiß nicht, guten Morgen zu sagen, und guck nicht erst in alle Ecken herum.»

«Ich will schon alles gut machen», sagte Rotkäppchen zur Mutter und gab ihr die Hand darauf. Die Großmutter aber wohnte draußen im Wald, eine halbe Stunde vom Dorf. Wie nun Rotkäppchen in den Wald kam, begegnete ihm der Wolf. Rotkäppchen aber wußte nicht, was das für ein böses Tier war, und fürchtete sich nicht vor ihm. «Guten Tag, Rotkäppchen», sprach er. «Schönen Dank, Wolf.» — «Wo hinaus so früh, Rotkäppchen?» — «Zur Großmutter.» — «Was trägst du unter der Schürze?» — «Kuchen und Wein: gestern haben wir gebacken, da soll sich die kranke und schwache Großmutter etwas zugut tun und sich damit stärken.» — «Rotkäppchen, wo wohnt deine Großmutter?» — «Noch eine gute Viertelstunde weiter im Wald, unter den drei großen Eichbäumen, da steht ihr Haus, unten sind die Nußhecken, das wirst du ja wissen», sagte Rotkäppchen. Der Wolf dachte bei sich: Das junge, zarte Ding, das ist ein fetter Bissen, der wird noch besser schmecken als die Alte: du mußt es listig anfangen, damit du beide erschnappst. Da ging er ein Weilchen neben Rotkäppchen her, dann sprach er: «Rotkäppchen, sieh einmal die schönen Blumen, die ringsumher stehen, warum guckst du dich nicht um? Ich glaube, du hörst gar nicht, wie die Vöglein so lieblich singen? Du gehst ja für dich hin, als wenn du zur Schule gingst, und ist so lustig haußen in dem Wald.»

Rotkäppchen schlug die Augen auf, und als es sah, wie die Sonnenstrahlen durch die Bäume hin und her tanzten und alles voll schöner Blumen stand, dachte es: Wenn ich der Großmutter einen frischen Strauß mitbringe, der wird ihr auch Freude machen; es ist so früh am Tag, daß ich doch zu rechter Zeit ankomme, lief vom Wege ab in den Wald hinein und suchte Blumen. Und wenn es eine gebrochen hatte, meinte es, weiter hinaus stände eine schönere, und lief darnach und geriet immer tiefer in den Wald hinein. Der Wolf aber ging geradeswegs nach dem Haus der Großmutter und klopfte an die Türe. «Wer ist draußen?» — «Rotkäppchen, das bringt Kuchen und Wein, mach auf.» — «Drück nur auf die Klinke», rief die Großmutter, «ich bin zu schwach und kann nicht aufstehen.» Der Wolf drückte auf die Klinke, die Türe sprang auf, und er ging, ohne ein Wort zu sprechen, gerade zum Bett der Großmutter und verschluckte sie. Dann tat er ihre Kleider an, setzte ihre Haube auf, legte sich in ihr Bett und zog die Vorhänge vor.

Rotkäppchen aber war nach den Blumen herumgelaufen, und als es so viel zusammen

hatte, daß es keine mehr tragen konnte, fiel
ihm die Großmutter wieder ein, und es machte
sich auf den Weg zu ihr. Es wunderte sich,

daß die Türe aufstand, und wie es in die Stube
trat, so kam es ihm so seltsam darin vor, daß
es dachte: Ei, du mein Gott, wie ängstlich
wird mir's heute zumut, und bin sonst so
gerne bei der Großmutter! Es rief: «Guten
Morgen», bekam aber keine Antwort. Darauf

ging es zum Bett und zog die Vorhänge zurück: da lag die Großmutter und hatte die
Haube tief ins Gesicht gesetzt und sah so
wunderlich aus. «Ei, Großmutter, was hast du
für große Ohren!» — «Daß ich dich besser
hören kann.» — «Ei, Großmutter, was hast
du für große Augen!» — «Daß ich dich besser
sehen kann.» — «Ei, Großmutter, was hast
du für große Hände!» — «Daß ich dich besser

packen kann.» — «Aber, Großmutter, was
hast du für ein entsetzlich großes Maul!» —
«Daß ich dich besser fressen kann.» Kaum
hatte der Wolf das gesagt, so tat er einen Satz
aus dem Bette und verschlang das arme Rotkäppchen.

Wie der Wolf sein Gelüsten gestillt hatte,
legte er sich wieder ins Bett, schlief ein und
fing an, überlaut zu schnarchen. Der Jäger
ging eben an dem Haus vorbei und dachte:
Wie die alte Frau schnarcht, du mußt doch
sehen, ob ihr etwas fehlt. Da trat er in die
Stube, und wie er vor das Bette kam, so sah er,
daß der Wolf darin lag. «Finde ich dich hier,
du alter Sünder», sagte er, «ich habe dich lange
gesucht.» Nun wollte er seine Büchse anlegen,
da fiel ihm ein, der Wolf könnte die Großmutter gefressen haben und sie wäre noch zu
retten: schoß nicht, sondern nahm eine Schere
und fing an, dem schlafenden Wolf den Bauch
aufzuschneiden. Wie er ein paar Schnitte getan
hatte, da sah er das rote Käppchen leuchten,
und noch ein paar Schnitte, da sprang das
Mädchen heraus und rief: «Ach, wie war ich
erschrocken, wie war's so dunkel in dem Wolf
seinem Leib!» Und dann kam die alte Großmutter auch noch lebendig heraus und konnte
kaum atmen. Rotkäppchen aber holte geschwind große Steine, damit füllten sie dem
Wolf den Leib, und wie er aufwachte, wollte
er fortspringen; aber die Steine waren so
schwer, daß er gleich niedersank und sich tot
fiel.

Da waren alle drei vergnügt; der Jäger zog dem Wolf den Pelz ab und ging damit heim, die Großmutter aß den Kuchen und trank den Wein, den Rotkäppchen gebracht hatte, und erholte sich wieder, Rotkäppchen aber dachte: Du willst dein Lebtag nicht wieder allein vom Wege ab in den Wald laufen, wenn dir's die Mutter verboten hat.

Es wird auch erzählt, daß einmal, als Rotkäppchen der alten Großmutter wieder Gebackenes brachte, ein anderer Wolf ihm zugesprochen und es vom Wege habe ableiten wollen. Rotkäppchen aber hütete sich und ging gerade fort seines Wegs und sagte der Großmutter, daß es dem Wolf begegnet wäre, der ihm guten Tag gewünscht, aber so bös aus den Augen geguckt hätte: «Wenn's nicht auf offener Straße gewesen wäre, er hätte mich gefressen.» — «Komm», sagte die Großmutter, «wir wollen die Türe verschließen, daß er nicht herein kann.» Bald danach klopfte der Wolf an und rief: «Mach auf, Großmutter, ich bin das Rotkäppchen, ich bring dir Gebackenes.» Sie schwiegen aber still und machten die Türe nicht auf: da schlich der Graukopf etlichemal um das Haus, sprang endlich aufs Dach und wollte warten, bis Rotkäppchen abends nach Haus ginge, dann wollte er ihm nachschleichen und wollt's in der Dunkelheit fressen. Aber die Großmutter merkte, was er im Sinn hatte. Nun stand vor dem Haus ein großer Steintrog, da sprach sie zu dem Kind:

«Nimm den Eimer, Rotkäppchen, gestern hab ich Würste gekocht, da trag das Wasser, worin sie gekocht sind, in den Trog.» Rotkäppchen trug so lange, bis der große große Trog ganz voll war. Da stieg der Geruch von den Würsten dem Wolf in die Nase, er schnupperte und guckte hinab, endlich machte er den Hals so lang, daß er sich nicht mehr halten konnte und anfing zu rutschen: so rutschte er vom Dach herab, gerade in den großen Trog hinein und ertrank. Rotkäppchen aber ging fröhlich nach Haus und tat ihm niemand etwas zuleid.

27

DIE BREMER STADTMUSIKANTEN

Es hatte ein Mann einen Esel, der schon lange Jahre die Säcke unverdrossen zur Mühle getragen hatte, dessen Kräfte aber nun zu Ende gingen, so daß er zur Arbeit immer untauglicher ward. Da dachte der Herr daran, ihn aus dem Futter zu schaffen; aber der Esel merkte, daß kein guter Wind wehte, lief fort und machte sich auf den Weg nach Bremen: dort, meinte er, könnte er ja Stadtmusikant werden. Als er ein Weilchen fortgegangen war, fand er einen Jagdhund auf dem Wege liegen, der jappte wie einer, der sich müde gelaufen hat. «Nun, was jappst du so, Packan?» fragte der Esel. «Ach», sagte der Hund, «weil ich alt bin und jeden Tag schwächer werde, auch auf der Jagd nicht mehr fort kann, hat mich mein Herr wollen totschlagen, da hab ich Reißaus genommen; aber womit soll ich nun mein Brot verdienen?» — «Weißt du was», sprach der Esel, «ich gehe nach Bremen und werde dort Stadtmusikant, geh mit und laß dich auch bei der Musik annehmen. Ich spiele die Laute, und du schlägst die Pauken.» Der Hund war's zufrieden, und sie gingen weiter. Es dauerte nicht lange, so saß da eine Katze an dem Weg und machte ein Gesicht wie drei Tage Regenwetter. «Nun, was ist dir in die Quere gekommen, alter Bartputzer?» sprach der Esel. «Wer kann da lustig sein, wenn's einem an den Kragen geht», antwortete die Katze, «weil ich nun zu Jahren komme, meine Zähne stumpf werden und ich lieber hinter dem Ofen sitze und spinne, als nach Mäusen herumjage, hat mich meine Frau ersäufen wollen; ich habe mich zwar noch fortgemacht; aber nun ist guter Rat teuer: wo soll ich hin?» — «Geh mit uns nach Bremen, du verstehst dich doch auf die Nachtmusik, da kannst du ein Stadtmusikant werden.» Die Katze hielt das für gut und ging mit. Darauf kamen die drei Landesflüchtigen an einem Hof vorbei, da saß auf dem Tor der Haushahn und schrie aus Leibeskräften. «Du schreist einem durch Mark und Bein», sprach der Esel, «was hast du vor?» — «Da hab ich gut Wetter prophezeit», sprach der Hahn, «weil unserer lieben Frauen Tag ist, wo sie dem Christkindlein die Hemdchen gewaschen hat und sie trocknen will; aber weil morgen zum Sonntag Gäste kommen, so hat die Hausfrau doch kein Erbarmen und hat der Köchin gesagt, sie wollte mich morgen in der Suppe essen, und da soll ich mir heut abend den Kopf abschneiden lassen. Nun schrei ich aus vollem Hals, solang ich noch kann.» — «Ei was, du Rotkopf», sagte der Esel, «zieh lieber mit uns fort, wir gehen nach Bremen, etwas Besseres als den Tod findest du überall; du hast eine gute Stimme, und wenn wir zusammen musizieren, so muß es eine Art haben.» Der Hahn ließ sich den Vorschlag gefallen, und sie gingen alle viere zusammen fort.

Sie konnten aber die Stadt Bremen in einem Tag nicht erreichen und kamen abends in einen Wald, wo sie übernachten wollten. Der Esel und der Hund legten sich unter einen großen Baum, die Katze und der Hahn machten sich in die Äste, der Hahn aber flog bis in die Spitze, wo es am sichersten für ihn war. Ehe er einschlief, sah er sich noch einmal nach allen vier Winden um, da deuchte ihn, er sähe in der Ferne ein Fünkchen brennen, und rief seinen Gesellen zu, es müßte nicht gar weit ein Haus sein, denn es scheine ein Licht. Sprach der Esel: «So müssen wir uns aufmachen und noch hingehen, denn hier ist die Herberge schlecht.» Der Hund meinte, ein paar Knochen und etwas Fleisch dran täten ihm auch gut. Also machten sie sich auf den Weg nach der Gegend, wo das Licht war, und sahen es bald heller schimmern, und es ward immer größer, bis sie vor ein hell erleuchtetes Räuberhaus kamen. Der Esel, als der größte, näherte sich dem Fenster und schaute hinein. «Was siehst du, Grauschimmel?» fragte der Hahn. «Was ich sehe?» antwortete der Esel, «einen gedeckten Tisch mit schönem Essen und Trinken, und Räuber sitzen daran und lassen's sich wohl sein.» — «Das wäre was für uns», sprach der Hahn. «Ja, ja, ach, wären wir da!» sagte der Esel. Da ratschlagten die Tiere, wie sie es anfangen müßten, um die Räuber hinauszujagen, und fanden endlich ein Mittel. Der Esel mußte sich mit den Vorderfüßen auf das Fenster stellen, der Hund auf des Esels Rücken springen, die Katze auf den Hund klettern, und endlich flog der Hahn hinauf und setzte sich der Katze auf den Kopf. Wie das geschehen war, fingen sie auf ein Zeichen insgesamt an, ihre Musik zu machen: der Esel schrie, der Hund bellte, die Katze miaute und der Hahn krähte; dann stürzten sie durch das Fenster in die Stube hinein, daß die Scheiben klirrten. Die Räuber fuhren bei dem entsetzlichen Schrei in die Höhe, meinten nicht anders, als ein Gespenst käme herein, und flohen in größter Furcht in den Wald hinaus. Nun setzten sich die vier Gesellen an den Tisch, nahmen mit dem vorlieb, was übriggeblieben war, und aßen, als wenn sie vier Wochen hungern sollten.

Wie die vier Spielleute fertig waren, löschten sie das Licht aus und suchten sich eine Schlafstätte, jeder nach seiner Natur und Bequemlichkeit. Der Esel legte sich auf den Mist, der Hund hinter die Türe, die Katze auf den Herd bei der warmen Asche, und der Hahn setzte sich auf den Hahnenbalken: und weil sie müde waren von ihrem langen Weg, schliefen sie auch bald ein. Als Mitternacht vorbei war und die Räuber von weitem sahen, daß kein Licht mehr im Haus brannte, auch alles ruhig schien, sprach der Hauptmann: «Wir hätten uns doch nicht sollen ins Bockshorn jagen lassen», und hieß einen hingehen und das Haus untersuchen. Der Abgeschickte fand alles still, ging in die Küche, ein Licht anzuzünden, und weil er die glühenden, feurigen Augen der Katze für lebendige Kohlen ansah, hielt er ein Schwefelhölzchen daran, daß es Feuer fangen sollte. Aber die Katze verstand keinen Spaß, sprang ihm ins Gesicht, spie und kratzte. Da erschrak er gewaltig, lief und wollte zur Hintertüre hinaus; aber der Hund, der da lag, sprang auf und biß ihn ins Bein: und als er über den Hof an dem Miste vorbeirannte, gab ihm der Esel noch einen tüchtigen Schlag mit dem Hinterfuß; der Hahn aber, der vom Lärmen aus dem Schlaf geweckt und munter geworden war, rief vom Balken herab: «Kikeriki!» Da lief der Räuber, was er konnte, zu seinem Hauptmann zurück und sprach: «Ach, in dem Haus sitzt eine greuliche Hexe, die hat mich angehaucht und mit ihren langen Fingern mir das Gesicht zerkratzt: und vor der Türe steht ein Mann mit einem Messer, der hat mich ins Bein gestochen: und auf dem Hof liegt ein schwarzes Ungetüm, das hat mit einer Holzkeule auf mich losgeschlagen:

und oben auf dem Dache, da sitzt der Richter, der rief, bringt mir den Schelm her. Da machte ich, daß ich fortkam.» Von nun an getrauten sich die Räuber nicht weiter in das Haus, den vier Bremer Musikanten gefiel's aber so wohl darin, daß sie nicht wieder heraus wollten. Und der das zuletzt erzählt hat, dem ist der Mund noch warm.

28

DER SINGENDE KNOCHEN

Es war einmal in einem Lande große Klage über ein Wildschwein, das den Bauern die Äcker umwühlte, das Vieh tötete und den Menschen mit seinen Hauern den Leib aufriß. Der König versprach einem jeden, der das Land von dieser Plage befreien würde, eine große Belohnung: aber das Tier war so groß und stark, daß sich niemand in die Nähe des Waldes wagte, worin es hauste. Endlich ließ der König bekanntmachen, wer das Wildschwein einfange oder töte, solle seine einzige Tochter zur Gemahlin haben.

Nun lebten zwei Brüder in dem Lande, Söhne eines armen Mannes, die meldeten sich und wollten das Wagnis übernehmen. Der älteste, der listig und klug war, tat es aus Hochmut, der jüngste, der unschuldig und dumm war, aus gutem Herzen. Der König sagte: «Damit ihr desto sicherer das Tier findet, so sollt ihr von entgegengesetzten Seiten in den Wald gehen.» Da ging der älteste von Abend und der jüngste von Morgen hinein. Und als der jüngste ein Weilchen gegangen war, so trat ein kleines Männlein zu ihm: das hielt einen schwarzen Spieß in der Hand und sprach: «Diesen Spieß gebe ich dir, weil dein Herz unschuldig und gut ist: damit kannst du getrost auf das wilde Schwein eingehen, es wird dir keinen Schaden zufügen.» Er dankte dem Männlein, nahm den Spieß auf die Schulter und ging ohne Furcht weiter. Nicht lange, so erblickte er das Tier, das auf ihn losrannte, er hielt ihm aber den Spieß entgegen, und in seiner blinden Wut rannte es so gewaltig hinein, daß ihm das Herz entzweigeschnitten ward. Da nahm er das Ungetüm auf die Schulter, ging heimwärts und wollte es dem Könige bringen.

Als er auf der andern Seite des Waldes herauskam, stand da am Eingang ein Haus, wo die Leute sich mit Tanz und Wein lustig machten. Sein ältester Bruder war da eingetreten und hatte gedacht, das Schwein liefe ihm doch nicht fort, erst wolle er sich einen rechten Mut trinken. Als er nun den jüngsten erblickte, der mit seiner Beute beladen aus dem Wald kam, so ließ ihm sein neidisches und boshaftes Herz keine Ruhe. Er rief ihm zu: «Komm doch herein, lieber Bruder, ruhe dich aus und stärke dich mit einem Becher Wein.» Der jüngste, der nichts Arges dahinter vermutete, ging hinein und erzählte ihm von dem guten Männlein, das ihm einen Spieß gegeben, womit er das Schwein getötet hätte. Der älteste hielt ihn bis zum Abend zurück, da gingen sie zusammen fort. Als sie aber in der Dunkelheit zu der Brücke über einen Bach kamen, ließ der älteste den jüngsten vorangehen, und als er mitten über dem Wasser war, gab er ihm von hinten einen Schlag, daß er tot hinabstürzte. Er begrub ihn unter der Brücke, nahm dann das Schwein und brachte es dem König mit dem Vorgeben, er habe es getötet; worauf er die Tochter des Königs zur Gemahlin erhielt. Als der jüngste Bruder nicht wieder kommen wollte, sagte er: «Das Schwein wird ihm den Leib aufgerissen haben», und das glaubte jedermann.

Weil aber vor Gott nichts verborgen bleibt, sollte auch diese schwarze Tat ans Licht kommen. Nach langen Jahren trieb ein Hirt einmal seine Herde über die Brücke und sah unten im Sande ein schneeweißes Knöchlein liegen und dachte, das gäbe ein gutes Mundstück. Da stieg er herab, hob es auf und schnitzte ein Mundstück daraus für sein Horn. Als er zum erstenmal darauf geblasen hatte, so fing das Knöchlein zu großer Verwunderung des Hirten von selbst an zu singen:

> «Ach, du liebes Hirtelein,
> Du bläst auf meinem Knöchelein,
> Mein Bruder hat mich erschlagen,
> Unter der Brücke begraben
> Um das wilde Schwein
> Für des Königs Töchterlein.»

«Was für ein wunderliches Hörnchen», sagte der Hirt, «das von selber singt, das muß ich dem Herrn König bringen.» Als er damit vor den König kam, fing das Hörnchen abermals an, sein Liedchen zu singen. Der König verstand es wohl und ließ die Erde unter der Brücke aufgraben, da kam das ganze Gerippe des Erschlagenen zum Vorschein. Der böse Bruder konnte die Tat nicht leugnen, ward in einen Sack genäht und lebendig ersäuft, die Gebeine des Gemordeten aber wurden auf den Kirchhof in ein schönes Grab zur Ruhe gelegt.

29

DER TEUFEL

MIT DEN DREI GOLDENEN HAAREN

Es war einmal eine arme Frau, die gebar ein Söhnlein, und weil es eine Glückshaut um hatte, als es zur Welt kam, so ward ihm geweissagt, es werde im vierzehnten Jahr die Tochter des Königs zur Frau haben. Es trug sich zu, daß der König bald darauf ins Dorf kam, und niemand wußte, daß es der König war, und als er die Leute fragte, was es Neues gäbe, so antworteten sie: «Es ist in diesen Tagen ein Kind mit einer Glückshaut geboren: was so einer unternimmt, das schlägt ihm zum Glück aus. Es ist ihm auch vorausgesagt, in seinem vierzehnten Jahre solle er die Tochter des Königs zur Frau haben.» Der König, der ein böses Herz hatte und über die Weissagung sich ärgerte, ging zu den Eltern, tat ganz freundlich und sagte: «Ihr armen Leute, überlaßt mir euer Kind, ich will es versorgen.» Anfangs weigerten sie sich; da aber der fremde Mann schweres Geld dafür bot und sie dachten: Es ist ein Glückskind, es muß doch zu seinem Besten ausschlagen, so willigten sie endlich ein und gaben ihm das Kind.

Der König legte es in eine Schachtel und ritt damit weiter, bis er zu einem tiefen Wasser kam; da warf er die Schachtel hinein und dachte: Von dem unerwarteten Freier habe ich meiner Tochter geholfen. Die Schachtel aber ging nicht unter, sondern schwamm wie ein Schiffchen, und es drang auch kein Tröpfchen Wasser hinein. So schwamm sie bis zwei Meilen von des Königs Hauptstadt, wo eine Mühle war, an dessen Wehr sie hängenblieb. Ein Mahlbursche, der glücklicherweise dastand und sie bemerkte, zog sie mit einem Haken heran und meinte große Schätze zu finden, als er sie aber aufmachte, lag ein schöner Knabe darin, der ganz frisch und munter war. Er brachte ihn zu den Müllersleuten, und weil diese keine Kinder hatten, freuten sie sich und sprachen: «Gott hat es uns beschert.» Sie pflegten den Findling wohl, und er wuchs in allen Tugenden heran.

Es trug sich zu, daß der König einmal bei einem Gewitter in die Mühle trat und die Müllersleute fragte, ob der große Junge ihr Sohn wäre. «Nein», antworteten sie, «es ist ein Findling, er ist vor vierzehn Jahren in einer Schachtel ans Wehr geschwommen, und der Mahlbursche hat ihn aus dem Wasser gezogen.» Da merkte der König, daß es niemand anders als das Glückskind war, das er ins Wasser geworfen hatte, und sprach: «Ihr guten Leute, könnte der Junge nicht einen Brief an die Frau Königin bringen, ich will ihm zwei Goldstücke zum Lohn geben?» — «Wie der Herr König gebietet», antworteten die Leute und hießen den Jungen sich bereithalten. Da schrieb der König einen Brief an die Königin, worin stand: «Sobald der Knabe mit diesem Schreiben angelangt ist, soll er getötet und begraben werden, und das alles soll geschehen sein, ehe ich zurückkomme.»

Der Knabe machte sich mit diesem Briefe auf den Weg, verirrte sich aber und kam abends in einen großen Wald. In der Dunkelheit sah er ein kleines Licht, ging darauf zu und gelangte zu einem Häuschen. Als er hineintrat, saß eine alte Frau beim Feuer ganz allein. Sie erschrak, als sie den Knaben erblickte, und sprach: «Wo kommst du her und wo willst du hin?» — «Ich komme von der Mühle», antwortete er, «und will zur Frau Königin, der ich einen Brief bringen soll: weil ich mich aber in dem Walde verirrt habe, so wollte ich hier gerne übernachten.» — «Du armer Junge», sprach die Frau, «du bist in ein Räuberhaus geraten, und wenn sie heimkommen, so bringen sie dich um.» — «Mag kommen, wer will», sagte der Junge, «ich fürchte mich nicht: ich bin aber so müde, daß ich nicht weiter kann», streckte sich auf eine Bank und schlief ein. Bald hernach kamen die Räuber und fragten zornig, was da für ein fremder Knabe läge. «Ach», sagte die Alte, «es ist ein unschuldiges Kind, es hat sich im Walde verirrt, und ich habe ihn aus Barmherzigkeit aufgenommen: er soll einen Brief an die Frau Königin bringen.» Die Räuber erbrachen den Brief und lasen ihn, und es stand darin, daß der Knabe sogleich, wie er ankäme, sollte ums Leben gebracht werden. Da empfanden die hartherzigen Räuber Mitleid, und der Anführer zerriß den Brief und schrieb einen andern, und es stand darin, sowie der Knabe ankäme, sollte er sogleich mit der Königstochter vermählt werden. Sie ließen ihn dann ruhig bis zum andern Morgen auf der Bank liegen, und als er aufgewacht war, gaben sie ihm den Brief und zeigten ihm den rechten Weg. Die Königin aber, als sie den Brief empfangen und gelesen hatte, tat, wie darin stand, hieß ein prächtiges Hochzeitsfest anstellen, und die Königstochter ward mit dem Glückskind vermählt; und da der Jüngling schön und freundlich war, so lebte sie vergnügt und zufrieden mit ihm.

Nach einiger Zeit kam der König wieder in sein Schloß und sah, daß die Weissagung erfüllt und das Glückskind mit seiner Tochter vermählt war. «Wie ist das zugegangen?» sprach er, «ich habe in meinem Brief einen ganz andern Befehl erteilt.» Da reichte ihm die Königin den Brief und sagte, er möchte selbst sehen, was darin stände. Der König las den Brief und merkte wohl, daß er mit einem andern war vertauscht worden. Er fragte den Jüngling, wie es mit dem anvertrauten Briefe zugegangen wäre, warum er einen andern dafür gebracht hätte. «Ich weiß von nichts», antwortete er, «er muß mir in der Nacht vertauscht sein, als ich im Walde geschlafen habe.» Voll Zorn sprach der König: «So leicht soll es dir nicht werden; wer meine Tochter haben will, der muß mir aus der Hölle drei goldene Haare von dem Haupte des Teufels holen; bringst du mir, was ich verlange, so sollst du meine Tochter behalten.» Damit hoffte der König ihn auf immer los zu werden. Das Glückskind aber antwortete: «Die goldenen Haare will ich wohl holen, ich fürchte mich vor dem Teufel nicht.» Darauf nahm er Abschied und begann seine Wanderschaft.

Der Weg führte ihn zu einer großen Stadt, wo ihn der Wächter an dem Tore ausfragte, was für ein Gewerbe er verstände und was er wüßte. «Ich weiß alles», antwortete das Glückskind. «So kannst du uns einen Gefallen tun», sagte der Wächter, «wenn du uns sagst, warum unser Marktbrunnen, aus dem sonst Wein quoll, trocken geworden ist und nicht einmal mehr Wasser gibt.» — «Das sollt ihr erfahren», antwortete er, «wartet nur, bis ich wiederkomme.» Da ging er weiter und kam vor eine andere Stadt, da fragte der Torwächter wiederum, was für ein Gewerb er verstünde und was er wüßte. «Ich weiß alles», antwortete er.

«So kannst du uns einen Gefallen tun und uns sagen, warum ein Baum in unserer Stadt, der sonst goldene Äpfel trug, jetzt nicht einmal Blätter hervortreibt.» — «Das sollt ihr erfahren», antwortete er, «wartet nur, bis ich wiederkomme.» Da ging er weiter und kam an ein großes Wasser, über das er hinüber mußte. Der Fährmann fragte ihn, was er für ein Gewerbe verstände und was er wüßte. «Ich weiß alles», antwortete er. «So kannst du mir einen Gefallen tun», sprach der Fährmann, «und mir sagen, warum ich immer hin und her fahren muß und niemals abgelöst werde.» — «Das sollst du erfahren», antwortete er, «warte nur, bis ich wiederkomme.»

Als er über das Wasser hinüber war, so fand er den Eingang zur Hölle. Es war schwarz und rußig darin, und der Teufel war nicht zu Haus, aber seine Ellermutter saß da in einem breiten Sorgenstuhl. «Was willst du?» sprach sie zu ihm, sah aber gar nicht so böse aus. «Ich wollte gerne drei goldene Haare von des Teufels Kopf», antwortete er, «sonst kann ich meine Frau nicht behalten.» — «Das ist viel verlangt», sagte sie, «wenn der Teufel heimkommt und findet dich, so geht dir's an den Kragen; aber du dauerst mich, ich will sehen, ob ich dir helfen kann.» Sie verwandelte ihn in eine Ameise und sprach: «Kriech in meine Rockfalten, da bist du sicher.» — «Ja», antwortete er, «das ist schon gut, aber drei Dinge möchte ich gerne noch wissen, warum ein Brunnen, aus dem sonst Wein quoll, trocken geworden ist, jetzt nicht einmal mehr Wasser gibt; warum ein Baum, der sonst goldene Äpfel trug, nicht einmal mehr Laub treibt, und warum ein Fährmann immer herüber und hinüber fahren muß und nicht abgelöst wird.» — «Das sind schwere Fragen», antwortete sie, «aber halte dich nur still und ruhig, und hab acht, was der Teufel spricht, wann ich ihm die drei goldenen Haare ausziehe.»

Als der Abend einbrach, kam der Teufel nach Haus. Kaum war er eingetreten, so merkte er, daß die Luft nicht rein war. «Ich rieche, rieche Menschenfleisch», sagte er, «es ist hier nicht richtig.» Dann guckte er in alle Ecken und suchte, konnte aber nichts finden. Die Ellermutter schalt ihn aus, «eben ist erst gekehrt», sprach sie, «und alles in Ordnung gebracht, nun wirfst du mir's wieder untereinander; immer hast du Menschenfleisch in der Nase! Setze dich nieder und iß dein Abendbrot.» Als er gegessen und getrunken hatte, war er müde, legte der Ellermutter seinen Kopf in den Schoß und sagte, sie sollte ihn ein wenig lausen. Es dauerte nicht lange, so schlummerte er ein, blies und schnarchte. Da faßte die Alte ein goldenes Haar, riß es aus und legte es neben sich. «Autsch!» schrie der Teufel, «was hast du vor?» — «Ich habe einen schweren Traum gehabt», antwortete die Ellermutter, «da hab ich dir in die Haare gefaßt.» — «Was hat dir denn geträumt?» fragte der Teufel. «Mir hat geträumt, ein Marktbrunnen, aus dem sonst Wein quoll, sei versiegt, und es habe nicht einmal Wasser daraus quellen wollen, was ist wohl schuld daran?» — «He, wenn sie's wüßten!» antwortete der Teufel, «es sitzt eine Kröte unter einem Stein im Brunnen; wenn sie die töten, so wird der Wein schon wieder fließen.» Die Ellermutter lauste ihn wieder, bis er einschlief und schnarchte, daß die Fenster zitterten. Da riß sie ihm das zweite Haar aus. «Hu! was machst du?» schrie der Teufel zornig. «Nimm's nicht übel», antwortete sie, «ich habe es im Traume getan.» — «Was hat dir wieder geträumt?» fragte er. «Mir hat geträumt, in einem Königreiche ständ ein Obstbaum, der hätte sonst goldene Äpfel getragen und wollte jetzt nicht einmal Laub treiben. Was war wohl die Ursache davon?» — «He, wenn sie's wüßten!» antwortete der Teufel, «an der Wurzel nagt eine Maus; wenn sie die töten, so wird er schon wieder goldene Äpfel tragen, nagt sie aber noch länger, so verdorrt der Baum gänzlich. Aber laß mich mit deinen Träumen in Ruhe; wenn du mich noch einmal im Schlafe störst, so kriegst du eine Ohrfeige.» Die Ellermutter sprach ihm gut zu und lauste ihn wieder, bis er eingeschlafen war und schnarchte. Da faßte sie das dritte goldene Haar und riß es ihm aus. Der Teufel fuhr in die Höhe, schrie und wollte übel mit ihr wirtschaften, aber sie besänftigte ihn nochmals und sprach: «Wer kann für böse Träume!» — «Was hat dir denn geträumt?» fragte er und war doch neugierig. «Mir hat von einem Fährmann geträumt, der sich beklagte, daß er immer hin und her fahren müßte und nicht abgelöst würde. Was ist wohl schuld?» — «He, der Dummbart!» antwortete der Teufel, «wenn einer kommt und will überfahren, so muß er ihm die Stange in die Hand geben, dann muß der andere überfahren, und er ist frei.» Da die Ellermutter ihm die drei goldenen Haare ausgerissen hatte und die drei Fragen beantwortet waren, so ließ sie den alten Drachen in Ruhe, und er schlief, bis der Tag anbrach.

Als der Teufel wieder fortgezogen war, holte die Alte die Ameise aus der Rockfalte und gab dem Glückskind die menschliche Gestalt zurück. «Da hast du die drei goldenen Haare», sprach sie, «was der Teufel zu deinen drei Fragen gesagt hat, wirst du wohl gehört haben.» — «Ja», antwortete er, «ich habe es gehört und will's wohl behalten.» — «So ist dir geholfen», sagte sie, «und nun kannst du deiner Wege ziehen.» Er bedankte sich bei der Alten für die Hilfe in der Not, verließ die Hölle und war vergnügt, daß ihm alles so wohl geglückt war. Als er zu dem Fährmann kam, sollte er ihm die versprochene Antwort geben. «Fahr mich erst hinüber», sprach das Glückskind, «so will ich dir sagen, wie du erlöst wirst», und als er auf dem jenseitigen Ufer angelangt war, gab er ihm des Teufels Rat: «Wenn wieder einer kommt und will übergefahren sein, so gib ihm nur die Stange in die Hand.» Er ging weiter und kam zu der Stadt, worin der unfruchtbare Baum stand und wo der Wächter auch Antwort haben wollte. Da sagte er ihm, wie er vom Teufel gehört hatte: «Tötet die Maus, die an seiner Wurzel nagt, so wird er wieder goldene Äpfel tragen.» Da dankte ihm der Wächter und gab ihm zur Belohnung zwei mit Gold beladene Esel, die mußten ihm nachfolgen. Zuletzt kam er zu der Stadt, deren Brunnen versiegt war. Da sprach er zu dem Wächter, wie der Teufel gesprochen hatte: «Es sitzt eine Kröte im Brunnen unter einem Stein, die müßt ihr aufsuchen und töten, so wird er wieder reichlich Wein geben.» Der Wächter dankte und gab ihm ebenfalls zwei mit Gold beladene Esel.

Endlich langte das Glückskind daheim bei seiner Frau an, die sich herzlich freute, als sie ihn wiedersah und hörte, wie wohl ihm alles gelungen war. Dem König brachte er, was er verlangt hatte, die drei goldenen Haare des Teufels, und als dieser die vier Esel mit dem Golde sah, ward er ganz vergnügt und sprach: «Nun sind alle Bedingungen erfüllt, und du kannst meine Tochter behalten. Aber, lieber Schwiegersohn, sage mir doch, woher ist das viele Gold? Das sind ja gewaltige Schätze!» — «Ich bin über einen Fluß gefahren», antwortete er, «und da habe ich es mitgenommen, es liegt dort statt des Sandes am Ufer.» — «Kann ich mir auch davon holen?» sprach der König und war ganz begierig. «Soviel Ihr nur wollt», antwortete er, «es ist ein Fährmann auf dem Fluß, von dem laßt Euch überfahren, so könnt Ihr drüben Eure Säcke füllen.» Der

habsüchtige König machte sich in aller Eile
auf den Weg, und als er zu dem Fluß kam, so
winkte er dem Fährmann, der sollte ihn über-
setzen. Der Fährmann kam und hieß ihn einsteigen, und als sie an das jenseitige Ufer kamen,
gab er ihm die Ruderstange in die Hand und
sprang davon. Der König aber mußte von nun
an fahren zur Strafe für seine Sünden.

«Fährt er wohl noch?» — «Was denn? Es
wird ihm niemand die Stange abgenommen
haben.»

30

LÄUSCHEN UND FLÖHCHEN

Ein Läuschen und ein Flöhchen, die lebten zu-
sammen in einem Haushalte und brauten das
Bier in einer Eierschale. Da fiel das Läuschen
hinein und verbrannte sich. Darüber fing das
Flöhchen an, laut zu schreien. Da sprach die
kleine Stubentüre: «Was schreist du, Flöhchen?»
— «Weil Läuschen sich verbrannt hat.»
Da fing das Türchen an zu knarren. Da sprach
ein Besenchen in der Ecke: «Was knarrst du,
Türchen?» — «Soll ich nicht knarren?

> Läuschen hat sich verbrannt,
> Flöhchen weint.»

Da fing das Besenchen an, entsetzlich zu kehren.
Da kam ein Wägelchen vorbei und sprach: «Was
kehrst du, Besenchen»? —«Soll ich nicht kehren?

> Läuschen hat sich verbrannt,
> Flöhchen weint,
> Türchen knarrt.»

Da sprach das Wägelchen: «So will ich rennen», und fing an, entsetzlich zu rennen. Da sprach das Mistchen, an dem es vorbeirannte: «Was rennst du, Wägelchen?» — «Soll ich nicht rennen?

> Läuschen hat sich verbrannt,
> Flöhchen weint,
> Türchen knarrt,
> Besenchen kehrt.»

Da sprach das Mistchen: «So will ich entsetzlich brennen», und fing an, in hellem Feuer zu brennen. Da stand ein Bäumchen neben dem Mistchen, das sprach: «Mistchen, warum brennst du?» — «Soll ich nicht brennen?

> Läuschen hat sich verbrannt,
> Flöhchen weint,
> Türchen knarrt,
> Besenchen kehrt,
> Wägelchen rennt.»

Da sprach das Bäumchen: «So will ich mich schütteln», und fing an, sich zu schütteln, daß all seine Blätter abfielen. Das sah ein Mädchen, das mit seinem Wasserkrügelchen herankam, und sprach: «Bäumchen, was schüttelst du dich?» — «Soll ich mich nicht schütteln?

> Läuschen hat sich verbrannt,
> Flöhchen weint,
> Türchen knarrt,
> Besenchen kehrt,
> Wägelchen rennt,
> Mistchen brennt.»

Da sprach das Mädchen: «So will ich mein Wasserkrügelchen zerbrechen», und zerbrach das Wasserkrügelchen. Da sprach das Brünnlein, aus dem das Wasser quoll: «Mädchen, was zerbrichst du dein Wasserkrügelchen?» — «Soll ich mein Wasserkrügelchen nicht zerbrechen?

> Läuschen hat sich verbrannt,
> Flöhchen weint,
> Türchen knarrt,
> Besenchen kehrt,
> Wägelchen rennt,
> Mistchen brennt,
> Bäumchen schüttelt sich.»

«Ei», sagte das Brünnchen, «so will ich anfangen zu fließen», und fing an, entsetzlich zu fließen. Und in dem Wasser ist alles ertrunken, das Mädchen, das Bäumchen, das Mistchen, das Wägelchen, das Besenchen, das Türchen, das Flöhchen, das Läuschen, alles miteinander.

31

DAS MÄDCHEN OHNE HÄNDE

Ein Müller war nach und nach in Armut geraten und hatte nichts mehr als seine Mühle und einen großen Apfelbaum dahinter. Einmal war er in den Wald gegangen, Holz zu holen, da trat ein alter Mann zu ihm, den er noch niemals gesehen hatte, und sprach: «Was quälst du dich mit Holzhacken, ich will dich reich machen, wenn du mir versprichst, was hinter deiner Mühle steht.» — Was kann das anders sein als mein Apfelbaum? dachte der Müller, sagte ja und verschrieb es dem fremden Manne. Der aber lachte höhnisch und sagte: «Nach drei Jahren will ich kommen und abholen, was mir gehört», und ging fort. Als der Müller nach Hause kam, trat ihm seine Frau entgegen und sprach: «Sage mir, Müller, woher kommt der plötzliche Reichtum in unser Haus? Auf einmal sind alle Kisten und Kasten voll, kein Mensch hat's hereingebracht, und ich weiß nicht, wie es zugegangen ist.» Er antwortete: «Das kommt von einem fremden Manne, der mir im Walde begegnet ist und mir große Schätze verheißen hat; ich habe ihm dagegen verschrieben, was hinter der Mühle steht: den großen Apfelbaum können wir wohl dafür geben.» — «Ach Mann», sagte die Frau erschrocken, «das ist der Teufel gewesen: den Apfelbaum hat er nicht gemeint, sondern unsere Tochter, die stand hinter der Mühle und kehrte den Hof.»

Die Müllerstochter war ein schönes und frommes Mädchen und lebte die drei Jahre in Gottesfurcht und ohne Sünde. Als nun die Zeit herum war und der Tag kam, wo sie der Böse holen wollte, da wusch sie sich rein und machte mit Kreide einen Kranz um sich. Der Teufel erschien ganz frühe, aber er konnte ihr nicht nahekommen. Zornig sprach er zum Müller: «Tu ihr alles Wasser weg, damit sie sich nicht mehr waschen kann, denn sonst habe ich keine Gewalt über sie.» Der Müller fürchtete sich und tat es. Am andern Morgen kam der Teufel wieder, aber sie hatte auf ihre Hände geweint, und sie waren ganz rein. Da konnte er ihr wiederum nicht nahen und sprach wütend zu dem Müller: «Hau ihr die Hände ab, sonst kann ich ihr nichts anhaben.» Der Müller entsetzte sich und antwortete: «Wie könnt ich meinem eigenen Kinde die Hände abhauen!» Da drohte ihm der Böse und sprach: «Wo du es nicht tust, so bist du mein, und ich hole dich selber.» Dem Vater ward angst, und er versprach, ihm zu gehorchen. Da ging er zu dem Mädchen und sagte: «Mein Kind, wenn ich dir nicht beide Hände abhaue, so führt mich der Teufel fort, und in der Angst hab ich es ihm versprochen. Hilf mir doch in meiner Not und verzeihe mir, was ich Böses an dir tue.» Sie antwortete: «Lieber Vater, macht mit mir, was Ihr wollt, ich bin Euer Kind.» Darauf legte sie beide Hände hin und ließ sie sich abhauen. Der Teufel kam zum drittenmal, aber sie hatte so lange und so viel auf die Stümpfe geweint, daß sie doch ganz rein waren. Da mußte er weichen und hatte alles Recht auf sie verloren.

Der Müller sprach zu ihr: «Ich habe so großes Gut durch dich gewonnen, ich will dich zeitlebens aufs köstlichste halten.» Sie antwortete aber: «Hier kann ich nicht bleiben; ich will fortgehen: mitleidige Menschen werden mir schon soviel geben, als ich brauche.» Darauf ließ sie sich die verstümmelten Arme auf den Rücken binden, und mit Sonnenaufgang machte sie sich auf den Weg und ging den ganzen Tag, bis es Nacht ward. Da kam sie zu einem königlichen Garten, und beim Mondschimmer sah sie, daß Bäume voll schöner Früchte darin standen; aber sie konnte nicht hinein, denn es war ein Wasser darum. Und weil sie den ganzen Tag gegangen war und keinen Bissen genossen hatte und der Hunger sie quälte, so dachte sie: Ach, wäre ich darin, damit ich etwas von den Früchten äße, sonst muß ich verschmachten. Da kniete sie nieder, rief Gott den Herrn an und betete. Auf einmal kam ein Engel daher, der machte eine Schleuse in dem Wasser zu, so daß der Graben trocken ward und sie hindurchgehen konnte. Nun ging sie in den Garten, und der Engel ging mit ihr. Sie sah einen Baum mit Obst, das waren schöne Birnen, aber sie waren alle gezählt. Da trat sie hinzu und aß eine mit dem Munde vom Baume ab, ihren Hunger zu stillen, aber nicht mehr. Der Gärtner sah es mit an, weil aber der Engel dabei stand, fürchtete er sich und meinte, das Mädchen wäre ein Geist, schwieg still und getraute nicht zu rufen oder den Geist anzureden. Als sie die Birne gegessen hatte, war sie gesättigt und ging und versteckte sich in das Gebüsch. Der König, dem der Garten gehörte, kam am andern Morgen herab; da zählte er und sah, daß eine der Birnen fehlte, und fragte den Gärtner, wo sie hingekommen wäre, sie läge nicht unter dem Baume und wäre doch weg. Da antwortete der Gärtner: «Vorige Nacht kam ein Geist herein, der hatte keine Hände und aß eine mit dem Munde ab.» Der König sprach: «Wie ist der Geist über das Wasser herübergekommen? Und wo ist er hingegangen, nachdem er die Birne gegessen hatte?» Der Gärtner antwortete: «Es kam jemand in schneeweißem Kleide vom Himmel, der hat die Schleuse zugemacht und das Wasser gehemmt, damit der Geist durch den Graben gehen konnte. Und weil es ein Engel muß gewesen sein, so habe ich mich gefürchtet, nicht gefragt und nicht gerufen. Als der Geist die Birne gegessen hatte, ist er wieder zurückgegangen.» Der König sprach: «Verhält es sich, wie du sagst, so will ich diese Nacht bei dir wachen.»

Als es dunkel ward, kam der König in den Garten und brachte einen Priester mit, der sollte den Geist anreden. Alle drei setzten sich unter den Baum und gaben acht. Um Mitternacht kam das Mädchen aus dem Gebüsch gekrochen, trat zu dem Baum und aß wieder mit dem Munde eine Birne ab; neben ihr aber stand der Engel im weißen Kleide. Da ging der Priester hervor und sprach: «Bist du von Gott gekommen oder von der Welt? Bist du ein Geist oder ein Mensch?» Sie antwortete: «Ich bin kein Geist, sondern ein armer Mensch, von allen verlassen, nur von Gott nicht.» Der König sprach: «Wenn du von aller Welt verlassen bist, so will ich dich nicht verlassen.» Er nahm sie mit sich in sein königliches Schloß, und weil sie so schön und fromm war, liebte er sie von Herzen, ließ ihr silberne Hände machen und nahm sie zu seiner Gemahlin.

Nach einem Jahre mußte der König über Feld ziehen, da befahl er die junge Königin seiner Mutter und sprach: «Wenn sie ins Kindbett kommt, so haltet und verpflegt sie wohl und schreibt mir's gleich in einem Briefe.» Nun gebar sie einen schönen Sohn. Da schrieb es die alte Mutter eilig und meldete ihm die frohe Nachricht. Der Bote aber ruhte unterwegs an einem Bache, und da er von dem langen Wege ermüdet war, schlief er ein. Da kam der Teufel, welcher der frommen Königin immer zu schaden trachtete, und vertauschte den Brief mit einem andern, darin stand, daß die Königin einen Wechselbalg zur Welt gebracht hätte. Als der König den Brief las, erschrak er und betrübte sich sehr, doch schrieb er zur Antwort, sie sollten die Königin wohl halten und pflegen bis zu seiner Ankunft. Der Bote ging mit dem Brief zurück, ruhte an der nämlichen Stelle und schlief wieder ein. Da kam der Teufel abermals und legte ihm einen andern Brief in die Tasche, darin stand, sie sollten die Königin mit ihrem Kinde töten. Die alte Mutter erschrak heftig, als sie den Brief erhielt, konnte es nicht glauben und schrieb dem Könige noch einmal, aber sie bekam keine andere Antwort, weil der Teufel dem Boten jedesmal einen falschen Brief unterschob: und in dem letzten Briefe stand noch, sie sollten zum Wahrzeichen Zunge und Augen der Königin aufheben.

Aber die alte Mutter weinte, daß so unschuldiges Blut sollte vergossen werden, ließ in der Nacht eine Hirschkuh holen, schnitt ihr Zunge und Augen aus und hob sie auf. Dann sprach sie zu der Königin: «Ich kann dich nicht töten lassen, wie der König befiehlt, aber länger darfst du hier nicht bleiben: geh mit deinem Kinde in die weite Welt hinein und komm nie wieder zurück.» Sie band ihr das Kind auf den Rücken, und die arme Frau ging mit weiniglichen Augen fort. Sie kam in einen großen wilden Wald, da setzte sie sich auf ihre Knie und betete zu Gott, und der Engel des Herrn erschien ihr und führte sie zu einem kleinen Haus, daran war ein Schildchen mit den Worten: «Hier wohnt ein jeder frei.» Aus dem Häuschen kam eine schneeweiße Jungfrau, die sprach: «Willkommen, Frau Königin», und führte sie hinein. Da band sie ihr den kleinen Knaben von dem Rücken und hielt ihn an ihre Brust, damit er

trank, und legte ihn dann auf ein schönes
gemachtes Bettchen. Da sprach die arme Frau:
«Woher weißt du, daß ich eine Königin war?»
Die weiße Jungfrau antwortete: «Ich bin ein
Engel, von Gott gesandt, dich und dein Kind
zu verpflegen.» Da blieb sie in dem Hause
sieben Jahre und war wohl verpflegt, und
durch Gottes Gnade wegen ihrer Frömmig-
keit wuchsen ihr die abgehauenen Hände
wieder.

Der König kam endlich aus dem Felde
wieder nach Haus, und sein erstes war, daß
er seine Frau mit dem Kinde sehen wollte. Da
fing die alte Mutter an zu weinen und sprach:
«Du böser Mann, was hast du mir geschrieben,
daß ich zwei unschuldige Seelen ums Leben
bringen sollte!», und zeigte ihm die beiden
Briefe, die der Böse verfälscht hatte, und sprach
weiter: «Ich habe getan, wie du befohlen hast»,
und wies ihm die Wahrzeichen, Zunge und
Augen. Da fing der König an, noch viel bitter-
licher zu weinen über seine arme Frau und sein
Söhnlein, daß es die alte Mutter erbarmte und
sie zu ihm sprach: «Gib dich zufrieden, sie
lebt noch. Ich habe eine Hirschkuh heimlich
schlachten lassen und von dieser die Wahrzeichen genommen, deiner Frau aber habe ich
ihr Kind auf den Rücken gebunden und sie
geheißen, in die weite Welt zu gehen, und sie
hat versprechen müssen, nie wieder hierher-
zukommen, weil du so zornig über sie wärst.»
Da sprach der König: «Ich will gehen, soweit
der Himmel blau ist, und nicht essen und

trinken, bis ich meine liebe Frau und mein Kind wiedergefunden habe, wenn sie nicht in der Zeit umgekommen oder Hungers gestorben sind.»

Darauf zog der König umher, an die sieben Jahre lang, und suchte sie in allen Steinklippen und Felsenhöhlen, aber er fand sie nicht und dachte, sie wäre verschmachtet. Er aß nicht und trank nicht während dieser ganzen Zeit, aber Gott erhielt ihn. Endlich kam er in einen großen Wald und fand darin das kleine Häuschen, daran das Schildchen war mit den Worten: «Hier wohnt jeder frei.» Da kam die weiße Jungfrau heraus, nahm ihn bei der Hand, führte ihn hinein und sprach: «Seid willkommen, Herr König», und fragte ihn, wo er herkäme. Er antwortete: «Ich bin bald sieben Jahre umhergezogen und suche meine Frau mit ihrem Kinde, ich kann sie aber nicht finden.» Der Engel bot ihm Essen und Trinken an, er nahm es aber nicht und wollte nur ein wenig ruhen. Da legte er sich schlafen und deckte ein Tuch über sein Gesicht.

Darauf ging der Engel in die Kammer, wo die Königin mit ihrem Sohne saß, den sie gewöhnlich Schmerzenreich nannte, und sprach zu ihr: «Geh heraus mitsamt deinem Kinde, dein Gemahl ist gekommen.» Da ging sie hin, wo er lag, und das Tuch fiel ihm vom Angesicht. Da sprach sie: «Schmerzenreich, heb deinem Vater das Tuch auf und decke ihm sein Gesicht wieder zu.» Das Kind hob es auf und deckte es wieder über sein Gesicht. Das hörte der König im Schlummer und ließ das Tuch noch einmal gerne fallen. Da ward das Knäbchen ungeduldig und sagte: «Liebe Mutter, wie kann ich meinem Vater das Gesicht zudecken, ich habe ja keinen Vater auf der Welt? Ich habe das Beten gelernt, unser Vater, der du bist im Himmel; da hast du gesagt, mein Vater wäre im Himmel und wäre der liebe Gott: wie soll ich einen so wilden Mann kennen? Der ist mein Vater nicht.» Wie der König das hörte, richtete er sich auf und fragte, wer sie wäre. Da sagte sie: «Ich bin deine Frau, und das ist dein Sohn Schmerzenreich.» Und er sah ihre lebendigen Hände und sprach: «Meine Frau hatte silberne Hände.» Sie antwortete: «Die natürlichen Hände hat mir der gnädige Gott wieder wachsen lassen»; und der Engel ging in die Kammer, holte die silbernen Hände und zeigte sie ihm. Da sah er erst gewiß, daß es seine liebe Frau und sein liebes Kind war, und küßte sie und war froh und sagte: «Ein schwerer Stein ist von meinem Herzen gefallen.» Da speiste sie der Engel Gottes noch einmal zusammen, und dann gingen sie nach Haus zu seiner alten Mutter. Da war große Freude überall, und der König und die Königin hielten noch einmal Hochzeit, und sie lebten vergnügt bis an ihr seliges Ende.

32

DER GESCHEITE HANS

Hansens Mutter fragt: «Wohin, Hans?» Hans
antwortet: «Zur Gretel.» — «Mach's gut,
Hans.» — «Schon gut machen. Adies, Mutter.» — «Adies, Hans.»

Hans kommt zur Gretel. «Guten Tag,
Gretel.» — «Guten Tag, Hans. Was bringst
du Gutes?» — «Bring nichts, gegeben han.»
Gretel schenkt dem Hans eine Nadel. Hans
spricht: «Adies, Gretel.» — «Adies, Hans.»

Hans nimmt die Nadel, steckt sie in einen
Heuwagen und geht hinter dem Wagen her
nach Haus. «Guten Abend, Mutter.» — «Guten Abend, Hans. Wo bist du gewesen?» —
«Bei der Gretel gewesen.» — «Was hast du
ihr gebracht?» — «Nichts gebracht, gegeben
hat.» — «Was hat dir Gretel gegeben?» —
«Nadel gegeben.» — «Wo hast du die Nadel,
Hans?» — «In Heuwagen gesteckt.» — «Das
hast du dumm gemacht, Hans, mußtest die
Nadel an den Ärmel stecken.» — «Tut nichts,
besser machen.»

«Wohin, Hans?» — «Zur Gretel, Mutter.»
— «Mach's gut, Hans.» — «Schon gut machen.
Adies, Mutter.» — «Adies, Hans.»

Hans kommt zur Gretel. «Guten Tag,
Gretel.» — «Guten Tag, Hans. Was bringst
du Gutes?» — «Bring nichts, gegeben han.»
Gretel schenkt dem Hans ein Messer. «Adies,
Gretel.» — «Adies, Hans.»

Hans nimmt das Messer, steckt's an den Ärmel und geht nach Haus. «Guten Abend, Mutter.» — «Guten Abend, Hans. Wo bist du gewesen?» — «Bei der Gretel gewesen.» — «Was hast du ihr gebracht?» — «Nichts gebracht, gegeben hat.» — «Was hat dir Gretel gegeben?» — «Messer gegeben.» — «Wo hast du das Messer, Hans?» — «An den Ärmel gesteckt.» — «Das hast du dumm gemacht, Hans, mußtest das Messer in die Tasche stecken.» — «Tut nichts, besser machen.»

«Wohin, Hans?» — «Zur Gretel, Mutter.» — «Mach's gut, Hans.» — «Schon gut machen. Adies, Mutter.» — «Adies, Hans.»

Hans kommt zur Gretel. «Guten Tag, Gretel.» — «Guten Tag, Hans. Was bringst du Gutes?» — «Bring nichts, gegeben han.» Gretel schenkt dem Hans eine junge Ziege. «Adies, Gretel.» — «Adies, Hans.»

Hans nimmt die Ziege, bindet ihr die Beine und steckt sie in die Tasche. Wie er nach Haus kommt, ist sie erstickt. «Guten Abend, Mutter.» — «Guten Abend, Hans. Wo bist du gewesen?» — «Bei der Gretel gewesen.» — «Was hast du ihr gebracht?» — «Nichts gebracht, gegeben hat.» — «Was hat dir Gretel gegeben?» — «Ziege gegeben.» — «Wo hast du die Ziege, Hans?» — «In die Tasche gesteckt.» — «Das hast du dumm gemacht, Hans, mußtest die Ziege an ein Seil binden.» — «Tut nichts, besser machen.»

«Wohin, Hans?» — «Zur Gretel, Mutter.» — «Mach's gut, Hans.» — «Schon gut machen. Adies, Mutter.» — «Adies, Hans.»

Hans kommt zur Gretel. «Guten Tag, Gretel.» — «Guten Tag, Hans. Was bringst du Gutes?» — «Bring nichts, gegeben han.» — Gretel schenkt dem Hans ein Stück Speck. «Adies, Gretel.» — «Adies, Hans.»

Hans nimmt den Speck, bindet ihn an ein Seil und schleift's hinter sich her. Die Hunde kommen und fressen den Speck ab. Wie er nach Hause kommt, hat er das Seil an der Hand und ist nichts mehr daran. «Guten Abend, Mutter.» — «Guten Abend, Hans. Wo bist du gewesen?» — «Bei der Gretel gewesen.» — «Was hast du ihr gebracht?» — «Nichts gebracht, gegeben hat.» — «Was hat dir Gretel gegeben?» — «Stück Speck gegeben.» — «Wo hast du den Speck, Hans?» — «Ans Seil gebunden, heimgeführt, Hunde weggeholt.» — «Das hast du dumm gemacht, Hans, mußtest den Speck auf dem Kopf tragen.» — «Tut nichts, besser machen.»

«Wohin, Hans?» — «Zur Gretel, Mutter.» — «Mach's gut, Hans.» — «Schon gut machen. Adies, Mutter.» — «Adies, Hans.»

Hans kommt zur Gretel. «Guten Tag, Gretel.» — «Guten Tag, Hans. Was bringst du Gutes?» — «Bring nichts, gegeben han.» Gretel schenkt dem Hans ein Kalb. «Adies, Gretel.» — «Adies, Hans.»

Hans nimmt das Kalb, setzt es auf den Kopf, und das Kalb zertritt ihm das Gesicht. «Guten Abend, Mutter.» — «Guten Abend, Hans. Wo bist du gewesen?» — «Bei der Gretel gewesen.» — «Was hast du ihr gebracht?» —

«Nichts gebracht, gegeben hat.» — «Was hat dir Gretel gegeben?» — «Kalb gegeben.» — «Wo hast du das Kalb, Hans?» — «Auf den Kopf gesetzt, Gesicht zertreten.» — «Das hast du dumm gemacht, Hans, mußtest das Kalb leiten und an die Raufe stellen.» — «Tut nichts, besser machen.»

«Wohin, Hans?» — «Zur Gretel, Mutter.» — «Mach's gut, Hans.» — «Schon gut machen. Adies, Mutter.» — «Adies, Hans.»

Hans kommt zur Gretel. «Guten Tag, Gretel.» — «Guten Tag, Hans. Was bringst du Gutes?» — «Bring nichts, gegeben han.» Gretel sagt zum Hans: «Ich will mit dir gehn.»

Hans nimmt die Gretel, bindet sie an ein Seil, leitet sie, führt sie vor die Raufe und knüpft sie fest. Darauf geht Hans zu seiner Mutter. «Guten Abend, Mutter.» — «Guten Abend, Hans. Wo bist du gewesen?» — «Bei der Gretel gewesen.» — «Was hast du ihr gebracht?» — «Nichts gebracht.» — «Was hat dir Gretel gegeben?» — «Nichts gegeben, mitgegangen.» — «Wo hast du die Gretel gelassen?» — «Am Seil geleitet, vor die Raufe gebunden, Gras vorgeworfen.» — «Das hast du dumm gemacht, Hans, mußtest ihr freundliche Augen zuwerfen.» — «Tut nichts, besser machen.»

Hans geht in den Stall, sticht allen Kälbern und Schafen die Augen aus und wirft sie der Gretel ins Gesicht. Da wird Gretel böse, reißt sich los und läuft fort und ist Hansens Braut gewesen.

33

DIE DREI SPRACHEN

In der Schweiz lebte einmal ein alter Graf, der hatte nur einen einzigen Sohn, aber er war dumm und konnte nichts lernen. Da sprach der Vater: «Höre, mein Sohn, ich bringe nichts in deinen Kopf, ich mag es anfangen, wie ich will. Du mußt fort von hier, ich will dich einem berühmten Meister übergeben, der soll es mit dir versuchen.» Der Junge ward in eine fremde Stadt geschickt und blieb bei dem Meister ein ganzes Jahr. Nach Verlauf dieser Zeit kam er wieder heim, und der Vater fragte: «Nun, mein Sohn, was hast du gelernt?» — «Vater, ich habe gelernt, was die Hunde bellen», antwortete er. «Daß Gott erbarm», rief der Vater aus, «ist das alles, was du gelernt hast? Ich will dich in eine andere Stadt zu einem andern Meister tun.» Der Junge ward hingebracht und blieb bei diesem Meister auch ein Jahr. Als er zurückkam, fragte der Vater wiederum: «Mein Sohn, was hast du gelernt?» Er antwortete: «Vater, ich habe gelernt, was die Vögli sprechen.» Da geriet der Vater in Zorn und sprach: «O du verlorner Mensch, hast die kostbare Zeit hingebracht und nichts gelernt und schämst dich nicht, mir unter die Augen zu treten? Ich will dich zu einem dritten Meister schicken, aber lernst du auch diesmal nichts, so will ich dein Vater nicht mehr sein.» Der Sohn blieb bei dem dritten Meister ebenfalls ein ganzes Jahr, und als er wieder nach Haus kam und der Vater fragte: «Mein Sohn, was hast du gelernt?», so antwortete er: «Lieber Vater, ich habe dieses Jahr gelernt, was die Frösche quaken.» Da geriet der Vater in den höchsten Zorn, sprang auf, rief seine Leute herbei und sprach: «Dieser Mensch ist mein Sohn nicht mehr, ich stoße ihn aus und gebiete euch, daß ihr ihn hinaus in den Wald führt und ihm das Leben nehmt.» Sie führten ihn hinaus, aber als sie ihn töten sollten, konnten sie nicht vor Mitleiden und ließen ihn gehen. Sie schnitten einem Reh Augen und Zunge aus, damit sie dem Alten die Wahrzeichen bringen konnten.

Der Jüngling wanderte fort und kam nach einiger Zeit zu einer Burg, wo er um Nachtherberge bat. «Ja», sagte der Burgherr, «wenn du da unten in dem alten Turm übernachten willst, so gehe hin, aber ich warne dich, es ist lebensgefährlich, denn er ist voll wilder Hunde, die bellen und heulen in einem fort, und zu gewissen Stunden müssen sie einen Menschen ausgeliefert haben, den sie auch gleich verzehren.» Die ganze Gegend war darüber in Trauer und Leid und konnte doch niemand helfen. Der Jüngling aber war ohne Furcht und sprach: «Laßt mich nur hinab zu den bellenden Hunden und gebt mir etwas, das ich ihnen vorwerfen kann; mir sollen sie nichts tun.» Weil er nun selber nicht anders wollte, so gaben sie ihm etwas Essen für die wilden Tiere und brachten ihn hinab zu dem Turm.

Als er hineintrat, bellten ihn die Hunde nicht an, wedelten mit den Schwänzen ganz freundlich um ihn herum, fraßen, was er ihnen hinsetzte, und krümmten ihm kein Härchen. Am andern Morgen kam er zu jedermanns Erstaunen gesund und unversehrt wieder zum Vorschein und sagte zu dem Burgherrn: «Die Hunde haben mir in ihrer Sprache offenbart, warum sie da hausen und dem Lande Schaden bringen. Sie sind verwünscht und müssen einen großen Schatz hüten, der unten im Turme liegt, und kommen nicht eher zur Ruhe, als bis er gehoben ist, und wie dies geschehen muß, das habe ich ebenfalls aus ihren Reden vernommen.» Da freuten sich alle, die das hörten, und der Burgherr sagte, er wollte ihn an Sohnes Statt annehmen, wenn er es glücklich vollbrächte. Er stieg wieder hinab, und weil er wußte, was er zu tun hatte, so vollführte er es und brachte eine mit Gold gefüllte Truhe herauf. Das Geheul der wilden Hunde ward von nun an nicht mehr gehört, sie waren verschwunden, und das Land war von der Plage befreit.

Über eine Zeit kam es ihm in den Sinn, er wollte nach Rom fahren. Auf dem Weg kam er an einem Sumpf vorbei, in welchem Frösche saßen und quakten. Er horchte auf, und als er vernahm, was sie sprachen, ward er ganz nachdenklich und traurig. Endlich langte er in Rom an, da war gerade der Papst gestorben und unter den Kardinälen großer Zweifel, wen sie zum Nachfolger bestimmen sollten. Sie wurden zuletzt einig, derjenige sollte zum Papst erwählt werden, an dem sich ein göttliches Wunderzeichen offenbaren würde. Und als das eben beschlossen war, in demselben Augenblick trat der junge Graf in die Kirche, und plötzlich flogen zwei schneeweiße Tauben auf seine beiden Schultern und blieben da sitzen. Die Geistlichkeit erkannte darin das Zeichen Gottes und fragte ihn auf der Stelle, ob er Papst werden wolle. Er war unschlüssig und wußte nicht, ob er dessen würdig wäre, aber die Tauben redeten ihm zu, daß er es tun möchte, und endlich sagte er: «Ja.» Da wurde er gesalbt und geweiht, und damit war eingetroffen, was er von den Fröschen unterwegs gehört und was ihn so bestürzt gemacht hatte, daß er der heilige Papst werden sollte. Darauf mußte er eine Messe singen und wußte kein Wort davon, aber die zwei Tauben saßen stets auf seinen Schultern und sagten ihm alles ins Ohr.

34

DIE KLUGE ELSE

Es war ein Mann, der hatte eine Tochter, die hieß die *kluge Else*. Als sie nun erwachsen war, sprach der Vater: «Wir wollen sie heiraten lassen.» — «Ja», sagte die Mutter, «wenn nur einer käme, der sie haben wollte.» Endlich kam von weither einer, der hieß *Hans* und hielt um sie an; er machte aber die Bedingung, daß die kluge

Else auch recht gescheit wäre. «Oh», sprach der Vater, «die hat Zwirn im Kopf», und die Mutter sagte: «Ach, die sieht den Wind auf der Gasse laufen und hört die Fliegen husten.» — «Ja», sprach der Hans, «wenn sie nicht recht gescheit ist, so nehm ich sie nicht.» Als sie nun zu Tisch saßen und gegessen hatten, sprach die Mutter: «Else, geh in den Keller und hol Bier.» Da nahm die kluge Else den Krug von der Wand, ging in den Keller und klappte unterwegs brav mit dem Deckel, damit ihr die Zeit ja nicht lang würde. Als sie unten war, holte sie ein Stühlchen und stellte es vors Faß, damit sie sich nicht zu bücken brauchte und ihrem Rücken etwa nicht wehe täte und unverhofften Schaden nähme. Dann stellte sie die Kanne vor sich und drehte den Hahn auf, und während der Zeit, daß das Bier hineinlief, wollte sie doch ihre Augen nicht müßig lassen, sah oben an die Wand hinauf und erblickte nach vielem Hin- und Herschauen eine Kreuzhacke gerade über sich, welche die Maurer da aus Versehen hatten stecken lassen. Da fing die kluge Else an zu weinen und sprach: «Wenn ich den Hans kriege, und wir kriegen ein Kind, und das ist groß, und wir schicken das Kind in den Keller, daß es hier soll Bier zapfen, so fällt ihm die Kreuzhacke auf den Kopf und schlägt's tot.» Da saß sie und weinte und schrie aus Leibeskräften über das bevorstehende Unglück. Die oben warteten auf den Trank, aber die kluge Else kam immer nicht. Da sprach die Frau zur

Magd: «Geh doch hinunter in den Keller und sieh, wo die Else bleibt.» Die Magd ging und fand sie vor dem Fasse sitzend und laut schreiend. «Else, was weinst du?» fragte die Magd. «Ach», antwortete sie, «soll ich nicht weinen? Wenn ich den Hans kriege, und wir kriegen ein Kind, und das ist groß, und soll hier Trinken zapfen, so fällt ihm vielleicht die Kreuzhacke auf den Kopf und schlägt es tot.» Da sprach die Magd: «Was haben wir für eine kluge Else!», setzte sich zu ihr und fing auch an, über das Unglück zu weinen. Über eine Weile, als die Magd nicht wiederkam und die droben durstig nach dem Trank waren, sprach der Mann zum Knecht: «Geh doch hinunter in den Keller und sieh, wo die Else und die Magd bleibt.» Der Knecht ging hinab, da saß die kluge Else und die Magd und weinten beide zusammen. Da fragte er: «Was weint ihr denn? — «Ach», sprach die Else, «soll ich nicht weinen? Wenn ich den Hans kriege, und wir kriegen ein Kind, und das ist groß, und soll hier Trinken zapfen, so fällt ihm die Kreuzhacke auf den Kopf und schlägt's tot.» Da sprach der Knecht: «Was haben wir für eine kluge Else!», setzte sich zu ihr und fing auch an, laut zu heulen. Oben warteten sie auf den Knecht; als er aber immer nicht kam, sprach der Mann zur Frau: «Geh doch hinunter in den Keller und sieh, wo die Else bleibt.» Die Frau ging hinab und fand alle drei in Wehklagen und fragte nach der Ursache; da erzählte ihr die Else auch, daß ihr zukünftiges Kind wohl würde von der Kreuzhacke totgeschlagen werden, wenn es erst groß wäre und Bier zapfen sollte und die Kreuzhacke fiele herab. Da sprach die Mutter gleichfalls: «Ach, was haben wir für eine kluge Else!», setzte sich hin und weinte mit. Der Mann oben wartete noch ein Weilchen; als aber seine Frau nicht wieder kam und sein Durst immer stärker ward, sprach er: «Ich muß nur selber in den Keller gehn und sehen, wo die Else bleibt.» Als er aber in den Keller kam und alle da beieinandersaßen und weinten und er die Ursache hörte, daß das Kind der Else schuld wäre, das sie vielleicht einmal zur Welt brächte und von der Kreuzhacke könnte totgeschlagen werden, wenn es gerade zur Zeit, wo sie herabfiele, darunter säße, Bier zu zapfen, da rief er: «Was für eine kluge Else!», setzte sich und weinte auch mit. Der Bräutigam blieb lange oben allein; da niemand wieder kommen wollte, dachte er: Sie werden unten auf dich warten, du mußt auch hingehen und sehen, was sie vorhaben. Als er hinabkam, saßen da fünfe und schrien und jammerten ganz erbärmlich, einer immer besser als der andere. «Was für ein Unglück ist denn geschehen?» fragte er. «Ach, lieber Hans», sprach die Else, «wann wir einander heiraten und haben ein Kind, und es ist groß, und wir schicken's vielleicht hierher, Trinken zu zapfen, da kann ihm ja die Kreuzhacke, die da oben ist steckengeblieben, wenn sie herabfallen sollte, den Kopf zerschlagen, daß es liegenbleibt; sollen wir da nicht weinen?» —

«Nun», sprach Hans, «mehr Verstand ist für meinen Haushalt nicht nötig; weil du so eine kluge Else bist, so will ich dich haben», packte sie bei der Hand und nahm sie mit hinauf und hielt Hochzeit mit ihr.

Als sie den Hans eine Weile hatte, sprach er: «Frau, ich will ausgehen arbeiten und uns Geld verdienen; geh du ins Feld und schneid das Korn, daß wir Brot haben.» — «Ja, mein lieber Hans, das will ich tun.» Nachdem der Hans fort war, kochte sie sich einen guten Brei und nahm ihn mit ins Feld. Als sie vor den Acker kam, sprach sie zu sich selbst: «Was tu ich? Schneid ich ehr, oder eß ich ehr? Hei, ich will erst essen.» Nun aß sie ihren Topf mit Brei aus, und als sie dick satt war, sprach sie wieder: «Was tu ich? Schneid ich ehr, oder schlaf ich ehr? Hei, ich will erst schlafen.» Da legte sie sich ins Korn und schlief ein. Der Hans war längst zu Haus, aber die Else wollte nicht kommen. Da sprach er: «Was hab ich für eine kluge Else, die ist so fleißig, daß sie nicht einmal nach Hause kommt und ißt.» Als sie aber noch immer ausblieb und es Abend ward, ging der Hans hinaus und wollte sehen, was sie geschnitten hätte: aber es war nichts geschnitten, sondern sie lag im Korn und schlief. Da eilte Hans geschwind heim und holte ein Vogelgarn mit kleinen Schellen und hängt es um sie herum; und sie schlief noch immer fort. Dann lief er heim, schloß die Haustüre zu und setzte sich auf seinen Stuhl und arbeitete. Endlich, als es schon ganz

dunkel war, erwachte die kluge Else, und als
sie aufstand, rappelte es um sie herum, und
die Schellen klingelten bei jedem Schritte, den
sie tat. Da erschrak sie, ward irre, ob sie auch
wirklich die kluge Else wäre, und sprach: «Bin
ich's, oder bin ich's nicht?» Sie wußte aber
nicht, was sie darauf antworten sollte, und stand
eine Zeitlang zweifelhaft; endlich dachte sie:
Ich will nach Haus gehen und fragen, ob ich's
bin oder ob ich's nicht bin, die werden's ja
wissen. Sie lief vor ihre Haustüre, aber die
war verschlossen: da klopfte sie an das Fenster
und rief: «Hans, ist die Else drinnen?» —
«Ja», antwortete der Hans, «sie ist drinnen.»
Da erschrak sie und sprach: «Ach Gott, dann
bin ich's nicht», und ging vor eine andere Tür;
als aber die Leute das Klingeln der Schellen
hörten, wollten sie nicht aufmachen, und sie
konnte nirgend unterkommen. Da lief sie fort
zum Dorfe hinaus, und niemand hat sie wieder-
gesehen.

35

DER SCHNEIDER IM HIMMEL

Es trug sich zu, daß der liebe Gott an einem
schönen Tag in dem himmlischen Garten sich
ergehen wollte und alle Apostel und Heiligen
mitnahm, also daß niemand mehr im Himmel
blieb als der heilige Petrus. Der Herr hatte ihm
befohlen, während seiner Abwesenheit niemand einzulassen; Petrus stand also an der

Pforte und hielt Wache. Nicht lange, so klopfte jemand an. Petrus fragte, wer da wäre und was er wollte. «Ich bin ein armer ehrlicher Schneider», antwortete eine feine Stimme, «der um Einlaß bittet.» — «Ja, ehrlich», sagte Petrus, «wie der Dieb am Galgen, du hast

lange Finger gemacht und den Leuten das Tuch abgezwickt. Du kommst nicht in den Himmel, der Herr hat mir verboten, solange er draußen wäre, irgend jemand einzulassen.» — «Seid doch barmherzig», rief der Schneider, «kleine Flicklappen, die von selbst vom Tisch herabfallen, sind nicht gestohlen und nicht der Rede wert. Seht, ich hinke und habe von dem Weg daher Blasen an den Füßen, ich kann unmöglich wieder umkehren. Laßt mich nur hinein, ich will alle schlechte Arbeit tun. Ich will die Kinder tragen, die Windeln waschen, die Bänke, darauf sie gespielt haben, säubern und abwischen und ihre zerrissenen Kleider flicken.» Der heilige Petrus ließ sich aus Mitleid bewegen und öffnete dem lahmen Schneider die Himmelspforte so weit, daß er mit seinem dürren Leib hineinschlüpfen konnte. Er mußte sich in einen Winkel hinter die Türe setzen und sollte sich da still und ruhig verhalten, damit ihn der Herr, wenn er zurückkäme, nicht bemerkte und zornig würde. Der Schneider gehorchte; als aber der heilige Petrus einmal zur Türe hinaustrat, stand er auf, ging voll Neugierde in allen Winkeln des Himmels herum und besah sich die Gelegenheit. Endlich kam er zu einem Platz, da standen viele schöne und köstliche Stühle und in der Mitte ein ganz goldener Sessel, der mit glänzenden Edelsteinen besetzt war; er war auch viel höher als die übrigen Stühle, und ein goldener Fußschemel stand davor. Es war aber der Sessel, auf welchem der Herr saß, wenn er daheim war, und von welchem er alles sehen konnte, was auf Erden geschah. Der Schneider stand still und sah den Sessel eine gute Weile an, denn er gefiel ihm besser als alles andere. Endlich konnte er den Vorwitz nicht bezähmen, stieg hinauf und setzte sich in den Sessel. Da sah er alles, was auf Erden geschah, und bemerkte eine alte häßliche Frau, die an einem Bach stand und wusch und zwei Schleier heimlich beiseite tat. Der Schneider erzürnte sich bei diesem Anblicke so sehr, daß er den goldenen Fußschemel ergriff und durch den Himmel auf die Erde hinab nach der alten Diebin warf. Da er aber den Schemel nicht wieder heraufholen konnte, so schlich er sich sachte aus dem Sessel weg, setzte sich an seinen Platz hinter die Türe und tat, als ob er kein Wasser getrübt hätte.

Als der Herr und Meister mit dem himmlischen Gefolge wieder zurückkam, ward er zwar den Schneider hinter der Türe nicht gewahr; als er sich aber auf seinen Sessel setzte, mangelte der Schemel. Er fragte den heiligen Petrus, wo der Schemel hingekommen wäre; der wußte es nicht. Da fragte er weiter, ob er jemand hereingelassen hätte. «Ich weiß niemand», antwortete Petrus, «der dagewesen wäre, als ein lahmer Schneider, der noch hinter der Türe sitzt.» Da ließ der Herr den Schneider vor sich treten und fragte ihn, ob er den Schemel weggenommen und wo er ihn hingetan hätte. «O Herr», antwortete der Schneider freudig, «ich habe ihn im Zorne hinab auf die Erde nach einem alten Weibe geworfen, das ich bei der Wäsche zwei Schleier stehlen sah.» — «O du Schalk», sprach der Herr, «wollt ich richten, wie du richtest, wie meinst du, daß es dir schon längst ergangen wäre? Ich hätte schon lange keine Stühle, Bänke, Sessel, ja keine Ofengabel mehr hier gehabt, sondern alles nach den Sündern hinabgeworfen. Fortan kannst du nicht mehr im Himmel bleiben, sondern mußt wieder hinaus vor das Tor: da sieh zu, wo du hinkommst. Hier soll niemand strafen denn ich allein, der Herr.»

Petrus mußte den Schneider wieder hinaus vor den Himmel bringen, und weil er zerrissene Schuhe hatte und die Füße voll Blasen, nahm er einen Stock in die Hand und zog nach Warteinweil, wo die frommen Soldaten sitzen und sich lustig machen.

36

TISCHCHEN DECK DICH, GOLDESEL
UND KNÜPPEL AUS DEM SACK

Vor Zeiten war ein Schneider, der drei Söhne hatte und nur eine einzige Ziege. Aber die Ziege, weil sie alle zusammen mit ihrer Milch ernährte, mußte ihr gutes Futter haben und täglich hinaus auf die Weide geführt werden. Die Söhne taten das auch nach der Reihe. Einmal brachte sie der älteste auf den Kirchhof, wo die schönsten Kräuter standen, ließ sie da fressen und herumspringen. Abends, als es Zeit war heimzugehen, fragte er: «Ziege, bist du satt?» Die Ziege antwortete:

> «Ich bin so satt,
> Ich mag kein Blatt: meh! meh!»

«So komm nach Haus», sprach der Junge, faßte sie am Strickchen, führte sie in den Stall und band sie fest. «Nun», sagte der alte Schneider, «hat die Ziege ihr gehöriges Futter?» — «Oh», antwortete der Sohn, «die ist so satt, sie mag kein Blatt.» Der Vater aber wollte sich selbst überzeugen, ging hinab in den Stall, streichelte das liebe Tier und fragte: «Ziege, bist du auch satt?» Die Ziege antwortete:

«Wovon sollt ich satt sein?
Ich sprang nur über Gräbelein
Und fand kein einzig Blättelein: meh! meh!»

«Was muß ich hören!» rief der Schneider, lief hinauf und sprach zu dem Jungen: «Ei, du Lügner, sagst, die Ziege wäre satt, und hast sie hungern lassen?» Und in seinem Zorne nahm er die Elle von der Wand und jagte ihn mit Schlägen hinaus.

Am andern Tag war die Reihe am zweiten Sohn, der suchte an der Gartenhecke einen Platz aus, wo lauter gute Kräuter standen, und die Ziege fraß sie rein ab. Abends, als er heim wollte, fragte er: «Ziege, bist du satt?» Die Ziege antwortete:

«Ich bin so satt,
Ich mag kein Blatt: meh! meh!»

«So komm nach Haus», sprach der Junge, zog sie heim und band sie im Stalle fest. «Nun», sagte der alte Schneider, «hat die Ziege ihr gehöriges Futter?» — «Oh», antwortete der Sohn, «die ist so satt, sie mag kein Blatt.» Der Schneider wollte sich darauf nicht verlassen, ging hinab in den Stall und fragte: «Ziege, bist du auch satt?» Die Ziege antwortete:

«Wovon sollt ich satt sein?
Ich sprang nur über Gräbelein
Und fand kein einzig Blättelein: meh! meh!»

«Der gottlose Bösewicht!» schrie der Schneider, «so ein frommes Tier hungern zu lassen!», lief hinauf und schlug mit der Elle den Jungen zur Haustüre hinaus.

Die Reihe kam jetzt an den dritten Sohn, der wollte seine Sache gut machen, suchte Buschwerk mit dem schönsten Laube aus und ließ die Ziege daran fressen. Abends, als er heim wollte, fragte er: «Ziege, bist du auch satt?» Die Ziege antwortete:

«Ich bin so satt,
Ich mag kein Blatt: meh! meh!»

«So komm nach Haus», sagte der Junge, führte sie in den Stall und band sie fest. «Nun», sagte der alte Schneider, «hat die Ziege ihr gehöriges Futter?» — «Oh», antwortete der Sohn, «die ist so satt, sie mag kein Blatt.» Der Schneider traute nicht, ging hinab und fragte: «Ziege, bist du auch satt?» Das boshafte Tier antwortete:

«Wovon sollt ich satt sein?
Ich sprang nur über Gräbelein
Und fand kein einzig Blättelein: meh! meh!»

«O die Lügenbrut!» rief der Schneider, «einer so gottlos und pflichtvergessen wie der andere! Ihr sollt mich nicht länger zum Narren haben!»

Und vor Zorn ganz außer sich sprang er hinauf und gerbte dem armen Jungen mit der Elle den Rücken so gewaltig, daß er zum Haus hinaus sprang.

Der alte Schneider war nun mit seiner Ziege allein. Am andern Morgen ging er hinab in den Stall, liebkoste die Ziege und sprach: «Komm, mein liebes Tierlein, ich will dich selbst zur Weide führen.» Er nahm sie am Strick und brachte sie zu grünen Hecken und unter Schafrippe und was sonst die Ziegen gerne fressen. «Da kannst du dich einmal nach Herzenslust sättigen», sprach er zu ihr und ließ sie weiden bis zum Abend. Da fragte er: «Ziege, bist du satt?» Sie antwortete:

> «Ich bin so satt,
> Ich mag kein Blatt: meh! meh!»

«So komm nach Haus», sagte der Schneider, führte sie in den Stall und band sie fest. Als er wegging, kehrte er sich noch einmal um und sagte: «Nun bist du doch einmal satt!» Aber die Ziege machte es ihm nicht besser und rief:

> «Wie sollt ich satt sein?
> Ich sprang nur über Gräbelein
> Und fand kein einzig Blättelein: meh! meh!»

Als der Schneider das hörte, stutzte er und sah wohl, daß er seine drei Söhne ohne Ursache verstoßen hatte. «Wart», rief er, «du undankbares Geschöpf, dich fortzujagen, ist noch zu wenig; ich will dich zeichnen, daß du dich unter ehrbaren Schneidern nicht mehr darfst sehen lassen.» In einer Hast sprang er hinauf, holte sein Bartmesser, seifte der Ziege den Kopf ein und schor sie so glatt wie seine flache Hand. Und weil die Elle zu ehrenvoll gewesen wäre, holte er die Peitsche und versetzte ihr solche Hiebe, daß sie in gewaltigen Sprüngen davonlief.

Der Schneider, als er so ganz einsam in seinem Hause saß, verfiel in große Traurigkeit und hätte seine Söhne gerne wieder gehabt, aber niemand wußte, wo sie hingeraten waren. Der älteste war zu einem Schreiner in die Lehre gegangen; da lernte er fleißig und unverdrossen, und als seine Zeit herum war, daß er wandern sollte, schenkte ihm der Meister ein Tischchen, das gar kein besonderes Ansehen hatte und von gewöhnlichem Holz war: aber es hatte eine gute Eigenschaft. Wenn man es hinstellte und sprach: «Tischchen, deck dich», so war das gute Tischchen auf einmal mit einem saubern Tüchlein bedeckt, und stand da ein Teller, und Messer und Gabel daneben, und Schüsseln mit Gesottenem und Gebratenem, so viel Platz hatten, und ein großes Glas mit rotem Wein leuchtete, daß einem das Herz lachte. Der junge Gesell dachte: Damit hast du genug für dein Lebtag, zog guter Dinge in der Welt umher und bekümmerte sich gar nicht darum, ob ein Wirtshaus gut oder schlecht und ob etwas darin zu finden war oder nicht. Wenn es ihm gefiel, so kehrte er gar nicht ein, sondern im Felde, im Wald, auf einer Wiese, wo er Lust hatte, nahm er sein Tischchen vom Rücken, stellte es vor sich und sprach: «Deck dich», so war alles da, was sein Herz begehrte. Endlich kam es ihm in den Sinn, er wollte zu seinem Vater zurückkehren, sein Zorn würde sich gelegt haben, und mit dem Tischchen deck dich würde er ihn gerne wieder aufnehmen. Es trug sich zu, daß er auf dem Heimweg abends in ein Wirtshaus kam, das mit Gästen angefüllt war: sie hießen ihn willkommen und luden ihn ein, sich zu ihnen zu setzen und mit ihnen zu essen, sonst würde er schwerlich noch etwas bekommen. «Nein», antwortete der Schreiner, «die paar Bissen will ich euch nicht vor dem Munde nehmen, lieber sollt ihr meine Gäste sein.» Sie lachten und meinten, er triebe seinen Spaß mit ihnen. Er aber stellte sein hölzernes Tischchen mitten in die Stube und sprach: «Tischchen, deck dich!» Augenblicklich war es mit Speisen besetzt, so gut, wie sie der Wirt nicht hätte herbeischaffen können und wovon der Geruch den Gästen lieblich in die Nase stieg. «Zugegriffen, liebe Freunde», sprach der Schreiner, und die Gäste, als sie sahen, wie es gemeint war, ließen sich nicht zweimal bitten, rückten heran, zogen ihre Messer und griffen tapfer zu. Und was sie am meisten verwunderte, wenn eine Schüssel leer geworden war, so stellte sich gleich von selbst eine volle an ihren Platz. Der Wirt stand in einer Ecke und sah dem Dinge zu; er wußte gar nicht, was er sagen sollte, dachte aber: Einen solchen Koch könntest du in deiner Wirtschaft wohl brauchen. Der Schreiner und seine Gesellschaft waren lustig bis in die späte Nacht, endlich legten sie sich schlafen, und der junge Geselle ging auch zu Bett und stellte sein Wünschtischchen an die Wand. Dem Wirte aber ließen seine Gedanken keine Ruhe; es fiel ihm ein, daß in seiner Rumpelkammer ein altes Tischchen stände, das gerade so aussähe: das holte er ganz sachte herbei und vertauschte es mit dem Wünschtischchen. Am andern Morgen zahlte der Schreiner sein Schlafgeld, packte sein Tischchen auf, dachte gar nicht daran, daß er ein falsches hätte, und ging seiner Wege. Zu Mittag kam er bei seinem Vater an, der ihn mit großer Freude empfing. «Nun, mein lieber Sohn, was hast du gelernt?» sagte er zu ihm. «Vater, ich bin ein Schreiner geworden.» — «Ein gutes Handwerk», erwiderte der Alte, «aber was hast du von deiner Wanderschaft mitgebracht?» — «Vater, das Beste, was ich mitgebracht habe, ist das Tischchen.» Der Schneider betrachtete es von allen Seiten und sagte: «Daran hast du kein Meisterstück gemacht, das ist ein altes und schlechtes Tischchen.» — «Aber es ist ein Tischchen deck dich», antwortete der Sohn, «wenn ich es hinstelle und sage ihm, es sollte sich decken, so stehen gleich die schönsten Gerichte darauf und ein Wein dabei, der das Herz erfreut. Ladet nur alle Verwandte und Freunde ein, die sollen sich einmal laben und erquicken, denn das Tischchen macht sie alle satt.» Als die Gesellschaft beisammen war, stellte er sein Tischchen mitten in die Stube und sprach: «Tichchen, deck dich.» Aber das Tischchen regte sich nicht und blieb so leer wie ein anderer Tisch, der die Sprache nicht versteht. Da merkte der arme Geselle, daß ihm das Tischchen vertauscht war, und schämte sich, daß er wie ein Lügner dastand. Die Verwandten aber lachten ihn aus und mußten ungetrunken und ungegessen wieder heimwandern. Der Vater holte seine Lappen wieder herbei und schneiderte fort, der Sohn aber ging bei einem Meister in die Arbeit.

Der zweite Sohn war zu einem Müller gekommen und bei ihm in die Lehre gegangen. Als er seine Jahre herum hatte, sprach der Meister: «Weil du dich so wohl gehalten hast, so schenke ich dir einen Esel von einer besondern Art; er zieht nicht am Wagen und trägt auch keine Säcke.» — «Wozu ist er denn nütze?» fragte der junge Geselle. «Er speit Gold», antwortete der Müller, «wenn du ihn auf ein Tuch stellst und sprichst ‚Bricklebrit‘, so speit dir das gute Tier Goldstücke aus, hinten und vorn.» — «Das ist eine schöne Sache», sprach der Geselle, dankte dem Meister und zog in die Welt. Wenn er Gold nötig hatte, brauchte er nur zu seinem Esel «Bricklebrit» zu sagen, so regnete es Goldstücke, und er hatte weiter keine Mühe, als sie von der Erde aufzuheben. Wo er hinkam, war ihm das Beste gut genug und je teurer, je lieber, denn er hatte immer einen vollen Beutel. Als er sich eine Zeitlang in der Welt umgesehen hatte, dachte er: Du mußt deinen Vater aufsuchen; wenn du mit dem Goldesel kommst, so wird

er seinen Zorn vergessen und dich gut aufnehmen. Es trug sich zu, daß er in dasselbe Wirtshaus geriet, in welchem seinem Bruder das Tischchen vertauscht war. Er führte seinen

Esel an der Hand, und der Wirt wollte ihm das Tier abnehmen und anbinden, der junge Geselle aber sprach: «Gebt Euch keine Mühe, meinen Grauschimmel führe ich selbst in den Stall und binde ihn auch selbst an, denn ich muß wissen, wo er steht.» Dem Wirt kam das wunderlich vor, und er meinte, einer, der seinen Esel selbst besorgen müßte, hätte nicht viel zu verzehren: als aber der Fremde in die Tasche griff, zwei Goldstücke herausholte und sagte, er sollte nur etwas Gutes für ihn einkaufen, so machte er große Augen, lief und suchte das Beste, das er auftreiben konnte. Nach der Mahlzeit fragte der Gast, was er schuldig wäre; der Wirt wollte die doppelte Kreide nicht sparen und sagte, noch ein paar Goldstücke müßte er zulegen. Der Geselle griff in die Tasche, aber sein Gold war eben zu Ende. «Wartet einen Augenblick, Herr Wirt», sprach er, «ich will nur gehen und Gold holen», nahm aber das Tischtuch mit. Der Wirt wußte nicht, was das heißen sollte, war neugierig, schlich ihm nach, und da der Gast die Stalltüre zuriegelte, so guckte er durch ein Astloch. Der Fremde breitete unter dem Esel das Tuch aus, rief «Bricklebrit», und augenblicklich fing das Tier an, Gold zu speien

262

von hinten und vorn, daß es ordentlich auf die Erde herabregnete. «Ei der tausend», sagte der Wirt, «da sind die Dukaten bald geprägt! So ein Geldbeutel ist nicht übel!» Der Gast bezahlte seine Zeche und legte sich schlafen, der Wirt aber schlich in der Nacht herab in den Stall, führte den Münzmeister weg und band einen andern Esel an seine Stelle. Den folgenden Morgen in der Frühe zog der Geselle mit seinem Esel ab und meinte, er hätte seinen Goldesel. Mittags kam er bei seinem Vater an, der sich freute, als er ihn wiedersah, und ihn gerne aufnahm. «Was ist aus dir geworden, mein Sohn?» fragte der Alte. «Ein Müller, lieber Vater», antwortete er. «Was hast du von deiner Wanderschaft mitgebracht?» — «Weiter nichts als einen Esel.» — «Esel gibt's hier genug», sagte der Vater, «da wäre mir doch eine gute Ziege lieber gewesen.» — «Ja», antwortete der Sohn, «aber es ist kein gemeiner Esel, sondern ein Goldesel: wenn ich sage ‚Bricklebrit‘, so speit Euch das gute Tier ein ganzes Tuch voll Goldstücke. Laßt nur alle Verwandte herbeirufen, ich mache sie alle zu reichen Leuten.» — «Das laß ich mir gefallen», sagte der Schneider, «dann brauch ich mich mit der Nadel nicht weiter zu quälen», sprang selbst fort und rief die Verwandten herbei. Sobald sie beisammen waren, hieß sie der Müller Platz machen, breitete sein Tuch aus und brachte den Esel in die Stube. «Jetzt gebt acht», sagte er und rief «Bricklebrit», aber es waren keine Goldstücke, was herabfiel, und es zeigte sich, daß das Tier nichts von der Kunst verstand, denn es bringt's nicht jeder Esel so weit. Da machte der arme Müller ein langes Gesicht, sah, daß er betrogen war, und bat die Verwandten um Verzeihung, die so arm heimgingen, als sie gekommen waren. Es blieb nichts übrig, der Alte mußte wieder nach der Nadel greifen und der Junge sich bei einem Müller verdingen.

Der dritte Bruder war zu einem Drechsler in die Lehre gegangen, und weil es ein kunstreiches Handwerk ist, mußte er am längsten lernen. Seine Brüder aber meldeten ihm in einem Briefe, wie schlimm es ihnen ergangen wäre und wie sie der Wirt noch am letzten Abend um ihre schönen Wünschdinge gebracht hätte. Als der Drechsler nun ausgelernt hatte und wandern sollte, so schenkte ihm sein Meister, weil er sich so wohl gehalten, einen Sack und sagte: «Es liegt ein Knüppel darin.» — «Den Sack kann ich umhängen, und er kann mir gute Dienste leisten, aber was soll der Knüppel darin? Der macht ihn nur schwer.» — «Das will ich dir sagen», antwortete der Meister, «hat dir jemand etwas zuleid getan, so sprich nur ‚Knüppel, aus dem Sack‘, so springt dir der Knüppel heraus unter die Leute und tanzt ihnen so lustig auf dem Rücken herum, daß sie sich acht Tage lang nicht regen und bewegen können; und eher läßt er nicht ab, als bis du sagst ‚Knüppel, in den Sack‘.» Der Gesell dankte ihm, hing den Sack um, und wenn ihm jemand zu nahe kam und auf den

Leib wollte, so sprach er: «Knüppel, aus dem Sack», alsbald sprang der Knüppel heraus und klopfte einem nach dem andern den Rock oder Wams gleich auf dem Rücken aus und wartete nicht erst, bis er ihn ausgezogen hatte; und das ging so geschwind, daß, eh sich's einer versah, die Reihe schon an ihm war. Der junge Drechsler langte zur Abendzeit in dem Wirtshaus an, wo seine Brüder waren betrogen worden. Er legte seinen Ranzen vor sich auf den Tisch und fing an zu erzählen, was er alles Merkwürdiges in der Welt gesehen habe. «Ja», sagte er, «man findet wohl ein Tischlein deck dich, einen Goldesel und dergleichen: lauter gute Dinge, die ich nicht verachte; aber das ist alles nichts gegen den Schatz, den ich mir erworben habe und mit mir da in meinem Sack führe.» Der Wirt spitzte die Ohren: Was in aller Welt mag das sein? dachte er, der Sack ist wohl mit lauter Edelsteinen angefüllt; den sollte ich billig auch noch haben, denn aller guten Dinge sind drei. Als Schlafenszeit war, streckte sich der Gast auf die Bank und legte seinen Sack als Kopfkissen unter. Der Wirt, als er meinte, der Gast läge in tiefem Schlaf, ging herbei, rückte und zog ganz sachte und vorsichtig an dem Sack, ob er ihn vielleicht wegziehen und einen andern unterlegen könnte. Der Drechsler aber hatte schon lange darauf gewartet; wie nun der Wirt eben einen herzhaften Ruck tun wollte, rief er: «Knüppel, aus dem Sack.» Alsbald fuhr das Knüppelchen heraus, dem Wirt auf den Leib, und rieb ihm

die Nähte, daß es eine Art hatte. Der Wirt schrie zum Erbarmen, aber je lauter er schrie, desto kräftiger schlug der Knüppel ihm den Takt dazu auf dem Rücken, bis er endlich erschöpft zur Erde fiel. Da sprach der Drechsler: «Wo du das Tischchen deck dich und den Goldesel nicht wieder herausgibst, so soll der Tanz von neuem angehen.» — «Ach nein», rief der Wirt ganz kleinlaut, «ich gebe alles gerne wieder heraus, laßt nur den verwünschten Kobold wieder in den Sack kriechen.» Da sprach der Geselle: «Ich will Gnade für Recht ergehen lassen, aber hüte dich vor Schaden!» Dann rief er: «Knüppel, in den Sack!», und ließ ihn ruhen.

Der Drechsler zog am andern Morgen mit dem Tischchen deck dich und dem Goldesel heim zu seinem Vater. Der Schneider freute

sich, als er ihn wieder sah, und fragte auch ihn, was er in der Fremde gelernt hätte. «Lieber Vater», antwortete er, «ich bin ein Drechsler geworden.» — «Ein kunstreiches Handwerk», sagte der Vater, «was hast du von der Wanderschaft mitgebracht?» — «Ein kostbares Stück, lieber Vater», antwortete der Sohn, «einen Knüppel in dem Sack.» — «Was!» rief der Vater, «einen Knüppel! Das ist der Mühe wert! Den kannst du dir von jedem Baume abhauen.» — «Aber einen solchen nicht, lieber Vater: sage ich ,Knüppel, aus dem Sack‘, so springt der Knüppel heraus und macht mit dem, der es nicht gut mit mir meint, einen schlimmen Tanz und läßt nicht eher nach, als bis er auf der Erde liegt und um gut Wetter bittet. Seht Ihr, mit diesem Knüppel habe ich das Tischchen deck dich und den Goldesel wieder herbeigeschafft, die der diebische Wirt meinen Brüdern abgenommen hatte. Jetzt laßt sie beide rufen und ladet alle Verwandten ein, ich will sie speisen und tränken und will ihnen die Taschen noch mit Gold füllen.» Der alte Schneider wollte nicht recht trauen, brachte aber doch die Verwandten zusammen. Da deckte der Drechsler ein Tuch in die Stube, führte den Goldesel herein und sagte zu seinem Bruder: «Nun, lieber Bruder, sprich mit ihm.» Der Müller sagte: «Bricklebrit», und augenblicklich sprangen die Goldstücke auf das Tuch herab, als käme ein Platzregen, und der Esel hörte nicht eher auf, als bis sie alle so viel hatten, daß sie nicht mehr tragen konnten.

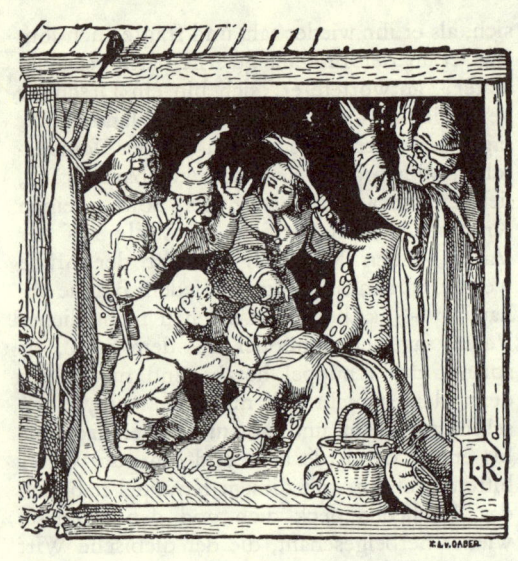

(Ich sehe dir's an, du wärst auch gerne dabei
gewesen.) Dann holte der Drechsler das Tischchen und sagte: «Lieber Bruder, nun sprich
mit ihm.» Und kaum hatte der Schreiner
«Tischchen, deck dich» gesagt, so war es gedeckt und mit den schönsten Schüsseln reichlich besetzt. Da ward eine Mahlzeit gehalten,
wie der gute Schneider noch keine in seinem
Hause erlebt hatte, und die ganze Verwandt-
schaft blieb beisammen bis in die Nacht, und
waren alle lustig und vergnügt. Der Schneider
verschloß Nadel und Zwirn, Elle und Bügel-

eisen in einen Schrank und lebte mit seinen drei Söhnen in Freude und Herrlichkeit.

Wo ist aber die Ziege hingekommen, die schuld war, daß der Schneider seine drei Söhne fortjagte? Das will ich dir sagen. Sie schämte sich, daß sie einen kahlen Kopf hatte, lief in eine Fuchshöhle und verkroch sich hinein. Als der Fuchs nach Haus kam, funkelten ihm ein paar große Augen aus der Dunkelheit entgegen, daß er erschrak und wieder zurücklief. Der Bär begegnete ihm, und da der Fuchs ganz verstört aussah, so sprach er: «Was ist dir, Bruder Fuchs, was machst du für ein Gesicht?» — «Ach», antwortete der Rote, «ein grimmig Tier sitzt in meiner Höhle und hat mich mit feurigen Augen angeglotzt.» — «Das wollen wir bald austreiben», sprach der Bär, ging mit zu der Höhle und schaute hinein; als er aber die feurigen Augen erblickte, wandelte ihn ebenfalls Furcht an: er wollte mit dem grimmigen Tiere nichts zu tun haben und nahm Reißaus. Die Biene begegnete ihm, und da sie merkte, daß es ihm in seiner Haut nicht wohl zumute war, sprach sie: «Bär, du machst ja ein gewaltig verdrießlich Gesicht, wo ist deine Lustigkeit geblieben?» — «Du hast gut reden», antwortete der Bär, «es sitzt ein grimmiges Tier mit Glotzaugen in dem Hause des Roten, und wir können es nicht herausjagen.» Die Biene sprach: «Du dauerst mich, Bär; ich bin ein armes, schwaches Geschöpf, das ihr im Wege nicht anguckt, aber ich glaube doch, daß ich euch helfen kann.» Sie flog in die

Fuchshöhle, setzte sich der Ziege auf den glatten geschorenen Kopf und stach sie so gewaltig, daß sie aufsprang, «meh! meh!» schrie und wie toll in die Welt hineinlief; und weiß niemand auf diese Stunde, wo sie hingelaufen ist.

37

DAUMESDICK

Es war ein armer Bauersmann, der saß abends beim Herd und schürte das Feuer, und die Frau saß und spann. Da sprach er: «Wie ist's so traurig, daß wir keine Kinder haben! Es ist so still bei uns, und in den andern Häusern ist's so laut und lustig.» — «Ja», antwortete die Frau und seufzte, «wenn's nur ein einziges wäre, und wenn's auch ganz klein wäre, nur Daumens groß, so wollt ich schon zufrieden sein; wir hätten's doch von Herzen lieb.» Nun geschah es, daß die Frau kränklich ward und nach sieben Monaten ein Kind gebar, das zwar an allen Gliedern vollkommen, aber nicht länger als ein Daumen war. Da sprachen sie: «Es ist, wie wir es gewünscht haben, und es soll unser liebes Kind sein», und nannten es nach seiner Gestalt *Daumesdick*. Sie ließen's nicht an Nahrung fehlen, aber das Kind ward nicht größer, sondern blieb, wie es in der ersten Stunde gewesen war; doch schaute es verständig aus den Augen und zeigte sich bald als ein kluges und behendes Ding, dem alles glückte, was es anfing.

Der Bauer machte sich eines Tages fertig, in den Wald zu gehen und Holz zu fällen; da sprach er so vor sich hin: «Nun wollt ich, daß einer da wäre, der mir den Wagen nachbrächte.» — «O Vater», rief Daumesdick, «den Wagen will ich schon bringen, verlaßt Euch drauf, er soll zur bestimmten Zeit im Walde sein.» Da lachte der Mann und sprach: «Wie sollte das zugehen, du bist viel zu klein, um das Pferd mit dem Zügel zu leiten.» — «Das tut nichts, Vater, wenn nur die Mutter anspannen will, ich setze mich dem Pferd ins Ohr und rufe ihm zu, wie es gehen soll.» — «Nun», antwortete der Vater, «einmal wollen wir's versuchen.» Als die Stunde kam, spannte die Mutter an und setzte Daumesdick ins Ohr des Pferdes, und dann rief der Kleine, wie das Pferd gehen sollte: «Jüh und joh! Hott und har!» Da ging es ganz ordentlich als wie bei einem Meister, und der Wagen fuhr den rechten Weg nach dem Walde. Es trug sich zu, als er eben um eine Ecke bog und der Kleine: «Har, har!» rief, daß zwei fremde Männer daher kamen. «Mein», sprach der eine, «was ist das? Da fährt ein Wagen, und ein Fuhrmann ruft dem Pferde zu und ist doch nicht zu sehen.» — «Das geht nicht mit rechten Dingen zu», sagte der andere, «wir wollen dem Karren folgen und sehen, wo er anhält.» Der Wagen aber fuhr vollends in den Wald hinein und richtig zu dem Platze, wo das Holz gehauen ward. Als

Daumesdick seinen Vater erblickte, rief er ihm zu: «Siehst du, Vater, da bin ich mit dem Wagen, nun hol mich herunter.» Der Vater faßte das Pferd mit der Linken und holte mit der Rechten sein Söhnlein aus dem Ohr, das sich ganz lustig auf einen Strohhalm niedersetzte. Als die beiden fremden Männer den Daumesdick erblickten, wußten sie nicht, was sie vor Verwunderung sagen sollten. Da nahm der eine den andern beiseit und sprach: «Hör, der kleine Kerl könnte unser Glück machen, wenn wir ihn in einer großen Stadt vor Geld sehen ließen: wir wollen ihn kaufen.» Sie gingen zu dem Bauer und sprachen: «Verkauft uns den kleinen Mann, er soll's gut bei uns haben.» — «Nein», antwortete der Vater, «es ist mein Herzblatt und ist mir für alles Gold in der Welt nicht feil.» Daumesdick aber, als er von dem Handel gehört, war an den Rockfalten seines Vaters hinaufgekrochen, stellte sich ihm auf die Schulter und wisperte ihm ins Ohr: «Vater, gib mich nur hin, ich will schon wieder zurückkommen.» Da gab ihn der Vater für ein schönes Stück Geld den beiden Männern hin. «Wo willst du sitzen», sprachen sie zu ihm. «Ach, setzt mich nur auf den Rand von Eurem Hut, da kann ich auf und ab spazieren und die Gegend betrachten und falle doch nicht herunter.» Sie taten ihm den Willen, und als Daumesdick Abschied von seinem Vater genommen hatte, machten sie sich mit ihm fort. So gingen sie, bis es dämmerig ward; da sprach der Kleine: «Hebt mich einmal herunter, es ist nötig.» — «Bleib nur droben», sprach der Mann, auf dessen Kopf er saß, «ich will mir nichts draus machen, die Vögel lassen mir auch manchmal was drauf fallen.» — «Nein», sprach Daumesdick, «ich weiß auch, was sich schickt: hebt mich nur geschwind herab.» Der Mann nahm den Hut ab und setzte den Kleinen auf einen Acker am Weg, da sprang und kroch er ein wenig zwischen den Schollen hin und her, dann schlüpfte er plötzlich in ein Mausloch, das er sich ausgesucht hatte. «Guten Abend, ihr Herren, geht nur ohne mich heim», rief er ihnen zu und lachte sie aus. Sie liefen herbei und stachen mit Stöcken in das Mausloch, aber das war vergebliche Mühe: Daumesdick kroch immer weiter zurück, und da es bald ganz dunkel ward, so mußten sie mit Ärger und mit leerem Beutel wieder heimwandern.

Als Daumesdick merkte, daß sie fort waren, kroch er aus dem unterirdischen Gang wieder hervor. «Es ist auf dem Acker in der Finsternis so gefährlich gehen», sprach er, «wie leicht bricht einer Hals und Bein!» Zum Glück stieß er an ein leeres Schneckenhaus. «Gottlob», sagte er, «da kann ich die Nacht sicher zubringen», und setzte sich hinein. Nicht lang, als er eben einschlafen wollte, so hörte er zwei Männer vorübergehen, davon sprach der eine: «Wie wir's nur anfangen, um dem reichen Pfarrer sein Geld und sein Silber zu holen?» — «Das könnt ich dir sagen», rief Daumesdick dazwischen. «Was war das?» sprach der eine

Dieb erschrocken, «ich hörte jemand sprechen.»
Sie blieben stehen und horchten, da sprach
Daumesdick wieder: «Nehmt mich mit, so will
ich euch helfen.» — «Wo bist du denn?» —
«Sucht nur auf der Erde und merkt, wo die
Stimme herkommt», antwortete er. Da fanden
ihn endlich die Diebe und hoben ihn in die
Höhe. «Du kleiner Wicht, was willst du uns
helfen!» sprachen sie. «Seht», antwortete er,
«ich krieche zwischen den Eisenstäben in die
Kammer des Pfarrers und reiche euch heraus,
was ihr haben wollt.» — «Wohlan», sagten sie,
«wir wollen sehen, was du kannst.» Als sie bei
dem Pfarrhaus waren, kroch Daumesdick in
die Kammer, schrie aber gleich aus Leibeskräften: «Wollt ihr alles haben, was hier ist?»
Die Diebe erschraken und sagten: «So sprich
doch leise, damit niemand aufwacht.» Aber
Daumesdick tat, als hätte er sie nicht verstanden,
und schrie von neuem: «Was wollt ihr? Wollt
ihr alles haben, was hier ist?» Das hörte die
Köchin, die in der Stube daran schlief, richtete sich im Bett auf und horchte. Die Diebe
aber waren vor Schrecken ein Stück Wegs
zurückgelaufen; endlich faßten sie wieder Mut
und dachten: Der kleine Kerl will uns necken.
Sie kamen zurück und flüsterten ihm zu: «Nun
mach Ernst und reich uns etwas heraus.» Da
schrie Daumesdick noch einmal so laut er
konnte: «Ich will euch ja alles geben, reicht
nur die Hände herein.» Das hörte die horchende
Magd ganz deutlich, sprang aus dem Bett und
stolperte zur Tür herein. Die Diebe liefen fort

und rannten, als wäre der wilde Jäger hinter ihnen: die Magd aber, als sie nichts bemerken konnte, ging ein Licht anzuzünden. Wie sie damit herbeikam, machte sich Daumesdick, ohne daß er gesehen wurde, hinaus in die Scheune: die Magd aber, nachdem sie alle Winkel durchgesucht und nichts gefunden hatte, legte sich endlich wieder zu Bett und glaubte, sie hätte mit offenen Augen und Ohren doch nur geträumt.

Daumesdick war in den Heuhälmchen herumgeklettert und hatte einen schönen Platz zum Schlafen gefunden: da wollte er sich ausruhen, bis es Tag wäre, und dann zu seinen Eltern wieder heimgehen. Aber er mußte andere Dinge erfahren! Ja, es gibt viel Trübsal und Not auf der Welt! Die Magd stieg, als der Tag graute, schon aus dem Bett, um das Vieh zu füttern. Ihr erster Gang war in die Scheune, wo sie einen Arm voll Heu packte und gerade dasjenige, worin der arme Daumesdick lag und schlief. Er schlief aber so fest, daß er nichts gewahr ward und nicht eher aufwachte, als bis er in dem Maul der Kuh war, die ihn mit dem Heu aufgerafft hatte. «Ach Gott», rief er, «wie bin ich in die Walkmühle geraten!», merkte aber bald, wo er war. Da hieß es aufpassen, daß er nicht zwischen die Zähne kam und zermalmt ward, und hernach mußte er doch mit in den Magen hinabrutschen. «In dem Stübchen sind die Fenster vergessen», sprach er, «und scheint keine Sonne hinein: ein Licht wird auch nicht gebracht.» Überhaupt gefiel ihm das Quartier schlecht, und was das schlimmste war, es kam immer mehr neues Heu zur Türe hinein, und der Platz ward immer enger. Da rief er endlich in der Angst, so laut er konnte: «Bringt mir kein frisch Futter mehr, bringt mir kein frisch Futter mehr.» Die Magd melkte gerade die Kuh, und als sie sprechen hörte, ohne jemand zu sehen, und es dieselbe Stimme war, die sie auch in der Nacht gehört hatte, erschrak sie so, daß sie von ihrem Stühlchen herabglitschte und die Milch verschüttete. Sie lief in der größten Hast zu ihrem Herrn und rief: «Ach Gott, Herr Pfarrer, die Kuh hat geredet.» — «Du bist verrückt», antwortete der Pfarrer, ging aber doch selbst in den Stall und wollte nachsehen, was es da gäbe. Kaum aber hatte er den Fuß hineingesetzt, so rief Daumesdick aufs neue: «Bringt mit kein frisch Futter mehr, bringt mir kein frisch Futter mehr.» Da erschrak der Pfarrer selbst, meinte, es wäre ein böser Geist in die Kuh gefahren, und hieß sie töten. Sie ward geschlachtet, der Magen aber, worin Daumesdick steckte, auf den Mist geworfen. Daumesdick hatte große Mühe, sich hindurchzuarbeiten, doch brachte er's so weit, daß er Platz bekam; aber als er eben sein Haupt herausstrecken wollte, kam ein neues Unglück. Ein hungriger Wolf lief heran und verschlang den ganzen Magen mit einem Schluck. Daumesdick verlor den Mut nicht; vielleicht, dachte er, läßt der Wolf mit sich reden, und rief aus dem Wanste zu: «Lieber Wolf, ich weiß dir einen herrlichen Fraß.» — «Wo ist der zu holen?» sprach der Wolf. «In dem und dem Haus, da mußt du durch die Gosse hineinkriechen und wirst Kuchen, Speck und Wurst finden, soviel du essen willst», und beschrieb ihm genau seines Vaters Haus. Der Wolf ließ sich das nicht zweimal sagen, drängte sich in der Nacht zur Gosse hinein und fraß in der Vorratskammer nach Herzenslust. Als er sich gesättigt hatte, wollte er wieder fort, aber er war so dick geworden, daß er denselben Weg nicht wieder hinaus konnte. Darauf hatte Daumesdick gerechnet und fing nun an, in dem Leib des Wolfs einen gewaltigen Lärm zu machen, tobte und schrie, was er konnte. «Willst du stille sein», sprach der Wolf, «du weckst die Leute auf.» — «Ei was», antwortete der Kleine, «du hast dich satt gefressen, ich will mich auch lustig machen», und fing von neuem an, aus allen Kräften zu schreien. Davon erwachte endlich sein Vater und seine Mutter, liefen an die Kammer und schauten durch die Spalte hinein. Wie sie sahen, daß ein Wolf darin hauste, liefen sie davon, und der Mann holte die Axt und die Frau die Sense. «Bleib dahinten», sprach der Mann, als sie in die Kammer traten, «wenn ich ihm einen Schlag gegeben habe und er davon noch nicht tot ist, so mußt du auf ihn einhauen und ihm den Leib zerschneiden.» Da hörte Daumesdick die Stimme seines Vaters und rief: «Lieber Vater, ich bin hier, ich stecke im Leibe des Wolfs.» Sprach der Vater voll Freuden: «Gottlob, unser liebes Kind hat sich wieder gefunden», und hieß die Frau die Sense wegtun, damit Daumesdick nicht beschädigt würde. Danach holte er aus und schlug dem Wolf einen Schlag auf den Kopf, daß er tot niederstürzte, dann suchten sie Messer und Schere, schnitten ihm den Leib auf und zogen den Kleinen wieder hervor. «Ach», sprach der Vater, «was haben wir für Sorge um dich ausgestanden!» — «Ja, Vater, ich bin viel in der Welt herumgekommen; gottlob, daß ich wieder frische Luft schöpfe!» — «Wo bist du denn all gewesen?» — «Ach, Vater, ich war in einem Mauseloch, in einer Kuh Bauch und in eines Wolfes Wanst: nun bleib ich bei euch.» — «Und wir verkaufen dich um alle Reichtümer der Welt nicht wieder», sprachen die Eltern, herzten und küßten ihren lieben Daumesdick. Sie gaben ihm zu essen und trinken und ließen ihm neue Kleider machen, denn die seinigen waren ihm auf der Reise verdorben.

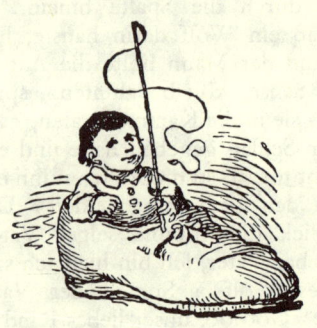

38

DIE HOCHZEIT DER FRAU FÜCHSIN

Erstes Märchen

Es war einmal ein alter Fuchs mit neun Schwänzen, der glaubte, seine Frau wär ihm nicht
treu, und wollte er sie in Versuchung führen.
Er streckte sich unter die Bank, regte kein
Glied und stellte sich, als wenn er mausetot
wäre. Die Frau Füchsin ging auf ihre Kammer,
schloß sich ein, und ihre Magd, die Jungfer
Katze, saß auf dem Herd und kochte. Als es
nun bekannt ward, daß der alte Fuchs gestorben war, so meldeten sich die Freier. Da hörte
die Magd, daß jemand vor der Haustüre stand
und anklopfte; sie ging und machte auf, und
da war's ein junger Fuchs, der sprach:

«Was macht sie, Jungfer Katze?
Schläft se oder wacht se?»

Sie antwortete:

«Ich schlafe nicht, ich wache.
Will er wissen, was ich mache?
Ich koche warm Bier, tue Butter hinein:
Will der Herr mein Gast sein?»

«Ich bedanke mich, Jungfer!» sagte der Fuchs,
«was macht die Frau Füchsin?» Die Magd
antwortete:

«Sie sitzt auf ihrer Kammer,
Sie beklagt ihren Jammer,
Weint ihre Äuglein seidenrot,
Weil der alte Herr Fuchs ist tot.»

«Sag sie ihr doch, Jungfer, es wäre ein junger
Fuchs da, der wollte sie gerne freien.» —
«Schon gut, junger Herr.»

Da ging die Katz, die Tripp, die Trapp,
Da schlug die Tür, die Klipp, die Klapp.
«Frau Füchsin, sind Sie da?»
«Ach ja, mein Kätzchen, ja.»
«Es ist ein Freier draus.»
«Mein Kind, wie sieht er aus?»

«Hat er denn auch neun so schöne Zeisel-
schwänze wie der selige Herr Fuchs?» —
«Ach nein», antwortete die Katze, «er hat nur
einen.» — «So will ich ihn nicht haben.»
Die Jungfer Katze ging hinab und schickte
den Freier fort. Bald darauf klopfte es wieder
an und war ein anderer Fuchs vor der Türe,
der wollte die Frau Füchsin freien; er hatte zwei
Schwänze; aber es ging ihm nicht besser als dem
ersten. Danach kamen noch andere, immer mit
einem Schwanz mehr, die alle abgewiesen wurden, bis zuletzt einer kam, der neun Schwänze
hatte wie der alte Herr Fuchs. Als die Witwe
das hörte, sprach sie voll Freude zu der Katze:

«Nun macht mir Tor und Türe auf
Und kehrt den alten Herrn Fuchs hinaus.»

Als aber eben die Hochzeit sollte gefeiert werden, da regte sich der alte Herr Fuchs unter der Bank, prügelte das ganze Gesindel durch und jagte es mit der Frau Füchsin zum Haus hinaus.

Als der alte Herr Fuchs gestorben war, kam der Wolf als Freier, klopfte an die Türe, und die Katze, die als Magd bei der Frau Füchsin diente, machte auf. Der Wolf grüßte sie und sprach:

«Guten Tag, Frau Katz von Kehrewitz,
Wie kommt's, daß sie alleine sitzt?
Was macht sie Gutes da?»

Die Katze antwortete:

«Brock mir Wecke und Milch ein:
Will der Herr mein Gast sein?»

«Dank schön, Frau Katze», antwortete der Wolf, «die Frau Füchsin nicht zu Haus?»

Die Katze sprach:

«Sie sitzt droben in der Kammer,
Beweint ihren Jammer,
Beweint ihre große Not,
Daß der alte Herr Fuchs ist tot.»

Der Wolf antwortete:

> «Will sie haben einen andern Mann,
> So soll sie nur herunter gan.»

> Die Katz, die lief die Trepp hinan
> Und ließ ihr Zeilchen rummer gan,
> Bis sie kam vor den langen Saal:
> Klopft an mit ihren fünf goldenen Ringen.
> «Frau Füchsin, ist sie drinnen?
> Will sie haben einen andern Mann,
> So soll sie nur herunter gan.»

Die Frau Füchsin fragte: «Hat der Herr rote Höslein an, und hat er ein spitz Mäulchen?» — «Nein», antwortete die Katze. «So kann er mir nicht dienen.»

Als der Wolf abgewiesen war, kam ein Hund, ein Hirsch, ein Hase, ein Bär, ein Löwe und nacheinander alle Waldtiere. Aber es fehlte immer eine von den guten Eigenschaften, die der alte Herr Fuchs gehabt hatte, und die Katze mußte den Freier jedesmal wegschicken. Endlich kam ein junger Fuchs. Da sprach die Frau Füchsin: «Hat der Herr rote Höslein an, und hat er ein spitz Mäulchen?» — «Ja», sagte die Katze, «das hat er.» — «So soll er heraufkommen», sprach die Frau Füchsin und hieß die Magd das Hochzeitfest bereiten.

> «Katze, kehr die Stube aus
> Und schmeiß den alten Fuchs zum Fenster
> hinaus.

Bracht so manche dicke fette Maus,
Fraß sie immer alleine,
Gab mir aber keine.»

Da ward die Hochzeit gehalten mit dem jungen Herrn Fuchs, und ward gejubelt und getanzt, und wenn sie nicht aufgehört haben, so tanzen sie noch.

39

DIE WICHTELMÄNNER

Erstes Märchen

Es war ein Schuster ohne seine Schuld so arm geworden, daß ihm endlich nichts mehr übrigblieb als Leder zu einem einzigen Paar Schuhe. Nun schnitt er am Abend die Schuhe zu, die wollte er den nächsten Morgen in Arbeit nehmen; und weil er ein gutes Gewissen hatte, so legte er sich ruhig zu Bett, befahl sich dem lieben Gott und schlief ein. Morgens, nachdem er sein Gebet verrichtet hatte und sich zur Arbeit niedersetzen wollte, so standen die beiden Schuhe ganz fertig auf seinem Tisch. Er verwunderte sich und wußte nicht, was er dazu sagen sollte. Er nahm die Schuhe in die Hand, um sie näher zu betrachten: sie waren so sauber gearbeitet, daß kein Stich daran falsch war, gerade als wenn es ein Meisterstück sein sollte. Bald darauf trat auch schon ein Käufer ein, und weil ihm die Schuhe so gut gefielen, so bezahlte er mehr als gewöhnlich dafür, und der Schuster konnte von dem Geld Leder zu zwei Paar Schuhen erhandeln. Er schnitt sie abends zu und wollte den nächsten Morgen mit frischem Mut an die Arbeit gehen, aber er brauchte es nicht, denn als er aufstand, waren sie schon fertig, und es blieben auch nicht die Käufer aus, die ihm so viel Geld gaben, daß er Leder zu vier Paar Schuhen einkaufen konnte. Er fand frühmorgens auch die vier Paar fertig; und so ging's immer fort; was er abends zuschnitt, das war am Morgen verarbeitet, also daß er bald wieder sein ehrliches Auskommen hatte und endlich ein wohlhabender Mann ward. Nun geschah es eines Abends nicht lange vor Weihnachten, als der Mann wieder zugeschnitten hatte, daß er vor Schlafengehen zu seiner Frau sprach: «Wie wär's, wenn wir diese Nacht aufblieben, um zu sehen, wer uns solche hilfreiche Hand leistet?» Die Frau war's zufrieden und steckte ein Licht an; darauf verbargen sie sich in den

Stubenecken, hinter den Kleidern, die da aufgehängt waren, und gaben acht. Als es Mitternacht war, da kamen zwei kleine niedliche nackte Männlein, setzten sich vor des Schusters Tisch, nahmen alle zugeschnittene Arbeit zu sich und fingen an, mit ihren Fingerlein so behend und schnell zu stechen, zu nähen, zu klopfen, daß der Schuster vor Verwunderung die Augen nicht abwenden konnte. Sie ließen nicht nach, bis alles zu Ende gebracht war und fertig auf dem Tische stand, dann sprangen sie schnell fort.

Am andern Morgen sprach die Frau: «Die kleinen Männer haben uns reich gemacht, wir müßten uns doch dankbar dafür bezeigen. Sie laufen so herum, haben nichts am Leib und müssen frieren. Weißt du was? Ich will Hemdlein, Rock, Wams und Höslein für sie nähen, auch jedem ein Paar Strümpfe stricken; mach du jedem ein Paar Schühlein dazu.» Der Mann sprach: «Das bin ich wohl zufrieden», und abends, wie sie alles fertig hatten, legten sie die Geschenke statt der zugeschnittenen Arbeit zusammen auf den Tisch und versteckten sich dann, um mit anzusehen, wie sich die Männlein dazu anstellen würden. Um Mitternacht kamen sie herangesprungen und wollten sich gleich an die Arbeit machen; als sie aber kein zugeschnittenes Leder, sondern die niedlichen Kleidungsstücke fanden, verwunderten sie sich erst, dann aber bezeigten sie eine gewaltige Freude. Mit der größten Geschwindigkeit zogen sie sich an, strichen die schönen Kleider am Leib und sangen:

«Sind wir nicht Knaben glatt und fein?
Was sollen wir länger Schuster sein!»

Dann hüpften und tanzten sie und sprangen über Stühle und Bänke. Endlich tanzten sie zur Türe hinaus. Von nun an kamen sie nicht wieder, dem Schuster aber ging es wohl, solang er lebte, und es glückte ihm alles, was er unternahm.

Zweites Märchen

Es war einmal ein armes Dienstmädchen, das war fleißig und reinlich, kehrte alle Tage das Haus und schüttete das Kehricht auf einen großen Haufen vor die Türe. Eines Morgens, als es eben wieder an die Arbeit gehen wollte, fand es einen Brief darauf, und weil es nicht lesen konnte, so stellte es den Besen in die Ecke und brachte den Brief seiner Herrschaft, und da war es eine Einladung von den Wichtelmännern, die baten das Mädchen, ihnen ein Kind aus der Taufe zu heben. Das Mädchen wußte nicht, was es tun sollte; endlich auf vieles Zureden und weil sie ihm sagten, so etwas dürfe man nicht abschlagen, so willigte es ein. Da kamen drei Wichtelmänner und führten es in einen hohlen Berg, wo die Kleinen lebten. Es war da alles klein, aber so zierlich und prächtig, daß es nicht zu sagen ist. Die Kindbetterin lag in einem Bett von schwarzem Ebenholz mit Knöpfen von Perlen, die Decken waren mit Gold gestickt, die Wiege war von Elfenbein, die Badewanne von Gold. Das Mädchen stand nun Gevatter und wollte dann wieder nach Haus gehen, die Wichtelmännlein baten es aber inständig, drei Tage bei ihnen zu bleiben. Es blieb also und verlebte die Zeit in Lust und Freude, und die Kleinen taten ihm alles zuliebe. Endlich wollte es sich auf den Rückweg machen, da steckten sie ihm die Taschen erst ganz voll Gold und führten es hernach wieder zum Berge heraus. Als es nach Haus kam, wollte es seine Arbeit beginnen, nahm den Besen in die Hand, der noch in der Ecke stand, und fing an zu kehren. Da kamen fremde Leute aus dem Haus, die fragten, wer es wäre und was es da zu tun hätte. Da war es nicht drei Tage, wie es gemeint hatte, sondern sieben Jahre bei den kleinen Männern im Berge gewesen, und seine vorige Herrschaft war in der Zeit gestorben.

Drittes Märchen

Einer Mutter war ihr Kind von den Wichtelmännern aus der Wiege geholt und ein Wechselbalg mit dickem Kopf und starren Augen hineingelegt, der nichts als essen und trinken wollte. In ihrer Not ging sie zu ihrer Nachbarin und fragte sie um Rat. Die Nachbarin sagte, sie sollte den Wechselbalg in die Küche tragen, auf den Herd setzen, Feuer anmachen und in zwei Eierschalen Wasser kochen: das bringe den Wechselbalg zum Lachen, und

wenn er lache, dann sei es aus mit ihm. Die
Frau tat alles, wie die Nachbarin gesagt hatte.
Wie sie die Eierschalen mit Wasser über das
Feuer setzte, sprach der Klotzkopf:

> «Nun bin ich so alt
> Wie der Westerwald
> Und hab nicht gesehen, daß jemand in
> Schalen kocht»,

und fing an, darüber zu lachen. Indem er lachte,
kam auf einmal eine Menge von Wichtel-
männerchen, die brachten das rechte Kind,
setzten es auf den Herd und nahmen den
Wechselbalg wieder mit fort.

40

DER RÄUBERBRÄUTIGAM

Es war einmal ein Müller, der hatte eine schöne
Tochter, und als sie herangewachsen war, so
wünschte er, sie wäre versorgt und gut verheiratet. Er dachte: Kommt ein ordentlicher
Freier und hält um sie an, so will ich sie ihm
geben. Nicht lange, so kam ein Freier, der
schien sehr reich zu sein, und da der Müller
nichts an ihm auszusetzen wußte, so versprach er ihm seine Tochter. Das Mädchen
aber hatte ihn nicht so recht lieb, wie eine
Braut ihren Bräutigam liebhaben soll, und hatte
kein Vertrauen zu ihm: sooft sie ihn ansah

oder an ihn dachte, fühlte sie ein Grauen in ihrem Herzen. Einmal sprach er zu ihr: «Du bist meine Braut und besuchst mich nicht einmal.» Das Mädchen antwortete: «Ich weiß nicht, wo Euer Haus ist.» Da sprach der Bräutigam: «Mein Haus ist draußen im dunkeln Wald.» Es suchte Ausreden und meinte, es könnte den Weg dahin nicht finden. Der Bräutigam sagte: «Künftigen Sonntag mußt du hinaus zu mir kommen, ich habe die Gäste schon eingeladen, und damit du den Weg durch den Wald findest, so will ich dir Asche streuen.» Als der Sonntag kam und das Mädchen sich auf den Weg machen sollte, ward ihm so angst, es wußte selbst nicht recht, warum, und damit es den Weg bezeichnen könnte, steckte es sich beide Taschen voll Erbsen und Linsen. An dem Eingang des Waldes war Asche gestreut, der ging es nach, warf aber bei jedem Schritt rechts und links ein paar Erbsen auf die Erde. Es ging fast den ganzen Tag, bis es mitten in den Wald kam, wo er am dunkelsten war; da stand ein einsames Haus, das gefiel ihm nicht, denn es sah so finster und unheimlich aus. Es trat hinein, aber es war niemand darin und herrschte die größte Stille. Plötzlich rief eine Stimme:

«Kehr um, kehr um, du junge Braut,
Du bist in einem Mörderhaus.»

Das Mädchen blickte auf und sah, daß die Stimme von einem Vogel kam, der da in einem Bauer an der Wand hing. Nochmals rief er:

«Kehr um, kehr um, du junge Braut,
Du bist in einem Mörderhaus.»

Da ging die schöne Braut weiter aus einer
Stube in die andere und ging durch das ganze
Haus, aber es war alles leer und keine Menschenseele zu finden. Endlich kam sie auch in
den Keller, da saß eine steinalte Frau, die wakkelte mit dem Kopfe. «Könnt Ihr mir nicht
sagen», sprach das Mädchen, «ob mein Bräutigam hier wohnt?» — «Ach, du armes Kind»,
antwortete die Alte, «wo bist du hingeraten!
Du bist in einer Mördergrube. Du meinst, du
wärst eine Braut, die bald Hochzeit macht, aber
du wirst die Hochzeit mit dem Tode halten.
Siehst du, da hab ich einen großen Kessel mit
Wasser aufsetzen müssen; wenn sie dich in ihrer
Gewalt haben, so zerhacken sie dich ohne Barmherzigkeit, kochen dich und essen dich, denn es
sind Menschenfresser. Wenn ich nicht Mitleiden
mit dir habe und dich rette, so bist du verloren.»
    Darauf führte es die Alte hinter ein großes
Faß, wo man es nicht sehen konnte. «Sei wie
ein Mäuschen still», sagte sie, «rege dich nicht
und bewege dich nicht, sonst ist's um dich
geschehen. Nachts, wenn die Räuber schlafen,
wollen wir entfliehen, ich habe schon lange auf
eine Gelegenheit gewartet.» Kaum war das
geschehen, so kam die gottlose Rotte nach
Haus. Sie brachten eine andere Jungfrau mit-
geschleppt, waren trunken und hörten nicht
auf ihr Schreien und Jammern. Sie gaben ihr
Wein zu trinken, drei Gläser voll, ein Glas

weißen, ein Glas roten und ein Glas gelben, davon zersprang ihr das Herz. Darauf rissen sie ihr die feinen Kleider ab, legten sie auf einen Tisch, zerhackten ihren schönen Leib in Stücke und streuten Salz darüber. Die arme Braut hinter dem Faß zitterte und bebte, denn sie sah wohl, was für ein Schicksal ihr die Räuber zugedacht hatten. Einer von ihnen bemerkte an dem kleinen Finger der Gemordeten einen goldenen Ring, und als er sich nicht gleich abziehen ließ, so nahm er ein Beil und hackte den Finger ab: aber der Finger sprang in die Höhe über das Faß hinweg und fiel der Braut gerade in den Schoß. Der Räuber nahm ein Licht und wollte ihn suchen, konnte ihn aber nicht finden. Da sprach ein anderer: «Hast du auch schon hinter dem großen Fasse gesucht?» Aber die Alte rief: «Kommt und eßt und laßt das Suchen bis morgen: der Finger läuft euch nicht fort.»

Da sprachen die Räuber: «Die Alte hat recht», ließen vom Suchen ab, setzten sich zum Essen, und die Alte tröpfelte ihnen einen Schlaftrunk in den Wein, daß sie sich bald in den Keller hinlegten, schliefen und schnarchten. Als die Braut das hörte, kam sie hinter dem Faß hervor und mußte über die Schlafenden wegschreiten, die da reihenweise auf der Erde lagen, und hatte große Angst, sie möchte einen aufwecken. Aber Gott half ihr, daß sie glücklich durchkam; die Alte stieg mit ihr hinauf, öffnete die Türe, und sie eilten so schnell sie konnten aus der Mördergrube fort. Die gestreute Asche hatte der Wind weggeweht, aber die Erbsen und Linsen hatten gekeimt und waren aufgegangen und zeigten im Mondenschein den Weg. Sie gingen die ganze Nacht, bis sie morgens in der Mühle ankamen. Da erzählte das Mädchen seinem Vater alles, wie es sich zugetragen hatte.

Als der Tag kam, wo die Hochzeit sollte gehalten werden, erschien der Bräutigam, der Müller aber hatte alle seine Verwandte und Bekannte einladen lassen. Wie sie bei Tische saßen, ward einem jeden aufgegeben, etwas zu erzählen. Die Braut saß still und redete nichts. Da sprach der Bräutigam zur Braut: «Nun, mein Herz, weißt du nichts? Erzähl uns auch etwas.» Sie antwortete: «So will ich einen Traum erzählen. Ich ging allein durch einen Wald und kam endlich zu einem Haus, da war keine Menschenseele darin; aber an der Wand war ein Vogel in einem Bauer, der rief:

«Kehr um, kehr um, du junge Braut,
Du bist in einem Mörderhaus»,

und rief es noch einmal. Mein Schatz, das träumte mir nur. Da ging ich durch alle Stuben, und alle waren leer, und es war so unheimlich darin; ich stieg endlich hinab in den Keller, da saß eine steinalte Frau darin, die wackelte mit dem Kopfe. Ich fragte sie: ,Wohnt mein Bräutigam in diesem Haus?' Sie antwortete: ,Ach, du armes Kind, du bist in eine Mördergrube geraten; dein Bräutigam wohnt hier, aber er will dich zerhacken und töten und will dich dann kochen und essen.' Mein Schatz, das träumte mir nur. Aber die alte Frau versteckte mich hinter ein großes Faß, und kaum war ich da verborgen, so kamen die Räuber heim und schleppten eine Jungfrau mit sich, der gaben sie dreierlei Wein zu trinken, weißen, roten und gelben, davon zersprang ihr das Herz. Mein Schatz, das träumte mir nur. Darauf zogen sie ihr die feinen Kleider ab, zerhackten ihren schönen Leib auf einem Tisch in Stücke und bestreuten ihn mit Salz. Mein Schatz, das träumte mir nur. Und einer von den Räubern sah, daß an dem Goldfinger noch ein Ring steckte, und weil er schwer abzuziehen war, so nahm er ein Beil und hieb ihn ab; aber der Finger sprang in die Höhe und sprang hinter das große Faß und fiel mir in den Schoß. Und da ist der Finger mit dem Ring.» Bei diesen Worten zog sie ihn hervor und zeigte ihn den Anwesenden.

Der Räuber, der bei der Erzählung ganz kreideweiß geworden war, sprang auf und wollte entfliehen; aber die Gäste hielten ihn fest und überlieferten ihn den Gerichten. Da ward er und seine ganze Bande für ihre Schandtaten gerichtet.

Es war einmal ein Hühnchen und ein Hähnchen, die wollten zusammen eine Reise machen. Da baute das Hähnchen einen schönen Wagen, der vier rote Räder hatte, und spannte vier Mäuschen davor. Das Hühnchen setzte sich mit dem Hähnchen auf, und sie fuhren miteinander fort. Nicht lange, so begegnete ihnen eine Katze, die sprach: «Wo wollt ihr hin?» Hähnchen antwortete:

> «Als hinaus
> Nach des Herrn Korbes seinem Haus.»

«Nehmt mich mit», sprach die Katze. Hähnchen antwortete: «Recht gerne, setz dich hinten auf, daß du vornen nicht herabfällst.

> Nehmt euch wohl in acht,
> Daß ihr meine roten Räderchen nicht
>   schmutzig macht.
> Ihr Räderchen schweift,
> Ihr Mäuschen pfeift,
> Als hinaus
> Nach des Herrn Korbes seinem Haus.»

Danach kam ein Mühlstein, dann ein Ei, dann eine Ente, dann eine Stecknadel und zuletzt eine Nähnadel, die setzten sich auch alle auf den Wagen und fuhren mit. Wie sie aber zu des Herrn Korbes Haus kamen, so war der

Herr Korbes nicht da. Die Mäuschen fuhren den Wagen in die Scheune, das Hühnchen flog mit dem Hähnchen auf eine Stange, die Katze setzte sich ins Kamin, die Ente in die Bornstaude, das Ei wickelte sich ins Handtuch, die Stecknadel steckte sich ins Stuhlkissen, die Nähnadel sprang aufs Bett mitten ins Kopfkissen, und der Mühlstein legte sich über die Türe. Da kam der Herr Korbes nach Haus, ging ans Kamin und wollte Feuer anmachen, da warf ihm die Katze das Gesicht voll Asche. Er lief geschwind in die Küche und wollte sich abwaschen, da sprützte ihm die Ente Wasser ins Gesicht. Er wollte sich an dem Handtuch abtrocknen, aber das Ei rollte ihm entgegen, zerbrach und klebte ihm die Augen zu. Er wollte sich ruhen und setzte sich auf den Stuhl, da stach ihn die Stecknadel. Er geriet in Zorn und warf sich aufs Bett; wie er aber den Kopf aufs Kissen niederlegte, stach ihn die Nähnadel, so daß er aufschrie und ganz wütend in die weite Welt laufen wollte. Wie er aber an die Haustür kam, sprang der Mühlstein herunter und schlug ihn tot. Der Herr Korbes muß ein recht böser Mann gewesen sein.

DER HERR GEVATTER

Ein armer Mann hatte so viel Kinder, daß er schon alle Welt zu Gevatter gebeten hatte, und als er noch eins bekam, so war niemand mehr übrig, den er bitten konnte. Er wußte nicht, was er anfangen sollte, legte sich in seiner Betrübnis nieder und schlief ein. Da träumte ihm, er sollte vor das Tor gehen und den ersten, der ihm begegnete, zu Gevatter bitten. Als er aufgewacht war, beschloß er, dem Traume zu folgen, ging hinaus vor das Tor, und den ersten, der ihm begegnete, bat er zu Gevatter. Der Fremde schenkte ihm ein Gläschen mit Wasser und sagte: «Das ist ein wunderbares Wasser, damit kannst du die Kranken gesund machen, du mußt nur sehen, wo der Tod steht. Steht er beim Kopf, so gib dem Kranken von dem Wasser, und er wird gesund werden; steht er aber bei den Füßen, so ist alle Mühe vergebens, er muß sterben.» Der Mann konnte von nun an immer sagen, ob ein Kranker zu retten war oder nicht, ward berühmt durch seine Kunst und verdiente viel Geld. Einmal ward er zu dem Kind des Königs gerufen, und als er eintrat, sah er den Tod bei dem Kopfe stehen und heilte es mit dem Wasser, und so war es auch bei dem zweitenmal, aber das drittemal stand der Tod bei den Füßen, da mußte das Kind sterben.

Der Mann wollte doch einmal seinen Gevatter besuchen und ihm erzählen, wie es mit dem Wasser gegangen war. Als er aber ins Haus kam, war eine so wunderliche Wirtschaft darin. Auf der ersten Treppe zankten sich Schippe und Besen und schmissen gewaltig aufeinander los. Er fragte sie: «Wo wohnt der Herr Gevatter?» Der Besen antwortete: «Eine Treppe höher.» Als er auf die zweite Treppe kam, sah er eine Menge toter Finger liegen. Er fragte: «Wo wohnt der Herr Gevatter?» Einer aus den Fingern antwortete: «Eine Treppe höher.» Auf der dritten Treppe lag ein Haufen toter Köpfe, die wiesen ihn wieder eine Treppe höher. Auf der vierten Treppe sah er Fische über dem Feuer stehen, die britzelten in der Pfanne und backten sich selber. Sie sprachen auch: «Eine Treppe höher.» Und als er die fünfte hinaufgestiegen war, so kam er vor eine Stube und guckte durch das Schlüsselloch, da sah er den Gevatter, der ein paar lange Hörner hatte. Als er die Türe aufmachte und hineinging, legte sich der Gevatter geschwind aufs Bett und deckte sich zu. Da sprach der Mann: «Herr Gevatter, was ist für eine wunderliche Wirtschaft in Eurem Hause? Als ich auf Eure erste Treppe kam, so zankten sich Schippe und Besen miteinander und schlugen gewaltig aufeinander los.» — «Wie seid Ihr so einfältig», sagte der Gevatter, «das war der Knecht und die Magd, die sprachen miteinander.» — «Aber auf der zweiten Treppe sah ich tote Finger liegen.» — «Ei, wie seid Ihr albern! das waren Skorzenerwurzeln.» —

«Auf der dritten Treppe lag ein Haufen Totenköpfe.» — «Dummer Mann, das waren Krautköpfe.» — «Auf der vierten sah ich Fische in der Pfanne, die britzelten und backten sich selber.» Wie er das gesagt hatte, kamen die Fische und trugen sich selber auf. «Und als ich die fünfte Treppe heraufgekommen war, guckte ich durch das Schlüsselloch einer Tür, und da sah ich Euch, Gevatter, und Ihr hattet lange lange Hörner.» — «Ei, das ist nicht wahr.» Dem Mann ward angst, und er lief fort, und wer weiß, was ihm der Herr Gevatter sonst angetan hätte.

FRAU TRUDE

Es war einmal ein kleines Mädchen, das war eigensinnig und vorwitzig, und wenn ihm seine Eltern etwas sagten, so gehorchte es nicht: wie konnte es dem gut gehen? Eines Tages sagte es zu seinen Eltern: «Ich habe soviel von der Frau Trude gehört, ich will einmal zu ihr hingehen: die Leute sagen, es sehe so wunderlich bei ihr aus, und erzählen, es seien so seltsame Dinge in ihrem Hause, da bin ich ganz neugierig geworden.» Die Eltern verboten es ihr streng und sagten: «Die Frau Trude ist eine böse Frau, die gottlose Dinge treibt, und wenn du zu ihr hingehst, so bist du unser Kind nicht mehr.» Aber das Mädchen kehrte sich nicht an das Verbot seiner Eltern und ging doch zu der Frau Trude. Und als es zu ihr kam, fragte die Frau Trude: «Warum bist du so bleich?» — «Ach», antwortete es und zitterte am Leibe, «ich habe mich so erschrocken über das, was ich gesehen habe.» — «Was hast du gesehen?» — «Ich sah auf Eurer Stiege einen schwarzen Mann.» — «Das war ein Köhler.» — «Dann sah ich einen grünen Mann.» — «Das war ein Jäger.» — «Danach sah ich einen blutroten Mann.» — «Das war ein Metzger.» — «Ach, Frau Trude, mir grauste, ich sah durchs Fenster und sah Euch nicht, wohl aber den Teufel mit feurigem Kopf.» — «Oho», sagte sie, «so hast du die Hexe in ihrem rechten Schmuck gesehen: ich habe schon lange auf dich gewartet und nach dir verlangt, du sollst mir leuchten.» Da verwandelte sie das Mädchen in einen Holzblock und warf ihn ins Feuer. Und als er in voller Glut war, setzte sie sich daneben, wärmte sich daran und sprach: «Das leuchtet einmal hell!»

44

DER GEVATTER TOD

Es hatte ein armer Mann zwölf Kinder und mußte Tag und Nacht arbeiten, damit er ihnen nur Brot geben konnte. Als nun das dreizehnte zur Welt kam, wußte er sich in seiner Not nicht zu helfen, lief hinaus auf die große Landstraße und wollte den ersten, der ihm begegnete, zu Gevatter bitten. Der erste, der ihm begegnete, das war der liebe Gott, der wußte schon, was er auf dem Herzen hatte, und sprach zu ihm: «Armer Mann, du dauerst mich, ich will dein Kind aus der Taufe heben, will für es sorgen und es glücklich machen auf Erden.» Der Mann sprach: «Wer bist du?» — «Ich bin der liebe Gott.» — «So begehr ich dich nicht zu Gevatter», sagte der Mann, «du gibst dem Reichen und lässest den Armen hungern.» Das sprach der Mann, weil er nicht wußte, wie weislich Gott Reichtum und Armut verteilt. Also wendete er sich von dem Herrn und ging weiter. Da trat der Teufel zu ihm und sprach: «Was suchst du? Willst du mich zum Paten deines Kindes nehmen, so will ich ihm Gold die Hülle und Fülle und alle Lust der Welt dazu geben.» Der Mann fragte: «Wer bist du?» — «Ich bin der Teufel.» — «So begehr ich dich nicht zum Gevatter», sprach der Mann, «du betrügst und verführst die Menschen.» Er ging weiter, da kam der dürrbeinige Tod auf ihn zugeschritten und sprach: «Nimm mich zu Gevatter.» Der Mann fragte: «Wer bist du?» — «Ich bin der Tod, der alle gleich macht.» Da sprach der Mann: «Du bist der Rechte, du holst den Reichen wie den Armen ohne Unterschied, du sollst mein Gevattersmann sein.» Der Tod antwortete: «Ich will dein Kind reich und berühmt machen, denn wer mich zum Freunde hat, dem kann's nicht fehlen.» Der Mann sprach: «Künftigen Sonntag ist die Taufe, da stelle dich zu rechter

Zeit ein.» Der Tod erschien, wie er versprochen hatte, und stand ganz ordentlich Gevatter.

Als der Knabe zu Jahren gekommen war, trat zu einer Zeit der Pate ein und hieß ihn mitgehen. Er führte ihn hinaus in den Wald, zeigte ihm ein Kraut, das da wuchs, und sprach: «Jetzt sollst du dein Patengeschenk empfangen. Ich mache dich zu einem berühmten Arzt. Wenn du zu einem Kranken gerufen wirst, so will ich dir jedesmal erscheinen: steh ich zu Häupten des Kranken, so kannst du keck sprechen, du wolltest ihn wieder gesund machen, und gibst du ihm dann von jenem Kraut ein, so wird er genesen; steh ich aber zu Füßen des Kranken, so ist er mein, und du mußt sagen, alle Hilfe sei umsonst und kein Arzt in der Welt könne ihn retten. Aber hüte dich, daß du das Kraut nicht gegen meinen Willen gebrauchst, es könnte dir schlimm ergehen.»

Es dauerte nicht lange, so war der Jüngling der berühmteste Arzt auf der ganzen Welt. «Er braucht nur den Kranken anzusehen, so weiß er schon, wie es steht, ob er wieder gesund wird oder ob er sterben muß», so hieß es von ihm, und weit und breit kamen die Leute herbei, holten ihn zu den Kranken und gaben ihm so viel Gold, daß er bald ein reicher Mann war. Nun trug es sich zu, daß der König erkrankte: der Arzt ward berufen und sollte sagen, ob Genesung möglich wäre. Wie er aber zu dem Bette trat, so stand der Tod zu den Füßen des Kranken, und da war für ihn kein Kraut mehr gewachsen. Wenn ich doch einmal den Tod überlisten könnte, dachte der Arzt, er wird's freilich übelnehmen, aber da ich sein Pate bin, so drückt er wohl ein Auge zu: ich will's wagen. Er faßte also den Kranken und legte ihn verkehrt, so daß der Tod zu Häupten desselben zu stehen kam. Dann gab er ihm von dem Kraute ein, und der König erholte sich und ward wieder gesund. Der Tod aber kam zu dem Arzte, machte ein böses und finsteres Gesicht, drohte mit dem Finger und sagte: «Du hast mich hinter das Licht geführt: diesmal will ich dir's nachsehen, weil du mein Pate bist; aber wagst du das noch einmal, so geht dir's an den Kragen, und ich nehme dich selbst mit fort.»

Bald hernach verfiel die Tochter des Königs
in eine schwere Krankheit. Sie war sein einziges
Kind, er weinte Tag und Nacht, daß ihm die
Augen erblindeten, und ließ bekanntmachen,
wer sie vom Tode errettete, der sollte ihr Gemahl werden und die Krone erben. Der Arzt,
als er zu dem Bett der Kranken kam, erblickte
den Tod zu ihren Füßen. Er hätte sich der
Warnung seines Paten erinnern sollen, aber die
große Schönheit der Königstochter und das
Glück, ihr Gemahl zu werden, betörten ihn so,
daß er alle Gedanken in den Wind schlug. Er
sah nicht, daß der Tod ihm zornige Blicke zu-
warf, die Hand in die Höhe hob und mit der
dürren Faust drohte; er hob die Kranke auf

und legte ihr Haupt dahin, wo die Füße gelegen hatten. Dann gab er ihr das Kraut ein, und alsbald röteten sich ihre Wangen, und das Leben regte sich von neuem.

Der Tod, als er sich zum zweitenmal um sein Eigentum betrogen sah, ging mit langen Schritten auf den Arzt zu und sprach: «Es ist aus mit dir, und die Reihe kommt nun an dich», packte ihn mit seiner eiskalten Hand so hart, daß er nicht widerstehen konnte, und führte ihn in eine unterirdische Höhle. Da sah er, wie tausend und tausend Lichter in unübersehbaren Reihen brannten, einige groß, andere halbgroß, andere klein. Jeden Augenblick verloschen einige, und andere brannten wieder auf, also daß die Flämmchen in beständigem Wechsel hin und her zu hüpfen schienen. «Siehst du», sprach der Tod, «das sind die Lebenslichter der Menschen. Die großen gehören Kindern, die halbgroßen Eheleuten in ihren besten Jahren, die kleinen gehören Greisen. Doch auch Kinder und junge Leute haben oft nur ein kleines Lichtchen.» — «Zeige mir mein Lebenslicht», sagte der Arzt und meinte, es wäre noch recht groß. Der Tod deutete auf ein kleines Endchen, das eben auszugehen drohte, und sagte: «Siehst du, da ist es.» — «Ach, lieber Pate», sagte der erschrokkene Arzt, «zündet mir ein neues an, tut mir's zuliebe, damit ich meines Lebens genießen kann, König werde und Gemahl der schönen Königstochter.» — «Ich kann nicht», antwortete der Tod, «erst muß eins verlöschen, eh ein neues anbrennt.» — «So setzt das alte auf ein neues, das gleich fortbrennt, wenn jenes zu Ende ist», bat der Arzt. Der Tod stellte sich, als ob er seinen Wunsch erfüllen wollte, langte ein frisches großes Licht herbei: aber weil er sich rächen wollte, versah er's beim Umstecken absichtlich, und das Stückchen fiel um und verlosch. Alsbald sank der Arzt zu Boden und war nun selbst in die Hand des Todes geraten.

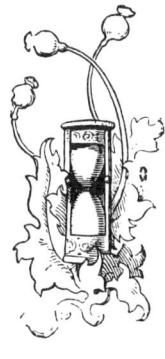

45

DAUMERLINGS WANDERSCHAFT

Ein Schneider hatte einen Sohn, der war klein geraten und nicht größer als ein Daumen, darum hieß er auch der Daumerling. Er hatte aber Courage im Leibe und sagte zu seinem Vater: «Vater, ich soll und muß in die Welt hinaus.» — «Recht, mein Sohn», sprach der Alte, nahm eine lange Stopfnadel und machte am Licht einen Knoten von Siegellack daran, «da hast du auch einen Degen mit auf den Weg.» Nun wollte das Schneiderlein noch einmal mitessen und hüpfte in die Küche, um zu sehen, was die Frau Mutter zu guter Letzt gekocht hätte. Es war aber eben angerichtet, und die Schüssel stand auf dem Herd. Da sprach es: «Frau Mutter, was gibt's heute zu essen?» — «Sieh du selbst zu», sagte die Mutter. Da sprang Daumerling auf den Herd und guckte in die Schüssel: weil er aber den Hals zu weit hineinstreckte, faßte ihn der Dampf von der Speise und trieb ihn zum Schornstein hinaus. Eine Weile ritt er auf dem Dampf in der Luft herum, bis er endlich wieder auf die Erde herabsank. Nun war das Schneiderlein draußen in der weiten Welt, zog umher, ging auch bei einem Meister in die Arbeit, aber das Essen war ihm nicht gut genug. «Frau Meisterin, wenn Sie uns kein besser Essen gibt», sagte Daumerling, «so gehe ich fort und schreibe morgen früh mit Kreide an Ihre Haustüre: Kartoffel zuviel, Fleisch zuwenig, Adies, Herr Kartoffelkönig.» — «Was willst du wohl, Grashüpfer?» sagte die Meisterin, ward bös, ergriff einen Lappen und wollte nach ihm schlagen: mein Schneiderlein kroch behende unter den Fingerhut, guckte unten hervor und streckte der Frau Meisterin die Zunge heraus. Sie hob den Fingerhut auf und wollte ihn packen, aber der kleine Daumerling hüpfte in die Lappen, und wie die Meisterin die Lappen auseinanderwarf und ihn suchte, machte er sich in den Tischritz. «He, he, Frau Meisterin», rief er und steckte den Kopf in die Höhe, und wenn sie zuschlagen wollte, sprang er in die Schublade hinunter. Endlich aber erwischte sie ihn doch und jagte ihn zum Haus hinaus.

Das Schneiderlein wanderte und kam in einen großen Wald: da begegnete ihm ein Haufen Räuber, die hatten vor, des Königs Schatz zu bestehlen. Als sie das Schneiderlein sahen, dachten sie, so ein kleiner Kerl kann durch ein Schlüsselloch kriechen und uns als Dietrich dienen. «Heda», rief einer, «du Riese Goliath, willst du mit zur Schatzkammer gehen? Du kannst dich hineinschleichen und das Geld herauswerfen.» Der Daumerling besann sich, endlich sagte er «ja» und ging mit zu der Schatzkammer. Da besah er die Türe oben und unten, ob kein Ritz darin wäre. Nicht lange, so entdeckte er einen, der breit genug war, um ihn einzulassen. Er wollte auch gleich hindurch, aber eine von den beiden Schildwachen, die vor der Tür standen, bemerkte ihn und sprach zu der andern: «Was kriecht da für eine häßliche Spinne? Ich will sie tottreten.» — «Laß das arme Tier gehen», sagte die andere, «es hat dir ja nichts getan.» Nun kam der Daumerling durch den Ritz glücklich in die Schatzkammer, öffnete das Fenster, unter welchem die Räuber standen, und warf ihnen einen Taler nach dem andern hinaus. Als das Schneiderlein in der besten Arbeit war, hörte es den König kommen, der seine Schatzkammer besehen wollte, und verkroch sich eilig. Der König merkte, daß viele harte Taler fehlten, konnte aber nicht begreifen, wer sie sollte gestohlen haben, da Schlösser und Riegel in gutem Stand waren und alles wohl verwahrt schien. Da ging er wieder fort und sprach zu den zwei Wachen: «Habt acht, es ist einer hinter dem Geld.» Als der Daumerling nun seine Arbeit von neuem anfing, hörten sie das Geld drinnen sich regen und klingen, klipp, klapp, klipp, klapp. Sie sprangen geschwind hinein und wollten den Dieb greifen. Aber das Schneiderlein, das sie kommen hörte, war noch geschwinder, sprang in eine Ecke und deckte einen Taler über sich, so daß nichts von ihm zu sehen war, dabei neckte es noch die Wachen und rief: «Hier bin ich.» Die Wachen liefen dahin, wie sie aber ankamen, war es schon in eine andere Ecke unter einen Taler gehüpft und rief: «He, hier bin ich.» Die Wachen sprangen eilends herbei, Daumerling war aber längst in einer dritten Ecke und rief: «He, hier bin ich.» Und so hatte es sie zu Narren und trieb sie so lange in der Schatzkammer herum, bis sie müde waren und davongingen. Nun warf es die Taler nach und nach alle hinaus: den letzten schnellte es mit aller Macht, hüpfte dann selber noch behendiglich darauf und flog mit ihm durchs Fenster hinab. Die Räuber machten ihm große Lobsprüche: «Du bist ein gewaltiger Held», sagten sie, «willst du unser Hauptmann werden?» Daumerling bedankte sich aber und sagte, er wollte erst die Welt

sehen. Sie teilten nun die Beute, das Schneiderlein aber verlangte nur einen Kreuzer, weil es
nicht mehr tragen konnte.

Darauf schnallte es seinen Degen wieder
um den Leib, sagte den Räubern guten Tag
und nahm den Weg zwischen die Beine. Es
ging bei einigen Meistern in Arbeit, aber sie
wollte ihm nicht schmecken: endlich verdingte
es sich als Hausknecht in einem Gasthof. Die
Mägde aber konnten es nicht leiden, denn ohne
daß sie es sehen konnten, sah es alles, was sie
heimlich taten, und gab bei der Herrschaft an,
was sie sich von den Tellern genommen und
aus dem Keller für sich weggeholt hatten. Da
sprachen sie: «Wart, wir wollen dir's ein-
tränken», und verabredeten untereinander, ihm
einen Schabernack anzutun. Als die eine Magd
bald hernach im Garten mähte und den Daumerling da herumspringen und an den Kräutern
auf und ab kriechen sah, mähte sie ihn mit dem
Gras schnell zusammen, band alles in ein großes
Tuch und warf es heimlich den Kühen vor.
Nun war eine große schwarze darunter, die
schluckte ihn mit hinab, ohne ihm weh zu tun.
Unten gefiel's ihm aber schlecht, denn es war
da ganz finster und brannte auch kein Licht.
Als die Kuh gemelkt wurde, da rief er:

> «Strip, strap, stroll,
> Ist der Eimer bald voll?»

Doch bei dem Geräusch des Melkens wurde
er nicht verstanden. Hernach trat der Hausherr

in den Stall und sprach: «Morgen soll die Kuh da geschlachtet werden.» Da war dem Daumerling angst, daß er mit heller Stimme rief: «Laßt mich erst heraus, ich sitze ja drin.» Der Herr hörte das wohl, wußte aber nicht, wo die Stimme herkam. «Wo bist du?» fragte er. «In der schwarzen», antwortete er, aber der Herr verstand nicht, was das heißen sollte, und ging fort.

Am andern Morgen ward die Kuh geschlachtet. Glücklicherweise traf bei dem Zerhacken und Zerlegen den Daumerling kein Hieb, aber er geriet unter das Wurstfleisch. Wie nun der Metzger herbeitrat und seine Arbeit anfing, schrie er aus Leibeskräften: «Hackt nicht zu tief, hackt nicht zu tief, ich stecke ja drunter.» Vor dem Lärmen der Hackmesser hörte das kein Mensch. Nun hatte der arme Daumerling seine Not, aber die Not macht Beine, und da sprang er so behend zwischen den Hackmessern durch, daß ihn keins anrührte und er mit heiler Haut davonkam. Aber entspringen konnte er auch nicht: es war keine andere Auskunft, er mußte sich mit den Speckbrocken in eine Blutwurst hinunter stopfen lassen. Da war das Quartier etwas enge, und dazu ward er noch in den Schornstein zum Räuchern aufgehängt, wo ihm Zeit und Weile gewaltig lang wurde. Endlich im Winter wurde er heruntergeholt, weil die Wurst einem Gast sollte vorgesetzt werden. Als nun die Frau Wirtin die Wurst in Scheiben schnitt, nahm er sich in acht, daß er den Kopf nicht zu weit vorstreckte, damit ihm nicht etwa der Hals mit abgeschnitten würde: endlich ersah er seinen Vorteil, machte sich Luft und sprang heraus.

In dem Hause aber, wo es ihm so übel ergangen war, wollte das Schneiderlein nicht länger mehr bleiben, sondern begab sich gleich wieder auf die Wanderung. Doch seine Freiheit dauerte nicht lange. Auf dem offenen Feld kam es einem Fuchs in den Weg, der schnappte es in Gedanken auf. «Ei, Herr Fuchs», rief's Schneiderlein, «ich bin's ja, der in Eurem Hals steckt, laßt mich wieder frei.» — «Du hast recht», antwortete der Fuchs, «an dir habe ich doch soviel als nichts; versprichst du mir die Hühner in deines Vaters Hof, so will ich dich loslassen.» — «Von Herzen gern», antwortete der Daumerling, «die Hühner sollst du alle haben, das gelobe ich dir.» Da ließ ihn der Fuchs wieder los und trug ihn selber heim. Als der Vater sein liebes Söhnlein wiedersah, gab er dem Fuchs gerne alle die Hühner, die er hatte. «Dafür bring ich dir auch ein schön Stück Geld mit», sprach der Daumerling und reichte ihm den Kreuzer, den er auf seiner Wanderschaft erworben hatte.

«Warum hat aber der Fuchs die armen Piephühner zu fressen kriegt?» — «Ei, du Narr, deinem Vater wird ja wohl sein Kind lieber sein als die Hühner auf dem Hof.»

46

FITCHERS VOGEL

Es war einmal ein Hexenmeister, der nahm die Gestalt eines armen Mannes an, ging vor die Häuser und bettelte und fing die schönen Mädchen. Kein Mensch wußte, wo er sie hinbrachte, denn sie kamen nie wieder zum Vorschein. Eines Tages erschien er vor der Türe eines Mannes, der drei schöne Töchter hatte, sah aus wie ein armer schwacher Bettler und trug eine Kötze auf dem Rücken, als wollte er milde Gaben darin sammeln. Er bat um ein bißchen Essen, und als die älteste herauskam und ihm ein Stück Brot reichen wollte, rührte er sie nur an, und sie mußte in seine Kötze springen. Darauf eilte er mit starken Schritten fort und trug sie in einen finstern Wald zu seinem Haus, das mitten darin stand. In dem Haus war alles prächtig: er gab ihr, was sie nur wünschte, und sprach: «Mein Schatz, es wird dir wohlgefallen bei mir, du hast alles, was dein Herz begehrt.» Das dauerte ein paar Tage, da sagte er: «Ich muß fortreisen und dich eine kurze Zeit allein lassen; da sind die Hausschlüssel, du kannst überall hingehen und alles betrachten, nur nicht in eine Stube, die dieser kleine Schlüssel da aufschließt, das verbiet ich dir bei Lebensstrafe.» Auch gab er ihr ein Ei und sprach: «Das Ei verwahre mir sorgfältig und trag es lieber beständig bei dir, denn ginge es verloren, so würde ein großes Unglück daraus entstehen.» Sie nahm die Schlüssel und das Ei und versprach, alles wohl auszurichten. Als er fort war, ging sie in dem Haus herum von unten bis oben und besah alles; die Stuben glänzten von Silber und Gold, und sie meinte, sie hätte nie so große Pracht gesehen. Endlich kam sie auch zu der verbotenen Tür; sie wollte vorübergehen, aber die Neugierde ließ ihr keine Ruhe. Sie besah den Schlüssel, er sah aus wie ein anderer, sie steckte ihn ein und drehte ein wenig, da sprang die Türe auf. Aber was erblickte sie, als sie hineintrat? Ein großes blutiges Becken stand in der Mitte, und darin lagen tote zerhauene Menschen, daneben stand ein Holzblock, und ein blinkendes Beil lag darauf. Sie erschrak so sehr, daß das Ei, das sie in der Hand hielt, hineinplumpte. Sie holte es wieder heraus und wischte das Blut ab, aber vergeblich, es kam den Augenblick wieder zum Vorschein; sie wischte und schabte, aber sie konnte es nicht herunterkriegen.

Nicht lange, so kam der Mann von der Reise zurück, und das erste, was er forderte, war der Schlüssel und das Ei. Sie reichte es ihm hin, aber sie zitterte dabei, und er sah gleich an den roten Flecken, daß sie in der Blutkammer gewesen war. «Bist du gegen meinen Willen in die Kammer gegangen», sprach er, «so sollst du gegen deinen Willen wieder hinein. Dein Leben ist zu Ende.» Er warf sie nieder, schleifte sie an den Haaren hin, schlug ihr das Haupt auf dem Blocke ab und zerhackte sie, daß ihr Blut auf dem Boden dahinfloß. Dann warf er sie zu den übrigen ins Becken.

«Jetzt will ich mir die zweite holen», sprach der Hexenmeister, ging wieder in Gestalt eines armen Mannes vor das Haus und bettelte. Da brachte ihm die zweite ein Stück Brot, er fing sie wie die erste durch bloßes Anrühren und trug sie fort. Es erging ihr nicht besser als ihrer Schwester, sie ließ sich von ihrer Neugierde verleiten, öffnete die Blutkammer und schaute hinein und mußte es bei seiner Rückkehr mit dem Leben büßen. Er ging nun und holte die dritte, die aber war klug und listig. Als er ihr die Schlüssel und das Ei gegeben hatte und fortgereist war, verwahrte sie das Ei erst sorgfältig, dann besah sie das Haus und ging zuletzt in die verbotene Kammer. Ach, was erblickte sie! Ihre beiden lieben Schwestern lagen da in dem Becken jämmerlich ermordet und zerhackt. Aber sie hub an und suchte die Glieder zusammen und legte sie zurecht, Kopf, Leib, Arm und Beine. Und als nichts mehr fehlte, da fingen die Glieder an, sich zu regen, und schlossen sich aneinander, und beide Mädchen öffneten die Augen und waren wieder lebendig. Da freuten sie sich, küßten und herzten einander. Der Mann forderte bei seiner Ankunft gleich Schlüssel und Ei, und als er keine Spur von Blut daran entdecken konnte, sprach er: «Du hast die Probe bestanden, du sollst meine Braut sein.» Er hatte jetzt keine Macht mehr über sie und mußte tun, was sie verlangte. «Wohlan», antwortete sie, «du sollst vorher einen Korb voll Gold meinem Vater und meiner Mutter bringen und es selbst auf deinem Rücken hintragen; derweil will ich die Hochzeit bestellen.» Dann lief sie zu ihren Schwestern, die sie in einem Kämmerlein versteckt hatte, und sagte: «Der Augenblick ist da, wo ich euch retten kann: der Bösewicht soll euch selbst wieder heimtragen; aber sobald ihr zu Hause seid, sendet mir Hilfe.» Sie setzte beide in einen Korb und deckte sie mit Gold ganz zu, daß nichts von ihnen zu sehen war, dann rief sie den Hexenmeister herein und sprach: «Nun trag den Korb fort; aber daß du mir unterwegs nicht stehenbleibst und ruhest, ich schaue durch mein Fensterlein und habe acht.»

Der Hexenmeister hob den Korb auf seinen Rücken und ging damit fort; er drückte ihn aber so schwer, daß ihm der Schweiß über das Angesicht lief. Da setzte er sich nieder und wollte ein wenig ruhen, aber gleich rief eine im Korbe: «Ich schaue durch mein Fensterlein und sehe, daß du ruhst, willst du gleich weiter.» Er meinte, die Braut rief ihm das zu, und machte sich wieder auf. Nochmals wollte er sich setzen, aber es rief gleich: «Ich schaue durch mein Fensterlein und sehe, daß du ruhst, willst du gleich weiter.» Und sooft er stillstand, rief es, und da mußte er fort, bis er endlich stöhnend und außer Atem den Korb mit dem Gold und den beiden Mädchen in ihrer Eltern Haus brachte.

Daheim aber ordnete die Braut das Hochzeitfest an und ließ die Freunde des Hexenmeisters dazu einladen. Dann nahm sie einen Totenkopf mit grinsenden Zähnen, setzte ihm einen Schmuck auf und einen Blumenkranz, trug ihn oben vors Bodenloch und ließ ihn da hinausschauen. Als alles bereit war, steckte sie sich in ein Faß mit Honig, schnitt das Bett auf und wälzte sich darin, daß sie aussah wie ein wunderlicher Vogel und kein Mensch sie erkennen konnte. Da ging sie zum Haus hinaus, und unterwegs begegnete ihr ein Teil der Hochzeitgäste, die fragten:

«Du Fitchers Vogel, wo kommst du her?»
«Ich komme von Fitze Fitchers Hause her.»
«Was macht denn da die junge Braut?»
«Hat gekehrt von unten bis oben das Haus,
Und guckt zum Bodenloch heraus.»

Endlich begegnete ihr der Bräutigam, der langsam zurückwanderte. Er fragte wie die andern:

«Du Fitchers Vogel, wo kommst du her?»
«Ich komme von Fitze Fitchers Hause her.»
«Was macht denn da meine junge Braut?»
«Hat gekehrt von unten bis oben das Haus,
Und guckt zum Bodenloch heraus.»

Der Bräutigam schaute hinauf und sah den geputzten Totenkopf; da meinte er, es wäre seine Braut, und nickte ihr zu und grüßte sie freundlich. Wie er aber samt seinen Gästen ins Haus gegangen war, da langten die Brüder und

Verwandte der Braut an, die zu ihrer Rettung
gesendet waren. Sie schlossen alle Türen des
Hauses zu, daß niemand entfliehen konnte, und
steckten es an, also daß der Hexenmeister mitsamt seinem Gesindel verbrennen mußte.

47

VON DEM MACHANDELBOOM

Dat is nu all lang heer, wol twe tusend Johr,
do wöör dar een ryk Mann, de hadd eene schöne
frame Fru, un se hadden sik beyde sehr leef,
hadden awerst kene Kinner, se wünschden sik

awerst sehr welke, un
de Fru bedd'd so veel
dorüm Dag un Nacht,
man se kregen keen un
kregen keen. Vör ee-
rem Huse wöör een
Hof, dorup stünn een
Machandelboom, ün-
ner dem stünn de Fru
eens im Winter un
schelld sik eenen Ap-
pel, un as se sik den
Appel so schelld, so
sneet se sik in'n Fin-
ger, un dat Blood feel
in den Snee. «Ach»,
säd de Fru, un süft'd so
recht hoog up, un seeg

dat Blood vör sik an, un wöör so recht weh-
mödig, «hadd ik doch en Kind, so rood as
Blood un so witt as Snee.» Un as se dat säd, so
wurr eer so recht fröhlich to Mode: eer wöör
recht, as schull dat wat warden. Do güng se
to dem Huse, un't güng een Maand hen, de Snee
vorgüng: un twe Maand, do wöör dat gröön:
un dre Maand, do kömen de Blömer uut der
Eerd: un veer Maand, do drungen sik alle Bömer in dat Holt, un de grönen Twyge wören all
in eenanner wussen: door süngen de Vögelkens,
dat dat ganße Holt schalld, un de Blöiten felen
von den Bömern: do wöör de fofte Maand wech,
un se stünn ünner dem Machandelboom, de
röök so schön, do sprüng ehr dat Hart vör
Freuden, un se füll up ere Knee un kunn sik
nich laten: un as de soste Maand vorby wöör,
do wurren de Früchte dick un staark, de wurr
se ganß still: un de söwde Maand, do greep
se na den Machandelbeeren un eet se so nydsch,
do wurr se trurig un krank: do güng de achte
Maand hen, un se reep eeren Mann un weend
un säd: «Wenn ik staarw, so begraaf my
ünner den Machandelboom.» Do wurr se
ganß getrost, un freude sik, bet de neegte
Maand vorby wöör, do kreeg se een Kind so
witt as Snee un so rood as Blood, un as se dat
seeg, so freude se sik so, dat se stürw.

Do begroof ehr Mann se ünner den Machandelboom, un he füng an to weenen so sehr:
eene Tyd lang, do wurr dat wat sachter, un
do he noch wat weend hadd, do hüll he up, un
noch een Tyd, do nöhm he sik wedder eene Fru.

Mit de tweden Fru kreeg he eene Dochter, dat Kind awerst von der eersten Fru wöör een lüttje Sähn, un wöör so rood as Blood un so witt as Snee. Wenn de Fru eere Dochter so anseeg, so hadd se se so leef, awerst denn seeg se den lüttjen Jung an, un dat güng eer so dorch't Hart, un eer düchd, as stünn he eer allerwegen im Weg, un dachd denn man jümmer, wo se ehr Dochter all dat Vormägent towenden wull, un de Böse gaf eer dat in, dat se dem lüttjen Jung ganß gramm wurr un stödd em herüm von een Eck in de anner, un buffd em hier un knuffd em door, so dat dat aarme Kind jümmer in Angst wöör. Wenn he denn uut de School köhm, so hadd he kene ruhige Städ.

Eens wöör de Fru up de Kamer gaan, do köhm de lüttje Dochter ook herup un säd: «Moder, gif my eenen Appel.» — «Ja, myn Kind», säd de Fru un gaf eer eenen schönen Appel uut der Kist; de Kist awerst hadd eenen grooten sworen Deckel mit een groot schaarp ysern Slott. «Moder», säd de lüttje Dochter, «schall Broder nich ook eenen hebben?» Dat vördrööt de Fru, doch säd se: «Ja, wenn he uut de School kummt.» Un as se uut dat Fenster wohr, wurr dat he köhm, so wöör dat recht, as wenn de Böse äwer eer köhm, un se grappst to un nöhm eerer Dochter den Appel wedder wech un säd: «Du schalst nich ehr eenen hebben as Broder.» Do smeet se den Appel in de Kist un maakd de Kist to: do köhm de lüttje Jung in de Döhr, do gaf eer de Böse

in, dat se fründlich to em säd: «Myn Sähn,
wullt du eenen Appel hebben?» Un seeg em
so hastig an. «Moder», säd de lüttje Jung,
«wat sühst du gräsig uut! Ja, gif my eenen
Appel.» Do wöör eer, as schull se em toreden.
«Kumm mit my», säd se un maakd den Deckel
up, «hahl dy eenen Appel heruut.» Un as sik
de lüttje Jung henin bückd, so reet eer de

Böse, bratsch! slöög se den Deckel to, dat de
Kopp afflöög un ünner de roden Appel füll.
Da äwerleep eer dat in de Angst, un dachd:
Kunn ik dat von my bringen! Da güng se
bawen na eere Stuw na eeren Draagkasten un
hal't uut de bäwelste Schuuflad eenen witten
Dook, un sett't den Kopp wedder up den Hals
un bünd den Halsdook so üm, dat'n niks sehn
kunn, un sett't em vör de Döhr up eenen Stohl
un gaf em den Appel in de Hand.

Do köhm doorna Marleenken to eerer Moder
in de Kääk, de stünn by dem Führ un hadd
eenen Putt mit heet Water vör sik, den röhrd se

jümmer üm. «Moder», säd Marleenken, «Broder sitt vor de Döhr un süht ganß witt uut un hett eenen Appel in de Hand, ik heb em beden, he schull my den Appel gewen, awerst he antwöörd my nich, do wurr my ganß grolich.» — «Gah nochmaal hen», säd de Moder, «un wenn he dy nich antworden will, so gif em eens an de Oren.» Do güng Marleen-

ken hen un säd: «Broder, gif my den Appel.» Awerst he sweeg still, do gaf se em eens up de Oren, do feel de Kopp herünn, doräwer vörschrock se sik un füng an to ween un to roren, un löp to eerer Moder un säd: «Ach, Moder, ik hebb mynem Broder den Kopp afslagen», un weend un weend un wull sik nich tofreden gewen. «Marleenken», säd de Moder, «wat hest du dahn! Awerst swyg man still, dat et keen Mensch maarkt, dat is nu doch nich to ännern; wy willen em in Suhr kaken.» Do nöhm de Moder den lüttjen Jung un hackd em in Stücken, ded de in den Putt un kaakd

em in Suhr. Marleenken awerst stünn daraby
un weend un weend, un de Tranen füllen all
in den Putt, un se bruukden goor keen Solt.

Da köhm de Vader to Huus un sett't sik
to Disch un säd: «Wo is denn myn Sähn?» Da
droog de Moder eene groote groote Schöttel
up mit Swartfuhr, un Marleenken weend un
kunn sich nich hollen. Do säd de Vader wedder:
«Wo is denn myn Sähn?» — «Ach», säd de
Moder, «he is äwer Land gaan, na Mütten erer
Grootöhm: he wull door wat blywen.» —
«Wat dait he denn door? Un heft my nich maal
Adjüüs sechd!» — «O he wull geern hen un
bed my, of he door wol sos Wäken blywen
kunn; he is jo woll door uphawen.» — «Ach»,
säd de Mann, «my is so recht trurig, dat is
doch nich recht, he hadd my doch Adjüüs
sagen schullt.» Mit des füng he an to äten und
säd: «Marleenken, wat weenst du? Broder wart
wol wedder kamen.» — «Ach Fru», säd he do,
«wat smeckt my dat Aeten schöön? Gif my
mehr!» Un je mehr he eet, je mehr wull he
hebben, un säd: «Geeft my mehr, gy schöhlt
niks door af hebben, dat is, as wenn dat all
myn wör.» Un he eet un eet, un de Knakens
smeet he all ünner den Disch, bet he allens up
hadd. Marleenken awerst güng hen na eere
Commod un nöhm ut de ünnerste Schuuf eeren
besten syden Dook un hahl all de Beenkens
un Knakens ünner den Disch heruut un bünd
se in den syden Dook un droog se vör de Döhr
un weend eere blödigen Tranen. Door läd se se
ünner den Machandelboom in dat gröne Gras,

un as se se door henlechd hadd, so war eer mit eenmaal so recht licht, un weend nich mer. Do füng de Machandelboom an sik to bewegen, un de Twyge deden sik jümmer so recht von eenanner, un denn wedder tohoop, so recht as wenn sik eener so recht freut un mit de Händ so dait. Mit des so güng dar so'n Newel von dem Boom, un recht in dem Newel dar brennd dat as Führ, un uut dem Führ dar flöög so'n schönen Vagel heruut, de süng so herrlich un flöög hoog in de Luft, un as he wech wöör, do wöör de Machandelboom, as he vörhen wets wöör, un de Dook mit de Knakens wöör wech. Marleenken awerst wöör so recht licht un vörgnöögt, recht as wenn de Broder noch leewd. Do güng se wedder ganß lustig in dat Huus by Disch un eet.

De Vagel awerst flöög wech un sett't sik up enen Goldsmidt syn Huus un füng an to singen:

«Mein Mutter, der mich schlacht,
Mein Vater, der mich aß,
Mein Schwester, der Marlenichen,
Sucht alle meine Benichen,
Bind't sie in ein seiden Tuch,
Legt's unter den Machandelbaum.
Kywitt, kywitt, wat vör'n schöön Vagel bün ik!»

De Goldsmidt seet in syn Waarkstäd un maakd eene gollne Kede, do höörd he den Vagel, de up syn Dack seet un süng, un dat dünkd em so schöön. Da stünn he up, un as he äwer den Süll güng, do vörlöör he eenen Tüffel. He güng awer so recht midden up de Strat hen, eenen Tüffel un een Sock an: syn Schortfell hadd he vör, un in de een Hand hadd he de golln Kede un in de anner de Tang; un de Sünn schynd so hell up de Strat. Door güng he recht so staan un seeg den Vagel an. «Vagel», secht he do, «wo schöön kanst du singen! Sing my dat Stück nochmaal.» — «Ne», secht de Vagel, «twemaal sing ik nich umsünst. Gif my de golln Kede, so will ik dy't nochmaal singen.» — «Door», secht de Goldsmidt, «hest du de golln Kede, un sing my dat nochmaal.» Do köhm de Vagel un nöhm de golln Kede so in de rechte Poot un güng vor den Goldsmidt sitten un süng:

«Mein Mutter, der mich schlacht,
Mein Vater, der mich aß,
Mein Schwester, der Marlenichen,
Sucht alle meine Benichen,
Bind't sie in ein seiden Tuch,
Legt's unter den Machandelbaum.
Kywitt, kywitt, wat vör'n schöön Vagel bün
ik!»

Da flög de Vagel wech na eenem Schooster un sett't sik up den seyn Dack un süng:

«Mein Mutter, der mich schlacht,
Mein Vater, der mich aß,
Mein Schwester, der Marlenichen,
Sucht alle meine Benichen,

Bind't sie in ein seiden Tuch,
Legt's unter den Machandelbaum.
Kywitt, kywitt, wat vör'n schöön Vagel bün
ik!»

De Schooster höörd dat un leep vör syn
Döhr in Hemdsaarmels un seeg na syn Dack
un mußd de Hand vör de Ogen hollen, dat
de Sünn em nich blend't. «Vagel», secht he,
«wat kannst du schöön singen.» Do rööp he
in syn Döhr henin: «Fru, kumm mal heruut,
dar is een Vagel: süh maal den Vagel, de kann
maal schöön singen.» Do rööp he syn Dochter
un Kinner un Gesellen, Jung un Maagd, un
se kömen all up de Strat un seegen den Vagel
an, wo schöön he wöör, un he hadd so recht
roode un gröne Feddern, un üm den Hals
wöör dat as luter Gold, un de Ogen blünken
em im Kopp as Steern. «Vagel», secht de
Schooster, «nu sing my dat Stück nochmaal.»
— «Ne», secht de Vagel, «twemaal sing ik
nich umsünst, du must my wat schenken.» —
«Fru», säd de Mann, «geh na dem Bähn: up
dem bäwelsten Boord door staan een Poor
roode Schö, de bring herünn.» Do güng de
Fru hen un hahl de Schö. «Door, Vagel», säd
de Mann, «nu sing my dat Stück nochmaal.»
Do köhm de Vagel un nöhm de Schö in de
linke Klau un flöög wedder up dat Dack un
süng:

«Mein Mutter, der mich schlacht,
Mein Vater, der mich aß,

Mein Schwester, der Marlenichen,
Sucht alle meine Benichen,
Bind't sie in ein seiden Tuch,
Legt's unter den Machandelbaum.
Kywitt, kywitt, wat vör'n schöön Vagel bün
ik!»

Un as he uutsungen hadd, so flöög he wech:
de Kede hadd he in de rechte un de Schö in
de linke Klau, un he flöög wyt wech na eene
Mähl, un de Mähl güng «Klippe klappe,
klippe klappe, klippe klappe.» Un in de Mähl
door seeten twintig Mählenburßen, de hauden
eenen Steen un hackden «Hick hack, hick hack,
hick hack», un de Mähl güng «Klippe klappe,
klippe klappe, klippe klappe.» Do güng de
Vagel up eenen Lindenboom sitten, de vör de
Mähl stünn un süng:

«Mein Mutter, der mich schlacht»,

do höörd een up,

«Mein Vater, der mich aß»,

do höörden noch twe up un höörden dat,

«Mein Schwester, der Marlenichen»,

do höörden wedder veer up,

«Sucht alle meine Benichen,
Bind't sie in ein seiden Tuch»,

nu hackden noch man acht,

«Legt's unter»

nu noch man fyw,

«Den Machandelbaum.»

nu noch man een.

«Kywitt, kywitt, wat vör'n schöön Vagel
bün ik!»

Do hüll de lezte ook up un hadd dat lezte
noch höörd. «Vagel», secht he, «wat singst du
schöön! Laat my dat ook hören, sing my dat
nochmaal.» — «Ne», secht de Vagel, «twemaal sing ik nich umsünst, gif my den Mählensteen, so will ik dat nochmaal singen.» —
«Ja», secht he, «wenn he my alleen tohöörd,
so schullst du em hebben.» — «Ja», säden de
annern, «wenn he nochmaal singt, so schall he
em hebben.» Do köhm de Vagel herünn, un
de Möllers saat'n all twintig mit Böhm an un
böhrden Steen up: «Hu uh uhp, hu uh uhp,
hu up uhp!» Do stöök de Vagel den Hals döör
dat Lock un nöhm em üm as eenen Kragen un
flöög wedder up den Boom un süng:

«Mein Mutter, der mich schlacht,
Mein Vater, der mich aß,
Mein Schwester, der Marlenichen,
Sucht alle meine Benichen,

Bind't sie in ein seiden Tuch,
Legt's unter den Machandelbaum.
Kywitt, kywitt, wat vör'n schöön Vagel bün
ik!»

Un as he dat uutsungen hadd, do deed he
de Flünk von eenanner un hadd in de rechte
Klau de Kede un in de linke de Schö un üm
den Hals den Mählensteen un floog wyt wech
na synes Vaders Huse.

In de Stuw seet de Vader, de Moder un
Marleenken by Disch, un de Vader säd: «Ach,
wat waart my licht, my is recht so good to
Mode.» — «Nä», säd de Moder, «my is recht
so angst, so recht as wenn een swoor Gewitter
kummt.» Marleenken awerst seet un weend
un weend, da köhm de Vagel anflegen, un as
he sik up dat Dack sett't, «ach», säd de Vader,
«my is so recht freudig, un de Sünn schynt
buten so schöön, my is recht, as schull ik eenen
ollen Bekannten weddersehn.» — «Ne», säd
de Fru, «my is so angst, de Täne klappern my,
un dat is my as Führ in den Adern.» Un se reet
sik ehr Lyfken up un so mehr, awer Marleenken seet in een Eck un weend un hadd
eeren Platen vör de Ogen un weend den Platen
ganß meßnatt. Do sett't sik de Vagel up den
Machandelboom un süng:

«Mein Mutter, der mich schlacht.»

Do hüll de Moder de Oren to un kneep de
Ogen to un wull nich sehn un hören, awer dat

bruusde eer in de Oren as de allerstaarkste
Storm, un de Ogen brennden eer un zackden
as Blitz.

«Mein Vater, der mich aß.»

«Ach, Moder», secht de Mann, «door is een
schöön Vagel, de singt so herrlich, de Sünn
schynt so warm, un dat rückt as luter Zinne-
mamen.»

«Mein Schwester, der Marlenichen.»

Do läd Marleenken den Kopp up de Knee
un weend in eens wech, de Mann awerst säd:
«Ik gah henuut, ik mutt den Vagel dicht by
sehn.» — «Ach, gah nich», säd de Fru, «my
is, as beewd dat ganße Huus un stünn in Flammen.» Awerst de Mann güng henuut un seeg
den Vagel an.

«Sucht alle meine Benichen,
Bind't sie in ein seiden Tuch,
Legt's unter den Machandelbaum.
Kywitt, kywitt, wat vör'n schöön Vagel bün
   ik!»

Mit des leet de Vagel de gollne Kede fallen,
un se feel dem Mann jüst um'n Hals, so recht
hier herüm, dat se recht so schöön paßd. Do
güng he herin un säd: «Süh, wat is dat vör'n
schöön Vagel, heft my so 'ne schööne gollne
Kede schenkd, un süht so schöön uut.» De

Fru awerst wöör so angst, un füll langs in de
Stuw hen, un de Mütz füll eer von dem Kopp.
Do süng de Vagel wedder:

«Mein Mutter, der mich schlacht.»

«Ach, dat ik dusend Föder ünner de Eeerd
wöör, dat ik dat nich hören schull!»

«Mein Vater, der mich aß.»

Do füll de Fru vör dood nedder.

«Mein Schwester, der Marlenichen.»

«Ach», säd Marleenken, «ik will ook henuut
gahn un sehn, of de Vagel my wat schenkt?»
Do güng se henuut.

«Sucht alle meine Benichen,
Bind't sie in ein seiden Tuch.»

Do smeet he eer de Schö herünn.

«Legt's unter den Machandelbaum.
Kywitt, kywitt, wat vör'n schöön Vagel bün
ik!»

Do wöör ehr so licht un frölich. Do truck
se de neen rooden Schö an un danßd un sprüng
herin. «Ach», säd se, «ick wöör so trurig, as
ik henuut güng, un nu is my so licht, dat is
maal een herrlichen Vagel, hett my een Poor

roode Schö schenkd.» — «Ne», säd de Fru un sprüng up, un de Hoor stünnen eer to Baarg as Führsflammen, «my is, as schull de Welt ünnergahn, ik will ook henuut, of my lichter warden schull.» Un as se uut de Döhr köhm, bratsch! smeet eer de Vagel den Mählensteen up den Kopp, dat se ganß tomatscht wurr. De Vader un Marleenken höörden dat un güngen henuut: do güng en Damp un Flamm un Führ up von de Städ, un as dat vorby wöör, do stünn de lütje Broder door, un he nöhm synen Vader un Marleenken by der Hand, un wören alle dre so recht vergnöögt un güngen in dat Huus by Disch un eeten.

48

DER ALTE SULTAN

Es hatte ein Bauer einen treuen Hund, der Sultan hieß, der war alt geworden und hatte alle Zähne verloren, so daß er nichts mehr fest packen konnte. Zu einer Zeit stand der Bauer mit seiner Frau vor der Haustüre und sprach: «Den alten Sultan schieß ich morgen tot, der ist zu nichts mehr nütze.» Die Frau, die Mitleid mit dem treuen Tiere hatte, antwortete: «Da er uns so lange Jahre gedient hat und ehrlich bei uns gehalten, so könnten wir ihm wohl das Gnadenbrot geben.» — «Ei was», sagte der Mann, «du bist nicht recht gescheit: er hat keinen Zahn mehr im Maul, und kein

Dieb fürchtet sich vor ihm, er kann jetzt abgehen. Hat er uns gedient, so hat er sein gutes Fressen dafür gekriegt.»

Der arme Hund, der nicht weit davon in der Sonne ausgestreckt lag, hatte alles mit angehört und war traurig, daß morgen sein letzter Tag sein sollte. Er hatte einen guten Freund, das war der Wolf, zu dem schlich er abends hinaus in den Wald und klagte über das Schicksal, das ihm bevorstände. «Höre, Gevatter», sagte der Wolf, «sei gutes Mutes, ich will dir aus deiner Not helfen. Ich habe etwas ausgedacht. Morgen in aller Frühe geht dein Herr mit seiner Frau ins Heu, und sie nehmen ihr kleines Kind mit, weil niemand im Hause zurückbleibt. Sie pflegen das Kind während der Arbeit hinter die Hecke in den Schatten zu legen: lege dich daneben, gleich als wolltest du es bewachen. Ich will dann aus dem Walde herauskommen und das Kind rauben: du mußt mir eifrig nachspringen, als wolltest du mir es wieder abjagen. Ich lasse es fallen, und du bringst es den Eltern wieder zurück, die glauben dann, du hättest es gerettet, und sind viel zu dankbar, als daß sie dir ein Leid antun sollten: im Gegenteil, du kommst in völlige Gnade, und sie werden es dir an nichts mehr fehlen lassen.»

Der Anschlag gefiel dem Hund, und wie er ausgedacht war, so ward er auch ausgeführt. Der Vater schrie, als er den Wolf mit seinem Kinde durchs Feld laufen sah; als es aber der alte Sultan zurückbrachte, da war er froh, streichelte ihn und sagte: «Dir soll kein Härchen gekrümmt werden, du sollst das Gnadenbrot essen, solange du lebst.» Zu seiner Frau aber sprach er: «Geh gleich heim und koche dem alten Sultan einen Weckbrei, den braucht er nicht zu beißen, und bring das Kopfkissen aus meinem Bette, das schenk ich ihm zu seinem Lager.» Von nun an hatte es der alte Sultan so gut, als er sich's nur wünschen konnte. Bald hernach besuchte ihn der Wolf und freute sich, daß alles so wohl gelungen war. «Aber Gevatter», sagte er, «du wirst doch ein Auge zudrücken, wenn ich bei Gelegenheit deinem Herrn ein fettes Schaf weghole. Es wird einem heutzutage schwer, sich durchzuschlagen.» — «Darauf rechne nicht», antwortete der Hund, «meinem Herrn bleibe ich treu, das darf ich nicht zugeben.» Der Wolf meinte, das wäre nicht im Ernste gesprochen, kam in der Nacht herangeschlichen und wollte sich das Schaf holen. Aber der Bauer, dem der treue Sultan das Vorhaben des Wolfes verraten hatte, paßte ihm auf und kämmte ihm mit dem Dreschflegel garstig die Haare. Der Wolf mußte ausreißen, schrie aber dem Hund zu: «Wart, du schlechter Geselle, dafür sollst du büßen.»

Am andern Morgen schickte der Wolf das Schwein und ließ den Hund hinaus in den Wald fordern, da wollten sie ihre Sache ausmachen. Der alte Sultan konnte keinen Beistand finden als eine Katze, die nur drei Beine hatte, und als sie zusammen hinausgingen, humpelte die arme Katze daher und streckte zugleich vor Schmerz den Schwanz in die Höhe. Der Wolf und sein Beistand waren schon an Ort und Stelle; als sie aber ihren Gegner daherkommen sahen, meinten sie, er führte einen Säbel mit sich, weil sie den aufgerichteten Schwanz der Katze dafür ansahen. Und wenn das arme Tier so auf drei Beinen hüpfte, dachten sie nicht anders, als es höbe jedesmal einen Stein auf und wollte damit auf sie werfen. Da ward ihnen beiden angst: das wilde Schwein verkroch sich ins Laub, und der Wolf sprang auf einen Baum. Der Hund und die Katze, als sie herankamen, wunderten sich, daß sich niemand sehen ließ. Das wilde Schwein aber hatte sich im Laub nicht ganz verstecken können, sondern die Ohren ragten noch heraus. Während die Katze sich bedächtig umschaute, zwinste das Schwein mit den Ohren: die Katze, welche meinte, es regte sich da eine Maus, sprang darauf zu und biß herzhaft hinein. Da erhob sich das Schwein mit großem Geschrei, lief fort und rief: «Dort auf dem Baum, da sitzt der Schuldige.» Der Hund und die Katze schauten hinauf und erblickten den Wolf; der schämte sich, daß er sich so furchtsam gezeigt hatte, und nahm von dem Hund den Frieden an.

49

DIE SECHS SCHWÄNE

Es jagte einmal ein König in einem großen
Wald und jagte einem Wild so eifrig nach, daß
ihm niemand von seinen Leuten folgen konnte.
Als der Abend herankam, hielt er still und
blickte um sich; da sah er, daß er sich verirrt
hatte. Er suchte einen Ausgang, konnte aber
keinen finden. Da sah er eine alte Frau mit
wackelndem Kopfe, die auf ihn zukam; das
war aber eine Hexe. «Liebe Frau», sprach er
zu ihr, «könnt Ihr mir nicht den Weg durch
den Wald zeigen?» — «O ja, Herr König»,
antwortete sie, «das kann ich wohl, aber es ist
eine Bedingung dabei; wenn Ihr die nicht erfüllt, so kommt Ihr nimmermehr aus dem
Wald und müßt darin Hungers sterben.» —
«Was ist das für eine Bedingung?» fragte der
König. «Ich habe eine Tochter», sagte die
Alte, «die so schön ist, wie Ihr eine auf der Welt
finden könnt, und wohl verdient, Eure Gemahlin zu werden; wollt Ihr die zur Frau Königin
machen, so zeige ich Euch den Weg aus dem
Walde.» Der König in der Angst seines
Herzens willigte ein, und die Alte führte ihn
zu ihrem Häuschen, wo ihre Tochter beim
Feuer saß. Sie empfing den König, als wenn
sie ihn erwartet hätte, und er sah wohl, daß sie
sehr schön war, aber sie gefiel ihm doch nicht,
und er konnte sie ohne heimliches Grausen
nicht ansehen. Nachdem er das Mädchen zu

sich aufs Pferd gehoben hatte, zeigte ihm die Alte den Weg, und der König gelangte wieder in sein königliches Schloß, wo die Hochzeit gefeiert wurde.

Der König war schon einmal verheiratet gewesen und hatte von seiner ersten Gemahlin sieben Kinder, sechs Knaben und ein Mädchen, die er über alles auf der Welt liebte. Weil er nun fürchtete, die Stiefmutter möchte sie nicht gut behandeln und ihnen gar ein Leid antun, so brachte er sie in ein einsames Schloß, das mitten in einem Walde stand. Es lag so verborgen, und der Weg war so schwer zu finden, daß er ihn selbst nicht gefunden hätte, wenn ihm nicht eine weise Frau ein Knäuel Garn von wunderbarer Eigenschaft geschenkt hätte; wenn er das vor sich hinwarf, so wickelte es sich von selbst los und zeigte ihm den Weg. Der König ging aber so oft hinaus zu seinen lieben Kindern, daß der Königin seine Abwesenheit auffiel; sie war neugierig und wollte wissen, was er draußen ganz allein in dem Walde zu schaffen habe. Sie gab seinen Dienern viel Geld, und die verrieten ihr das Geheimnis und sagten ihr auch von dem Knäuel, das allein den Weg zeigen könnte. Nun hatte sie keine Ruhe, bis sie herausgebracht hatte, wo der König das Knäuel aufbewahrte, und dann machte sie kleine weißseidene Hemdchen, und da sie von ihrer Mutter die Hexenkünste gelernt hatte, so nähete sie einen Zauber hinein. Und als der König einmal auf die Jagd geritten war, nahm sie die Hemdchen und ging in den Wald, und das Knäuel zeigte ihr den Weg. Die Kinder, die aus der Ferne jemand kommen sahen, meinten, ihr lieber Vater käme zu ihnen, und sprangen ihm voll Freude entgegen. Da warf sie über ein jedes eins von den Hemdchen, und wie das ihren Leib berührt hatte, verwandelten sie sich in Schwäne und flogen über den Wald hinweg. Die Königin ging ganz vergnügt nach Haus und glaubte, ihre Stiefkinder los zu sein, aber das Mädchen war ihr mit den Brüdern nicht entgegengelaufen, und sie wußte nichts von ihm. Anderntags kam der König und wollte seine Kinder besuchen; er fand aber niemand als das Mädchen. «Wo sind deine Brüder?» fragte der König. «Ach, lieber Vater», antwortete es, «die sind fort und haben mich allein zurückgelassen», und erzählte ihm, daß es aus seinem Fensterlein mit angesehen habe, wie seine Brüder als Schwäne über den Wald weggeflogen wären, und zeigte ihm die Federn, die sie in dem Hof hatten fallen lassen und die es aufgelesen hatte. Der König trauerte, aber er dachte nicht, daß die Königin die böse Tat vollbracht hätte, und weil er fürchtete, das Mädchen würde ihm auch geraubt, so wollte er es mit fortnehmen. Aber es hatte Angst vor der Stiefmutter und bat den König, daß es nur noch diese Nacht im Waldschloß bleiben dürfte.

Das arme Mädchen dachte: Meines Bleibens ist nicht länger hier, ich will gehen und meine Brüder suchen. Und als die Nacht kam, entfloh es und ging gerade in den Wald hinein. Es ging die ganze Nacht durch und auch den andern Tag in einem fort, bis es vor Müdigkeit nicht weiter konnte. Da sah es eine Wildhütte, stieg hinauf und fand eine Stube mit sechs kleinen Betten, aber es getraute nicht, sich in eins zu legen, sondern kroch unter eins, legte sich auf den harten Boden und wollte die Nacht da zubringen. Als aber die Sonne bald untergehen wollte, hörte es ein Rauschen und sah, daß sechs Schwäne zum Fenster hereingeflogen kamen. Sie setzten sich auf den Boden an und bliesen sich alle Federn ab, und ihre Schwanenhaut streifte sich ab wie ein Hemd. Da sah sie das Mädchen an und erkannte ihre Brüder, freute sich und kroch unter dem Bett hervor. Die Brüder waren nicht weniger erfreut, als sie ihr Schwesterchen erblickten, aber ihre Freude war von kurzer Dauer. «Hier kann deines Bleibens nicht sein», sprachen sie zu ihm, «das ist eine Herberge für Räuber; wenn die heimkommen und finden dich, so ermorden sie dich.» — «Könnt ihr mich denn nicht beschützen?» fragte das Schwesterchen. «Nein», antworteten sie, «denn wir können nur eine Viertelstunde lang jeden Abend unsere Schwanenhaut ablegen und haben in dieser Zeit unsere menschliche Gestalt, aber dann werden wir wieder in Schwäne verwandelt.» Das Schwesterchen weinte und sagte: «Könnt ihr denn nicht erlöst werden?» — «Ach nein», antworteten sie, «die Bedingungen sind zu schwer. Du darfst sechs Jahre lang nicht sprechen und nicht lachen und mußt in der Zeit sechs Hemdchen für uns aus Sternenblumen zusammennähen. Kommt ein einziges Wort aus deinem Munde, so ist alle Arbeit verloren.» Und als die Brüder das gesprochen hatten, war die Viertelstunde herum, und sie flogen als Schwäne wieder zum Fenster hinaus.

Das Mädchen aber faßte den festen Entschluß, seine Brüder zu erlösen, und wenn es auch sein Leben kostete. Es verließ die Wildhütte, ging mitten in den Wald und setzte sich auf einen Baum und brachte da die Nacht zu. Am andern Morgen ging es aus, sammelte Sternblumen und fing an zu nähen. Reden konnte es mit niemand, und zum Lachen hatte es keine Lust: es saß da und sah nur auf seine Arbeit. Als es schon lange Zeit da zugebracht hatte, geschah es, daß der König des Landes in dem Wald jagte und seine Jäger zu dem Baum kamen, auf welchem das Mädchen saß. Sie riefen es an und sagten: «Wer bist du?» Es gab aber keine Antwort. «Komm herab zu uns», sagten sie, «wir wollen dir nichts zuleid tun.» Es schüttelte bloß mit dem Kopf. Als sie es weiter mit Fragen bedrängten, so warf es ihnen seine goldene Halskette herab und dachte, sie damit zufriedenzustellen. Sie ließen aber nicht ab; da warf es ihnen seinen Gürtel herab, und als auch dies nicht half, seine Strumpfbänder und nach und nach alles, was es anhatte und entbehren konnte, so daß es nichts mehr als sein Hemdlein behielt. Die Jäger ließen sich aber damit nicht abweisen, stiegen

auf den Baum, hoben das Mädchen herab und
führten es vor den König. Der König fragte:
«Wer bist du? Was machst du auf dem Baum?»
Aber es antwortete nicht. Er fragte es in allen
Sprachen, die er wußte, aber es blieb stumm
wie ein Fisch. Weil es aber so schön war, so
ward des Königs Herz gerührt, und er faßte

eine große Liebe zu ihm. Er tat ihm seinen
Mantel um, nahm es vor sich aufs Pferd und
brachte es in sein Schloß. Da ließ er ihm reiche
Kleider antun, und es strahlte in seiner Schönheit wie der helle Tag, aber es war kein Wort
aus ihm herauszubringen. Er setzte es bei Tisch
an seine Seite, und seine bescheidenen Mienen
und seine Sittsamkeit gefielen ihm so sehr, daß
er sprach: «Diese begehre ich zu heiraten und
keine andere auf der Welt», und nach einigen
Tagen vermählte er sich mit ihr.

Der König aber hatte eine böse Mutter, die war unzufrieden mit dieser Heirat und sprach schlecht von der jungen Königin. «Wer weiß, wo die Dirne her ist», sagte sie, «die nicht reden kann: sie ist eines Königs nicht würdig.» Über ein Jahr, als die Königin das erste Kind zur Welt brachte, nahm es ihr die Alte weg und bestrich ihr im Schlafe den Mund mit Blut. Da ging sie zum König und klagte sie an, sie wäre eine Menschenfresserin. Der König wollte es nicht glauben und litt nicht, daß man ihr ein Leid antat. Sie saß aber beständig und nähete an den Hemden und achtete auf nichts anderes. Das nächste Mal, als sie wieder einen schönen Knaben gebar, übte die falsche Schwiegermutter denselben Betrug aus, aber der König konnte sich nicht entschließen, ihren Reden Glauben beizumessen. Er sprach: «Sie ist zu fromm und gut, als daß sie so etwas tun könnte; wäre sie nicht stumm und könnte sie sich verteidigen, so würde ihre Unschuld an den Tag kommen.» Als aber das drittemal die Alte das neugeborne Kind raubte und die Königin anklagte, die kein Wort zu ihrer Verteidigung vorbrachte, so konnte der König nicht anders, er mußte sie dem Gericht übergeben, und das verurteilte sie, den Tod durchs Feuer zu erleiden.

Als der Tag herankam, wo das Urteil sollte vollzogen werden, da war zugleich der letzte Tag von den sechs Jahren herum, in welchen sie nicht sprechen und nicht lachen durfte, und sie hatte ihre lieben Brüder aus der Macht des

Zaubers befreit. Die sechs Hemden waren fertig geworden, nur daß an dem letzten der linke Ärmel noch fehlte. Als sie nun zum Scheiterhaufen geführt wurde, legte sie die Hemden auf ihren Arm, und als sie oben stand und das Feuer eben sollte angezündet werden, so schaute sie sich um: da kamen sechs Schwäne durch die Luft dahergezogen. Da sah sie, daß ihre Erlösung nahte, und ihr Herz regte sich in Freude. Die Schwäne rauschten zu ihr her und senkten sich herab, so daß sie ihnen die Hemden überwerfen konnte: und wie sie davon berührt wurden, fielen die Schwanenhäute ab, und ihre Brüder standen leibhaftig vor ihr und waren frisch und schön; nur dem jüngsten fehlte der linke Arm, und er hatte dafür einen Schwanenflügel am Rücken. Sie herzten und küßten sich, und die Königin ging zu dem Könige, der ganz bestürzt war, und fing an zu reden und sagte: «Liebster Gemahl, nun darf ich sprechen und dir offenbaren, daß ich unschuldig bin und fälschlich angeklagt», und erzählte ihm von dem Betrug der Alten, die ihre drei Kinder weggenommen und verborgen hätte. Da wurden sie zu großer Freude des Königs herbeigeholt, und die böse Schwiegermutter wurde zur Strafe auf den Scheiterhaufen gebunden und zu Asche verbrannt. Der König aber und die Königin mit ihren sechs Brüdern lebten lange Jahre in Glück und Frieden.

50

DORNRÖSCHEN

Vor Zeiten war ein König und eine Königin,
die sprachen jeden Tag: «Ach, wenn wir doch
ein Kind hätten!» und kriegten immer keins.
Da trug sich zu, als die Königin einmal im
Bade saß, daß ein Frosch aus dem Wasser ans
Land kroch und zu ihr sprach: «Dein Wunsch
wird erfüllt werden; ehe ein Jahr vergeht, wirst
du eine Tochter zur Welt bringen.» Was der
Frosch gesagt hatte, das geschah, und die
Königin gebar ein Mädchen, das war so schön,
daß der König vor Freude sich nicht zu lassen
wußte und ein großes Fest anstellte. Er ladete
nicht bloß seine Verwandten, Freunde und
Bekannten, sondern auch die weisen Frauen
dazu ein, damit sie dem Kind hold und gewogen wären. Es waren ihrer dreizehn in
seinem Reiche; weil er aber nur zwölf goldene
Teller hatte, von welchen sie essen sollten, so
mußte eine von ihnen daheim bleiben. Das
Fest ward mit aller Pracht gefeiert, und als es
zu Ende war, beschenkten die weisen Frauen
das Kind mit ihren Wundergaben: die eine
mit Tugend, die andere mit Schönheit, die
dritte mit Reichtum, und so mit allem, was
auf der Welt zu wünschen ist. Als elfe ihre
Sprüche eben getan hatten, trat plötzlich die
dreizehnte herein. Sie wollte sich dafür rächen,
daß sie nicht eingeladen war, und ohne jemand
zu grüßen oder nur anzusehen, rief sie mit

lauter Stimme: «Die Königstochter soll sich in ihrem fünfzehnten Jahr an einer Spindel stechen und tot hinfallen.» Und ohne ein Wort weiter zu sprechen, kehrte sie sich um und verließ den Saal. Alle waren erschrocken, da trat die zwölfte hervor, die ihren Wunsch noch übrig hatte, und weil sie den bösen Spruch nicht aufheben, sondern nur ihn mildern konnte, so sagte sie: «Es soll aber kein Tod sein, sondern ein hundertjähriger tiefer Schlaf, in welchen die Königstochter fällt.»

Der König, der sein liebes Kind vor dem Unglück gern bewahren wollte, ließ den Befehl ausgehen, daß alle Spindeln im ganzen Königreiche sollten verbrannt werden. An dem Mädchen aber wurden die Gaben der weisen Frauen sämtlich erfüllt, denn es war so schön, sittsam, freundlich und verständig, daß es jedermann, der es ansah, liebhaben mußte. Es geschah, daß an dem Tage, wo es gerade fünfzehn Jahr alt ward, der König und die Königin nicht zu Haus waren und das Mädchen ganz allein im Schloß zurückblieb. Da ging es allerorten herum, besah Stuben und Kammern, wie es Lust hatte, und kam endlich auch an einen alten Turm. Es stieg die enge Wendeltreppe hinauf und gelangte zu einer kleinen Türe. In dem Schloß steckte ein verrosteter Schlüssel, und als es umdrehte, sprang die Türe auf und saß da in einem kleinen Stübchen eine alte Frau mit einer Spindel und spann emsig ihren Flachs. «Guten Tag, du altes Mütterchen», sprach die Königstochter, «was machst du da?» — «Ich

spinne», sagte die Alte und nickte mit dem
Kopf. «Was ist das für ein Ding, das so lustig
herumspringt?» sprach das Mädchen, nahm
die Spindel und wollte auch spinnen. Kaum
hatte sie aber die Spindel angerührt, so ging der
Zauberspruch in Erfüllung, und sie stach sich
damit in den Finger.

In dem Augenblick aber, wo sie den Stich
empfand, fiel sie auf das Bett nieder, das dastand, und lag in einem tiefen Schlaf. Und dieser Schlaf verbreitete sich über das ganze
Schloß: der König und die Königin, die eben

heimgekommen und in den Saal getreten waren, fingen an einzuschlafen und der ganze Hofstaat mit ihnen. Da schliefen auch die Pferde im Stall, die Hunde im Hofe, die Tauben auf dem Dache, die Fliegen an der Wand, ja, das Feuer, das auf dem Herde flackerte, ward still und schlief ein, und der Braten hörte auf zu brutzeln, und der Koch, der den Küchenjungen, weil er etwas versehen hatte, in den Haaren ziehen wollte, ließ ihn los und schlief. Und der Wind legte sich, und auf den Bäumen vor dem Schloß regte sich kein Blättchen mehr.

Rings um das Schloß aber begann eine Dornenhecke zu wachsen, die jedes Jahr höher ward und endlich das ganze Schloß umzog und darüber hinaus wuchs, daß gar nichts mehr davon zu sehen war, selbst nicht die Fahne auf dem Dach. Es ging aber die Sage in dem Land von dem schönen schlafenden Dornröschen, denn so ward die Königstochter genannt, also daß von Zeit zu Zeit Königssöhne kamen und durch die Hecke in das Schloß dringen wollten. Es war ihnen aber nicht möglich, denn die Dornen, als hätten sie Hände, hielten fest zusammen, und die Jünglinge blieben darin hängen, konnten sich nicht wieder losmachen und starben eines jämmerlichen Todes. Nach langen langen Jahren kam wieder einmal ein Königssohn in das Land und hörte, wie ein alter Mann von der Dornhecke erzählte, es sollte ein Schloß dahinter stehen, in welchem eine wunderschöne Königstochter, Dornröschen genannt, schon seit hundert Jahren schliefe, und mit ihr schliefe der König und die Königin und der ganze Hofstaat. Er wußte auch von seinem Großvater, daß schon viele Königssöhne gekommen wären und versucht hätten, durch die Dornenhecke zu dringen, aber sie wären darin hängengeblieben und eines traurigen Todes gestorben. Da sprach der Jüngling: «Ich fürchte mich nicht, ich will hinaus und das schöne Dornröschen sehen.» Der gute Alte mochte ihm abraten, wie er wollte, er hörte nicht auf seine Worte.

Nun waren aber gerade die hundert Jahre verflossen, und der Tag war gekommen, wo Dornröschen wieder erwachen sollte. Als der Königssohn sich der Dornenhecke näherte, waren es lauter große schöne Blumen, die taten sich von selbst auseinander und ließen ihn unbeschädigt hindurch, und hinter ihm taten sie sich wieder als eine Hecke zusammen. Im Schloßhof sah er die Pferde und scheckigen Jagdhunde liegen und schlafen, auf dem Dache saßen die Tauben und hatten das Köpfchen unter die Flügel gesteckt. Und als er ins Haus kam, schliefen die Fliegen an der Wand, der Koch in der Küche hielt noch die Hand, als wollte er den Jungen anpacken, und die Magd saß vor dem schwarzen Huhn, das sollte gerupft werden. Da ging er weiter und sah im Saale den ganzen Hofstaat liegen und schlafen, und oben bei dem Throne lag der König und die Königin. Da ging er noch weiter, und alles war so still, daß einer seinen Atem hören konnte, und endlich kam er zu dem Turm und öffnete die Türe zu der kleinen Stube, in welcher Dornröschen schlief. Da lag es und war so schön, daß er die Augen nicht abwenden konnte, und er bückte sich und gab ihm einen Kuß. Wie er es mit dem Kuß berührt hatte, schlug Dornröschen die Augen auf, erwachte und blickte ihn ganz freundlich an. Da gingen sie zusammen herab, und der König erwachte und die Königin und der ganze Hofstaat und sahen einander mit großen Augen an. Und die Pferde im Hof standen auf und rüttelten sich: die Jagdhunde sprangen und wedelten: die Tauben auf dem Dache zogen das Köpfchen unterm Flügel hervor, sahen umher und flogen ins Feld: die Fliegen an den Wänden krochen weiter: das Feuer in der Küche erhob sich, flackerte und kochte das Essen: der Braten fing an zu brutzeln: und der Koch gab dem Jungen eine Ohrfeige, daß er schrie: und die Magd rupfte das Huhn fertig. Und da wurde die Hochzeit des Königssohns mit dem Dornröschen in aller Pracht gefeiert, und sie lebten vergnügt bis an ihr Ende.

51

FUNDEVOGEL

Es war einmal ein Förster, der ging in den Wald auf die Jagd, und wie er in den Wald kam, hörte er schreien, als ob's ein kleines Kind wäre. Er ging dem Schreien nach und kam endlich zu einem hohen Baum, und oben darauf saß ein kleines Kind. Es war aber die Mutter mit dem Kinde unter dem Baum eingeschlafen, und ein Raubvogel hatte das Kind in ihrem Schoße gesehen: da war er hinzugeflogen, hatte es mit seinem Schnabel weggenommen und auf den hohen Baum gesetzt.

Der Förster stieg hinauf, holte das Kind herunter und dachte: Du willst das Kind mit nach Haus nehmen und mit deinem Lenchen zusammen aufziehn. Er brachte es also heim, und die zwei Kinder wuchsen miteinander auf. Das aber, das auf dem Baum gefunden worden war, und weil es ein Vogel weggetragen hatte, wurde *Fundevogel* geheißen. Fundevogel und Lenchen hatten sich so lieb, nein so lieb, daß wenn eins das andere nicht sah, ward es traurig.

Der Förster hatte aber eine alte Köchin, die nahm eines Abends zwei Eimer und fing an, Wasser zu schleppen, und ging nicht einmal, sondern vielemal hinaus an den Brunnen. Lenchen sah es und sprach: «Hör einmal, alte Sanne, was trägst du denn so viel Wasser zu?» — «Wenn du's keinem Menschen wieder sagen willst, so will ich dir's wohl sagen.» Da sagte

Lenchen nein, sie wollte es keinem Menschen wieder sagen, so sprach die Köchin: «Morgen früh, wenn der Förster auf die Jagd ist, da koche ich das Wasser, und wenn's im Kessel siedet, werfe ich den Fundevogel 'ein und will ihn darin kochen.»

Des andern Morgens in der Frühe stieg der Förster auf und ging auf die Jagd, und als er weg war, lagen die Kinder noch im Bett. Da sprach Lenchen zum Fundevogel: «Verläßt du mich nicht, so verlaß ich dich auch nicht», so sprach der Fundevogel: «Nun und nimmermehr.» Da sprach Lenchen: «Ich will es dir nur sagen, die alte Sanne schleppte gestern abend so viel Eimer Wasser ins Haus; da fragte ich sie, warum sie das täte, so sagte sie, wenn ich's keinem Menschen sagen wollte, so wollte sie es mir wohl sagen: sprach ich, ich wollte es gewiß keinem Menschen sagen: da sagte sie, morgen früh, wenn der Vater auf die Jagd wäre, wollte sie den Kessel voll Wasser sieden, dich hineinwerfen und kochen. Wir wollen aber geschwind aufsteigen, uns anziehen und zusammen fortgehen.»

Also standen die beiden Kinder auf, zogen sich geschwind an und gingen fort. Wie nun das Wasser im Kessel kochte, ging die Köchin in die Schlafkammer, wollte den Fundevogel holen und ihn hineinwerfen. Aber, als sie hineinkam und zu den Betten trat, waren die Kinder alle beide fort: da wurde ihr grausam angst, und sie sprach vor sich: «Was will ich nun sagen, wenn der Förster heimkommt und sieht, daß die Kinder weg sind? Geschwind hinten nach, daß wir sie wieder kriegen.»

Da schickte die Köchin drei Knechte nach, die sollten laufen und die Kinder einlangen. Die Kinder aber saßen vor dem Wald, und als sie die drei Knechte von weitem laufen sahen, sprach Lenchen zum Fundevogel: «Verläßt du mich nicht, so verlaß ich dich auch nicht», so sprach Fundevogel: «Nun und nimmermehr.» Da sagte Lenchen: «Werde du zum Rosenstöckchen und ich zum Röschen darauf.» Wie nun die drei Knechte vor den Wald kamen, so war nichts da als ein Rosenstrauch und ein Röschen obendrauf, die Kinder aber nirgend. Da sprachen sie: «Hier ist nichts zu machen», und gingen heim und sagten der Köchin, sie hätten nichts in der Welt gesehen als nur ein Rosenstöckchen und ein Röschen obendrauf. Da schalt die alte Köchin: «Ihr Einfaltspinsel, ihr hättet das Rosenstöckchen sollen entzweischneiden und das Röschen abbrechen und mit nach Haus bringen, geschwind und tut's.» Sie mußten also zum zweitenmal hinaus und suchen. Die Kinder sahen sie aber von weitem kommen, da sprach Lenchen: «Fundevogel, verläßt du mich nicht, so verlaß ich dich auch nicht.» Fundevogel sagte: «Nun und nimmermehr.» Sprach Lenchen: «So werde du eine Kirche und ich die Krone darin.» Wie nun die drei Knechte dahin kamen, war nichts da als eine Kirche und eine Krone darin. Sie sprachen also zueinander: «Was sollen wir hier machen, laßt uns nach Hause gehen.» Wie sie

nach Haus kamen, fragte die Köchin, ob sie
nichts gefunden hätten: so sagten sie nein, sie
hätten nichts gefunden als eine Kirche, da wäre
eine Krone darin gewesen. «Ihr Narren», schalt
die Köchin, «warum habt ihr nicht die Kirche
zerbrochen und die Krone mit heimgebracht?»
Nun machte sich die alte Köchin selbst auf die
Beine und ging mit den drei Knechten den
Kindern nach. Die Kinder sahen aber die drei
Knechte von weitem kommen, und die Köchin
wackelte hintennach. Da sprach Lenchen:
«Fundevogel, verläßt du mich nicht, so verlaß
ich dich auch nicht.» Da sprach der Fundevogel: «Nun und nimmermehr.» Sprach Lenchen: «Werde zum Teich und ich die Ente darauf.» Die Köchin aber kam herzu, und als sie
den Teich sahe, legte sie sich drüber hin und
wollte ihn aussaufen. Aber die Ente kam schnell
geschwommen, faßte sie mit ihrem Schnabel
beim Kopf und zog sie ins Wasser hinein: da
mußte die alte Hexe ertrinken. Da gingen die
Kinder zusammen nach Haus und waren herzlich froh; und wenn sie nicht gestorben sind,
leben sie noch.

52

KÖNIG DROSSELBART

Ein König hatte eine Tochter, die war über alle
Maßen schön, aber dabei so stolz und übermütig, daß ihr kein Freier gut genug war. Sie wies
einen nach dem andern ab und trieb noch dazu

Spott mit ihnen. Einmal ließ der König ein großes Fest anstellen und ladete dazu aus der Nähe und Ferne die heiratslustigen Männer ein. Sie wurden alle in eine Reihe nach Rang und Stand geordnet; erst kamen die Könige, dann die Herzöge, die Fürsten, Grafen und Freiherrn, zuletzt die Edelleute. Nun ward die Königstochter durch die Reihen geführt, aber an jedem hatte sie etwas auszusetzen. Der eine war ihr zu dick, «das Weinfaß!» sprach sie. Der andere zu lang, «lang und schwank hat keinen Gang.» Der dritte zu kurz, «kurz und dick hat kein Geschick.» Der vierte zu blaß, «der bleiche Tod!» Der fünfte zu rot, «der Zinshahn!» Der sechste war nicht gerad genug, «grünes Holz, hinterm Ofen getrocknet!» Und so hatte sie an einem jeden etwas auszusetzen, besonders aber machte sie sich über einen guten König lustig, der ganz oben stand und dem das Kinn ein wenig krumm gewachsen war. «Ei», rief sie und lachte, «der hat ein Kinn wie die Drossel einen Schnabel»; und seit der Zeit bekam er den Namen *Drosselbart*. Der alte König aber, als er sah, daß seine Tochter nichts tat, als über die Leute spotten, und alle Freier, die da versammelt waren, verschmähte, ward er zornig und schwur, sie sollte den ersten besten Bettler zum Manne nehmen, der vor seine Türe käme.

Ein paar Tage darauf hub ein Spielmann an, unter dem Fenster zu singen, um damit ein geringes Almosen zu verdienen. Als es der König hörte, sprach er: «Laßt ihn heraufkommen.» Da trat der Spielmann in seinen schmutzigen verlumpten Kleidern herein, sang vor dem König und seiner Tochter und bat, als er fertig war, um eine milde Gabe. Der König sprach: «Dein Gesang hat mir so wohl gefallen, daß ich dir meine Tochter da zur Frau geben will.» Die Königstochter erschrak, aber der König sagte: «Ich habe den Eid getan, dich dem ersten besten Bettelmann zu geben, den will ich auch halten.» Es half keine Einrede, der Pfarrer ward geholt, und sie mußte sich gleich mit dem Spielmann trauen lassen. Als das geschehen war, sprach der König: «Nun schickt sich's nicht, daß du als ein Bettelweib noch länger in meinem Schloß bleibst, du kannst nun mit deinem Manne fortziehen.»

Der Bettelmann führte sie an der Hand hinaus, und sie mußte mit ihm zu Fuß fortgehen. Als sie in einen großen Wald kamen, da fragte sie:

«Ach, wem gehört der schöne Wald?»
«Der gehört dem König Drosselbart;
Hättst du'n genommen, so wär er dein.»
«Ich arme Jungfer zart,
Ach, hätt' ich genommen den König
  Drosselbart!»

Darauf kamen sie über eine Wiese, da fragte sie wieder:

«Wem gehört die schöne grüne Wiese?»
«Die gehört dem König Drosselbart;
Hättst du'n genommen, so wär sie dein.»
«Ich arme Jungfer zart,
Ach, hätt' ich genommen den König
  Drosselbart!»

Dann kamen sie durch eine große Stadt, da fragte sie wieder:

«Wem gehört diese schöne große Stadt?»
«Sie gehört dem König Drosselbart;
Hättst du'n genommen, so wär sie dein.»
«Ich arme Jungfer zart,
Ach, hätt' ich genommen den König
   Drosselbart!»

«Es gefällt mir gar nicht», sprach der Spielmann, «daß du dir immer einen andern zum Mann wünschest: bin ich dir nicht gut genug?» Endlich kamen sie an ein ganz kleines Häuschen, da sprach sie:

«Ach Gott, was ist das Haus so klein!
Wem mag das elende winzige Häuschen
   sein?»

Der Spielmann antwortete: «Das ist mein und dein Haus, wo wir zusammen wohnen.» Sie mußte sich bücken, damit sie zu der niedrigen Tür hineinkam. «Wo sind die Diener?» sprach die Königstochter. «Was Diener!» antwortete der Bettelmann, «du mußt selber tun, was du willst getan haben. Mach nur gleich Feuer an und stell Wasser auf, daß du mir mein Essen kochst; ich bin ganz müde.» Die Königstochter verstand aber nichts vom Feueranmachen und Kochen, und der Bettelmann mußte selber mit Hand anlegen, daß es noch so leidlich ging. Als sie die schmale Kost verzehrt hatten, legten sie sich zu Bett: aber am Morgen trieb er sie schon ganz früh heraus, weil sie das Haus besorgen sollte. Ein paar Tage lebten sie auf diese Art schlecht und recht und zehrten ihren Vorrat auf. Da sprach der Mann: «Frau, so geht's nicht länger, daß wir hier zehren und nichts verdienen. Du sollst Körbe flechten.» Er ging aus, schnitt Weiden und brachte sie heim: da fing sie an zu flechten, aber die harten Weiden stachen ihr die zarten Hände wund. «Ich sehe, das geht nicht», sprach der Mann, «spinn lieber, vielleicht kannst du das besser.» Sie setzte sich hin und versuchte zu spinnen, aber der harte Faden schnitt ihr bald in die weichen Finger, daß das Blut daran herunterlief. «Siehst du», sprach der Mann, «du taugst zu keiner Arbeit, mit dir bin ich schlimm angekommen. Nun will ich's versuchen und einen Handel mit Töpfen und irdenem Geschirr anfangen: du sollst dich auf den Markt setzen und die Ware feilhalten.» — Ach, dachte sie, wenn auf den Markt Leute aus meines Vaters Reich kommen und sehen mich da sitzen und feilhalten, wie werden sie mich verspotten! Aber es half nichts, sie mußte sich fügen, wenn sie nicht Hungers sterben wollten. Das erstemal ging's gut, denn die Leute kauften der Frau, weil sie schön war, gern ihre Ware ab und bezahlten, was sie forderte: ja, viele gaben ihr das Geld und ließen ihr die Töpfe noch dazu. Nun lebten sie von dem Erworbenen, solang es dauerte, da handelte der Mann wieder eine Menge neues Geschirr ein. Sie setzte sich damit an eine Ecke des Marktes und stellte es um sich her und hielt feil. Da kam plötzlich ein trunkener Husar dahergejagt und ritt geradezu in die

Töpfe hinein, daß alles in tausend Scherben zersprang. Sie fing an zu weinen und wußte vor Angst nicht, was sie anfangen sollte. «Ach, wie wird mir's ergehen!» rief sie, «was wird mein Mann dazu sagen!» Sie lief heim und erzählte ihm das Unglück. «Wer setzt sich auch an die Ecke des Marktes mit irdenem Geschirr!» sprach der Mann, «laß nur das Weinen, ich sehe wohl, du bist zu keiner ordentlichen Arbeit zu gebrauchen. Da bin ich in unseres Königs Schloß gewesen und habe gefragt, ob sie nicht eine Küchenmagd brauchen könnten, und sie haben mir versprochen, sie wollten dich dazu nehmen; dafür bekommst du freies Essen.»

Nun ward die Königstochter eine Küchenmagd, mußte dem Koch zur Hand gehen und die sauerste Arbeit tun. Sie machte sich in beiden Taschen ein Töpfchen fest, darin brachte sie nach Haus, was ihr von dem Übriggebliebenen zuteil ward, und davon nährten sie sich. Es trug sich zu, daß die Hochzeit des ältesten Königssohnes sollte gefeiert werden; da ging die arme Frau hinauf, stellte sich vor die Saaltüre und wollte zusehen. Als nun die Lichter angezündet waren und immer einer schöner als der andere hereintrat und alles voll Pracht und Herrlichkeit war, da dachte sie mit betrübtem Herzen an ihr Schicksal und verwünschte ihren Stolz und Übermut, der sie erniedrigt und in so große Armut gestürzt hatte. Von den köstlichen Speisen, die da ein- und ausgetragen wurden und von welchen der Geruch zu ihr aufstieg, warfen ihr die Diener manchmal ein paar Brocken zu, die tat sie in ihr Töpfchen und wollte es heimtragen. Auf einmal trat der Königssohn herein, war in Samt und Seide gekleidet und hatte goldene Ketten um den Hals. Und als er die schöne Frau in der Türe stehen sah, ergriff er sie bei der Hand und wollte mit ihr tanzen, aber sie weigerte sich und erschrak, denn sie sah, daß es der König Drosselbart war, der um sie gefreit und den sie mit Spott abgewiesen hatte. Ihr Sträuben half nichts, er zog sie in den Saal: da zerriß das Band, an welchem die Taschen hingen, und die Töpfe fielen heraus, daß die Suppe floß und die Brocken umhersprangen. Und wie das die Leute sahen, entstand ein allgemeines Gelächter und Spotten, und sie war so beschämt, daß sie sich lieber tausend Klafter unter die Erde gewünscht hätte. Sie sprang zur Türe hinaus und wollte entfliehen, aber auf der Treppe holte sie ein Mann ein und brachte sie zurück: und wie sie ihn ansah, war es wieder der König Drosselbart. Er sprach ihr freundlich zu: «Fürchte dich nicht, ich und der Spielmann, der mit dir in dem elenden Häuschen gewohnt hat, sind eins: dir zuliebe habe ich mich so verstellt, und der Husar, der dir die Töpfe entzweigeritten hat, bin ich auch gewesen. Das alles ist geschehen, um deinen stolzen Sinn zu beugen und dich für deinen Hochmut zu strafen, womit du mich verspottet hast.» Da weinte sie bitterlich und sagte: «Ich habe großes Unrecht gehabt und bin nicht wert, deine Frau zu sein.» Er aber sprach: «Tröste dich, die bösen Tage sind vorüber, jetzt wollen wir unsere Hochzeit feiern.» Da kamen die Kammerfrauen und taten ihr die prächtigsten Kleider an, und ihr Vater kam und der ganze Hof und wünschten ihr Glück zu ihrer Vermählung mit dem König Drosselbart, und die rechte Freude fing jetzt erst an. Ich wollte, du und ich, wir wären auch dabei gewesen.

53

SNEEWITTCHEN

Es war einmal mitten im Winter, und die Schneeflocken fielen wie Federn vom Himmel herab, da saß eine Königin an einem Fenster, das einen Rahmen von schwarzem Ebenholz hatte, und nähte. Und wie sie so nähte und nach dem Schnee aufblickte, stach sie sich mit der Nadel in den Finger, und es fielen drei Tropfen Blut in den Schnee. Und weil das Rote im weißen Schnee so schön aussah, dachte sie bei sich: Hätt ich ein Kind so weiß wie Schnee, so rot wie Blut und so schwarz wie das Holz an dem Rahmen. Bald darauf bekam sie ein Töchterlein, das war so weiß wie Schnee, so rot wie Blut und so schwarzhaarig wie Ebenholz, und ward darum das *Sneewittchen* (Schneeweißchen) genannt. Und wie das Kind geboren war, starb die Königin.

Über ein Jahr nahm sich der König eine andere Gemahlin. Es war eine schöne Frau, aber sie war stolz und übermütig und konnte nicht leiden, daß sie an Schönheit von jemand sollte übertroffen werden. Sie hatte einen wunderbaren Spiegel; wenn sie vor den trat und sich darin beschaute, sprach sie:

«Spieglein, Spieglein an der Wand,
Wer ist die Schönste im ganzen Land?»

so antwortete der Spiegel:

«Frau Königin, Ihr seid die Schönste im Land.»

Da war sie zufrieden, denn sie wußte, daß der Spiegel die Wahrheit sagte.

Sneewittchen aber wuchs heran und wurde immer schöner, und als es sieben Jahr alt war, war es so schön wie der klare Tag und schöner als die Königin selbst. Als diese einmal ihren Spiegel fragte:

«Spieglein, Spieglein an der Wand,
Wer ist die Schönste im ganzen Land?»

so antwortete er:

«Frau Königin, Ihr seid die Schönste hier;
Aber Sneewittchen ist tausendmal schöner als Ihr.»

Da erschrak die Königin und ward gelb und
grün vor Neid. Von Stund an, wenn sie Sneewittchen erblickte, kehrte sich ihr das Herz im
Leibe herum, so haßte sie das Mädchen. Und
der Neid und Hochmut wuchsen wie ein Un-
kraut in ihrem Herzen immer höher, daß sie
Tag und Nacht keine Ruhe mehr hatte. Da rief
sie einen Jäger und sprach: «Bring das Kind
hinaus in den Wald, ich will's nicht mehr vor
meinen Augen sehen. Du sollst es töten und
mir Lunge und Leber zum Wahrzeichen mitbringen.» Der Jäger gehorchte und führte es
hinaus, und als er den Hirschfänger gezogen
hatte und Sneewittchens unschuldiges Herz
durchbohren wollte, fing es an zu weinen und
sprach: «Ach, lieber Jäger, laß mir mein Leben;
ich will in den wilden Wald laufen und nimmer-

mehr wieder heimkommen.» Und weil es so schön war, hatte der Jäger Mitleiden und sprach: «So lauf hin, du armes Kind.» — Die wilden Tiere werden dich bald gefressen haben, dachte er, und doch war's ihm, als wär ein Stein von seinem Herzen gewälzt, weil er es nicht zu töten brauchte. Und als gerade ein junger Frischling dahergesprungen kam, stach er ihn ab, nahm Lunge und Leber heraus und brachte sie als Wahrzeichen der Königin mit. Der Koch mußte sie in Salz kochen, und das boshafte Weib aß sie auf und meinte, sie hätte Sneewittchens Lunge und Leber gegessen.

Nun war das arme Kind in dem großen Wald mutterselig allein, und ward ihm so angst, daß es alle Blätter an den Bäumen ansah und nicht wußte, wie es sich helfen sollte. Da fing es an zu laufen und lief über die spitzen Steine und durch die Dornen, und die wilden Tiere sprangen an ihm vorbei, aber sie taten ihm nichts. Es lief, solange nur die Füße noch fortkonnten, bis es bald Abend werden wollte; da sah es ein kleines Häuschen und ging hinein, sich zu ruhen. In dem Häuschen war alles klein, aber so zierlich und reinlich, daß es nicht zu sagen ist. Da stand ein weißgedecktes Tischlein mit sieben kleinen Tellern, jedes Tellerlein mit seinem Löffelein, ferner sieben Messerlein und Gäblein und sieben Becherlein. An der Wand waren sieben Bettlein nebeneinander aufgestellt und schneeweiße Laken darübergedeckt. Sneewittchen, weil es so hungrig und durstig war, aß von jedem Tellerlein ein wenig

Gemüs und Brot und trank aus jedem Becherlein einen Tropfen Wein; denn es wollte nicht
einem allein alles wegnehmen. Hernach, weil
es so müde war, legte es sich in ein Bettchen,
aber keins paßte; das eine war zu lang, das
andere zu kurz, bis endlich das siebente recht
war: und darin blieb es liegen, befahl sich
Gott und schlief ein.

Als es ganz dunkel geworden war, kamen die
Herren von dem Häuslein, das waren die sieben
Zwerge, die in den Bergen nach Erz hackten
und gruben. Sie zündeten ihre sieben Lichtlein
an, und wie es nun hell im Häuslein ward,
sahen sie, daß jemand darin gewesen war, denn
es stand nicht alles so in der Ordnung, wie sie
es verlassen hatten. Der erste sprach: «Wer hat
auf meinem Stühlchen gesessen?» Der zweite:
«Wer hat von meinem Tellerchen gegessen?»
Der dritte: «Wer hat von meinem Brötchen
genommen?» Der vierte: «Wer hat von meinem Gemüschen gegessen?» Der fünfte: «Wer
hat mit meinem Gäbelchen gestochen?» Der
sechste: «Wer hat mit meinem Messerchen geschnitten?» Der siebente: «Wer hat aus meinem Becherlein getrunken?» Dann sah sich der
erste um und sah, daß auf seinem Bett eine
kleine Dälle war, da sprach er: «Wer hat in
mein Bettchen getreten?» Die andern kamen
gelaufen und riefen: «In meinem hat auch
jemand gelegen.» Der siebente aber, als er in
sein Bett sah, erblickte Sneewittchen, das lag
darin und schlief. Nun rief er die andern, die
kamen herbeigelaufen und schrien vor Ver-

wunderung, holten ihre sieben Lichtlein und beleuchteten Sneewittchen. «Ei, du mein Gott! Ei, du mein Gott!» riefen sie, «was ist das Kind so schön!», und hatten so große Freude, daß sie es nicht aufweckten, sondern im Bettlein fortschlafen ließen. Der siebente Zwerg aber schlief bei seinen Gesellen, bei jedem eine Stunde, da war die Nacht herum.

Als es Morgen war, erwachte Sneewittchen, und wie es die sieben Zwerge sah, erschrak es. Sie waren aber freundlich und fragten: «Wie heißt du?» — «Ich heiße Sneewittchen», antwortete es. «Wie bist du in unser Haus gekommen?» sprachen weiter die Zwerge. Da erzählte es ihnen, daß seine Stiefmutter es hätte wollen umbringen lassen, der Jäger hätte ihm aber das Leben geschenkt, und da wär es gelaufen den ganzen Tag, bis es endlich ihr Häuslein gefunden hätte. Die Zwerge sprachen: «Willst du unsern Haushalt versehen, kochen, betten, waschen, nähen und stricken, und willst du alles ordentlich und reinlich halten, so kannst du bei uns bleiben, und es soll dir an nichts fehlen.» — «Ja», sagte Sneewittchen, «von Herzen gern», und blieb bei ihnen. Es hielt ihnen das Haus in Ordnung: Morgens gingen sie in die Berge und suchten Erz und Gold, abends kamen sie wieder, und da mußte ihr Essen bereit sein. Den Tag über war das Mädchen allein; da warnten es die guten Zwerglein und sprachen: «Hüte dich vor deiner Stiefmutter, die wird bald wissen, daß du hier bist; laß ja niemand herein.»

Die Königin aber, nachdem sie Sneewittchens Lunge und Leber glaubte gegessen zu
haben, dachte nicht anders, als sie wäre wieder
die Erste und Allerschönste, trat vor ihren
Spiegel und sprach:

«Spieglein, Spieglein an der Wand,
Wer ist die Schönste im ganzen Land?»

Da antwortete der Spiegel:

«Frau Königin, Ihr seid die Schönste hier,
Aber Sneewittchen über den Bergen
Bei den sieben Zwergen
Ist noch tausendmal schöner als Ihr.»

Da erschrak sie, denn sie wußte, daß der
Spiegel keine Unwahrheit sprach, und merkte,
daß der Jäger sie betrogen hatte und Sneewittchen noch am Leben war. Und da sann und
sann sie aufs neue, wie sie es umbringen wollte;
denn solange sie nicht die Schönste war im
ganzen Land, ließ ihr der Neid keine Ruhe.
Und als sie sich endlich etwas ausgedacht hatte,
färbte sie sich das Gesicht und kleidete sich
wie eine alte Krämerin und war ganz unkenntlich. In dieser Gestalt ging sie über die sieben
Berge zu den sieben Zwergen, klopfte an die
Türe und rief: «Schöne Ware feil! feil!» Sneewittchen guckte zum Fenster heraus und rief:
«Guten Tag, liebe Frau, was habt Ihr zu verkaufen?» — «Gute Ware, schöne Ware», antwortete sie, «Schnürriemen von allen Farben»,

und holte einen hervor, der aus bunter Seide geflochten war. Die ehrliche Frau kann ich hereinlassen, dachte Sneewittchen, riegelte die Türe auf und kaufte sich den hübschen Schnürriemen. «Kind», sprach die Alte, «wie du aussiehst! Komm, ich will dich einmal ordentlich schnüren.» Sneewittchen hatte kein Arg, stellte sich vor sie und ließ sich mit dem neuen Schnürriemen schnüren: aber die Alte schnürte geschwind und schnürte so fest, daß dem Sneewittchen der Atem verging und es für tot hinfiel. «Nun bist du die Schönste gewesen», sprach sie und eilte hinaus.

Nicht lange darauf, zur Abendzeit, kamen die sieben Zwerge nach Haus; aber wie erschraken sie, als sie ihr liebes Sneewittchen auf der Erde liegen sahen; und es regte und bewegte sich nicht, als wäre es tot. Sie hoben es in die Höhe, und weil sie sahen, daß es zu fest geschnürt war, schnitten sie den Schnürriemen entzwei: da fing es an, ein wenig zu atmen, und ward nach und nach wieder lebendig. Als die Zwerge hörten, was geschehen war, sprachen sie: «Die alte Krämerfrau war niemand als die gottlose Königin: hüte dich und laß keinen Menschen herein, wenn wir nicht bei dir sind.»

Das böse Weib aber, als es nach Haus gekommen war, ging vor den Spiegel und fragte:

«Spieglein, Spieglein an der Wand,
Wer ist die Schönste im ganzen Land?»

Da antwortete er wie sonst:

> «Frau Königin, Ihr seid die Schönste hier,
> Aber Sneewittchen über den Bergen
> Bei den sieben Zwergen
> Ist noch tausendmal schöner als Ihr.»

Als sie das hörte, lief ihr alles Blut zum Herzen, so erschrak sie, denn sie sah wohl, daß Sneewittchen wieder lebendig geworden war. «Nun aber», sprach sie, «will ich etwas aussinnen, das dich zugrunde richten soll», und mit Hexenkünsten, die sie verstand, machte sie einen giftigen Kamm. Dann verkleidete sie sich und nahm die Gestalt eines andern alten Weibes an. So ging sie hin über die sieben Berge zu den sieben Zwergen, klopfte an die Türe und rief: «Gute Ware feil! feil!» Sneewittchen schaute heraus und sprach: «Geht nur weiter, ich darf niemand hereinlassen.» — «Das Ansehen wir dir doch erlaubt sein», sprach die Alte, zog den giftigen Kamm heraus und hielt ihn in die Höhe. Da gefiel er dem Kinde so gut, daß es sich betören ließ und die Türe öffnete. Als sie des Kaufs einig waren, sprach die Alte: «Nun will ich dich einmal ordentlich kämmen.» Das arme Sneewittchen dachte an nichts und ließ die Alte gewähren; aber kaum hatte sie den Kamm in die Haare gesteckt, als das Gift darin wirkte und das Mädchen ohne Besinnung niederfiel. «Du Ausbund von Schönheit», sprach das boshafte Weib, «jetzt ist's um dich geschehen», und ging fort. Zum Glück

aber war es bald Abend, wo die sieben Zwerglein nach Haus kamen. Als sie Sneewittchen
wie tot auf der Erde liegen sahen, hatten sie
gleich die Stiefmutter in Verdacht, suchten
nach und fanden den giftigen Kamm, und
kaum hatten sie ihn herausgezogen, so kam

Sneewittchen wieder zu sich und erzählte, was
vorgegangen war. Da warnten sie es noch
einmal, auf seiner Hut zu sein und niemand die
Türe zu öffnen.

Die Königin stellte sich daheim vor den
Spiegel und sprach:

«Spieglein, Spieglein an der Wand,
Wer ist die Schönste im ganzen Land?»

Da antwortete er wie vorher:

«Frau Königin, Ihr seid die Schönste hier,
Aber Sneewittchen über den Bergen
Bei den sieben Zwergen
Ist noch tausendmal schöner als Ihr.»

Als sie den Spiegel so reden hörte, zitterte und bebte sie vor Zorn. «Sneewittchen soll sterben», rief sie, «und wenn es mein eigenes Leben kostet.» Darauf ging sie in eine ganz verborgene einsame Kammer, wo niemand hinkam, und machte da einen giftigen, giftigen Apfel. Äußerlich sah er schön aus, weiß mit roten Backen, daß jeder, der ihn erblickte, Lust danach bekam; aber wer ein Stückchen davon aß, der mußte sterben. Als der Apfel fertig war, färbte sie sich das Gesicht und verkleidete sich in eine Bauersfrau, und so ging sie über die sieben Berge zu den sieben Zwergen. Sie klopfte an, Sneewittchen streckte den Kopf zum Fenster heraus und sprach: «Ich darf keinen Menschen einlassen, die sieben Zwerge haben mir's verboten.» — «Mir auch recht», antwortete die Bäurin, «meine Äpfel will ich schon loswerden. Da, einen will ich dir schenken.» — «Nein», sprach Sneewittchen, «ich darf nichts annehmen.» — «Fürchtest du dich vor Gift?» sprach die Alte, «siehst du, da schneide ich den Apfel in zwei Teile; den roten Backen iß du, den weißen will ich essen.» Der Apfel war aber so künstlich gemacht, daß der rote Backen allein vergiftet war. Sneewittchen lusterte den schönen Apfel an, und als es sah, daß die Bäurin davon aß, so konnte es nicht länger widerstehen, streckte die Hand hinaus und nahm die giftige Hälfte. Kaum aber hatte es einen Bissen davon im Mund, so fiel es tot zur Erde nieder. Da betrachtete es die Königin mit grausigen Blicken und lachte überlaut und sprach: «Weiß wie Schnee, rot wie Blut, schwarz wie Ebenholz! Diesmal können dich die Zwerge nicht wieder erwecken.» Und als sie daheim den Spiegel befragte:

> «Spieglein, Spieglein an der Wand,
> Wer ist die Schönste im ganzen Land?»

so antwortete er endlich:

> «Frau Königin, Ihr seid die Schönste im
> Land.»

Da hatte ihr neidisches Herz Ruhe, so gut ein neidisches Herz Ruhe haben kann.

Die Zwerglein, wie sie abends nach Haus kamen, fanden Sneewittchen auf der Erde liegen, und es ging kein Atem mehr aus seinem Mund, und es war tot. Sie hoben es auf, suchten, ob sie was Giftiges fänden, schnürten es auf, kämmten ihm die Haare, wuschen es mit Wasser und Wein, aber es half alles nichts; das liebe Kind war tot und blieb tot. Sie legten es auf eine Bahre und setzten sich alle siebene daran und beweinten es und weinten drei Tage lang. Da wollten sie es begraben, aber es sah noch so frisch aus wie ein lebender Mensch und hatte noch seine schönen roten Backen. Sie sprachen: «Das können wir nicht in die schwarze Erde versenken», und ließen einen durchsichtigen Sarg von Glas machen, daß man es von allen Seiten sehen konnte, legten es hinein und schrieben mit goldenen Buchstaben seinen Namen darauf und daß es eine Königstochter wäre. Dann setzten sie den Sarg hinaus auf den Berg, und einer von ihnen blieb immer dabei und bewachte ihn. Und die Tiere kamen auch und beweinten Sneewittchen, erst eine Eule, dann ein Rabe, zuletzt ein Täubchen.

Nun lag Sneewittchen lange lange Zeit in dem Sarg und verweste nicht, sondern sah aus, als wenn es schliefe, denn es war noch so weiß als Schnee, so rot als Blut und so schwarzhaarig wie Ebenholz. Es geschah aber, daß ein Königssohn in den Wald geriet und zu dem Zwergenhaus kam, da zu übernachten. Er sah auf dem Berg den Sarg und das schöne Sneewittchen darin und las, was mit goldenen Buchstaben darauf geschrieben war. Da sprach er zu den Zwergen: «Laßt mir den Sarg, ich will euch geben, was ihr dafür haben wollt.» Aber die Zwerge antworteten: «Wir geben ihn nicht um alles Gold in der Welt.» Da sprach er: «So schenkt mir ihn, denn ich kann nicht leben, ohne Sneewittchen zu sehen, ich will es ehren und hochachten wie mein Liebstes.» Wie er so sprach, empfanden die guten Zwerglein Mitleiden mit ihm und gaben ihm den Sarg. Der

Königssohn ließ ihn nun von seinen Dienern auf den Schultern forttragen. Da geschah es, daß sie über einen Strauch stolperten, und von dem Schüttern fuhr der giftige Apfelgrütz, den Sneewittchen abgebissen hatte, aus dem Hals. Und nicht lange, so öffnete es die Augen, hob den Deckel vom Sarg in die Höhe und richtete sich auf und war wieder lebendig. «Ach Gott, wo bin ich?» rief es. Der Königssohn sagte voll Freude: «Du bist bei mir», und erzählte, was sich zugetragen hatte, und sprach: «Ich habe dich lieber als alles auf der Welt; komm mit mir in meines Vaters Schloß, du sollst meine Gemahlin werden.» Da war ihm Sneewittchen gut und ging mit ihm, und ihre Hochzeit ward mit großer Pracht und Herrlichkeit angeordnet.

Zu dem Fest wurde aber auch Sneewittchens gottlose Stiefmutter eingeladen. Wie sie sich nun mit schönen Kleidern angetan hatte, trat sie vor den Spiegel und sprach:

«Spieglein, Spieglein an der Wand,
Wer ist die Schönste im ganzen Land?»

Der Spiegel antwortete:

«Frau Königin, Ihr seid die Schönste hier,
Aber die junge Königin ist tausendmal
    schöner als Ihr.»

Da stieß das böse Weib einen Fluch aus, und ward ihr so angst, so angst, daß sie sich nicht zu lassen wußte. Sie wollte zuerst gar nicht auf die Hochzeit kommen: doch ließ es ihr keine Ruhe, sie mußte fort und die junge Königin sehen. Und wie sie hineintrat, erkannte sie Sneewittchen, und vor Angst und Schrecken stand sie da und konnte sich nicht regen. Aber es waren schon eiserne Pantoffeln über Kohlenfeuer gestellt und wurden mit Zangen hereingetragen und vor sie hingestellt. Da mußte sie in die rotglühenden Schuhe treten und so lange tanzen, bis sie tot zur Erde fiel.

54

DER RANZEN, DAS HÜTLEIN
UND DAS HÖRNLEIN

Es waren einmal drei Brüder, die waren immer tiefer in Armut geraten, und endlich war die Not so groß, daß sie Hunger leiden mußten und nichts mehr zu beißen und zu brechen hatten. Da sprachen sie: «Es kann so nicht bleiben: es ist besser, wir gehen in die Welt und suchen unser Glück.» Sie machten sich also auf und waren schon weite Wege und über viele Grashälmerchen gegangen, aber das Glück war ihnen noch nicht begegnet. Da gelangten sie eines Tages in einen großen Wald, und mitten darin war ein Berg, und als sie näher kamen, so sahen sie, daß der Berg ganz von Silber war. Da sprach der älteste: «Nun habe ich das gewünschte Glück gefunden und verlange kein größeres.» Er nahm von dem Silber, soviel er nur tragen konnte, kehrte dann um und ging wieder nach Haus. Die beiden andern aber sprachen: «Wir verlangen vom Glück noch etwas mehr als bloßes Silber», rührten es nicht an und gingen weiter. Nachdem sie abermals ein paar Tage gegangen waren, so kamen sie zu einem Berg, der ganz von Gold war. Der zweite Bruder stand, besann sich und war ungewiß. «Was soll ich tun?» sprach er, «soll ich mir von dem Golde so viel nehmen, daß ich mein Lebtag genug habe, oder soll ich weitergehen?» Endlich faßte er einen Entschluß, füllte in seine Taschen, was hinein wollte, sagte seinem Bruder Lebewohl und ging heim. Der dritte aber sprach: «Silber und Gold, das rührt mich nicht: ich will meinem Glück nicht absagen, vielleicht ist mir etwas Besseres beschert.» Er zog weiter, und als er drei Tage gegangen war, so kam er in einen Wald, der noch größer war als die vorigen und gar kein Ende nehmen wollte; und da er nichts zu essen und zu trinken fand, so war er nahe daran zu verschmachten. Da stieg er auf einen hohen Baum, ob er da oben Waldes Ende sehen möchte, aber so weit sein Auge reichte, sah er nichts als die Gipfel der Bäume. Da begab er sich von dem Baume wieder herunterzusteigen, aber der Hunger quälte ihn, und er dachte: Wenn ich nur noch einmal meinen Leib ersättigen könnte. Als er herabkam, sah er mit Erstaunen unter dem Baum einen Tisch, der mit Speisen reichlich besetzt war, die ihm entgegendampften. «Diesmal», sprach er, «ist mein Wunsch zu rechter Zeit erfüllt worden», und ohne zu fragen, wer das Essen gebracht und wer es gekocht hätte, nahte er sich dem Tisch und aß mit Lust, bis er seinen Hunger gestillt hatte. Als er fertig war, dachte er, es wäre doch schade, wenn das feine Tischtüchlein hier in dem Walde verderben sollte, legte es säuberlich zusammen und steckte es ein. Darauf ging er weiter, und abends, als der Hunger sich wieder regte, wollte er sein Tüchlein auf die Probe stellen, breitete es aus und sagte: «So wünsche ich, daß du abermals mit guten Speisen besetzt wärest», und kaum war der Wunsch über seine Lippen gekommen, so standen so viel Schüsseln mit dem schönsten Essen darauf, als nur Platz hatten. «Jetzt merke ich», sagte er, «in welcher Küche für mich gekocht wird; du sollst mir lieber sein als der Berg von Silber und Gold», denn er sah wohl, daß es ein Tüchleindeckdich war. Das Tüchlein war ihm aber doch nicht genug, um sich daheim zur Ruhe zu setzen, sondern er wollte lieber noch in der Welt herumwandern und weiter sein Glück versuchen. Eines Abends traf er in einem einsamen Walde einen schwarz bestaubten Köhler, der brannte da Kohlen und hatte Kartoffeln am Feuer stehen, damit wollte er seine Mahlzeit halten. «Guten Abend, du Schwarzamsel», sagte er, «wie geht dir's in deiner Einsamkeit?» — «Einen Tag wie den andern», erwiderte der Köhler, «und jeden Abend Kartoffeln; hast du Lust dazu und willst mein Gast sein?» — «Schönen Dank», antwortete der Reisende, «ich will dir die Mahlzeit nicht wegnehmen, du hast auf einen Gast nicht gerechnet, aber wenn du mit mir vorliebnehmen willst, so sollst du eingeladen sein.» — «Wer soll dir anrichten?» sprach der Köhler, «ich sehe, daß du nichts bei dir hast, und ein paar Stunden im Umkreis ist niemand, der dir etwas geben könnte.» — «Und doch soll's ein Essen sein», antwortete er, «so gut, wie du noch keins gekostet hast.» Darauf holte er sein Tüchlein aus dem Ranzen, breitete es auf die Erde und sprach: «Tüchlein, deck dich», und alsbald stand da Gesottenes und Gebratenes und war so warm, als wenn es eben aus der Küche käme. Der Köhler machte große Augen, ließ sich aber nicht lange bitten, sondern langte zu und schob immer größere Bissen in sein schwarzes Maul hinein. Als sie abgegessen hatten, schmunzelte der Köhler und sagte: «Hör, dein Tüchlein hat meinen Beifall, das wäre so etwas für mich in dem Walde, wo mir niemand etwas Gutes kocht. Ich will dir einen Tausch vorschlagen da in der Ecke hängt ein Soldatenranzen, der zwar alt und unscheinbar ist, in dem aber wunderbare Kräfte stecken; da ich ihn doch nicht mehr brauche, so will ich ihn für das Tüchlein geben.» — «Erst muß ich wissen, was das für wunderbare Kräfte sind», erwiderte er. «Das will ich dir sagen», antwortete der Köhler, «wenn du mit der Hand darauf klopfst, so kommt jedesmal ein Gefreiter mit sechs Mann, die haben Ober- und Untergewehr, und was du befiehlst, das vollbringen sie.» — «Meinetwegen», sagte er, «wenn's nicht anders sein kann, so wollen wir tauschen», gab dem Köhler das Tüchlein, hob den Ranzen von dem Haken, hing ihn um und nahm Abschied. Als er ein Stück Wegs gegangen war, wollte er die Wunderkräfte seines Ranzens versuchen und klopfte darauf. Alsbald traten die sieben Kriegshelden vor ihn, und der Gefreite sprach: «Was verlangt mein Herr und Gebieter?» — «Marschiert im Eilschritt zu dem Köhler und fordert mein Wünschtüchlein zurück.» Sie machten links um, und gar nicht lange, so brachten sie das Verlangte und hatten es dem Köhler, ohne viel zu fragen, abgenommen. Er hieß sie wieder abziehen, ging weiter und hoffte, das Glück würde ihm noch heller scheinen. Bei Sonnenuntergang kam er zu einem andern Köhler, der bei dem Feuer seine Abendmahlzeit bereitete. «Willst du mit mir essen», sagte der rußige Geselle, «Kartoffeln mit Salz,

aber ohne Schmalz, so setz dich zu mir nieder.»
— «Nein», antwortete er, «für diesmal sollst
du mein Gast sein», deckte sein Tüchlein auf,
das gleich mit den schönsten Gerichten besetzt
war. Sie aßen und tranken zusammen und
waren guter Dinge. Nach dem Essen sprach
der Kohlenbrenner: «Da oben auf der Kamm-
bank liegt ein altes abgegriffenes Hütlein, das
hat seltsame Eigenschaften: wenn das einer
aufsetzt und dreht es auf dem Kopf herum, so
gehen die Feldschlangen, als wären zwölfe
nebeneinander aufgeführt, und schießen alles
darnieder, daß niemand dagegen bestehen
kann. Mir nützt das Hütlein nichts, und für
dein Tischtuch will ich's wohl hingeben.» —
«Das läßt sich hören», antwortete er, nahm das
Hütlein, setzte es auf und ließ sein Tüchlein
zurück. Kaum aber war er ein Stück Wegs
gegangen, so klopfte er auf seinen Ranzen,
und seine Soldaten mußten ihm das Tüchlein
wieder holen. Es kommt eins zum andern,
dachte er, und es ist mir, als wäre mein Glück
noch nicht zu Ende. Seine Gedanken hatten
ihn auch nicht betrogen. Nachdem er abermals einen Tag gegangen war, kam er zu
einem dritten Köhler, der ihn nicht anders als
die vorigen zu ungeschmälzten Kartoffeln
einlud. Er ließ ihn aber von seinem Wunsch-
tüchlein mitessen, und das schmeckte dem
Köhler so gut, daß er ihm zuletzt ein Hörnlein
dafür bot, das noch ganz andere Eigenschaften
hatte als das Hütlein. Wenn man darauf blies,
so fielen alle Mauern und Festungswerke, end-

lich alle Städte und Dörfer übern Haufen. Er gab dem Köhler zwar das Tüchlein dafür, ließ sich's aber hernach von seiner Mannschaft wieder abfordern, so daß er endlich Ranzen, Hütlein und Hörnlein beisammen hatte. «Jetzt», sprach er, «bin ich ein gemachter Mann, und es ist Zeit, daß ich heimkehre und sehe, wie es meinen Brüdern ergeht.»

Als er daheim anlangte, hatten sich seine Brüder von ihrem Silber und Gold ein schönes Haus gebaut und lebten in Saus und Braus. Er trat bei ihnen ein; weil er aber in einem halbzerrissenen Rock kam, das schäbige Hütlein auf dem Kopf und den alten Ranzen auf dem Rücken, so wollten sie ihn nicht für ihren Bruder anerkennen. Sie spotteten und sagten: «Du gibst dich für unsern Bruder aus, der Silber und Gold verschmähte und für sich ein besseres Glück verlangte: der kommt gewiß in voller Pracht als ein mächtiger König angefahren, nicht als ein Bettelmann», und jagten ihn zur Türe hinaus. Da geriet er in Zorn, klopfte auf seinen Ranzen so lange, bis hundertundfünfzig Mann in Reih und Glied vor ihm standen. Er befahl ihnen, das Haus seiner Brüder zu umzingeln, und zwei sollten Haselgerten mitnehmen und den beiden Uebermütigen die Haut auf dem Leibe so lange weichgerben, bis sie wüßten, wer er wäre. Es entstand ein gewaltiger Lärm, die Leute liefen zusammen und wollten den beiden in der Not Beistand leisten, aber sie konnten gegen die Soldaten nichts ausrichten. Es geschah end-

lich dem Könige Meldung davon, der ward
unwillig und ließ einen Hauptmann mit seiner
Schar ausrücken, der sollte den Ruhestörer
aus der Stadt jagen: aber der Mann mit dem
Ranzen hatte bald eine größere Mannschaft
zusammen, die schlug den Hauptmann mit
seinen Leuten zurück, daß sie mit blutigen
Nasen abziehen mußten. Der König sprach:
«Der hergelaufene Kerl ist noch zu bändigen»,
und schickte am andern Tage eine größere
Schar gegen ihn aus, aber sie konnte noch
weniger ausrichten. Er stellte noch mehr Volk
entgegen, und um noch schneller fertig zu
werden, drehte er ein paarmal sein Hütlein
auf dem Kopf herum: da fing das schwere
Geschütz an zu spielen, und des Königs Leute
wurden geschlagen und in die Flucht gejagt.
«Jetzt mache ich nicht eher Frieden», sprach
er, «als bis mir der König seine Tochter zur
Frau gibt und ich in seinem Namen das ganze
Reich beherrsche.» Das ließ er dem König ver-
kündigen, und dieser sprach zu seiner Tochter:
«Muß ist eine harte Nuß: was bleibt mir anders
übrig, als daß ich tue, was er verlangt? Will
ich Frieden haben und die Krone auf meinem
Haupte behalten, so muß ich dich hingeben.»
   Die Hochzeit ward also gefeiert, aber die
Königstochter war verdrießlich, daß ihr Gemahl ein gemeiner Mann war, der einen schä-
bigen Hut trug und einen alten Ranzen umhängen hatte. Sie wäre ihn gerne wieder los
gewesen und sann Tag und Nacht, wie sie das
bewerkstelligen könnte. Da dachte sie, sollten

seine Wunderkräfte wohl in dem Ranzen stecken?, verstellte sich und liebkoste ihn, und als sein Herz weich geworden war, sprach sie: «Wenn du nur den schlechten Ranzen ablegen wolltest, er verunziert dich so sehr, daß ich mich deiner schämen muß.» — «Liebes Kind», antwortete er, «dieser Ranzen ist mein größter Schatz; solange ich den habe, fürchte ich keine Macht der Welt», und verriet ihr, mit welchen Wunderkräften er begabt war. Da fiel sie ihm um den Hals, als wenn sie ihn küssen wollte, nahm ihm aber mit Behendigkeit den Ranzen von der Schulter und lief damit fort. Sobald sie allein war, klopfte sie darauf und befahl den Kriegsleuten, sie sollten ihren vorigen Herrn festnehmen und aus dem königlichen Palast fortführen. Sie gehorchten, und die falsche Frau ließ noch mehr Leute hinter ihm herziehen, die ihn ganz zum Lande hinausjagen sollten. Da wäre er verloren gewesen, wenn er nicht das Hütlein gehabt hätte. Kaum aber waren seine Hände frei, so schwenkte er es ein paarmal: alsbald fing das Geschütz an zu donnern und schlug alles nieder, und die Königstochter mußte selbst kommen und um Gnade bitten. Weil sie so beweglich bat und sich zu bessern versprach, so ließ er sich überreden und bewilligte ihr Frieden. Sie tat freundlich mit ihm, stellte sich an, als hätte sie ihn sehr lieb, und wußte ihn nach einiger Zeit so zu betören, daß er ihr vertraute, wenn auch einer den Ranzen in seine Gewalt bekäme, so könnte er doch nichts gegen ihn ausrichten,

solange das alte Hütlein noch sein wäre. Als
sie das Geheimnis wußte, wartete sie, bis er
eingeschlafen war, dann nahm sie ihm das
Hütlein weg und ließ ihn hinaus auf die Straße
werfen. Aber noch war ihm das Hörnlein übrig,
und in großem Zorne blies er aus allen Kräften
hinein. Alsbald fiel alles zusammen, Mauern,
Festungswerk, Städte und Dörfer, und schlugen den König und die Königstochter tot.
Und wenn er das Hörnlein nicht abgesetzt und
nur noch ein wenig länger geblasen hätte, so
wäre alles über den Haufen gestürzt und kein
Stein auf dem andern geblieben. Da widerstand ihm niemand mehr, und er setzte sich
zum König über das ganze Reich.

55

RUMPELSTILZCHEN

Es war einmal ein Müller, der war arm, aber
er hatte eine schöne Tochter. Nun traf es sich,
daß er mit dem König zu sprechen kam, und
um sich ein Ansehen zu geben, sagte er zu ihm:
«Ich habe eine Tochter, die kann Stroh zu Gold
spinnen.» Der König sprach zum Müller:
«Das ist eine Kunst, die mir wohlgefällt; wenn
deine Tochter so geschickt ist, wie du sagst,
so bring sie morgen in mein Schloß, da will ich
sie auf die Probe stellen.» Als nun das Mädchen zu ihm gebracht ward, führte er es in eine
Kammer, die ganz voll Stroh lag, gab ihr Rad

und Haspel und sprach: «Jetzt mache dich an die Arbeit, und wenn du diese Nacht durch bis morgen früh dieses Stroh nicht zu Gold versponnen hast, so mußt du sterben.» Darauf schloß er die Kammer selbst zu, und sie blieb allein darin.

Da saß nun die arme Müllerstochter und wußte um ihr Leben keinen Rat: sie verstand gar nichts davon, wie man Stroh zu Gold spinnen konnte, und ihre Angst ward immer größer, daß sie endlich zu weinen anfing. Da ging auf einmal die Türe auf, und trat ein kleines Männchen herein und sprach: «Guten Abend, Jungfer Müllerin, warum weint sie so sehr?» — «Ach», antwortete das Mädchen, «ich soll Stroh zu Gold spinnen und verstehe das nicht.» Sprach das Männchen: «Was gibst du mir, wenn ich dir's spinne?» — «Mein Halsband», sagte das Mädchen. Das Männchen nahm das Halsband, setzte sich vor das Rädchen, und schnurr, schnurr, schnurr, dreimal gezogen, war die Spule voll. Dann steckte es eine andere auf, und schnurr, schnurr, schnurr, dreimal gezogen, war auch die zweite voll: und so ging's fort bis zum Morgen, da war alles Stroh versponnen, und alle Spulen waren voll Gold. Bei Sonnenaufgang kam schon der König, und als er das Gold erblickte, erstaunte er und freute sich, aber sein Herz ward nur noch goldgieriger. Er ließ die Müllerstochter in eine andere Kammer voll Stroh bringen, die noch viel größer war, und befahl ihr, das auch in einer Nacht zu spinnen, wenn ihr das Leben lieb wäre. Das Mädchen wußte sich nicht zu helfen und weinte, da ging abermals die Türe auf, und das kleine Männchen erschien und sprach: «Was gibst du mir, wenn ich dir das Stroh zu Gold spinne?» — «Meinen Ring von dem Finger», antwortete das Mädchen. Das Männchen nahm den Ring, fing wieder an zu schnurren mit dem Rade und hatte bis zum Morgen alles Stroh zu glänzendem Gold gesponnen. Der König freute sich über die Maßen bei dem Anblick, war aber noch immer nicht Goldes satt, sondern ließ die Müllerstochter in eine noch größere Kammer voll Stroh bringen und sprach: «Die mußt du noch in dieser Nacht verspinnen: gelingt dir's aber, so sollst du meine Gemahlin werden.» — Wenn's auch eine Müllerstochter ist, dachte er, eine reichere Frau finde ich in der ganzen Welt nicht. Als das Mädchen allein war, kam das Männlein zum drittenmal wieder und sprach: «Was gibst du mir, wenn ich dir noch diesmal das Stroh spinne?» — «Ich habe nichts mehr, das ich geben könnte», antwortete das Mädchen. «So versprich mir, wenn du Königin wirst, dein erstes Kind.» Wer weiß, wie das noch geht, dachte die Müllerstochter und wußte sich auch in der Not nicht anders zu helfen; sie versprach also dem Männchen, was es verlangte, und das Männchen spann dafür noch einmal das Stroh zu Gold. Und als am Morgen der König kam und alles fand, wie er gewünscht hatte, so hielt er Hochzeit mit ihr, und die schöne Müllerstochter ward eine Königin.

Über ein Jahr brachte sie ein schönes Kind zur Welt und dachte gar nicht mehr an das Männchen: da trat es plötzlich in ihre Kammer und sprach: «Nun gib mir, was du versprochen hast.» Die Königin erschrak und bot dem Männchen alle Reichtümer des Königreichs an, wenn es ihr das Kind lassen wollte: aber das Männchen sprach: «Nein, etwas Lebendes ist mir lieber als alle Schätze der Welt.» Da fing die Königin so an zu jammern und zu weinen, daß das Männchen Mitleiden mit ihr hatte: «Drei Tage will ich dir Zeit lassen», sprach es, «wenn du bis dahin meinen Namen weißt, so sollst du dein Kind behalten.»

Nun besann sich die Königin die ganze Nacht über auf alle Namen, die sie jemals gehört hatte, und schickte einen Boten über Land, der sollte sich erkundigen weit und breit, was es sonst noch für Namen gäbe. Als am andern Tag das Männchen kam, fing sie an mit Kaspar, Melchior, Balzer und sagte alle Namen, die sie wußte, nach der Reihe her, aber bei jedem sprach das Männlein: «So heiß ich nicht.» Den zweiten Tag ließ sie in der Nachbarschaft herumfragen, wie die Leute da genannt würden, und sagte dem Männlein die ungewöhnlichsten und seltsamsten Namen vor: «Heißt du vielleicht Rippenbiest oder Hammelswade oder Schnürbein?» Aber es antwortete immer: «So heiß ich nicht.» Den dritten Tag kam der Bote wieder zurück und erzählte: «Neue Namen habe ich keinen einzigen finden können, aber wie ich an einen

hohen Berg um die Waldecke kam, wo Fuchs
und Has sich gute Nacht sagen, so sah ich da
ein kleines Haus, und vor dem Haus brannte
ein Feuer, und um das Feuer sprang ein gar zu
lächerliches Männchen, hüpfte auf einem Bein
und schrie:

«Heute back ich, morgen brau ich,
Übermorgen hol ich der Königin ihr Kind;
Ach, wie gut ist, daß niemand weiß,
Daß ich Rumpelstilzchen heiß!»

Da könnt ihr denken, wie die Königin froh
war, als sie den Namen hörte, und als bald
hernach das Männlein hereintrat und fragte:
«Nun, Frau Königin, wie heiß ich?» fragte sie
erst: «Heißest du Kunz?» — «Nein.» —
«Heißest du Heinz?» — «Nein.»

«Heißt du etwa Rumpelstilzchen?»
«Das hat dir der Teufel gesagt, das hat dir
der Teufel gesagt», schrie das Männlein und
stieß mit dem rechten Fuß vor Zorn so tief in
die Erde, daß es bis an den Leib hineinfuhr,
dann packte es in seiner Wut den linken Fuß
mit beiden Händen und riß sich selbst mitten
entzwei.

56

DER LIEBSTE ROLAND

Es war einmal eine Frau, die war eine rechte Hexe und hatte zwei Töchter, eine häßlich und böse, und die liebte sie, weil sie ihre rechte Tochter war, und eine schön und gut, die haßte sie, weil sie ihre Stieftochter war. Zu einer Zeit hatte die Stieftochter eine schöne Schürze, die der andern gefiel, so daß sie neidisch war und ihrer Mutter sagte, sie wollte und müßte die Schürze haben. «Sei still, mein Kind», sprach die Alte, «du sollst sie auch haben. Deine Stiefschwester hat längst den Tod verdient; heute Nacht, wenn sie schläft, so komm ich und haue ihr den Kopf ab. Sorge nur, daß du hinten ins Bett zu liegen kommst, und schieb sie recht vornen hin.» Um das arme Mädchen war es geschehen, wenn es nicht gerade in einer Ecke gestanden und alles mitangehört hätte. Es durfte den ganzen Tag nicht zur Türe hinaus, und als Schlafenszeit gekommen war, mußte es zuerst ins Bett steigen, damit sie sich hinten hinlegen konnte; als sie aber eingeschlafen war, da schob es sie sachte vornen hin und nahm den Platz hinten an der Wand. In der Nacht kam die Alte geschlichen, in der rechten Hand hielt sie eine Axt, mit der linken fühlte sie erst, ob auch jemand vornen lag, und dann faßte sie die Axt mit beiden Händen, hieb und hieb ihrem eigenen Kinde den Kopf ab.

Als sie fortgegangen war, stand das Mädchen auf und ging zu seinem Liebsten, der Roland hieß, und klopfte an seine Türe. Als er herauskam, sprach sie zu ihm: «Höre, liebster Roland, wir müssen eilig flüchten, die Stiefmutter hat mich totschlagen wollen, hat aber ihr eigenes Kind getroffen. Kommt der Tag, und sie sieht, was sie getan hat, so sind wir verloren.» — «Aber ich rate dir», sagte Roland, «daß du erst ihren Zauberstab wegnimmst, sonst können wir uns nicht retten, wenn sie uns nachsetzt und verfolgt.» Das Mädchen holte den Zauberstab, und dann nahm es den toten Kopf und tröpfelte drei Blutstropfen auf die Erde, einen vors Bett, einen in die Küche und einen auf die Treppe. Darauf eilte es mit seinem Liebsten fort.

Als nun am Morgen die alte Hexe aufgestanden war, rief sie ihre Tochter und wollte ihr die Schürze geben, aber sie kam nicht. Da rief sie: «Wo bist du?» — «Ei, hier auf der Treppe, da kehr ich», antwortete der eine Blutstropfen. Die Alte ging hinaus, sah aber niemand auf der Treppe und rief abermals: «Wo bist du?» — «Ei, hier in der Küche, da wärm ich mich», rief der zweite Blutstropfen. Sie ging in die Küche, aber sie fand niemand. Da rief sie noch einmal: «Wo bist du?» — «Ach, hier im Bette, da schlaf ich», rief der dritte Blutstropfen. Sie ging in die Kammer ans Bett. Was sah sie da? ihr eigenes Kind, das in seinem Blute schwamm und dem sie selbst den Kopf abgehauen hatte.

Die Hexe geriet in Wut, sprang ans Fenster, und da sie weit in die Welt schauen konnte, erblickte sie ihre Stieftochter, die mit ihrem Liebsten Roland forteilte. «Das soll euch nichts helfen», rief sie, «wenn ihr auch schon weit weg seid, ihr entflieht mir doch nicht.» Sie zog ihre Meilenstiefel an, in welchen sie mit jedem Schritt eine Stunde machte, und es dauerte nicht lange, so hatte sie beide eingeholt. Das Mädchen aber, wie es die Alte daherschreiten sah, verwandelte mit dem Zauberstab seinen Liebsten Roland in einen See, sich selbst aber in eine Ente, die mitten auf dem See schwamm. Die Hexe stellte sich ans Ufer, warf Brotbrocken hinein und gab sich alle Mühe, die Ente herbeizulocken: aber die Ente ließ sich nicht locken, und die Alte mußte abends unverrichteter Sache wieder umkehren. Darauf nahm das Mädchen mit seinem Liebsten Roland wieder die natürliche Gestalt an, und sie gingen die ganze Nacht weiter bis zu Tagesanbruch. Da verwandelte sich das Mädchen in eine schöne Blume, die mitten in einer Dornhecke stand, seinen Liebsten Roland aber in einen Geigenspieler. Nicht lange, so kam die Hexe herangeschritten und sprach zu dem Spielmann: «Lieber Spielmann, darf ich mir wohl die schöne Blume abbrechen?» — «O ja», antwortete er, «ich will dazu aufspielen.» Als sie nun mit Hast in die Hecke kroch und die Blume brechen wollte, denn sie wußte wohl, wer die Blume war, so fing er an aufzuspielen, und, sie mochte wollen oder nicht, sie mußte tanzen, denn es war ein Zaubertanz. Je schneller er spielte, desto gewaltigere Sprünge mußte sie machen, und die Dornen rissen ihr die Kleider vom Leibe, stachen sie blutig und wund, und da er nicht aufhörte, mußte sie so lange tanzen, bis sie tot liegenblieb.

Als sie nun erlöst waren, sprach Roland: «Nun will ich zu meinem Vater gehen und die Hochzeit bestellen.» — «So will ich derweil hierbleiben», sagte das Mädchen, «und auf dich warten, und damit mich niemand erkennt, will ich mich in einen roten Feldstein verwandeln.» Da ging Roland fort, und das Mädchen stand als ein roter Stein auf dem Felde und wartete auf seinen Liebsten. Als aber Roland heimkam, geriet er in die Fallstricke einer andern, die es dahin brachte, daß er das Mädchen vergaß. Das arme Mädchen stand lange Zeit, als er aber endlich gar nicht wiederkam, so ward es traurig und verwandelte sich in eine Blume und dachte: Es wird ja wohl einer dahergehen und mich umtreten.

Es trug sich aber zu, daß ein Schäfer auf dem Felde seine Schafe hütete und die Blume sah, und weil sie so schön war, so brach er sie ab, nahm sie mit sich und legte sie in seinen Kasten. Von der Zeit ging es wunderlich in des Schäfers Hause zu. Wenn er morgens aufstand, so war schon alle Arbeit getan: die Stube war gekehrt, Tisch und Bänke abgeputzt, Feuer auf dem Herd gemacht und Wasser getragen; und mittags, wenn er heimkam, war der Tisch gedeckt und ein gutes Essen aufgetragen. Er konnte nicht begreifen, wie das zuging, denn er sah niemals einen Menschen in seinem Haus, und es konnte sich auch niemand in der kleinen Hütte versteckt haben. Die gute Aufwartung gefiel ihm freilich, aber zuletzt ward ihm doch angst, so daß er zu einer weisen Frau ging und sie um Rat fragte. Die weise Frau sprach: «Es steckt Zauberei dahinter; gib einmal morgens in aller Frühe acht, ob sich etwas in der Stube regt, und wenn du etwas siehst, es mag sein, was es will, so wirf schnell ein weißes Tuch darüber, dann wird der Zauber gehemmt.» Der Schäfer tat, wie sie gesagt hatte, und am andern Morgen, eben als der Tag anbrach, sah er, wie sich der Kasten auftat und die Blume herauskam. Schnell sprang er hinzu und warf ein weißes Tuch darüber. Alsbald war die Verwandlung vorbei, und ein schönes Mädchen stand vor ihm, das bekannte ihm, daß es die Blume gewesen wäre und seinen Haushalt bisher besorgt hätte. Es erzählte ihm sein Schicksal, und weil es ihm gefiel, fragte er, ob es ihn heiraten wollte, aber es antwortete: «Nein», denn es wollte seinem Liebsten Roland, obgleich er es verlassen hatte, doch treubleiben: aber es versprach, daß es nicht weggehen, sondern ihm fernerhin Haus halten wollte.

Nun kam die Zeit heran, daß Roland Hochzeit halten sollte: da ward nach altem Brauch im Lande bekanntgemacht, daß alle Mädchen sich einfinden und zu Ehren des Brautpaars singen sollten. Das treue Mädchen, als es davon hörte, ward so traurig, daß es meinte, das

Herz im Leibe würde ihm zerspringen, und wollte nicht hingehen, aber die andern kamen und holten es herbei. Wenn aber die Reihe kam, daß es singen sollte, so trat es zurück, bis es allein noch übrig war, da konnte es nicht anders. Aber wie es seinen Gesang anfing und er zu Rolands Ohren kam, so sprang er auf und rief: «Die Stimme kenne ich, das ist die rechte Braut, eine andere begehr ich nicht.» Alles, was er vergessen hatte und ihm aus dem Sinn verschwunden war, das war plötzlich in sein Herz wieder heimgekommen. Da hielt das treue Mädchen Hochzeit mit seinem Liebsten Roland, und war sein Leid zu Ende und fing seine Freude an.

57

DER GOLDENE VOGEL

Es war vor Zeiten ein König, der hatte einen schönen Lustgarten hinter seinem Schloß, darin stand ein Baum, der goldene Äpfel trug. Als die Äpfel reiften, wurden sie gezählt, aber gleich den nächsten Morgen fehlte einer. Das ward dem König gemeldet, und er befahl, daß alle Nächte unter dem Baume Wache sollte gehalten werden. Der König hatte drei Söhne, davon schickte er den ältesten bei einbrechender Nacht in den Garten: wie es aber Mitternacht war, konnte er sich des Schlafes nicht erwehren, und am nächsten Morgen fehlte wieder ein Apfel. In der folgenden Nacht mußte der zweite Sohn wachen, aber dem erging es nicht besser: als es zwölf Uhr geschlagen hatte, schlief er ein, und morgens fehlte ein Apfel. Jetzt kam die Reihe zu wachen an den dritten Sohn, der war auch bereit, aber der König traute ihm nicht viel zu und meinte, er würde noch weniger ausrichten als seine Brüder: endlich aber gestattete er es doch. Der Jüngling legte sich also unter den Baum, wachte und ließ den Schlaf nicht Herr werden. Als es zwölf schlug, so rauschte etwas durch die Luft, und er sah im Mondschein einen Vogel daherfliegen, dessen Gefieder ganz von Gold glänzte. Der Vogel ließ sich auf dem Baume nieder und hatte eben einen Apfel abgepickt, als der Jüngling einen Pfeil nach ihm abschoß. Der Vogel ent-

flog, aber der Pfeil hatte sein Gefieder getroffen, und eine seiner goldenen Federn fiel herab.
Der Jüngling hob sie auf, brachte sie am andern
Morgen dem König und erzählte ihm, was er
in der Nacht gesehen hatte. Der König ver-
sammelte seinen Rat, und jedermann erklärte,
eine Feder wie diese sei mehr wert als das ge-
samte Königreich. «Ist die Feder so kostbar»,
erklärte der König, «so hilft mir auch die eine
nichts, sondern ich will und muß den ganzen
Vogel haben.»

Der älteste Sohn machte sich auf den Weg,
verließ sich auf seine Klugheit und meinte den
goldenen Vogel schon zu finden. Wie er eine
Strecke gegangen war, sah er an dem Rande
eines Waldes einen Fuchs sitzen, legte seine
Flinte an und zielte auf ihn. Der Fuchs rief:
«Schieß mich nicht, ich will dir dafür einen guten Rat geben. Du bist auf dem Weg nach dem
goldenen Vogel und wirst heut abend in ein
Dorf kommen, wo zwei Wirtshäuser einander
gegenüberstehen. Eins ist hell erleuchtet, und
es geht darin lustig her: da kehr aber nicht ein,
sondern geh ins andere, wenn es dich auch
schlecht ansieht.» — Wie kann mir wohl so
ein albernes Tier einen vernünftigen Rat er-
teilen! dachte der Königssohn und drückte
los, aber er fehlte den Fuchs, der den Schwanz
streckte und schnell in den Wald lief. Darauf
setzte er seinen Weg fort und kam abends in
das Dorf, wo die beiden Wirtshäuser standen:
in dem einen ward gesungen und gesprungen,
das andere hatte ein armseliges betrübtes An-

sehen. Ich wäre wohl ein Narr, dachte er, wenn ich in das lumpige Wirtshaus ginge und das schöne liegen ließ. Also ging er in das lustige ein, lebte da in Saus und Braus und vergaß den Vogel, seinen Vater und alle guten Lehren.

Als eine Zeit verstrichen und der älteste Sohn immer und immer nicht nach Haus gekommen war, so machte sich der zweite auf den Weg und wollte den goldenen Vogel suchen. Wie dem ältesten begegnete ihm der Fuchs und gab ihm den guten Rat, den er nicht achtete. Er kam zu den beiden Wirtshäusern, wo sein Bruder am Fenster des einen stand, aus dem der Jubel erschallte, und ihn anrief. Er konnte nicht widerstehen, ging hinein und lebte nur seinen Lüsten.

Wiederum verstrich eine Zeit, da wollte der jüngste Königssohn ausziehen und sein Heil versuchen, der Vater aber wollte es nicht zulassen. «Es ist vergeblich», sprach er, «der wird den goldenen Vogel noch weniger finden als seine Brüder, und wenn ihm ein Unglück zustößt, so weiß er sich nicht zu helfen; es fehlt ihm am Besten.» Doch endlich, wie keine Ruhe mehr da war, ließ er ihn ziehen. Vor dem Walde saß wieder der Fuchs, bat um sein Leben und erteilte den guten Rat. Der Jüngling war gutmütig und sagte: «Sei ruhig, Füchslein, ich tue dir nichts zuleid.» — «Es soll dich nicht gereuen», antwortete der Fuchs, «und damit du schneller fortkommst, so steig hinten auf meinen Schwanz.» Und kaum hatte er sich aufgesetzt, so fing der Fuchs an zu laufen, und da ging's über Stock und Stein, daß die Haare im

Winde pfiffen. Als sie zu dem Dorfe kamen, stieg der Jüngling ab, befolgte den guten Rat und kehrte, ohne sich umzusehen, in das geringe Wirtshaus ein, wo er ruhig übernachtete. Am andern Morgen, wie er auf das Feld kam, saß da schon der Fuchs und sagte: «Ich will dir weiter sagen, was du zu tun hast. Geh du immer geradeaus, endlich wirst du an ein Schloß kommen, vor dem eine ganze Schar Soldaten liegt, aber kümmre dich nicht darum, denn sie werden alle schlafen und schnarchen: geh mittendurch und geradewegs in das Schloß hinein, und geh durch alle Stuben; zuletzt wirst du in eine Kammer kommen, wo ein goldener Vogel in einem hölzernen Käfig hängt. Nebenan steht ein leerer Goldkäfig zum Prunk, aber hüte dich, daß du den Vogel nicht aus seinem schlechten Käfig herausnimmst und in den prächtigen tust, sonst möchte es dir schlimm ergehen.» Nach diesen Worten streckte der Fuchs wieder seinen Schwanz aus, und der Königssohn setzte sich auf: da ging's über Stock und Stein, daß die Haare im Winde pfiffen. Als er bei dem Schloß angelangt war, fand er alles so, wie der Fuchs gesagt hatte. Der Königssohn kam in die Kammer, wo der goldene Vogel in einem hölzernen Käfig saß, und ein goldener stand daneben: die drei goldenen Äpfel aber lagen in der Stube umher. Da dachte er, es wäre lächerlich, wenn er den schönen Vogel in dem gemeinen und häßlichen Käfig lassen wollte, öffnete die Türe, packte ihn und setzte ihn in den goldenen. In dem Augenblick aber tat der

Vogel einen durchdringenden Schrei. Die Soldaten erwachten, stürzten herein und führten ihn ins Gefängnis. Den andern Morgen wurde er vor ein Gericht gestellt und, da er alles bekannte, zum Tode verurteilt. Doch sagte der König, er wollte ihm unter einer Bedingung das Leben schenken, wenn er ihm nämlich das goldene Pferd brächte, welches noch schneller liefe als der Wind, und dann sollte er obendrein zur Belohnung den goldenen Vogel erhalten.

Der Königssohn machte sich auf den Weg, seufzte aber und war traurig, denn wo sollte er das goldene Pferd finden? Da sah er auf einmal seinen alten Freund, den Fuchs, an dem Wege sitzen. «Siehst du», sprach der Fuchs, «so ist es gekommen, weil du mir nicht gehört hast. Doch sei guten Mutes, ich will mich deiner annehmen und dir sagen, wie du zu dem golde-

nen Pferd gelangst. Du mußt gerades Weges fortgehen, so wirst du zu einem Schloß kommen,
wo das Pferd im Stalle steht. Vor dem Stall
werden die Stallknechte liegen, aber sie werden
schlafen und schnarchen, und du kannst ge-
ruhig das goldene Pferd herausführen. Aber
eins mußt du in acht nehmen: leg ihm den
schlechten Sattel von Holz und Leder auf und
ja nicht den goldenen, der dabeihängt, sonst
wird es dir schlimm ergehen.» Dann streckte
der Fuchs seinen Schwanz aus, der Königssohn setzte sich auf, und es ging fort über
Stock und Stein, daß die Haare im Winde
pfiffen. Alles traf so ein, wie der Fuchs gesagt
hatte; er kam in den Stall, wo das goldene
Pferd stand: als er ihm aber den schlechten
Sattel auflegen wollte, so dachte er: Ein so
schönes Tier wird verschändet, wenn ich ihm
nicht den guten Sattel auflege, der ihm gebührt. Kaum aber berührte der goldene Sattel
das Pferd, so fing es an, laut zu wiehern. Die
Stallknechte erwachten, ergriffen den Jüngling
und warfen ihn ins Gefängnis. Am andern
Morgen wurde er vom Gerichte zum Tode verurteilt, doch versprach ihm der König das
Leben zu schenken und dazu das goldene
Pferd, wenn er die schöne Königstochter vom
goldenen Schlosse herbeischaffen könnte.

Mit schwerem Herzen machte sich der Jüngling auf den Weg, doch zu seinem Glücke fand
er bald den treuen Fuchs. «Ich sollte dich nur
deinem Unglück überlassen», sagte der Fuchs,
«aber ich habe Mitleiden mit dir und will dir

noch einmal aus deiner Not helfen. Dein Weg führt dich gerade zu dem goldenen Schlosse: abends wirst du anlangen, und nachts, wenn alles still ist, dann geht die schöne Königstochter ins Badehaus, um da zu baden. Und wenn sie hineingeht, so spring auf sie zu und gib ihr einen Kuß, dann folgt sie dir, und du kannst sie mit dir fortführen: nur dulde nicht, daß sie vorher von ihren Eltern Abschied nimmt, sonst kann es dir schlimm ergehen.» Dann streckte der Fuchs seinen Schwanz, der Königssohn setzte sich auf, und so ging es über Stock und Stein, daß die Haare im Winde pfiffen. Als er beim goldenen Schloß ankam, war es so, wie der Fuchs gesagt hatte. Er wartete bis um Mitternacht; als alles in tiefem Schlaf lag und die schöne Jungfrau ins Badehaus ging, da sprang er hervor und gab ihr einen Kuß. Sie sagte, sie wollte gerne mit ihm gehen, bat ihn aber flehentlich und mit Tränen, er möchte ihr erlauben, vorher von ihren Eltern Abschied zu nehmen. Er widerstand anfänglich ihren Bitten; als sie aber immer mehr weinte und ihm zu Fuß fiel, so gab er endlich nach. Kaum aber war die Jungfrau zu dem Bette ihres Vaters getreten, so wachte er und alle anderen, die im Schloß waren, auf, und der Jüngling ward festgehalten und ins Gefängnis gesetzt.

Am andern Morgen sprach der König zu ihm: «Dein Leben ist verwirkt, und du kannst bloß Gnade finden, wenn du den Berg abträgst, der vor meinen Fenstern liegt und über welchen ich nicht hinaussehen kann, und das mußt du binnen acht Tagen zustande bringen. Gelingt dir das, so sollst du meine Tochter zur Belohnung haben.» Der Königssohn fing an, grub und schaufelte, ohne abzulassen; als er aber nach sieben Tagen sah, wie wenig er ausgerichtet hatte und alle seine Arbeit so gut wie nichts war, so fiel er in große Traurigkeit und gab alle Hoffnung auf. Am Abend des siebenten Tags aber erschien der Fuchs und sagte: «Du verdienst nicht, daß ich mich deiner annehme, aber geh nur hin und lege dich schlafen, ich will die Arbeit für dich tun.» Am andern Morgen, als er erwachte und zum Fenster hinaussah, so war der Berg verschwunden. Der Jüngling eilte voll Freude zum König und meldete ihm, daß die Bedingung erfüllt wäre, und der König mochte wollen oder nicht, er mußte Wort halten und ihm seine Tochter geben.

Nun zogen die beiden zusammen fort, und es währte nicht lange, so kam der treue Fuchs zu ihnen. «Das Beste hast du zwar», sagte er, «aber zu der Jungfrau aus dem goldenen Schloß gehört auch das goldne Pferd.» — «Wie soll ich das bekommen?» fragte der Jüngling. «Das will ich dir sagen», antwortete der Fuchs, «zuerst bring dem Könige, der dich nach dem goldenen Schlosse geschickt hat, die schöne Jungfrau. Da wird unerhörte Freude sein, sie werden dir das goldene Pferd gerne geben und werden dir's vorführen. Setz dich alsbald auf und reiche allen zum Abschied die Hand herab, zuletzt der schönen Jungfrau, und wenn du sie gefaßt hast, so zieh sie mit einem Schwung hinauf und jage davon: und niemand ist imstande, dich einzuholen, denn das Pferd läuft schneller als der Wind.»

Alles wurde glücklich vollbracht, und der Königssohn führte die schöne Jungfrau auf dem goldenen Pferde fort. Der Fuchs blieb nicht zurück und sprach zu dem Jüngling: «Jetzt will ich dir auch zu dem goldenen Vogel verhelfen. Wenn du nahe bei dem Schlosse bist, wo sich der Vogel befindet, so laß die Jungfrau absitzen, und ich will sie in meine Obhut nehmen. Dann reit mit dem goldenen Pferd in den Schloßhof: bei dem Anblick wird große Freude sein, und sie werden dir den goldenen Vogel herausbringen. Wie du den Käfig in der Hand hast, so jage zu uns zurück und hole dir die Jungfrau wieder ab.» Als der Anschlag geglückt war und der Königssohn mit seinen Schätzen heimreiten wollte, so sagte der Fuchs: «Nun sollst du mich für meinen Beistand belohnen.» — «Was verlangst du dafür?» fragte der Jüngling. «Wenn wir dort in den Wald kommen, so schieß mich tot und hau mir Kopf und Pfoten ab.» — «Das wäre eine schöne Dankbarkeit», sagte der Königssohn, «das kann ich dir unmöglich gewähren.» Sprach der Fuchs: «Wenn du es nicht tun willst, so muß ich dich verlassen; ehe ich aber fortgehe, will ich dir noch einen guten Rat geben. Vor zwei Stücken hüte dich, kauf kein Galgenfleisch und setze dich an keinen Brunnenrand.» Damit lief er in den Wald.

Der Jüngling dachte: Das ist ein wunderliches Tier, das seltsame Grillen hat. Wer wird Galgenfleisch kaufen! Und die Lust, mich an einen Brunnenrand zu setzen, ist mir noch niemals gekommen. Er ritt mit der schönen Jungfrau weiter, und sein Weg führte ihn wieder durch das Dorf, in welchem seine beiden Brüder geblieben waren. Da war großer Auflauf und Lärmen, und als er fragte, was da los wäre, hieß es, es sollten zwei Leute aufgehängt werden. Als er näher hinzukam, sah er, daß es seine Brüder waren, die allerhand schlimme Streiche verübt und all ihr Gut vertan hatten. Er fragte, ob sie nicht könnten freigemacht werden. «Wenn Ihr für sie bezahlen wollt», antworteten die Leute; «aber was wollt Ihr an die schlechten Menschen Euer Geld hängen und sie loskaufen.» Er besann sich aber nicht, zahlte für sie, und als sie freigegeben waren, so setzten sie die Reise gemeinschaftlich fort.

Sie kamen in den Wald, wo ihnen der Fuchs zuerst begegnet war, und da es darin kühl und lieblich war und die Sonne heiß brannte, so sagten die beiden Brüder: «Laßt uns hier an dem Brunnen ein wenig ausruhen, essen und trinken.» Er willigte ein, und während des Gesprächs vergaß er sich, setzte sich an den Brunnenrand und versah sich nichts Arges. Aber die beiden Brüder warfen ihn rückwärts in den Brunnen, nahmen die Jungfrau, das Pferd und den Vogel und zogen heim zu ihrem Vater. «Da bringen wir nicht bloß den goldenen Vogel», sagten sie, «wir haben auch das goldene Pferd und die Jungfrau von dem goldenen Schlosse erbeutet.» Da war große Freude, aber das Pferd fraß nicht, der Vogel pfiff nicht, und die Jungfrau, die saß und weinte.

Der jüngste Bruder war aber nicht umgekommen. Der Brunnen war zum Glück trocken, und er fiel auf weiches Moos, ohne Schaden zu nehmen, konnte aber nicht wieder heraus. Auch in dieser Not verließ ihn der treue Fuchs nicht, kam zu ihm herabgesprungen und schalt ihn, daß er seinen Rat vergessen hätte. «Ich kann's aber doch nicht lassen», sagte er, «ich will dir wieder an das Tageslicht helfen.» Er sagte ihm, er sollte seinen Schwanz anpacken und sich fest daran halten, und zog ihn dann in die Höhe. «Noch bist du nicht aus aller Gefahr», sagte der Fuchs, «deine Brüder waren deines Todes nicht gewiß und haben den Wald mit Wächtern umstellt, die sollen dich töten, wenn du dich sehen ließest.» Da saß ein armer Mann am Weg, mit dem vertauschte der Jüngling die Kleider und gelangte auf diese Weise an des Königs Hof. Niemand erkannte ihn, aber der Vogel fing an zu pfeifen, das Pferd fing an zu fressen, und die schöne Jungfrau hörte Weinens auf. Der König fragte verwundert: «Was hat das zu bedeuten?» Da sprach die Jungfrau: «Ich weiß es nicht, aber ich war so traurig, und nun bin ich so fröhlich. Es ist mir, als wäre mein rechter Bräutigam gekommen.» Sie erzählte ihm alles, was geschehen war, obgleich die andern Brüder ihr den Tod angedroht hatten, wenn sie etwas verraten würde. Der König hieß alle Leute vor sich bringen, die in seinem Schloß waren; da kam auch der Jüngling als ein armer Mann in seinen Lumpenkleidern, aber die Jungfrau erkannte ihn gleich und fiel ihm um den Hals. Die gottlosen Brüder wurden ergriffen und hingerichtet, er aber ward mit der schönen Jungfrau vermählt und zum Erben des Königs bestimmt.

Aber wie ist es dem armen Fuchs ergangen? Lange danach ging der Königssohn einmal wieder in den Wald, da begegnete ihm der Fuchs und sagte: «Du hast nun alles, was du dir wünschen kannst; aber mit meinem Unglück will es kein Ende nehmen, und es steht doch in deiner Macht, mich zu erlösen», und abermals bat er flehentlich, er möchte ihn totschießen und ihm Kopf und Pfoten abhauen. Also tat er's, und kaum war es geschehen, so verwandelte sich der Fuchs in einen Menschen und war niemand anders als der Bruder der schönen Königstochter, der endlich von dem Zauber, der auf ihm lag, erlöst war. Und nun fehlte nichts mehr zu ihrem Glück, solange sie lebten.

58

DER HUND UND DER SPERLING

Ein Schäferhund hatte keinen guten Herrn, sondern einen, der ihn Hunger leiden ließ. Wie er's nicht länger bei ihm aushalten konnte, ging er ganz traurig fort. Auf der Straße begegnete ihm ein Sperling, der sprach: «Bruder Hund, warum bist du so traurig?» Antwortete der Hund: «Ich bin hungrig und habe nichts zu fressen.» Da sprach der Sperling: «Lieber Bruder, komm mit in die Stadt, so will ich dich satt machen.» Also gingen sie zusammen in die Stadt, und als sie vor einen Fleischerladen kamen, sprach der Sperling zum Hunde: «Da bleib stehen, ich will dir ein Stück Fleisch herunterpicken», setzte sich auf den Laden, schaute sich um, ob ihn auch niemand bemerkte, und pickte, zog und zerrte so lang an einem Stück, das am Rande lag, bis es herunterrutschte. Da packte es der Hund, lief in eine Ecke und fraß es auf. Sprach der Sperling: «Nun komm mit zu einem andern Laden, da will ich dir noch ein Stück herunterholen, damit du satt wirst.» Als der Hund auch das zweite Stück gefressen hatte, fragte der Sperling: «Bruder Hund, bist du nun satt?» — «Ja, Fleisch bin ich satt», antwortete er, «aber ich habe noch kein Brot gekriegt.» Sprach der Sperling: «Das sollst du auch haben, komm nur mit.» Da führte er ihn an einen Bäckerladen und pickte an ein paar Brötchen, bis sie

herunterrollten, und als der Hund noch mehr
wollte, führte er ihn zu einem andern und holte
ihm noch einmal Brot herab. Wie das verzehrt
war, sprach der Sperling: «Bruder Hund, bist
du nun satt?» — «Ja», antwortete er, «nun
wollen wir ein bißchen vor die Stadt gehen.»

Da gingen sie beide hinaus auf die Landstraße. Es war aber warmes Wetter, und als sie
ein Eckchen gegangen waren, sprach der Hund:
«Ich bin müde und möchte gerne schlafen.» —
«Ja, schlaf nur», antwortete der Sperling, «ich
will mich derweil auf einen Zweig setzen.» Der
Hund legte sich also auf die Straße und schlief
fest ein. Während er dalag und schlief, kam
ein Fuhrmann herangefahren, der hatte einen
Wagen mit drei Pferden und hatte zwei Fässer
Wein geladen. Der Sperling aber sah, daß er
nicht ausbiegen wollte, sondern in der Fahr-
gleise blieb, in welcher der Hund lag; da rief er:
«Fuhrmann, tu's nicht, oder ich mache dich
arm.» Der Fuhrmann aber brummte vor sich:
«Du wirst mich nicht arm machen», knallte mit
der Peitsche und trieb den Wagen über den
Hund, daß ihn die Räder totfuhren. Da rief
der Sperling: «Du hast mir meinen Bruder
Hund totgefahren, das soll dich Karre und
Gaul kosten.» — «Ja, Karre und Gaul», sagte
der Fuhrmann, «was könntest du mir schaden!»,
und fuhr weiter. Da kroch der Sperling unter
das Wagentuch und pickte an dem einen
Spundloch so lange, bis er den Spund los-
brachte: da lief der ganze Wein heraus, ohne
daß es der Fuhrmann merkte. Und als er ein-

mal hinter sich blickte, sah er, daß der Wagen tröpfelte, untersuchte die Fässer und fand, daß eins leer war. «Ach, ich armer Mann!» rief er. «Noch nicht arm genug», sprach der Sperling und flog dem einen Pferd auf den Kopf und pickte ihm die Augen aus. Als der Fuhrmann das sah, zog er seine Hacke heraus und wollte den Sperling treffen, aber der Sperling flog in die Höhe, und der Fuhrmann traf seinen Gaul auf den Kopf, daß er tot hinfiel. «Ach, ich armer Mann!» rief er. «Noch nicht arm genug», sprach der Sperling, und als der Fuhrmann mit den zwei Pferden weiterfuhr, kroch der Sperling wieder unter das Tuch und pickte den Spund auch am zweiten Faß los, daß aller Wein herausschwankte. Als es der Fuhrmann gewahr wurde, rief er wieder: «Ach, ich armer Mann!», aber der Sperling antwortete: «Noch nicht arm genug», setzte sich dem zweiten Pferd auf den Kopf und pickte ihm die Augen aus. Der Fuhrmann lief herbei und holte mit seiner Hacke aus, aber der Sperling flog in die Höhe: da traf der Schlag das Pferd, daß es hinfiel. «Ach, ich armer Mann!» — «Noch nicht arm genug», sprach der Sperling, setzte sich auch dem dritten Pferd auf den Kopf und pickte ihm nach den Augen. Der Fuhrmann schlug in seinem Zorn, ohne umzusehen, auf den Sperling los, traf ihn aber nicht, sondern schlug auch sein drittes Pferd tot. «Ach, ich armer Mann!» rief er. «Noch nicht arm genug», antwortete der Sperling, «jetzt will ich dich daheim arm machen», und flog fort.

Der Fuhrmann mußte den Wagen stehenlassen und ging voll Zorn und Ärger heim.
«Ach», sprach er zu seiner Frau, «was hab ich
Unglück gehabt! Der Wein ist ausgelaufen,
und die Pferde sind alle drei tot.» — «Ach,
Mann», antwortete sie, «was für ein böser Vogel
ist ins Haus gekommen! Er hat alle Vögel auf
der Welt zusammengebracht, und die sind
droben über unsern Weizen hergefallen und
fressen ihn auf.» Da stieg er hinauf, und tausend
und tausend Vögel saßen auf dem Boden und
hatten den Weizen aufgefressen, und der
Sperling saß mitten darunter. Da rief der Fuhrmann: «Ach, ich armer Mann!» — «Noch nicht
arm genug», antwortete der Sperling, «Fuhrmann, es kostet dir noch dein Leben», und flog
hinaus.

Da hatte der Fuhrmann all sein Gut verloren, ging hinab in die Stube, setzte sich hinter
den Ofen und war ganz bös und giftig. Der
Sperling aber saß draußen vor dem Fenster
und rief: «Fuhrmann, es kostet dir dein Leben!» Da griff der Fuhrmann die Hacke und
warf sie nach dem Sperling: aber er schlug nur
die Fensterscheiben entzwei und traf den Vogel
nicht. Der Sperling hüpfte nun herein, setzte
sich auf den Ofen und rief: «Fuhrmann, es
kostet dir dein Leben.» Dieser, ganz toll und
blind vor Wut, schlägt den Ofen entzwei und
so fort, wie der Sperling von einem Ort zum
andern fliegt, sein ganzes Hausgerät, Spieglein,
Bänke, Tisch und zuletzt die Wände seines
Hauses, und kann ihn nicht treffen. Endlich

aber erwischte er ihn doch mit der Hand. Da sprach seine Frau: «Soll ich ihn totschlagen?» — «Nein», rief er, «das wäre zu gelind, der soll viel mörderlicher sterben, ich will ihn verschlingen», und nimmt ihn und verschlingt ihn auf einmal. Der Sperling aber fängt an, in seinem Leibe zu flattern, flattert wieder herauf, dem Mann in den Mund: da streckt er den Kopf heraus und ruft: «Fuhrmann, es kostet dir doch dein Leben.» Der Fuhrmann reicht seiner Frau die Hacke und spricht: «Frau, schlag mir den Vogel im Munde tot.» Die Frau schlägt zu, schlägt aber fehl und schlägt dem Fuhrmann gerade auf den Kopf, so daß er tot hinfällt. Der Sperling aber fliegt auf und davon.

59

DER FRIEDER UND DAS CATHERLIESCHEN

Es war ein Mann, der hieß Frieder, und eine Frau, die hieß Catherlieschen, die hatten einander geheiratet und lebten zusammen als junge Eheleute. Eines Tages sprach der Frieder: «Ich will jetzt zu Acker, Catherlieschen; wann ich wiederkomme, muß etwas Gebratenes auf dem Tisch stehen für den Hunger und ein frischer Trunk dabei für den Durst.» — «Geh nur, Friederchen», antwortete die Catherlies, «geh nur, will dir's schon recht machen.» Als nun die Essenszeit herbeirückte, holte sie eine

Wurst aus dem Schornstein, tat sie in eine Brat-
pfanne, legte Butter dazu und stellte sie übers
Feuer. Die Wurst fing an zu braten und zu
brutzeln, Catherlieschen stand dabei, hielt den
Pfannenstiel und hatte so seine Gedanken; da
fiel ihm ein: Bis die Wurst fertig wird, derweil
könntest du ja im Keller den Trunk zapfen.
Also stellte es den Pfannenstiel fest, nahm eine
Kanne, ging hinab in den Keller und zapfte
Bier. Das Bier lief in die Kanne, und Catherlieschen sah ihm zu; da fiel ihm ein: Holla,
der Hund oben ist nicht beigetan, der könnte
die Wurst aus der Pfanne holen, du kämst mir
recht! Und im Hui war es die Kellertreppe
hinauf; aber der Spitz hatte die Wurst schon
im Maul und schleifte sie auf der Erde mit sich
fort. Doch Catherlieschen, nicht faul, setzte
ihm nach und jagte ihn ein gut Stück ins Feld;
aber der Hund war geschwinder als Catherlieschen, ließ auch die Wurst nicht fahren,
sondern über die Äcker hin hüpfen. «Hin ist
hin!» sprach Catherlieschen, kehrte um, und
weil es sich müdegelaufen hatte, ging es hübsch
langsam und kühlte sich ab. Während der Zeit
lief das Bier aus dem Faß immerzu, denn
Catherlieschen hatte den Hahn nicht um-
gedreht, und als die Kanne voll und sonst
kein Platz da war, so lief es in den Keller und
hörte nicht eher auf, als bis das ganze Faß leer
war. Catherlieschen sah schon auf der Treppe
das Unglück. «Spuk», rief es, «was fängst du
jetzt an, daß es der Frieder nicht merkt!» Es
besann sich ein Weilchen, endlich fiel ihm ein,

von der letzten Kirmes stände noch ein Sack mit schönem Weizenmehl auf dem Boden, das wollte es herabholen und in das Bier streuen. «Ja», sprach es, «wer zu rechter Zeit was spart, der hat's hernach in der Not», stieg auf den Boden, trug den Sack herab und warf ihn gerade auf die Kanne voll Bier, daß sie umstürzte und der Trunk des Frieders auch im Keller schwamm. «Es ist ganz recht», sprach Catherlieschen, «wo eins ist, muß das andere auch sein», und zerstreute das Mehl im ganzen Keller. Als es fertig war, freute es sich gewaltig über seine Arbeit und sagte: «Wie's so reinlich und sauber hier aussieht!»

Um Mittagszeit kam der Frieder heim. «Nun, Frau, was hast du mir zurecht gemacht?» — «Ach, Friederchen», antwortete sie, «ich wollte dir ja eine Wurst braten, aber während ich das Bier dazu zapfte, hat sie der Hund aus der Pfanne weggeholt, und während ich dem Hund nachsprang, ist das Bier ausgelaufen, und als ich das Bier mit dem Weizenmehl auftrocknen wollte, hab ich die Kanne auch noch umgestoßen; aber sei nur zufrieden, der Keller ist wieder ganz trocken.» Sprach der Frieder: «Catherlieschen, Catherlieschen, das hättest du nicht tun müssen! Läßt die Wurst wegholen und das Bier aus dem Faß laufen und verschüttest obendrein unser feines Mehl!» — «Ja, Friederchen, das habe ich nicht gewußt, hättest mir's sagen müssen.»

Der Mann dachte: Geht das so mit deiner Frau, so mußt du dich besser vorsehen. Nun hatte er eine hübsche Summe Taler zusammengebracht, die wechselte er in Gold ein und sprach zum Catherlieschen: «Siehst du, das sind gelbe Gickelinge, die will ich in einen Topf tun und im Stall unter der Kuhkrippe vergraben: aber daß du mir ja davonbleibst, sonst geht dir's schlimm.» Sprach sie: «Nein, Friederchen, will's gewiß nicht tun.» Nun, als der Frieder fort war, da kamen Krämer, die irdne Näpfe und Töpfe feil hatten, ins Dorf und fragten bei der jungen Frau an, ob sie nichts zu handeln hätte. «O ihr lieben Leute», sprach Catherlieschen, «ich hab kein Geld und kann nichts kaufen; aber könnt ihr gelbe Gickelinge brauchen, so will ich wohl kaufen.» — «Gelbe Gickelinge, warum nicht? Laßt sie einmal sehen.» — «So geht in den Stall und grabt unter der Kuhkrippe, so werdet ihr die gelben Gickelinge finden, ich darf nicht dabeigehen.» Die Spitzbuben gingen hin, gruben und fanden eitel Gold. Da packten sie auf damit, liefen fort und ließen Töpfe und Näpfe im Hause stehen. Catherlieschen meinte, sie müßte das neue Geschirr auch brauchen: weil nun in der Küche ohnehin kein Mangel daran war, schlug sie jedem Topf den Boden aus und steckte sie insgesamt zum Zierat auf die Zaunpfähle rings ums Haus herum. Wie der Frieder kam und den neuen Zierat sah, sprach er: «Catherlieschen, was hast du gemacht?» — «Hab's gekauft, Friederchen, für die gelben Gickelinge, die unter der Kuhkrippe steckten: bin selber nicht dabeigegangen, die Krämer haben sich's herausgraben müssen.» — «Ach, Frau», sprach der Frieder, «was hast du gemacht! Das waren keine Gickelinge, es war eitel Gold und war all unser Vermögen; das hättest du nicht tun sollen.» — «Ja, Friederchen», antwortete sie, «das hab ich nicht gewußt, hättest mir's vorher sagen sollen.»

Catherlieschen stand ein Weilchen und besann sich, da sprach sie: «Hör, Friederchen, das Gold wollen wir schon wieder kriegen, wollen hinter den Dieben herlaufen.» — «So komm», sprach der Frieder, «wir wollen's versuchen; nimm aber Butter und Käse mit, daß wir auf dem Weg was zu essen haben.» — «Ja, Friederchen, will's mitnehmen.» Sie machten sich fort, und weil der Frieder besser zu Fuß war, ging Catherlieschen hinten nach. Ist mein Vorteil, dachte es, wenn wir umkehren, hab ich ja ein Stück voraus. Nun kam es an einen Berg, wo auf beiden Seiten des Wegs tiefe Fahrgleisen waren. «Da sehe einer», sprach Catherlieschen, «was sie das arme Erdreich zerrissen, geschunden und gedrückt haben! Das wird sein Lebtag nicht wieder heil.» Und aus mitleidigem Herzen nahm es seine Butter und bestrich die Gleisen, rechts und links, damit sie von den Rädern nicht so gedrückt würden: und wie es sich bei seiner Barmherzigkeit so bückte, rollte ihm ein Käse aus der Tasche den Berg hinab. Sprach das Catherlieschen: «Ich habe den Weg schon einmal herauf gemacht, ich gehe nicht wieder hinab, es mag ein anderer hinlaufen und ihn wieder holen.» Also nahm es einen andern Käs und rollte ihn hinab. Die Käse aber kamen nicht wieder, da ließ es noch einen dritten hinablaufen und dachte: Vielleicht warten sie auf Gesellschaft und gehen nicht gern allein. Als sie alle drei ausblieben, sprach es: «Ich weiß nicht, was das vorstellen soll! Doch kann's ja sein, der dritte hat den Weg nicht gefunden und sich verirrt, ich will nur den vierten schicken, daß er sie herbeiruft.» Der vierte machte es aber nicht besser als der dritte. Da ward das Catherlieschen ärgerlich und warf noch den fünften und sechsten hinab, und das waren die letzten. Eine Zeitlang blieb es stehen und lauerte, daß sie kämen, als sie aber immer nicht kamen, sprach es: «O ihr seid gut nach dem Tod schicken, ihr bleibt fein lange aus; meint ihr, ich wollt noch länger auf euch warten? Ich gehe meiner Wege, ihr könnt mir nachlaufen, ihr habt jüngere Beine als ich.» Catherlieschen ging fort und fand den Frieder, der war stehengeblieben und hatte gewartet, weil er gerne was essen wollte. «Nun, gib einmal her, was du mitgenommen hast.» Sie reichte ihm das trockne Brot. «Wo ist Butter und Käse?» fragte der Mann. «Ach, Friederchen», sagte Catherlieschen, «mit der Butter hab ich die Fahrgleisen geschmiert, und die Käse werden bald kommen; einer lief mir fort, da hab ich die andern nachgeschickt, sie sollten ihn rufen.» Sprach der Frieder: «Das hättest du nicht tun sollen, Catherlieschen, die Butter an den Weg schmieren und die Käse hinabrollen.» — «Ja, Friederchen, hättest mir's sagen müssen.»

Da aßen sie das trockne Brot zusammen, und der Frieder sagte: «Catherlieschen, hast du auch unser Haus verwahrt, wie du fortgegangen bist?» — «Nein, Friederchen, hättest mir's vorher sagen sollen.» — «So geh wieder heim und bewahr erst das Haus, ehe wir weitergehen; bring auch etwas anderes zu essen mit, ich will hier auf dich warten.» Catherlieschen ging zurück und dachte: Friederchen will etwas anderes zu essen, Butter und Käse schmeckt ihm wohl nicht, so will ich ein Tuch voll Hutzeln und einen Krug Essig zum Trunk mitnehmen. Danach riegelte es die Obertüre zu, aber die Untertüre hob es aus, nahm sie auf die Schulter und glaubte, wenn es die Türe in Sicherheit gebracht hätte, müßte das Haus wohl bewahrt sein. Catherlieschen nahm sich Zeit zum Weg und dachte: Desto länger ruht sich Friederchen aus. Als es ihn wieder erreicht hatte, sprach es: «Da, Friederchen, hast du die Haustüre, da kannst du das Haus selber verwahren.» — «Ach, Gott», sprach er, «was habe ich für eine kluge Frau! Hebt die Türe unten aus, daß alles hineinlaufen kann, und riegelt sie oben zu. Jetzt ist's zu spät, noch einmal nach Haus zu gehen; aber hast du die Türe hierher gebracht, so sollst du sie auch ferner tragen.» — «Die Türe will ich tragen, Friederchen, aber die Hutzeln und der Essigkrug werden mir zu schwer: ich hänge sie an die Türe, die mag sie tragen.»

Nun gingen sie in den Wald und suchten die Spitzbuben, aber sie fanden sie nicht. Weil's endlich dunkel ward, stiegen sie auf einen Baum und wollten da übernachten. Kaum aber saßen sie oben, so kamen die Kerle daher, die forttragen, was nicht mitgehen will, und die Dinge finden, ehe sie verloren sind. Sie ließen sich gerade unter dem Baum nieder, auf dem Frieder und Catherlieschen saßen, machten sich ein Feuer an und wollten ihre Beute teilen. Der Frieder stieg von der andern Seite herab und sammelte Steine, stieg damit wieder hinauf und wollte die Diebe totwerfen. Die Steine aber trafen nicht, und die Spitzbuben riefen: «Es ist bald Morgen, der Wind schüttelt die Tannäpfel herunter.» Catherlieschen hatte die Türe noch immer auf der Schulter, und weil sie so schwer drückte, dachte es, die Hutzeln wären schuld, und sprach: «Friederchen, ich muß die Hutzeln hinabwerfen.» — «Nein, Catherlieschen, jetzt nicht», antwortete er, «sie könnten uns verraten.» — «Ach, Friederchen, ich muß, sie drücken mich gar zu sehr.» — «Nun, so tu's ins Henkers Namen!» Da rollten die Hutzeln zwischen den Ästen herab, und die Kerle unten sprachen: «Die Vögel misten.» Eine Weile danach, weil die Türe noch immer drückte, sprach Catherlieschen: «Ach, Friederchen, ich muß den Essig ausschütten.» — «Nein, Catherlieschen, das darfst du nicht, es könnte uns verraten.» — «Ach, Friederchen, ich muß, er drückt mich gar zu sehr.» — «Nun so tu's ins Henkers Namen!»

Da schüttete es den Essig aus, daß er die Kerle bespritzte. Sie sprachen untereinander: «Der Tau tröpfelt schon herunter.» Endlich dachte Catherlieschen: Sollte es wohl die Türe sein, was mich so drückt? und sprach: «Friederchen, ich muß die Türe hinabwerfen.» — «Nein, Catherlieschen, jetzt nicht, sie könnte uns verraten.» — «Ach, Friederchen, ich muß, sie drückt mich gar zu sehr.» — «Nein, Catherlieschen, halt sie ja fest.» — «Ach, Friederchen, ich laß sie fallen.» — «Ei», antwortete Frieder ärgerlich, «so laß sie fallen ins Teufels Namen!» Da fiel sie herunter mit starkem Gepolter, und die Kerle unten riefen: «Der Teufel kommt vom Baum herab», rissen aus und ließen alles im Stich. Frühmorgens, wie die zwei herunterkamen, fanden sie all ihr Gold wieder und trugen's heim.

Als sie wieder zu Haus waren, sprach der Frieder: «Catherlieschen, nun mußt du aber auch fleißig sein und arbeiten.» — «Ja, Friederchen, will's schon tun, will ins Feld gehen, Frucht schneiden.» Als Catherlieschen im Feld war, sprach's mit sich selber: «Eß ich, eh ich schneid, oder schlaf ich, eh ich schneid? Hei, ich will ehr essen!» Da aß Catherlieschen und ward überm Essen schläfrig und fing an zu schneiden und schnitt halb träumend alle seine Kleider entzwei, Schürze, Rock und Hemd. Wie Catherlieschen nach langem Schlaf wieder erwachte, stand es halb nackigt da und sprach zu sich selber: «Bin ich's, oder bin ich's nicht? Ach, ich bin's nicht!» Unterdessen ward's Nacht, da lief Catherlieschen ins Dorf hinein, klopfte an ihres Mannes Fenster und rief: «Friederchen?» — «Was ist denn?» — «Möcht gern wissen, ob Catherlieschen drinnen ist?» — «Ja, ja», antwortete der Frieder, «es wird wohl drin liegen und schlafen.» Sprach sie: «Gut, dann bin ich gewiß schon zu Haus», und lief fort.

Draußen fand Catherlieschen Spitzbuben, die wollten stehlen. Da ging es bei sie und sprach: «Ich will euch helfen stehlen.» Die Spitzbuben meinten, es wüßte die Gelegenheit des Orts, und waren's zufrieden. Catherlieschen ging vor die Häuser und rief: «Leute, habt ihr was? Wir wollen stehlen.» Dachten die Spitzbuben: Das wird gut werden, und wünschten, sie wären Catherlieschen wieder los. Da sprachen sie zu ihm: «Vorm Dorfe hat der Pfarrer Rüben auf dem Feld, geh hin und rupf uns Rüben.» Catherlieschen ging hin aufs Land und fing an zu rupfen, war aber so faul und hob sich nicht in die Höhe. Da kam ein Mann vorbei, sah's und stand still und dachte, das wäre der Teufel, der so in den Rüben wühlte. Lief fort ins Dorf zum Pfarrer und sprach: «Herr Pfarrer, in Eurem Rübenland ist der Teufel und rupft.» — «Ach Gott», antwortete der Pfarrer, «ich habe einen lahmen Fuß, ich kann nicht hinaus und ihn wegbannen.» Sprach der Mann: «So will ich Euch hockeln», und hockelte ihn hinaus. Und als sie bei das Land kamen, machte sich das Catherlieschen auf und reckte sich in die Höhe.

«Ach, der Teufel!» rief der Pfarrer, und beide eilten fort, und der Pfarrer konnte vor großer Angst mit seinem lahmen Fuß gerader laufen als der Mann, der ihn gehockelt hatte, mit seinen gesunden Beinen.

60

DIE ZWEI BRÜDER

Es waren einmal zwei Brüder, ein reicher und ein armer. Der reiche war ein Goldschmied und bös von Herzen: der arme nährte sich davon, daß er Besen band, und war gut und redlich. Der arme hatte zwei Kinder, das waren Zwillingsbrüder und sich so ähnlich wie ein Tropfen Wasser dem andern. Die zwei Knaben gingen in des Reichen Haus ab und zu und erhielten von dem Abfall manchmal etwas zu essen. Es trug sich zu, daß der arme Mann, als er in den Wald ging, Reisig zu holen, einen Vogel sah, der ganz golden war und so schön, wie ihm noch niemals einer vor Augen gekommen war. Da hob er ein Steinchen auf, warf nach ihm und traf ihn auch glücklich: es fiel aber nur eine goldene Feder herab, und der Vogel flog fort. Der Mann nahm die Feder und brachte sie seinem Bruder, der sah sie an und sprach: «Es ist eitel Gold», und gab ihm viel Geld dafür. Am andern Tag stieg der Mann auf einen Birkenbaum und wollte ein paar Äste abhauen: da flog derselbe Vogel heraus, und als der Mann nachsuchte, fand er ein Nest, und ein Ei lag darin, das war von Gold. Er nahm das Ei mit heim und brachte es seinem Bruder, der sprach wiederum: «Es ist eitel Gold», und gab ihm, was es wert war. Zuletzt sagte der Goldschmied: «Den Vogel selber möcht ich wohl haben.» Der Arme ging zum drittenmal in den Wald und sah den Goldvogel wieder auf dem Baum sitzen: da nahm er einen Stein und warf ihn herunter und brachte ihn seinem Bruder, der gab ihm einen großen Haufen Gold dafür. «Nun kann ich mir forthelfen», dachte er und ging zufrieden nach Haus.

Der Goldschmied war klug und listig und wußte wohl, was das für ein Vogel war. Er rief seine Frau und sprach: «Brat mir den Goldvogel und sorge, daß nichts davon wegkommt: ich habe Lust, ihn ganz allein zu essen.» Der Vogel war aber kein gewöhnlicher, sondern so wunderbarer Art, daß wer Herz und Leber von ihm aß, jeden Morgen ein Goldstück unter seinem Kopfkissen fand. Die Frau machte den Vogel zurecht, steckte ihn an einen Spieß und ließ ihn braten. Nun geschah es, daß, während er am Feuer stand und die Frau anderer Arbeiten wegen notwendig aus der Küche gehen mußte, die zwei Kinder des armen Besenbinders hereinliefen, sich vor den Spieß stellten und ihn ein paarmal herumdrehten. Und als da gerade zwei Stücklein aus dem Vogel in die Pfanne herabfielen, sprach der eine: «Die paar Bißchen wollen wir essen, ich bin so hungrig, es wird's ja niemand daran merken.» Da aßen sie beide die Stückchen auf; die Frau kam aber dazu, sah, daß sie etwas aßen, und sprach: «Was habt ihr gegessen?» — «Ein paar Stückchen, die aus dem Vogel herausgefallen sind», antworteten sie. «Das ist Herz und Leber gewesen», sprach die Frau ganz erschrocken, und damit ihr Mann nichts vermißte und nicht böse ward, schlachtete sie geschwind ein Hähnchen, nahm Herz und Leber heraus und legte es zu dem Goldvogel. Als er gar war, trug sie ihn dem Goldschmied auf, der ihn ganz allein verzehrte und nichts übrigließ. Am andern Morgen aber, als er unter sein Kopfkissen griff und dachte, das Goldstück hervorzuholen, war so wenig wie sonst eins zu finden.

Die beiden Kinder aber wußten nicht, was ihnen für ein Glück zuteil geworden war. Am andern Morgen, wie sie aufstanden, fiel etwas auf die Erde und klingelte, und als sie es aufhoben, da waren's zwei Goldstücke. Sie brachten sie ihrem Vater, der wunderte sich und sprach: «Wie sollte das zugegangen sein?» Als sie aber am andern Morgen wieder zwei fanden und so jeden Tag, da ging er zu seinem Bruder und erzählte ihm die seltsame Geschichte. Der Goldschmied merkte gleich, wie es gekommen war und daß die Kinder Herz und Leber von dem Goldvogel gegessen hatten, und um sich zu rächen und weil er neidisch und hartherzig war, sprach er zu dem Vater: «Deine Kinder sind mit dem Bösen im Spiel, nimm das Gold nicht und dulde sie nicht länger in deinem Haus, denn er hat Macht über sie und kann dich selbst noch ins Verderben bringen.» Der Vater fürchtete den Bösen, und so schwer es ihm ankam, führte er doch die Zwillinge hinaus in den Wald und verließ sie da mit traurigem Herzen.

Nun liefen die zwei Kinder im Wald umher und suchten den Weg nach Haus, konnten ihn aber nicht finden, sondern verirrten sich immer weiter. Endlich begegneten sie einem Jäger, der fragte: «Wem gehört ihr, Kinder?» — «Wir sind des armen Besenbinders Jungen», antworteten sie und erzählten ihm, daß ihr Vater sie nicht länger im Hause hätte behalten wollen, weil alle Morgen ein Goldstück unter ihrem Kopfkissen läge. «Nun», sagte der Jäger, «das ist gerade nichts Schlimmes, wenn ihr nur rechtschaffen dabei bleibt und euch nicht auf die faule Haut legt.» Der gute Mann, weil ihm die Kinder gefielen und er selbst keine hatte, so nahm er sie mit nach Haus und sprach: «Ich will euer Vater sein und euch groß-ziehen.» Sie lernten da bei ihm die Jägerei, und das Goldstück, das ein jeder beim Auf-stehen fand, das hob er ihnen auf, wenn sie's in Zukunft nötig hätten.

Als sie herangewachsen waren, nahm sie ihr Pflegevater eines Tages mit in den Wald und sprach: «Heute sollt ihr euern Probeschuß tun, damit ich euch freisprechen und zu Jägern machen kann.» Sie gingen mit ihm auf den Anstand und warteten lange, aber es kam kein

Wild. Der Jäger sah über sich und sah eine Kette von Schneegänsen in der Gestalt eines Dreiecks fliegen; da sagte er zu dem einen: «Nun schieß von jeder Ecke eine herab.» Der tat's und vollbrachte damit seinen Probeschuß. Bald darauf kam noch eine Kette angeflogen und hatte die Gestalt der Ziffer Zwei: da hieß der Jäger den andern gleichfalls von jeder Ecke eine herunterholen, und dem gelang sein Probeschuß auch. Nun sagte der Pflegevater: «Ich spreche euch frei, ihr seid ausgelernte Jäger.» Darauf gingen die zwei Brüder zusammen in den Wald, ratschlagten miteinander und verabredeten etwas. Und als sie abends sich zum Essen niedergesetzt hatten, sagten sie zu ihrem Pflegevater: «Wir rühren die Speise nicht an und nehmen keinen Bissen, bevor Ihr uns eine Bitte gewährt habt.» Sprach er: «Was ist denn eure Bitte?» Sie antworteten: «Wir haben nun ausgelernt, wir müssen uns auch in der Welt versuchen; so erlaubt, daß wir fortziehen und wandern.» Da sprach der Alte mit Freuden: «Ihr redet wie brave Jäger; was ihr begehrt, ist mein eigener Wunsch gewesen; zieht aus, es wird euch wohlergehen.» Darauf aßen und tranken sie fröhlich zusammen.

Als der bestimmte Tag kam, schenkte der Pflegevater jedem eine gute Büchse und einen Hund und ließ jeden von seinen gesparten Goldstücken nehmen, soviel er wollte. Darauf begleitete er sie ein Stück Wegs, und beim Abschied gab er ihnen noch ein blankes Messer und sprach: «Wann ihr euch einmal trennt, so stoßt dies Messer am Scheideweg in einen Baum; daran kann einer, wenn er zurückkommt, sehen, wie es seinem abwesenden Bruder ergangen ist, denn die Seite, nach welcher dieser ausgezogen ist, rostet, wann er stirbt: solange er aber lebt, bleibt sie blank.» Die zwei Brüder gingen immer weiter fort und kamen in einen Wald, so groß, daß sie unmöglich in einem Tag herauskonnten. Also blieben sie die Nacht darin und aßen, was sie in die Jägertasche gesteckt hatten; sie gingen aber auch noch den zweiten Tag und kamen nicht heraus. Da sie nichts zu essen hatten, so sprach der eine: «Wir müssen uns etwas schießen, sonst leiden wir Hunger», lud seine Büchse und sah sich um. Und als ein alter Hase dahergelaufen kam, legte er an, aber der Hase rief:

«Lieber Jäger, laß mich leben,
Ich will dir auch zwei Junge geben.»

Sprang auch gleich ins Gebüsch und brachte zwei Junge; die Tierlein spielten aber so munter und waren so artig, daß die Jäger es nicht übers Herz bringen konnten, sie zu töten. Sie behielten sie also bei sich, und die kleinen Hasen folgten ihnen auf dem Fuße nach. Bald darauf schlich ein Fuchs vorbei, den wollten sie niederschießen, aber der Fuchs rief:

«Lieber Jäger, laß mich leben,
Ich will dir auch zwei Junge geben.»

Er brachte auch zwei Füchslein, und die Jäger mochten sie auch nicht töten, gaben sie den Hasen zur Gesellschaft, und sie folgten ihnen nach. Nicht lange, so schritt ein Wolf aus dem Dickicht, die Jäger legten auf ihn an, aber der Wolf rief:

«Lieber Jäger, laß mich leben,
Ich will dir auch zwei Junge geben.»

Die zwei jungen Wölfe taten die Jäger zu den andern Tieren, und sie folgten ihnen nach. Darauf kam ein Bär, der wollte gern noch länger herumtraben und rief:

«Lieber Jäger, laß mich leben,
Ich will dir auch zwei Junge geben.»

Die zwei jungen Bären wurden zu den andern gesellt, und waren ihrer schon acht. Endlich, wer kam? Ein Löwe kam und schüttelte seine Mähne. Aber die Jäger ließen sich nicht schrecken und zielten auf ihn: aber der Löwe sprach gleichfalls:

«Lieber Jäger, laß mich leben,
Ich will dir auch zwei Junge geben.»

Er holte auch seine Jungen herbei, und nun hatten die Jäger zwei Löwen, zwei Bären, zwei Wölfe, zwei Füchse und zwei Hasen, die ihnen nachzogen und dienten. Indessen war ihr Hunger damit nicht gestillt worden; da sprachen sie zu den Füchsen: «Hört, ihr Schleicher, schafft uns etwas zu essen, ihr seid ja listig und verschlagen.» Sie antworteten: «Nicht weit von hier liegt ein Dorf, wo wir schon manches Huhn geholt haben; den Weg dahin wollen wir euch zeigen.» Da gingen sie ins Dorf, kauften sich etwas zu essen und ließen auch ihren Tieren Futter geben und zogen dann weiter. Die Füchse aber wußten guten Bescheid in der Gegend, wo die Hühnerhöfe waren, und konnten die Jäger überall zurechtweisen.

Nun zogen sie eine Weile herum, konnten aber keinen Dienst finden, wo sie zusammen geblieben wären; da sprachen sie: «Es geht nicht anders, wir müssen uns trennen.» Sie teilten die Tiere, so daß jeder einen Löwen, einen Bären, einen Wolf, einen Fuchs und einen Hasen bekam: dann nahmen sie Abschied, versprachen sich brüderliche Liebe bis in den Tod und stießen das Messer, das ihnen ihr Pflegevater mitgegeben, in einen Baum; worauf der eine nach Osten, der andere nach Westen zog.

Der jüngste aber kam mit seinen Tieren in eine Stadt, die war ganz mit schwarzem Flor überzogen. Er ging in ein Wirtshaus und fragte den Wirt, ob er nicht seine Tiere herbergen könnte. Der Wirt gab ihnen einen Stall, wo in der Wand ein Loch war: da kroch der Hase hinaus und holte sich ein Kohlhaupt, und der Fuchs holte sich ein Huhn und, als er das gefressen hatte, auch den Hahn dazu; der Wolf aber, der Bär und der Löwe, weil sie zu groß waren, konnten nicht hinaus. Da ließ sie der Wirt hinbringen, wo eben eine Kuh auf dem Rasen lag, daß sie sich satt fraßen. Und als der Jäger für seine Tiere gesorgt hatte, fragte er erst den Wirt, warum die Stadt so mit Trauerflor ausgehängt wäre? Sprach der Wirt: «Weil morgen unseres Königs einzige Tochter sterben wird.» Fragte der Jäger: «Ist sie sterbenskrank?» — «Nein», antwortete der Wirt, «sie ist frisch und gesund, aber sie muß doch sterben.» — «Wie geht das zu?» fragte der Jäger. «Draußen vor der Stadt ist ein hoher Berg, darauf wohnt ein Drache, der muß alle Jahre eine reine Jungfrau haben, sonst verwüstet er das ganze Land. Nun sind schon alle Jungfrauen hingegeben, und ist niemand mehr übrig als die Königstochter; dennoch ist keine Gnade, sie muß ihm überliefert werden; und das soll morgen geschehen.» Sprach der Jäger: «Warum wird der Drache nicht getötet?» — «Ach», antwortete der Wirt, «so viele Ritter haben's versucht, aber allesamt ihr Leben eingebüßt; der König hat dem, der den Drachen besiegt, seine Tochter zur Frau versprochen, und er soll auch nach seinem Tode das Reich erben.»

Der Jäger sagte dazu weiter nichts, aber am andern Morgen nahm er seine Tiere und stieg mit ihnen auf den Drachenberg. Da stand oben eine kleine Kirche, und auf dem Altar standen drei gefüllte Becher, und dabei war die Schrift: «Wer die Becher austrinkt, wird der stärkste Mann auf Erden und wird das Schwert führen,

das vor der Türschwelle vergraben liegt.» Der
Jäger trank da nicht, ging hinaus und suchte
das Schwert in der Erde, vermochte aber nicht,
es von der Stelle zu bewegen. Da ging er hin
und trank die Becher aus und war nun stark
genug, das Schwert aufzunehmen, und seine
Hand konnte es ganz leicht führen. Als die
Stunde kam, wo die Jungfrau dem Drachen
sollte ausgeliefert werden, begleitete sie der
König, der Marschall und die Hofleute hinaus.
Sie sah von weitem den Jäger oben auf dem
Drachenberg und meinte, der Drache stände
da und erwartete sie, und wollte nicht hinaufgehen, endlich aber, weil die ganze Stadt sonst
wäre verloren gewesen, mußte sie den schweren
Gang tun. Der König und die Hofleute kehrten
voll großer Trauer heim, des Königs Marschall
aber sollte stehenbleiben und aus der Ferne
alles mitansehen.

Als die Königstochter oben auf den Berg
kam, stand da nicht der Drache, sondern der
junge Jäger, der sprach ihr Trost ein und sagte,
er wollte sie retten, führte sie in die Kirche
und verschloß sie darin. Gar nicht lange, so
kam mit großem Gebraus der siebenköpfige
Drache dahergefahren. Als er den Jäger erblickte, verwunderte er sich und sprach: «Was
hast du hier auf dem Berge zu schaffen?»
Der Jäger antwortete: «Ich will mit dir kämpfen.» Sprach der Drache: «So mancher Ritters-
mann hat hier sein Leben gelassen, mit dir will
ich auch fertig werden», und atmete Feuer aus
sieben Rachen. Das Feuer sollte das trockne

Gras anzünden, und der Jäger sollte in der Glut und dem Dampf ersticken, aber die Tiere kamen herbeigelaufen und traten das Feuer aus. Da fuhr der Drache gegen den Jäger, aber er schwang sein Schwert, daß es in der Luft sang, und schlug ihm drei Köpfe ab. Da ward der Drache erst recht wütend, erhob sich in die Luft, spie die Feuerflammen über den Jäger aus und wollte sich auf ihn stürzen, aber der Jäger zückte nochmals sein Schwert und hieb ihm wieder drei Köpfe ab. Das Untier ward matt und sank nieder und wollte doch wieder auf den Jäger los, aber er schlug ihm mit der letzten Kraft den Schweif ab, und weil er nicht mehr kämpfen konnte, rief er seine Tiere herbei, die zerrissen es in Stücke. Als der Kampf zu Ende war, schloß der Jäger die Kirche auf und fand die Königstochter auf der Erde liegen, weil ihr die Sinne vor Angst und Schrecken während des Streites vergangen waren. Er trug sie heraus, und als sie wieder zu sich selbst kam und die Augen aufschlug, zeigte er ihr den zerrissenen Drachen und sagte ihr, daß sie nun erlöst wäre. Sie freute sich und sprach: «Nun wirst du mein liebster Gemahl werden, denn mein Vater hat mich demjenigen versprochen, der den Drachen tötet.» Darauf hing sie ihr Halsband von Korallen ab und verteilte es unter die Tiere, um sie zu belohnen, und der Löwe erhielt das goldene Schlößchen davon. Ihr Taschentuch aber, in dem ihr Name stand, schenkte sie dem Jäger, der ging hin und schnitt aus den sieben Drachenköpfen die Zungen aus, wickelte sie in das Tuch und verwahrte sie wohl.

Als das geschehen war, weil er von dem Feuer und dem Kampf so matt und müde war, sprach er zur Jungfrau: «Wir sind beide so matt und müde, wir wollen ein wenig schlafen.» Da sagte sie ja, und sie ließen sich auf die Erde nieder, und der Jäger sprach zu dem Löwen: «Du sollst wachen, damit uns niemand im Schlaf überfällt», und beide schliefen ein. Der Löwe legte sich neben sie, um zu wachen, aber er war vom Kampf auch müde, daß er den Bären rief und sprach: «Lege dich neben mich, ich muß ein wenig schlafen, und wenn was kommt, so wecke mich auf.» Da legte sich der Bär neben ihn, aber er war auch müde und rief den Wolf und sprach: «Lege dich neben mich, ich muß ein wenig schlafen, und wenn was kommt, so wecke mich auf.» Da legte sich der Wolf neben ihn, aber er war auch müde und rief den Fuchs und sprach: «Lege dich neben mich, ich muß ein wenig schlafen, und wenn was kommt, so wecke mich auf.» Da legte sich der Fuchs neben ihn, aber er war auch müde, rief den Hasen und sprach: «Lege dich neben mich, ich muß ein wenig schlafen, und wenn was kommt, so wecke mich auf.» Da setzte sich der Hase neben ihn, aber der arme Has war auch müde und hatte niemand, den er zur Wache herbeirufen konnte, und schlief ein. Da schlief nun die Königstochter, der Jäger, der Löwe, der Bär, der Wolf, der Fuchs und der Has, und schliefen alle einen festen Schlaf.

Der Marschall aber, der von weitem hatte zuschauen sollen, als er den Drachen nicht mit der Jungfrau fortfliegen sah und alles auf dem Berg ruhig ward, nahm sich ein Herz und stieg hinauf. Da lag der Drache zerstückt und zerrissen auf der Erde und nicht weit davon die Königstochter und ein Jäger mit seinen Tieren, die waren alle in tiefen Schlaf versunken. Und weil er bös und gottlos war, so nahm er sein Schwert und hieb dem Jäger das Haupt ab und faßte die Jungfrau auf den Arm und trug sie den Berg hinab. Da erwachte sie und erschrak, aber der Marschall sprach: «Du bist in meinen Händen, du sollst sagen, daß ich es gewesen bin, der den Drachen getötet hat.» — «Das kann ich nicht», antwortete sie, «denn ein Jäger mit seinen Tieren hat's getan.» Da zog er sein Schwert und drohte sie zu töten, wo sie ihm nicht gehorchte, und zwang sie damit, daß sie es versprach. Darauf brachte er sie vor den König, der sich vor Freuden nicht zu lassen wußte, als er sein liebes Kind wieder lebend erblickte, das er von dem Untier zerrissen glaubte. Der Marschall sprach zu ihm: «Ich habe den Drachen getötet und die Jungfrau und das ganze Reich befreit, darum fordere ich sie zur Gemahlin, so wie es zugesagt ist.» Der König fragte die Jungfrau: «Ist das wahr, was er spricht?» — «Ach ja», antwortete sie, «es muß wohl wahr sein: aber ich halte mir aus, daß erst über Jahr und Tag die Hochzeit gefeiert wird», denn sie dachte, in der Zeit etwas von ihrem lieben Jäger zu hören.

Auf dem Drachenberg aber lagen noch die Tiere neben ihrem toten Herrn und schliefen; da kam eine große Hummel und setzte sich dem Hasen auf die Nase, aber der Hase wischte sie mit der Pfote ab und schlief weiter. Die Hummel kam zum zweitenmal, aber der Hase wischte sie wieder ab und schlief fort. Da kam sie zum drittenmal und stach ihm in die Nase, daß er aufwachte. Sobald der Hase wach war, weckte er den Fuchs, und der Fuchs den Wolf, und der Wolf den Bär, und der Bär den Löwen. Und als der Löwe aufwachte und sah, daß die Jungfrau fort war und sein Herr tot, fing er an, fürchterlich zu brüllen, und rief: «Wer hat das vollbracht? Bär, warum hast du mich nicht geweckt?» Der Bär fragte den Wolf: «Warum hast du mich nicht geweckt?», und der Wolf den Fuchs: «Warum hast du mich nicht geweckt?», und der Fuchs den Hasen: «Warum hast du mich nicht geweckt?» Der arme Has wußte allein nichts zu antworten, und die Schuld blieb auf ihm hangen. Da wollten sie über ihn herfallen, aber er bat und sprach: «Bringt mich nicht um, ich will unsern Herrn wieder lebendig machen. Ich weiß einen Berg, da wächst eine Wurzel, wer die im Mund hat, der wird von aller Krankheit und allen Wunden geheilt. Aber der Berg liegt zweihundert Stunden von hier.» Sprach der Löwe: «In vierundzwanzig Stunden mußt du hin- und hergelaufen sein und die Wurzel mitbringen.» Da sprang der Hase fort, und in vierundzwanzig Stunden war er wieder zurück und brachte die Wurzel mit. Der Löwe setzte dem Jäger den Kopf wieder an, und der Hase steckte ihm die Wurzel in den Mund; alsbald fügte sich alles wieder zusammen, und das Herz schlug, und das Leben kehrte zurück. Da erwachte der Jäger und erschrak, als er die Jungfrau nicht mehr sah, und dachte: Sie ist wohl fortgegangen, während ich schlief, um mich loszuwerden. Der Löwe hatte in der großen Eile seinem Herrn den Kopf verkehrt aufgesetzt, der aber merkte es nicht bei seinen traurigen Gedanken an die Königstochter: erst zu Mittag, als er etwas essen wollte, da sah er, daß ihm der Kopf nach dem Rücken zu stand, konnte es nicht begreifen und fragte die Tiere, was ihm im Schlaf widerfahren wäre. Da erzählte ihm der Löwe, daß sie auch alle aus Müdigkeit eingeschlafen wären, und beim Erwachen hätten sie ihn tot gefunden mit abgeschlagenem Haupte, der Hase hätte die Lebenswurzel geholt, er aber in der Eile den Kopf verkehrt gehalten; doch wollte er seinen Fehler wieder gutmachen. Dann riß er dem Jäger den Kopf wieder ab, drehte ihn herum, und der Hase heilte ihn mit der Wurzel fest.

Der Jäger aber war traurig, zog in der Welt herum und ließ seine Tiere vor den Leuten tanzen. Es trug sich zu, daß er gerade nach Verlauf eines Jahres wieder in dieselbe Stadt kam, wo er die Königstochter vom Drachen erlöst hatte, und die Stadt war diesmal ganz mit rotem Scharlach ausgehängt. Da sprach er zum Wirt: «Was will das sagen? Vorm Jahr

war die Stadt mit schwarzem Flor überzogen,
was soll heute der rote Scharlach?» Der Wirt
antwortete: «Vorm Jahr sollte unsers Königs
Tochter dem Drachen ausgeliefert werden,
aber der Marschall hat mit ihm gekämpft und
ihn getötet, und da soll morgen ihre Vermählung gefeiert werden; darum war die Stadt
damals mit schwarzem Flor zur Trauer und
ist heute mit rotem Scharlach zur Freude ausgehängt.»

Am andern Tag, wo die Hochzeit sein sollte,
sprach der Jäger um Mittagszeit zum Wirt:
«Glaubt Er wohl, Herr Wirt, daß ich heut Brot
von des Königs Tisch hier bei Ihm essen
will?» — «Ja», sprach der Wirt, «da wollt ich
doch noch hundert Goldstücke dransetzen, daß
das nicht wahr ist.» Der Jäger nahm die Wette
an und setzte einen Beutel mit ebensoviel Goldstücken dagegen. Dann rief er den Hasen und
sprach: «Geh hin, lieber Springer, und hol mir
von dem Brot, das der König ißt.» Nun war
das Häslein das geringste und konnte es keinem andern wieder auftragen, sondern mußte
sich selbst auf die Beine machen. Ei, dachte es,
wann ich so allein durch die Straßen springe,
da werden die Metzgerhunde hinter mir drein
sein. Wie es dachte, so geschah es auch, und
die Hunde kamen hinter ihm drein und wollten
ihm sein gutes Fell flicken. Es sprang aber, hast
du nicht gesehen! und flüchtete sich in ein
Schilderhaus, ohne daß es der Soldat gewahr
wurde. Da kamen die Hunde und wollten es
heraushaben, aber der Soldat verstand keinen

Spaß und schlug mit dem Kolben drein, daß sie schreiend und heulend fortliefen. Als der Hase merkte, daß die Luft rein war, sprang er zum Schloß hinein und gerade zur Königstochter, setzte sich unter ihren Stuhl und kratzte sie am Fuß. Da sagte sie: «Willst du fort!», und meinte, es wäre ihr Hund. Der Hase kratzte zum zweitenmal am Fuß, da sagte sie wieder: «Willst du fort!», und meinte, es wäre ihr Hund. Aber der Hase ließ sich nicht irre machen und kratzte zum drittenmal, da guckte sie herab und erkannte den Hasen an seinem Halsband. Nun nahm sie ihn auf ihren Schoß, trug ihn in ihre Kammer und sprach: «Lieber Hase, was willst du?» Antwortete er: «Mein Herr, der den Drachen getötet hat, ist hier und schickt mich, ich soll um ein Brot bitten, wie es der König ißt.» Da war sie voll Freude und ließ den Bäcker kommen und befahl ihm, ein Brot zu bringen, wie es der König aß. Sprach das Häslein: «Aber der Bäcker muß mir's auch hintragen, damit mir die Metzgerhunde nichts tun.» Der Bäcker trug es ihm bis an die Türe der Wirtsstube: da stellte sich der Hase auf die Hinterbeine, nahm alsbald das Brot in die Vorderpfoten und brachte es seinem Herrn. Da sprach der Jäger: «Sieht Er, Herr Wirt, die hundert Goldstücke sind mein.» Der Wirt wunderte sich, aber der Jäger sagte weiter: «Ja, Herr Wirt, das Brot hätt ich, nun will ich aber auch von des Königs Braten essen.» Der Wirt sagte: «Das möcht ich sehen», aber wetten wollte er nicht mehr. Rief der Jäger den

Fuchs und sprach: «Mein Füchslein, geh hin und hol mir Braten, wie ihn der König ißt.» Der Rotfuchs wußte die Schliche besser, ging an den Ecken und durch die Winkel, ohne daß ihn ein Hund sah, setzte sich unter der Königstochter Stuhl und kratzte an ihrem Fuß. Da sah sie herab und erkannte den Fuchs am Halsband, nahm ihn mit in ihre Kammer und sprach: «Lieber Fuchs, was willst du?» Antwortete er: «Mein Herr, der den Drachen getötet hat, ist hier und schickt mich, ich soll bitten um einen Braten, wie ihn der König ißt.» Da ließ sie den Koch kommen, der mußte einen Braten, wie ihn der König aß, anrichten und dem Fuchs bis an die Türe tragen: da nahm ihm der Fuchs die Schüssel ab, wedelte mit seinem Schwanz erst die Fliegen weg, die sich auf den Braten gesetzt hatten, und brachte ihn dann seinem Herrn. «Sieht Er, Herr Wirt», sprach der Jäger, «Brot und Fleisch ist da, nun will ich auch Zugemüs essen, wie es der König ißt.» Da rief er den Wolf und sprach: «Lieber Wolf, geh hin und hol mir Zugemüs, wie's der König ißt.» Da ging der Wolf geradezu ins Schloß, weil er sich vor niemand fürchtete, und als er in der Königstochter Zimmer kam, da zupfte er sie hinten am Kleid, daß sie sich umschauen mußte. Sie erkannte ihn am Halsband und nahm ihn mit in ihre Kammer und sprach: «Lieber Wolf, was willst du?» Antwortete er: «Mein Herr, der den Drachen getötet hat, ist hier, ich soll bitten um ein Zugemüs, wie es der König ißt.» Da ließ sie den Koch kommen, der mußte ein

Zugemüs bereiten, wie es der König aß, und mußte es dem Wolf bis vor die Türe tragen: da nahm ihm der Wolf die Schüssel ab und brachte sie seinem Herrn. «Sieht Er, Herr Wirt», sprach der Jäger, «nun hab ich Brot, Fleisch und Zugemüs, aber ich will auch Zuckerwerk essen, wie es der König ißt.» Rief er den Bären und sprach: «Lieber Bär, du leckst doch gern etwas Süßes, geh hin und hol mir Zuckerwerk, wie es der König ißt.» Da trabte der Bär nach dem Schlosse und ging ihm jedermann aus dem Wege: als er aber zu der Wache kam, hielt sie die Flinten vor und wollte ihn nicht ins königliche Schloß lassen. Aber er hob sich in die Höhe und gab mit seinen Tatzen links und rechts ein paar Ohrfeigen, daß die ganze Wache zusammenfiel, und darauf ging er gerades Weges zu der Königstochter, stellte sich hinter sie und brummte ein wenig. Da schaute sie rückwärts und erkannte den Bären und hieß ihn mitgehn in ihre Kammer und sprach: «Lieber Bär, was willst du?» Antwortete er: «Mein Herr, der den Drachen getötet hat, ist hier, ich soll bitten um Zuckerwerk, wie's der König ißt.» Da ließ sie den Zuckerbäcker kommen, der mußte Zuckerwerk backen, wie's der König aß, und dem Bären vor die Türe tragen: da leckte der Bär erst die Zuckererbsen auf, die heruntergerollt waren, dann stellte er sich aufrecht, nahm die Schüssel und brachte sie seinem Herrn. «Sieht Er, Herr Wirt», sprach der Jäger, «nun hab ich Brot, Fleisch, Zugemüs und Zuckerwerk, aber ich will auch Wein trinken, wie ihn der König trinkt.» Er rief seinen Löwen herbei und sprach: «Lieber Löwe, du trinkst dir doch gerne einen Rausch, geh und hol mir Wein, wie ihn der König trinkt.» Da schritt der Löwe über die Straße, und die Leute liefen vor ihm, und als er an die Wache kam, wollte sie den Weg sperren, aber er brüllte nur einmal, so sprang alles fort. Nun ging der Löwe vor das königliche Zimmer und klopfte mit seinem Schweif an die Türe. Da kam die Königstochter heraus und wäre fast über den Löwen erschrocken, aber sie erkannte ihn an dem goldenen Schloß von ihrem Halsbande und hieß ihn mit in ihre Kammer gehen und sprach: «Lieber Löwe, was willst du?» Antwortete der: «Mein Herr, der den Drachen getötet hat, ist hier, ich soll bitten um Wein, wie ihn der König trinkt.» Da ließ sie den Mundschenk kommen, der sollte dem Löwen Wein geben, wie ihn der König tränke. Sprach der Löwe: «Ich will mitgehen und sehen, daß ich den rechten kriege.» Da ging er mit dem Mundschenk hinab, und als sie unten hinkamen, wollte ihm dieser von dem gewöhnlichen Wein zapfen, wie ihn des Königs Diener tranken, aber der Löwe sprach: «Halt! ich will den Wein erst versuchen», zapfte sich ein halbes Maß und schluckte es auf einmal hinab. «Nein», sagte er, «das ist nicht der rechte.» Der Mundschenk sah ihn schief an, ging aber und wollte ihm aus einem andern Faß geben, das für des Königs Marschall war. Sprach der Löwe: «Halt! erst will ich den Wein versuchen», zapfte sich ein halbes Maß und trank es; «der ist besser, aber noch nicht der rechte.» Da ward der Mundschenk bös und sprach: «Was so ein dummes Vieh vom Wein verstehen will!» Aber der Löwe gab ihm einen Schlag hinter die Ohren, daß er unsanft zur Erde fiel, und als er sich wieder aufgemacht hatte, führte er den Löwen ganz stillschweigend in einen kleinen besonderen Keller, wo des Königs Wein lag, von dem sonst kein Mensch zu trinken bekam. Der Löwe zapfte sich erst ein halbes Maß und versuchte den Wein, dann sprach er: «Das kann von dem rechten sein», und hieß den Mundschenk sechs Flaschen füllen. Nun stiegen sie hinauf; wie der Löwe aber aus dem Keller ins Freie kam, schwankte er hin und her und war ein wenig trunken, und der Mundschenk mußte ihm den Wein bis vor die Türe tragen: da nahm der Löwe den Henkelkorb in das Maul und brachte ihn seinem Herrn. Sprach der Jäger: «Sieht Er, Herr Wirt, da hab ich Brot, Fleisch, Zugemüs, Zuckerwerk und Wein, wie es der König hat, nun will ich mit meinen Tieren Mahlzeit halten», und setzte sich hin, aß und trank und gab dem Hasen, dem Fuchs, dem Wolf, dem Bär und dem Löwen auch davon zu essen und zu trinken und war guter Dinge, denn er sah, daß ihn die Königstochter noch liebhatte. Und als er Mahlzeit gehalten hatte, sprach er: «Herr Wirt, nun hab ich gegessen und getrunken, wie der König ißt und trinkt, jetzt will ich an des Königs Hof gehen und die Königstochter heiraten.» Fragte der Wirt: «Wie soll das zugehen, da sie schon einen Bräutigam hat und heute die Vermählung gefeiert wird?» Da zog der Jäger das Taschentuch heraus, das ihm die Königstochter auf dem Drachenberg gegeben hatte und worin die sieben Zungen des Untiers eingewickelt waren, und sprach: «Dazu soll mir helfen, was ich da in der Hand halte.» Da sah der Wirt das Tuch an und sprach: «Wenn ich alles glaube, so glaube ich das nicht und will wohl Haus und Hof dransetzen.» Der Jäger aber nahm einen Beutel mit tausend Goldstücken, stellte ihn auf den Tisch und sagte: «Das setze ich dagegen.»

Nun sprach der König an der königlichen Tafel zu seiner Tochter: «Was haben die wilden Tiere alle gewollt, die zu dir gekommen und in mein Schloß ein- und ausgegangen sind?» Da antwortete sie: «Ich darf's nicht sagen, aber schickt hin und laßt den Herrn dieser Tiere holen, so werdet Ihr wohltun.» Der König schickte einen Diener ins Wirtshaus und ließ den fremden Mann einladen, und der Diener kam gerade, wie der Jäger mit dem Wirt gewettet hatte. Da sprach er: «Sieht Er, Herr Wirt, da schickt der König einen Diener und läßt mich einladen, aber ich gehe so noch nicht.» Und zu dem Diener sagte er: «Ich lasse den Herrn König bitten, daß er mir königliche Kleider schickt, einen Wagen mit sechs Pferden und Diener, die mir aufwarten.» Als der König die Antwort hörte, sprach er zu seiner Tochter: «Was soll ich tun?» Sagte sie: «Laßt ihn holen, wie er's verlangt, so werdet Ihr wohltun.» Da schickte der König königliche Kleider, einen Wagen mit sechs Pferden und Diener, die ihm aufwarten sollten. Als der Jäger sie kommen sah, sprach er: «Sieht Er, Herr Wirt, nun werde ich abgeholt, wie ich es verlangt habe», und zog die königlichen Kleider an, nahm das Tuch mit den Drachenzungen und fuhr zum König. Als ihn der König kommen sah, sprach er zu seiner Tochter: «Wie soll ich ihn empfangen?» Antwortete sie: «Geht ihm entgegen, so werdet Ihr wohltun.» Da ging ihm der König entgegen und führte ihn herauf, und seine Tiere folgten ihm nach. Der König wies ihm einen Platz an neben sich und seiner Tochter, der Marschall saß auf der andern Seite als Bräutigam, aber der kannte ihn nicht mehr. Nun wurden gerade die sieben Häupter des Drachen zur Schau aufgetragen, und der König sprach: «Die sieben Häupter hat der Marschall dem Drachen abgeschlagen, darum geb ich ihm heute meine Tochter zur Gemahlin.» Da stand der Jäger auf, öffnete die sieben Rachen und sprach: «Wo sind die sieben Zungen des Drachen?» Da erschrak der Marschall, ward bleich und wußte nicht, was er antworten sollte, endlich sagte er in der Angst: «Drachen haben keine Zungen.» Sprach der Jäger: «Die Lügner sollten keine haben, aber die Drachenzungen sind das Wahrzeichen des Siegers», und wickelte das Tuch auf; da lagen sie alle siebene darin, und dann steckte er jede Zunge in den Rachen, in den sie gehörte, und sie paßte genau. Darauf nahm er das Tuch,

in welches der Name der Königstochter gestickt war, und zeigte es der Jungfrau und
fragte sie, wem sie es gegeben hätte, da antwortete sie: «Dem, der den Drachen getötet hat.»
Und dann rief er sein Getier, nahm jedem das
Halsband und dem Löwen das goldene Schloß
ab und zeigte es der Jungfrau und fragte, wem
es angehörte. Antwortete sie: «Das Halsband
und das goldene Schloß waren mein, ich habe
es unter die Tiere verteilt, die den Drachen be-
siegen halfen.» Da sprach der Jäger: «Als ich
müde von dem Kampf geruht und geschlafen
habe, da ist der Marschall gekommen und hat
mir den Kopf abgehauen. Dann hat er die Königstochter fortgetragen und vorgegeben, er
sei es gewesen, der den Drachen getötet habe;
und daß er gelogen hat, beweise ich mit den
Zungen, dem Tuch und dem Halsband.» Und
dann erzählte er, wie ihn seine Tiere durch eine
wunderbare Wurzel geheilt hätten, und daß
er ein Jahr lang mit ihnen herumgezogen und
endlich wieder hierher gekommen wäre, wo er
den Betrug des Marschalls durch die Erzählung
des Wirtes erfahren hätte. Da fragte der König
seine Tochter: «Ist es wahr, daß dieser den
Drachen getötet hat?» Da antwortete sie: «Ja,
es ist wahr; jetzt darf ich die Schandtat des
Marschalls offenbaren, weil sie ohne mein Zutun an den Tag gekommen ist, denn er hat mir
das Versprechen zu schweigen abgezwungen.
Darum aber habe ich mir ausgehalten, daß erst
in Jahr und Tag die Hochzeit sollte gefeiert
werden.» Da ließ der König zwölf Ratsherren

rufen, die sollten über den Marschall Urteil sprechen, und die urteilten, daß er müßte von vier Ochsen zerrissen werden. Also ward der Marschall gerichtet, der König aber übergab seine Tochter dem Jäger und ernannte ihn zu seinem Statthalter im ganzen Reich. Die Hochzeit ward mit großen Freuden gefeiert, und der junge König ließ seinen Vater und Pflegevater holen und überhäufte sie mit Schätzen. Den Wirt vergaß er auch nicht und ließ ihn kommen und sprach zu ihm: «Sieht Er, Herr Wirt, die Königstochter habe ich geheiratet, und sein Haus und Hof sind mein.» Sprach der Wirt: «Ja, das wäre nach den Rechten.» Der junge König aber sagte: «Es soll nach Gnaden gehen: Haus und Hof soll Er behalten, und die tausend Goldstücke schenke ich Ihm noch dazu.»

Nun waren der junge König und die junge Königin guter Dinge und lebten vergnügt zusammen. Er zog oft hinaus auf die Jagd, weil das seine Freude war, und die treuen Tiere mußten ihn begleiten. Es lag aber in der Nähe ein Wald, von dem hieß es, er wäre nicht geheuer, und wäre einer erst darin, so käm er nicht leicht wieder heraus. Der junge König hatte aber große Lust, darin zu jagen, und ließ dem alten König keine Ruhe, bis er es ihm erlaubte. Nun ritt er mit einer großen Begleitung aus, und als er zu dem Wald kam, sah er eine schneeweiße Hirschkuh darin und sprach zu seinen Leuten: «Haltet hier, bis ich zurückkomme, ich will das schöne Wild jagen», und ritt ihm nach in den Wald hinein, und nur seine Tiere folgten ihm. Die Leute hielten und warteten bis Abend, aber er kam nicht wieder: da ritten sie heim und erzählten der jungen Königin: «Der junge König ist im Zauberwald einer weißen Hirschkuh nachgejagt und ist nicht wieder gekommen.» Da war sie in großer Besorgnis um ihn. Er war aber dem schönen Wild immer nachgeritten und konnte es niemals einholen; wenn er meinte, es wäre schußrecht, so sah er es gleich wieder in weiter Ferne dahinspringen, und endlich verschwand es ganz. Nun merkte er, daß er tief in den Wald hineingeraten war, nahm sein Horn und blies, aber er bekam keine Antwort, denn seine Leute konnten's nicht hören. Und da auch die Nacht einbrach, sah er, daß er diesen Tag nicht heimkommen könnte, stieg ab, machte sich bei einem Baum ein Feuer an und wollte dabei übernachten. Als er bei dem Feuer saß und seine Tiere sich auch neben ihn gelegt hatten, deuchte ihn, als hörte er eine menschliche Stimme: er schaute umher, konnte aber nichts bemerken. Bald darauf hörte er wieder ein Ächzen wie von oben her, da blickte er in die Höhe und sah ein altes Weib auf dem Baum sitzen, das jammerte in einem fort: «Hu, hu, hu, was mich friert!» Sprach er: «Steig herab und wärme dich, wenn dich friert.» Sie aber sagte: «Nein, deine Tiere beißen mich.» Antwortete er: «Sie tun dir nichts, altes Mütterchen, komm nur herunter.» Sie war aber eine Hexe und sprach: «Ich will dir eine Rute von dem Baum herabwerfen; wenn du sie damit auf den Rücken schlägst, tun sie mir nichts.» Da warf sie ihm ein Rütlein herab, und er schlug sie damit, alsbald lagen sie still und waren in Stein verwandelt. Und als die Hexe vor den Tieren sicher war, sprang sie herunter und rührte auch ihn mit einer Rute an und verwandelte ihn in Stein. Darauf lachte sie und schleppte ihn und die Tiere in einen Graben, wo schon mehr solcher Steine lagen.

Als aber der junge König gar nicht wieder kam, ward die Angst und Sorge der Königin immer größer. Nun trug sich zu, daß gerade in dieser Zeit der andere Bruder, der bei der Trennung gen Osten gewandelt war, in das Königreich kam. Er hatte einen Dienst gesucht und keinen gefunden, war dann herumgezogen hin und her und hatte seine Tiere tanzen lassen. Da fiel ihm ein, er wollte einmal nach dem Messer sehen, das sie bei ihrer Trennung in einen Baumstamm gestoßen hatten, um zu erfahren, wie es seinem Bruder ginge. Wie er dahin kam, war seines Bruders Seite halb verrostet und halb war sie noch blank. Da erschrak er und dachte: Meinem Bruder muß ein großes Unglück zugestoßen sein, doch kann ich ihn vielleicht noch retten, denn die Hälfte des Messers ist noch blank. Er zog mit seinen Tieren gen Westen, und als er in das Stadttor kam, trat ihm die Wache entgegen und fragte, ob sie ihn bei seiner Gemahlin melden sollte: die junge Königin wäre schon seit ein paar Tagen in großer Angst über sein

Ausbleiben und fürchtete, er wäre im Zauberwald umgekommen. Die Wache nämlich glaubte nicht anders, als er wäre der junge König selbst, so ähnlich sah er ihm, und hatte auch die wilden Tiere hinter sich laufen. Da merkte er, daß von seinem Bruder die Rede war, und dachte: Es ist das beste, ich gebe mich für ihn aus, so kann ich ihn wohl leichter erretten. Also ließ er sich von der Wache ins Schloß begleiten und ward mit großen Freuden empfangen. Die junge Königin meinte nicht anders, als es wäre ihr Gemahl, und fragte ihn, warum er so lange ausgeblieben wäre. Er antwortete: «Ich hatte mich in einem Walde verirrt und konnte mich nicht eher wieder herausfinden.» Abends ward er in das königliche Bette gebracht, aber er legte ein zweischneidiges Schwert zwischen sich und die junge Königin: sie wußte nicht, was das heißen sollte, getraute aber nicht zu fragen.

Da blieb er ein paar Tage und erforschte derweil alles, wie es mit dem Zauberwald beschaffen war; endlich sprach er: «Ich muß noch einmal dort jagen.» Der König und die junge Königin wollten es ihm ausreden, aber er bestand darauf und zog mit großer Begleitung hinaus. Als er in den Wald gekommen war, erging es ihm wie seinem Bruder, er sah eine weiße Hirschkuh und sprach zu seinen Leuten: «Bleibt hier und wartet, bis ich wiederkomme, ich will das schöne Wild jagen», ritt in den Wald hinein, und seine Tiere liefen ihm nach. Aber er konnte die Hirschkuh nicht einholen und geriet so tief in den Wald, daß er darin übernachten mußte. Und als er ein Feuer angemacht hatte, hörte er über sich ächzen: «Hu, hu, hu, wie mich friert!» Da schaute er hinauf, und es saß dieselbe Hexe oben im Baum. Sprach er: «Wenn dich friert, so komm herab, altes Mütterchen, und wärme dich.» Antwortete sie: «Nein, deine Tiere beißen mich.» Er aber sprach: «Sie tun dir nichts.» Da rief sie: «Ich will dir eine Rute hinabwerfen; wenn du sie damit schlägst, so tun sie mir nichts.» Wie der Jäger das hörte, traute er der Alten nicht und sprach: «Meine Tiere schlag ich nicht, komm du herunter, oder ich hol dich.» Da rief sie: «Was willst du wohl? Du tust mir noch nichts.» Er aber antwortete: «Kommst du nicht, so schieß ich dich herunter.» Sprach sie: «Schieß nur zu, vor deinen Kugeln fürchte ich mich nicht.» Da legte er an und schoß nach ihr, aber die Hexe war fest gegen alle Bleikugeln, lachte, daß es gellte, und rief: «Du sollst mich noch nicht treffen.» Der Jäger wußte Bescheid, riß sich drei silberne Knöpfe vom Rock und lud sie in die Büchse, denn dagegen war ihre Kunst umsonst, und als er losdrückte, stürzte sie gleich mit Geschrei herab. Da stellte er den Fuß auf sie und sprach: «Alte Hexe, wenn du nicht gleich gestehst, wo mein Bruder ist, so pack ich dich auf mit beiden Händen und werfe dich ins Feuer.» Sie war in großer Angst, bat um Gnade und sagte: «Er liegt mit seinen Tieren versteinert in einem Graben.» Da zwang er sie, mit hinzugehen, drohte ihr und sprach:

«Alte Meerkatze, jetzt machst du meinen Bruder und alle Geschöpfe, die hier liegen, lebendig, oder du kommst ins Feuer.» Sie nahm eine Rute und rührte die Steine an: da wurde sein Bruder mit den Tieren wieder lebendig, und viele andere, Kaufleute, Handwerker, Hirten, standen auf, dankten für ihre Befreiung und zogen heim. Die Zwillingsbrüder aber, als sie sich wiedersahen, küßten sich und freuten sich von Herzen. Dann griffen sie die Hexe, banden sie und legten sie ins Feuer, und als sie verbrannt war, da tat sich der Wald von selbst auf und war licht und hell, und man konnte das königliche Schloß auf drei Stunden Wegs sehen.

Nun gingen die zwei Brüder zusammen nach Haus und erzählten einander auf dem Weg ihre Schicksale. Und als der jüngste sagte, er wäre an des Königs Statt Herr im ganzen Lande, sprach der andere: «Das hab ich wohl gemerkt, denn als ich in die Stadt kam und für dich angesehen ward, da geschah mir alle königliche Ehre: die junge Königin hielt mich für ihren Gemahl, und ich mußte an ihrer Seite essen und in deinem Bett schlafen.» Wie das der andere hörte, ward er so eifersüchtig und zornig, daß er sein Schwert zog und seinem Bruder den Kopf abschlug. Als dieser aber tot dalag und er sein rotes Blut fließen sah, reute es ihn gewaltig: «Mein Bruder hat mich erlöst», rief er aus, «und ich habe ihn dafür getötet!» und jammerte laut. Da kam sein Hase und erbot sich, von der Lebenswurzel zu holen, sprang fort und brachte sie noch zu rechter Zeit: und der Tote ward wieder ins Leben gebracht und merkte gar nichts von der Wunde.

Darauf zogen sie weiter, und der jüngste sprach: «Du siehst aus wie ich, hast königliche Kleider an wie ich, und die Tiere folgen dir nach wie mir: wir wollen zu den entgegengesetzten Toren eingehen und von zwei Seiten zugleich beim alten König anlangen.» Also trennten sie sich, und bei dem alten König kam zu gleicher Zeit die Wache von dem einen und dem andern Tore und meldete, der junge König mit den Tieren wäre von der Jagd angelangt. Sprach der König: «Es ist nicht möglich, die Tore liegen eine Stunde weit auseinander.» Indem aber kamen von zwei Seiten die beiden Brüder in den Schloßhof hinein und stiegen beide herauf. Da sprach der König zu seiner Tochter: «Sag an, welcher ist dein Gemahl? Es sieht einer aus wie der andere, ich kann's nicht wissen.» Sie war da in großer Angst und konnte es nicht sagen; endlich fiel ihr das Halsband ein, das sie den Tieren gegeben hatte, suchte und fand an dem einen Löwen ihr goldenes Schlößchen: da rief sie vergnügt: «Der, dem dieser Löwe nachfolgt, der ist mein rechter Gemahl.» Da lachte der junge König und sagte: «Ja, das ist der rechte», und sie setzten sich zusammen zu Tisch, aßen und tranken und waren fröhlich. Abends, als der junge König zu Bett ging, sprach seine Frau: «Warum hast du die vorigen Nächte immer ein zweischneidiges Schwert in

unser Bett gelegt, ich habe geglaubt, du wolltest mich totschlagen.» Da erkannte er, wie
treu sein Bruder gewesen war.

61

DAS BÜRLE

Es war ein Dorf, darin saßen lauter reiche
Bauern und nur ein armer, den nannten sie das
Bürle (Bäuerlein). Er hatte nicht einmal eine
Kuh und noch weniger Geld, eine zu kaufen:
und er und seine Frau hätten so gern eine
gehabt. Einmal sprach er zu ihr: «Hör, ich
habe einen guten Gedanken: da ist unser Gevatter Schreiner, der soll uns ein Kalb aus Holz
machen und braun anstreichen, daß es wie ein
anderes aussieht, mit der Zeit wird's wohl groß
und gibt eine Kuh.» Der Frau gefiel das auch,
und der Gevatter Schreiner zimmerte und
hobelte das Kalb zurecht, strich es an, wie
sich's gehörte, und machte es so, daß es den
Kopf herabsenkte, als fräße es.
   Wie die Kühe des andern Morgens aus-
getrieben wurden, rief das Bürle den Hirt
herein und sprach: «Seht, da hab ich ein
Kälbchen, aber es ist noch klein und muß
noch getragen werden.» Der Hirt sagte «schon
gut», nahm's in seinen Arm, trug's hinaus auf
die Weide und stellte es ins Gras. Das Kälbchen blieb da immer stehen wie eins, das frißt,
und der Hirt sprach: «Das wird bald selber

laufen, guck einer, was es schon frißt!» Abends als er die Herde wieder heimtreiben wollte, sprach er zu dem Kalb: «Kannst du da stehen und dich satt fressen, so kannst du auch auf deinen vier Beinen gehen, ich mag dich nicht wieder auf dem Arm heimschleppen.» Das Bürle stand aber vor der Haustüre und wartete auf sein Kälbchen: als nun der Kuhhirt durchs Dorf trieb und das Kälbchen fehlte, fragte er danach. Der Hirt antwortete: «Das steht noch immer draußen und frißt: es wollte nicht aufhören und nicht mitgehen.» Bürle aber sprach: «Ei was, ich muß mein Vieh wieder haben.» Da gingen sie zusammen nach der Wiese zurück, aber einer hatte das Kalb gestohlen, und es war fort. Sprach der Hirt: «Es wird sich wohl verlaufen haben.» Das Bürle aber sagte: «Mir nicht so!», und führte den Hirten vor den Schultheiß, der verdammte ihn für seine Nachlässigkeit, daß er dem Bürle für das entkommene Kalb mußte eine Kuh geben.

Nun hatte das Bürle und seine Frau die lang gewünschte Kuh; sie freuten sich von Herzen, hatten aber kein Futter und konnten ihr nichts zu fressen geben, also mußte sie bald geschlachtet werden. Das Fleisch salzten sie ein, und das Bürle ging in die Stadt und wollte das Fell dort verkaufen, um für den Erlös ein neues Kälbchen zu bestellen. Unterwegs kam er an eine Mühle, da saß ein Rabe mit gebrochenen Flügeln, den nahm er aus Erbarmen auf und wickelte ihn in das Fell. Weil aber das Wetter so schlecht ward und Wind und Regen stürmte, konnte er nicht weiter, kehrte in die Mühle ein und bat um Herberge. Die Müllerin war allein zu Haus und sprach zu dem Bürle: «Da leg dich auf die Streu», und gab ihm ein Käsebrot. Das Bürle aß und legte sich nieder, sein Fell neben sich, und die Frau dachte: Der ist müde und schläft. Indem kam der Pfaff, die Frau Müllerin empfing ihn wohl und sprach: «Mein Mann ist aus, da wollen wir uns traktieren.» Bürle horchte auf, und wie's von Traktieren hörte, ärgerte es sich, daß es mit Käsebrot hatte vorlieb nehmen müssen. Da trug die Frau herbei und trug viererlei auf, Braten, Salat, Kuchen und Wein.

Wie sie sich nun setzten und essen wollten, klopfte es draußen. Sprach die Frau: «Ach Gott, das ist mein Mann!» Geschwind versteckte sie den Braten in die Ofenkachel, den Wein unters Kopfkissen, den Salat aufs Bett, den Kuchen unters Bett und den Pfaff in den Schrank auf dem Hausehrn. Danach machte sie dem Mann auf und sprach: «Gottlob, daß du wieder hier bist! Das ist ein Wetter, als wenn die Welt untergehen sollte!» Der Müller sah 's Bürle auf der Streu liegen und fragte: «Was will der Kerl da?» — «Ach», sagte die Frau, «der arme Schelm kam in dem Sturm und Regen und bat um ein Obdach, da hab ich ihm ein Käsebrot gegeben und ihm die Streu angewiesen.» Sprach der Mann: «Ich habe nichts dagegen, aber schaff mir bald etwas zu essen.» Die Frau sagte: «Ich habe aber nichts als Käsebrot.» — «Ich bin mit allem zufrieden», antwortete der Mann, «meinetwegen mit Käsebrot», sah das Bürle an und rief: «Komm und iß noch einmal mit.» Bürle ließ sich das nicht zweimal sagen, stand auf und aß mit. Danach sah der Müller das Fell auf der Erde liegen, in dem der Rabe steckte, und fragte: «Was hast du da?» Antwortete das Bürle: «Da hab ich einen Wahrsager drin.» — «Kann der mir auch wahrsagen?» sprach der Müller. «Warum nicht?» antwortete das Bürle, «er sagt aber nur vier Dinge, und das fünfte behält er bei sich.» Der Müller war neugierig und sprach: «Laß ihn einmal wahrsagen.» Da drückte Bürle dem Raben auf den Kopf, daß er quakte und «krr, krr» machte. Sprach der Müller: «Was hat er gesagt?» Bürle antwortete: «Erstens hat er gesagt, es steckte Wein unterm Kopfkissen.» — «Das wäre des Kuckucks!» rief der Müller, ging hin und fand den Wein. «Nun weiter», sprach der Müller. Das Bürle ließ den Raben wieder quaksen und sprach: «Zweitens hat er gesagt, wäre Braten in der Ofenkachel.» — «Das wäre des Kuckucks!» rief der Müller, ging hin und fand den Braten. Bürle ließ den Raben noch mehr weissagen und sprach: «Drittens hat er gesagt, wäre Salat auf dem Bett.» — «Das wäre des Kuckucks!» rief der Müller, ging hin und fand den Salat. Endlich drückte das Bürle den Raben noch einmal, daß er knurrte, und sprach: «Viertens hat er gesagt, wäre Kuchen unterm Bett.» — «Das wäre des Kuckucks!» rief der Müller, ging hin und fand den Kuchen.

Nun setzten sich die zwei zusammen an den Tisch, die Müllerin aber kriegte Todesängste, legte sich ins Bett und nahm alle Schlüssel zu sich. Der Müller hätte auch gern das fünfte gewußt, aber Bürle sprach: «Erst wollen wir die vier andern Dinge ruhig essen, denn das fünfte ist etwas Schlimmes.» So aßen sie, und danach ward gehandelt, wieviel der Müller für die fünfte Wahrsagung geben sollte, bis sie um dreihundert Taler einig wurden. Da drückte das Bürle dem Raben noch einmal an den Kopf, daß er laut quakte. Fragte der Müller: «Was hat er gesagt?» Antwortete das Bürle: «Er hat gesagt, draußen im Schrank auf dem Hausehrn, da steckte der Teufel.» Sprach der Müller: «Der Teufel muß hinaus» und sperrte die Haustür auf, die Frau aber mußte den Schlüssel hergeben, und Bürle schloß den Schrank auf. Da lief der Pfaff, was er konnte, hinaus, und der Müller sprach: «Ich habe den schwarzen Kerl mit meinen Augen gesehen: es war richtig.» Bürle aber machte sich am andern Morgen in der Dämmerung mit den dreihundert Talern aus dem Staub.

Daheim tat sich das Bürle allgemach auf, baute ein hübsches Haus, und die Bauern sprachen: «Das Bürle ist gewiß gewesen, wo der goldene Schnee fällt und man das Geld mit Scheffeln heimträgt.» Da ward Bürle vor den Schultheiß gefordert, es sollte sagen, woher sein Reichtum käme. Antwortete es: «Ich habe mein Kuhfell in der Stadt für dreihundert Taler verkauft.» Als die Bauern das hörten, wollten sie auch den großen Vorteil genießen, liefen heim, schlugen all ihre Kühe tot und zogen die Felle ab, um sie in der Stadt mit dem großen Gewinn zu verkaufen. Der Schultheiß sprach: «Meine Magd muß aber vorangehen.» Als diese zum Kaufmann in die Stadt kam, gab er ihr nicht mehr als drei Taler für ein Fell; und als die übrigen kamen, gab er ihnen nicht einmal soviel und sprach: «Was soll ich mit all den Häuten anfangen?»

Nun ärgerten sich die Bauern, daß sie vom Bürle hinters Licht geführt waren, wollten Rache an ihm nehmen und verklagten es wegen des Betrugs bei dem Schultheiß. Das unschuldige Bürle ward einstimmig zum Tod verurteilt und sollte in einem durchlöcherten Faß ins Wasser gerollt werden. Bürle ward hinausgeführt und ein Geistlicher gebracht, der ihm eine Seelenmesse lesen sollte. Die andern mußten sich alle entfernen, und wie das Bürle den Geistlichen anblickte, so erkannte es den Pfaffen, der bei der Frau Müllerin gewesen war. Sprach es zu ihm: «Ich hab Euch aus dem Schrank befreit, befreit mich aus dem Faß.» Nun trieb gerade der Schäfer mit einer Herde Schafe daher, von dem das Bürle wußte, daß er längst gerne Schultheiß geworden wäre; da schrie es aus allen Kräften: «Nein, ich tu's nicht! und wenn's die ganze Welt haben wollte, nein, ich tu's nicht!» Der Schäfer, der das hörte, kam herbei und fragte: «Was hast du vor? was willst du nicht tun?» Bürle sprach: «Da wollen sie mich zum Schultheiß machen, wenn ich mich in das Faß setze, aber ich tu's nicht.» Der Schäfer sagte: «Wenn's weiter nichts ist: um Schultheiß zu werden, wollte ich mich gleich in das Faß setzen.» Bürle sprach: «Willst du dich hineinsetzen, so wirst du auch Schultheiß.» Der Schäfer war's zufrieden, setzte sich hinein, und das Bürle schlug den Deckel drauf; dann nahm es die Herde des Schäfers für sich und trieb sie fort. Der Pfaff aber ging zur Gemeinde und sagte, die Seelenmesse wäre gelesen. Da kamen sie und rollten das Faß nach dem Wasser hin. Als das Faß zu rollen anfing, rief der Schäfer: «Ich will ja gerne Schultheiß werden.» Sie glaubten nicht anders, als das Bürle schrie so, und sprachen: «Das meinen wir auch, aber erst sollst du dich da unten umsehen», und rollten das Faß ins Wasser hinein.

Darauf gingen die Bauern heim, und wie sie ins Dorf kamen, so kam auch das Bürle daher, trieb eine Herde Schafe ruhig ein und war ganz zufrieden. Da erstaunten die Bauern und sprachen: «Bürle, wo kommst du her? kommst du aus dem Wasser?» — «Freilich», antwortete das Bürle, «ich bin versunken tief, tief, bis ich endlich auf den Grund kam: ich stieß dem Faß den Boden aus und kroch hervor; da waren schöne Wiesen, auf denen viele Lämmer weideten, davon bracht ich mir die Herde mit.» Sprachen die Bauern: «Sind noch mehr da?» — «O ja», sagte das Bürle, «mehr, als ihr brauchen könnt.» Da verabredeten sich die Bauern, daß sie auch Schafe holen wollten, jeder eine Herde; der Schultheiß aber sagte: «Ich komme zuerst.» Nun gingen sie zusammen zum Wasser, da standen gerade am blauen Himmel kleine Flockwolken, die man Lämmerchen nennt, die spiegelten sich im Wasser ab, da riefen die Bauern: «Wir sehen schon die Schafe unten auf dem Grund.» Der Schulz drängte sich hervor und sagte: «Nun will ich zuerst hinunter und mich umsehen; wenn's gut ist, will ich euch rufen.» Da sprang er hinein, «plump» klang es im Wasser. Sie meinten nicht anders, als er riefe ihnen zu: «Kommt!», und der ganze Haufe stürzte in einer Hast hinter ihm drein. Da war das Dorf ausgestorben, und Bürle als der einzige Erbe ward ein reicher Mann.

Zwei Königssöhne gingen einmal auf Abenteuer und gerieten in ein wildes, wüstes Leben, so daß sie gar nicht wieder nach Haus kamen. Der jüngste, welcher der Dummling hieß, machte sich auf und suchte seine Brüder: aber wie er sie endlich fand, verspotteten sie ihn, daß er mit seiner Einfalt sich durch die Welt schlagen wollte, und sie zwei könnten nicht durchkommen und wären doch viel klüger. Sie zogen alle drei miteinander fort und kamen an einen Ameisenhaufen. Die zwei ältesten wollten ihn aufwühlen und sehen, wie die kleinen Ameisen in der Angst herumkröchen und ihre Eier forttrügen, aber der Dummling sagte: «Laßt die Tiere in Frieden, ich leid's nicht, daß ihr sie stört.» Da gingen sie weiter und kamen an einen See, auf dem schwammen viele viele Enten. Die zwei Brüder wollten ein paar fangen und braten, aber der Dummling ließ es nicht zu und sprach: «Laßt die Tiere in Frieden, ich leid's nicht, daß ihr sie tötet.» Endlich kamen sie an ein Bienennest, darin war so viel Honig, daß er am Stamm herunterlief. Die zwei wollten Feuer unter den Baum legen und die Bienen ersticken, damit sie den Honig wegnehmen könnten. Der Dummling hielt sie aber wieder ab und sprach: «Laßt die Tiere in Frieden, ich leid's nicht, daß ihr sie verbrennt.» Endlich kamen die drei Brüder in ein Schloß, wo in den Ställen lauter steinerne Pferde standen, auch war kein Mensch zu sehen, und sie gingen durch alle Säle, bis sie vor eine Tür ganz am Ende kamen, davor hingen drei Schlösser; es war aber mitten in der Türe ein Lädlein, dadurch konnte man in die Stube sehen. Da sahen sie ein graues Männchen, das an einem Tisch saß. Sie riefen es an, einmal, zweimal, aber es hörte nicht: endlich riefen sie zum drittenmal, da stand es auf, öffnete die Schlösser und kam heraus. Es sprach aber kein Wort, sondern führte sie zu einem reichbesetzten Tisch; und als sie gegessen und getrunken hatten, brachte es einen jeglichen in sein eigenes Schlafgemach. Am andern Morgen kam das graue Männchen zu dem ältesten, winkte und leitete ihn zu einer steinernen Tafel, darauf standen drei Aufgaben geschrieben, wodurch das Schloß erlöst werden könnte. Die erste war: in dem Wald unter dem Moos lagen die Perlen der Königstochter, tausend an der Zahl, die mußten aufgesucht werden, und wenn vor Sonnenuntergang noch eine einzige fehlte, so ward der, welcher gesucht hatte, zu Stein. Der älteste ging hin und suchte den ganzen Tag, als aber der Tag zu Ende war, hatte er erst hundert gefunden; es geschah, wie auf der Tafel stand, er ward in Stein verwandelt. Am folgenden Tag unternahm der zweite Bruder das Abenteuer: es ging ihm aber nicht viel besser als dem ältesten, er fand nicht mehr als zweihundert Perlen und ward zu Stein. Endlich kam auch an den Dummling die Reihe, der suchte im Moos, es war aber so schwer, die Perlen **zu finden,** und ging so langsam. Da setzte er sich auf einen Stein und weinte. Und wie er so saß, kam der Ameisenkönig, dem er einmal das Leben erhalten hatte, mit fünftausend Ameisen, und es währte gar nicht lange, so hatten die kleinen Tiere die Perlen miteinander gefunden und auf einen Haufen getragen. Die zweite Aufgabe aber war, den Schlüssel zu der Schlafkammer der Königstochter aus der See zu holen. Wie der Dummling zur See kam, schwammen die Enten, die er einmal gerettet hatte, heran, tauchten unter und holten den Schlüssel aus der Tiefe. Die dritte Aufgabe aber war die schwerste, aus den drei schlafenden Töchtern des Königs sollte die jüngste und die liebste herausgesucht werden. Sie glichen sich aber vollkommen und waren durch nichts verschieden, als daß sie, bevor sie eingeschlafen waren, verschiedene Süßigkeiten gegessen hatten, die älteste ein Stück Zucker, die zweite ein wenig Sirup, die jüngste einen Löffel voll Honig. Da kam die Bienenkönigin von den Bienen, die der Dummling vor dem Feuer geschützt hatte, und versuchte den Mund von allen dreien; zuletzt blieb sie auf dem Mund sitzen, der Honig gegessen hatte, und so erkannte der Königssohn die rechte. Da war der Zauber vorbei, alles war aus dem Schlaf erlöst, und wer von Stein war, erhielt seine menschliche Gestalt wieder. Und der Dummling vermählte sich mit der jüngsten und liebsten und ward König nach ihres Vaters Tod; seine zwei Brüder aber erhielten die beiden andern Schwestern.

Es war einmal ein König, der hatte drei Söhne, davon waren zwei klug und gescheit, aber der dritte sprach nicht viel, war einfältig und hieß nur der *Dummling*. Als der König alt und schwach ward und an sein Ende dachte, wußte er nicht, welcher von seinen Söhnen nach ihm das Reich erben sollte. Da sprach er zu ihnen: «Ziehet aus, und wer mir den feinsten Teppich bringt, der soll nach meinem Tod König sein.» Und damit es keinen Streit unter ihnen gab, führte er sie vor sein Schloß, blies drei Federn in die Luft und sprach: «Wie die fliegen, so sollt ihr ziehen.» Die eine Feder flog nach Osten, die andere nach Westen, die dritte flog aber geradeaus und flog nicht weit, sondern fiel bald zur Erde. Nun ging der eine Bruder rechts, der andere ging links, und sie lachten den Dummling aus, der bei der dritten Feder, da wo sie niedergefallen war, bleiben mußte.

Der Dummling setzte sich nieder und war traurig. Da bemerkte er auf einmal, daß neben der Feder eine Falltüre lag. Er hob sie in die Höhe, fand eine Treppe und stieg hinab. Da kam er vor eine andere Türe, klopfte an und hörte, wie es inwendig rief:

«Jungfer grün und klein,
Hutzelbein,
Hutzelbeins Hündchen,

Hutzel hin und her,
Laß geschwind sehen, wer draußen wär.»

Die Türe tat sich auf, und er sah eine große,
dicke Itsche (Kröte) sitzen und rings um sie eine
Menge kleiner Itschen. Die dicke Itsche fragte,
was sein Begehren wäre. Er antwortete: «Ich
hätte gerne den schönsten und feinsten Teppich.» Da rief sie eine junge und sprach:

«Jungfer grün und klein,
Hutzelbein,
Hutzelbeins Hündchen
Hutzel hin und her,
Bring mir die große Schachtel her.»

Die junge Itsche holte die Schachtel, und die
dicke Itsche machte sie auf und gab dem Dummling einen Teppich daraus, so schön und so fein,
wie oben auf der Erde keiner konnte gewebt werden. Da dankte er ihr und stieg wieder hinauf.
    Die beiden andern hatten aber ihren jüng-
sten Bruder für so albern gehalten, daß sie
glaubten, er würde gar nichts finden und auf-
bringen. «Was sollen wir uns mit Suchen groß
Mühe geben», sprachen sie, nahmen dem ersten
besten Schäferweib, das ihnen begegnete, die
groben Tücher vom Leib und trugen sie dem
König heim. Zu derselben Zeit kam auch der
Dummling zurück und brachte seinen schönen
Teppich, und als der König den sah, erstaunte
er und sprach: «Wenn es dem Recht nach gehen soll, so gehört dem jüngsten das König-

reich.» Aber die zwei andern ließen dem Vater keine Ruhe und sprachen, unmöglich könnte der Dummling, dem es in allen Dingen an Verstand fehlte, König werden, und baten ihn, er möchte eine neue Bedingung machen. Da sagte der Vater: «Der soll das Reich erben, der mir den schönsten Ring bringt», führte die drei Brüder hinaus und blies drei Federn in die Luft, denen sie nachgehen sollten. Die zwei ältesten zogen wieder nach Osten und Westen, und für den Dummling flog die Feder geradeaus und fiel neben der Erdtüre nieder. Da stieg er wieder hinab zu der dicken Itsche und sagte ihr, daß er den schönsten Ring brauchte. Sie ließ sich gleich ihre große Schachtel holen und gab ihm daraus einen Ring, der glänzte von Edelsteinen und war so schön, daß ihn kein Goldschmied auf der Erde hätte machen können. Die zwei ältesten lachten über den Dummling, der einen goldenen Ring suchen wollte, gaben sich gar keine Mühe, sondern schlugen einem alten Wagenring die Nägel aus und brachten ihn dem König. Als aber der Dummling seinen goldenen Ring vorzeigte, so sprach der Vater abermals: «Ihm gehört das Reich.» Die zwei ältesten ließen nicht ab, den König zu quälen, bis er noch eine dritte Bedingung machte und den Ausspruch tat, der sollte das Reich haben, der die schönste Frau heimbrächte. Die drei Federn blies er nochmals in die Luft, und sie flogen wie die vorigen Male.

Da ging der Dummling ohne weiteres hinab zu der dicken Itsche und sprach: «Ich soll die schönste Frau heimbringen.» — «Ei», antwortete die Itsche, «die schönste Frau! die ist nicht gleich zur Hand, aber du sollst sie doch haben.» Sie gab ihm eine ausgehöhlte gelbe Rübe, mit sechs Mäuschen bespannt. Da sprach der Dummling ganz traurig: «Was soll ich damit anfangen?» Die Itsche antwortete: «Setze nur eine von meinen kleinen Itschen hinein.» Da griff er auf Geratewohl eine aus dem Kreis und setzte sie in die gelbe Kutsche, aber kaum saß sie darin, so ward sie zu einem wunderschönen Fräulein, die Rübe zur Kutsche und die sechs Mäuschen zu Pferden. Da küßte er sie, jagte mit den Pferden davon und brachte sie zu dem König. Seine Brüder kamen auch, die hatten sich gar keine Mühe gegeben, eine schöne Frau zu suchen, sondern die ersten besten Bauernweiber mitgenommen. Als der König sie erblickte, sprach er: «Dem jüngsten gehört das Reich nach meinem Tod.» Aber die zwei ältesten betäubten die Ohren des Königs aufs neue mit ihrem Geschrei: «Wir können's nicht zugeben, daß der Dummling König wird», und verlangten, der sollte den Vorzug haben, dessen Frau durch einen Ring springen könnte, der da mitten in dem Saal hing. Sie dachten: «Die Bauernweiber können das wohl, die sind stark genug, aber das zarte Fräulein springt sich tot.» Der alte König gab das auch noch zu. Da sprangen die zwei Bauernweiber, sprangen auch durch den Ring, waren aber so plump, daß sie fielen und ihre groben Arme und Beine entzweibrachen. Darauf sprang das schöne Fräulein, das der Dummling mitgebracht hatte, und sprang so leicht hindurch wie ein Reh, und aller Widerspruch mußte aufhören. Also erhielt er die Krone und hat lange in Weisheit geherrscht.

64

DIE GOLDENE GANS

Es war ein Mann, der hatte drei Söhne, davon hieß der jüngste der *Dummling* und wurde verachtet und verspottet und bei jeder Gelegenheit zurückgesetzt. Es geschah, daß der älteste in den Wald gehen wollte, Holz hauen, und eh er ging, gab ihm noch seine Mutter einen schönen feinen Eierkuchen und eine Flasche Wein mit, damit er nicht Hunger und Durst litte. Als er in den Wald kam, begegnete ihm ein altes graues Männlein, das bot ihm einen guten Tag und sprach: «Gib mir doch ein Stück Kuchen aus deiner Tasche und laß mich einen Schluck von deinem Wein trinken, ich bin so hungrig und durstig.» Der kluge Sohn aber antwortete: «Geb ich dir meinen Kuchen und meinen Wein, so hab ich selber nichts, pack dich deiner Wege», ließ das Männlein stehen und ging fort. Als er nun anfing, einen Baum zu behauen, dauerte es nicht lange, so hieb er fehl, und die Axt fuhr ihm in den Arm, daß er mußte heimgehen und sich verbinden lassen. Das war aber von dem grauen Männchen gekommen.

Darauf ging der zweite Sohn in den Wald, und die Mutter gab ihm, wie dem ältesten, einen Eierkuchen und eine Flasche Wein. Dem begegnete gleichfalls das alte graue Männchen und hielt um ein Stückchen Kuchen und einen Trunk Wein an. Aber der zweite Sohn sprach auch ganz verständig: «Was ich dir gebe, das geht mir selber ab, pack dich deiner Wege», ließ das Männlein stehen und ging fort. Die Strafe blieb nicht aus; als er ein paar Hiebe am Baum getan, hieb er sich ins Bein, daß er mußte nach Haus getragen werden.

Da sagte der Dummling: «Vater, laß mich einmal hinaus gehen und Holz hauen.» Antwortete der Vater: «Deine Brüder haben sich Schaden dabei getan, laß dich davon, du verstehst nichts davon.» Der Dummling aber bat so lange, bis er endlich sagte: «Geh nur hin, durch Schaden wirst du klug werden.» Die Mutter gab ihm einen Kuchen, der war mit Wasser in der Asche gebacken, und dazu eine Flasche saueres Bier. Als er in den Wald kam, begegnete ihm gleichfalls das alte graue Männchen, grüßte ihn und sprach: «Gib mir ein Stück von deinem Kuchen und einen Trunk aus deiner Flasche, ich bin so hungrig und durstig.» Antwortete der Dummling: «Ich habe aber nur Aschenkuchen und saueres Bier; wenn dir das recht ist, so wollen wir uns setzen und essen.» Da setzten sie sich, und als der Dummling seinen Aschenkuchen herausholte, so war's ein feiner Eierkuchen, und das sauere Bier war ein guter Wein. Nun aßen und tran-

ken sie, und danach sprach das Männlein: «Weil
du ein gutes Herz hast und von dem Deinigen
gerne mitteilst, so will ich dir Glück bescheren. Dort steht ein alter Baum, den hau ab, so
wirst du in den Wurzeln etwas finden.» Darauf nahm das Männlein Abschied.

Der Dummling ging hin und hieb den Baum
um, und wie er fiel, saß in den Wurzeln eine Gans,
die hatte Federn von reinem Gold. Er hob sie
heraus, nahm sie mit sich und ging in ein Wirtshaus, da wollte er übernachten. Der Wirt hatte
aber drei Töchter, die sahen die Gans, waren
neugierig, was das für ein wunderlicher Vogel
wäre, und hätten gar gern eine von seinen goldenen Federn gehabt. Die älteste dachte: Es
wird sich schon eine Gelegenheit finden, wo
ich mir eine Feder ausziehen kann, und als der
Dummling einmal hinausgegangen war, faßte
sie die Gans beim Flügel, aber Finger und Hand
blieben ihr daran festhängen. Bald danach kam
die zweite und hatte keinen andern Gedanken,
als sich eine goldene Feder zu holen: kaum aber
hatte sie ihre Schwester angerührt, so blieb sie
festhängen. Endlich kam auch die dritte in gleicher Absicht: da schrien die andern: «Bleib weg,
ums Himmels willen, bleib weg.» Aber sie be-
griff nicht, warum sie wegbleiben sollte, dachte:
Sind die dabei, so kann ich auch dabei sein, und
sprang herzu, und wie sie ihre Schwester angerührt hatte, so blieb sie an ihr hängen. So mußten sie die Nacht bei der Gans zubringen.

Am andern Morgen nahm der Dummling
die Gans in den Arm, ging fort und beküm-

merte sich nicht um die drei Mädchen, die daran hingen. Sie mußten immer hinter ihm drein laufen, links und rechts, wie's ihm in die Beine kam. Mitten auf dem Felde begegnete ihnen der Pfarrer, und als er den Aufzug sah, sprach er: «Schämt euch, ihr garstigen Mädchen, was lauft ihr dem jungen Bursch durchs Feld nach, schickt sich das?» Damit faßte er die jüngste an die Hand und wollte sie zurückziehen: wie er sie aber anrührte, blieb er gleichfalls hängen und mußte selber hinterdrein laufen. Nicht lange, so kam der Küster daher und sah den Herrn Pfarrer, der drei Mädchen auf dem Fuße folgte. Da verwunderte er sich und rief: «Ei, Herr Pfarrer, wo hinaus so geschwind? Vergeßt nicht, daß wir heute noch eine Kindtaufe haben», lief auf ihn zu und faßte ihn am Ärmel, blieb aber auch festhängen. Wie die fünf so hintereinander hertrabten, kamen zwei Bauern mit ihren Hacken vom Feld: da rief der Pfarrer sie an und bat, sie möchten ihn und den Küster losmachen. Kaum aber hatten sie den Küster angerührt, so blieben sie hängen und waren ihrer nun siebene, die dem Dummling mit der Gans nachliefen.

Er kam darauf in eine Stadt, da herrschte ein König, der hatte eine Tochter, die war so ernsthaft, daß sie niemand zum Lachen bringen konnte. Darum hatte er ein Gesetz gegeben, wer sie könnte zum Lachen bringen, der sollte sie heiraten. Der Dummling, als er das hörte, ging mit seiner Gans und ihrem Anhang vor die Königstochter, und als diese die sieben Menschen immer hintereinander herlaufen sah, fing sie überlaut an zu lachen und wollte gar nicht wieder aufhören. Da verlangte sie der Dummling zur Braut, aber dem König gefiel der Schwiegersohn nicht, er machte allerlei Einwendungen und sagte, er müßte ihm erst einen Mann bringen, der einen Keller voll Wein austrinken könnte. Der Dummling dachte an das graue Männchen, das könnte ihm wohl helfen, ging hinaus in den Wald, und auf der Stelle, wo er den Baum abgehauen hatte, sah er einen Mann sitzen, der machte ein gar betrübtes Gesicht. Der Dummling fragte, was er sich so sehr zu Herzen nähme. Da antwortete er: «Ich habe so großen Durst und kann ihn nicht löschen; das kalte Wasser vertrage ich nicht, ein Faß Wein hab ich zwar ausgeleert, aber was ist ein Tropfen auf einem heißen Stein?» — «Da kann ich dir helfen», sagte der Dummling, «komm nur mit mir, du sollst satt haben.» Er führte ihn darauf in des Königs Keller, und der Mann machte sich über die großen Fässer, trank und trank, daß ihm die Hüften weh taten, und ehe ein Tag herum war, hatte er den ganzen Keller ausgetrunken. Der Dummling verlangte abermals seine Braut, der König aber ärgerte sich, daß ein schlechter Bursch, den jedermann einen Dummling nannte, seine Tochter davontragen sollte, und machte neue Bedingungen: er müßte erst einen Mann schaffen, der einen Berg voll Brot aufessen könnte. Der Dummling besann sich nicht lange, sondern ging gleich hinaus in den Wald: da saß auf demselben Platz ein Mann, der schnürte sich den Leib mit einem Riemen zusammen, machte ein grämliches Gesicht und sagte: «Ich habe einen ganzen Backofen voll Raspelbrot gegessen, aber was hilft das, wenn man so großen Hunger hat wie ich: mein Magen bleibt leer, und ich muß mich nur zuschnüren, wenn ich nicht Hungers sterben soll.» Der Dummling war froh darüber und sprach: «Mach dich auf und geh mit mir, du sollst dich satt essen.» Er führte ihn an den Hof des Königs, der hatte alles Mehl aus dem ganzen Reich zusammenfahren und einen ungeheuern Berg davon backen lassen: der Mann aber aus dem Walde stellte sich davor, fing an zu essen, und in einem Tag war der ganze Berg verschwunden. Der Dummling forderte zum drittenmal seine Braut, der König aber suchte noch einmal Ausflucht und verlangte ein Schiff, das zu Land und zu Wasser fahren könnte: «Sowie du aber damit angesegelt kommst», sagte er, «so sollst du gleich meine Tochter zur Gemahlin haben.» Der Dummling ging gerades Weges in den Wald; da saß das alte graue Männchen, dem er seinen Kuchen gegeben hatte, und sagte: «Ich habe für dich getrunken und gegessen, ich will dir auch das Schiff geben; das alles tu ich, weil du barmherzig gegen mich gewesen bist.» Da gab er ihm das Schiff, das zu Land und zu Wasser fuhr, und als der König das sah, konnte er ihm seine Tochter nicht länger vorenthalten. Die Hochzeit ward gefeiert, nach des Königs Tod erbte der Dummling das Reich und lebte lange Zeit vergnügt mit seiner Gemahlin.

65

ALLERLEIRAUH

Es war einmal ein König, der hatte eine Frau
mit goldenen Haaren, und sie war so schön, daß
sich ihresgleichen nicht mehr auf Erden fand.
Es geschah, daß sie krank lag, und als sie fühlte,
daß sie bald sterben würde, rief sie den König
und sprach: «Wenn du nach meinem Tode dich
wieder vermählen willst, so nimm keine, die
nicht ebenso schön ist, als ich bin, und die nicht
solche goldene Haare hat, wie ich habe; das
mußt du mir versprechen.» Nachdem es ihr
der König versprochen hatte, tat sie die Augen
zu und starb.

Der König war lange Zeit nicht zu trösten
und dachte nicht daran, eine zweite Frau zu
nehmen. Endlich sprachen seine Räte: «Es
geht nicht anders, der König muß sich wieder
vermählen, damit wir eine Königin haben.»
Nun wurden Boten weit und breit umherge-
schickt, eine Braut zu suchen, die an Schönheit
der verstorbenen Königin ganz gleichkäme. Es
war aber keine in der ganzen Welt zu finden,
und wenn man sie auch gefunden hätte, so war
doch keine da, die solche goldene Haare gehabt hätte. Also kamen die Boten unverrichteter Sache wieder heim.

Nun hatte der König eine Tochter, die war
geradeso schön wie ihre verstorbene Mutter
und hatte auch solche goldene Haare. Als sie
herangewachsen war, sah sie der König einmal

an und sah, daß sie in allem seiner verstorbenen Gemahlin ähnlich war, und fühlte plötzlich eine heftige Liebe zu ihr. Da sprach er zu seinen Räten: «Ich will meine Tochter heiraten, denn sie ist das Ebenbild meiner verstorbenen Frau, und sonst kann ich doch keine Braut finden, die ihr gleicht.» Als die Räte das hörten, erschraken sie und sprachen: «Gott hat verboten, daß der Vater seine Tochter heirate, aus der Sünde kann nichts Gutes entspringen, und das Reich wird mit ins Verderben gezogen.» Die Tochter erschrak noch mehr, als sie den Entschluß ihres Vaters vernahm, hoffte aber, ihn von seinem Vorhaben noch abzubringen. Da sagte sie zu ihm: «Eh ich Euren Wunsch erfülle, muß ich erst drei Kleider haben, eins so golden wie die Sonne, eins so silbern wie der Mond, und eins so glänzend wie die Sterne; ferner verlange ich einen Mantel von tausenderlei Pelz und Rauhwerk zusammengesetzt, und ein jedes Tier in Eurem Reich muß ein Stück von seiner Haut dazu geben.» Sie dachte aber: Das anzuschaffen ist ganz unmöglich, und ich bringe damit meinen Vater von seinen bösen Gedanken ab. Der König ließ aber nicht ab, und die geschicktesten Jungfrauen in seinem Reiche mußten die drei Kleider weben, eins so golden wie die Sonne, eins so silbern wie der Mond, und eins so glänzend wie die Sterne; und seine Jäger mußten alle Tiere im ganzen Reiche auffangen und ihnen ein Stück von ihrer Haut abziehen; daraus ward ein Mantel von tausenderlei Rauhwerk gemacht. Endlich, als alles fertig war, ließ der König den Mantel herbeiholen, breitete ihn vor ihr aus und sprach: «Morgen soll die Hochzeit sein.»

Als nun die Königstochter sah, daß keine Hoffnung mehr war, ihres Vaters Herz umzuwenden, so faßte sie den Entschluß zu entfliehen. In der Nacht, während alles schlief, stand sie auf und nahm von ihren Kostbarkeiten dreierlei, einen goldenen Ring, ein goldenes Spinnrädchen und ein goldenes Haspelchen; die drei Kleider von Sonne, Mond und Sternen tat sie in eine Nußschale, zog den Mantel von allerlei Rauhwerk an und machte sich Gesicht und Hände mit Ruß schwarz. Dann befahl sie sich Gott und ging fort und ging die ganze Nacht, bis sie in einen großen Wald kam. Und weil sie müde war, setzte sie sich in einen hohlen Baum und schlief ein.

Die Sonne ging auf, und sie schlief fort und schlief noch immer, als es schon hoher Tag war. Da trug es sich zu, daß der König, dem dieser Wald gehörte, darin jagte. Als seine Hunde zu dem Baum kamen, schnupperten sie, liefen ringsherum und bellten. Sprach der König zu den Jägern: «Seht doch, was dort für ein Wild sich versteckt hat.» Die Jäger folgten dem Befehl, und als sie wiederkamen, sprachen sie: «In dem hohlen Baum liegt ein wunderliches Tier, wie wir noch niemals eins gesehen haben: an seiner Haut ist tausenderlei Pelz; es liegt aber und schläft.» Sprach der König: «Seht zu, ob ihr's lebendig fangen könnt, dann bindet's auf den Wagen und nehmt's mit.» Als die

Jäger das Mädchen anfaßten, erwachte es voll Schrecken und rief ihnen zu: «Ich bin ein armes Kind, von Vater und Mutter verlassen, erbarmt euch mein und nehmt mich mit.» Da sprachen sie: «*Allerleirauh*, du bist gut für die Küche, komm nur mit, da kannst du die Asche zusammenkehren.» Also setzten sie es auf den Wagen und fuhren heim in das königliche Schloß. Dort wiesen sie ihm ein Ställchen an unter der Treppe, wo kein Tageslicht hinkam, und sagten: «Rauhtierchen, da kannst du wohnen und schlafen.» Dann ward es in die Küche geschickt, da trug es Holz und Wasser, schürte das Feuer, rupfte das Federvieh, belas das Gemüs, kehrte die Asche und tat alle schlechte Arbeit.

Da lebte Allerleirauh lange Zeit recht armselig. Ach, du schöne Königstochter, wie soll's mit dir noch werden! Es geschah aber einmal, daß ein Fest im Schloß gefeiert ward, da sprach sie zum Koch: «Darf ich ein wenig hinaufgehen und zusehen? Ich will mich außen vor die Türe stellen.» Antwortete der Koch: «Ja, geh nur hin, aber in einer halben Stunde mußt du wieder hier sein und die Asche zusammentragen.» Da nahm sie ihr Öllämpchen, ging in ihr Ställchen, zog den Pelzrock aus und wusch sich den Ruß von dem Gesicht und den Händen ab, so daß ihre volle Schönheit wieder an den Tag kam. Dann machte sie die Nuß auf und holte ihr Kleid hervor, das wie die Sonne glänzte. Und wie das geschehen war, ging sie hinauf zum Fest, und alle traten ihr aus dem Weg, denn niemand kannte sie, und meinten nicht anders, als daß es eine Königstochter wäre. Der König aber kam ihr entgegen, reichte ihr die Hand und tanzte mit ihr und dachte in seinem Herzen: So schön haben meine Augen noch keine gesehen. Als der Tanz zu Ende war, verneigte sie sich, und wie sich der König umsah, war sie verschwunden, und niemand wußte wohin. Die Wächter, die vor dem Schlosse standen, wurden gerufen und ausgefragt, aber niemand hatte sie erblickt.

Sie war aber in ihr Ställchen gelaufen, hatte geschwind ihr Kleid ausgezogen, Gesicht und Hände schwarz gemacht und den Pelzmantel umgetan und war wieder Allerleirauh. Als sie nun in die Küche kam und an ihre Arbeit gehen und die Asche zusammenkehren wollte, sprach der Koch: «Laß das gut sein bis morgen und koche mir da die Suppe für den König, ich will auch einmal ein bißchen oben zugucken: aber laß mir kein Haar hineinfallen, sonst kriegst du in Zukunft nichts mehr zu essen.» Da ging der Koch fort, und Allerleirauh kochte die Suppe für den König und kochte eine Brotsuppe, so gut es konnte, und wie sie fertig war, holte es in dem Ställchen seinen goldenen Ring und legte ihn in die Schüssel, in welche die Suppe angerichtet ward. Als der Tanz zu Ende war, ließ sich der König die Suppe bringen und aß sie, und sie schmeckte ihm so gut, daß er meinte, niemals eine bessere Suppe gegessen zu haben. Wie er aber auf den Grund kam, sah er da einen goldenen Ring liegen und konnte nicht begreifen, wie er dahin geraten war. Da befahl er, der

Koch sollte vor ihn kommen. Der Koch erschrak, wie er den Befehl hörte, und sprach zu Allerleirauh: «Gewiß hast du ein Haar in die Suppe fallen lassen; wenn's wahr ist, so kriegst du Schläge.» Als er vor den König kam, fragte dieser, wer die Suppe gekocht hätte? Antwortete der Koch: «Ich habe sie gekocht.» Der König aber sprach: «Das ist nicht wahr, denn sie war auf andere Art und viel besser gekocht als sonst.» Antwortete er: «Ich muß es gestehen, daß ich sie nicht gekocht habe, sondern das Rauhtierchen.» Sprach der König: «Geh und laß es heraufkommen.»

Als Allerleirauh kam, fragte der König: «Wer bist du?» — «Ich bin ein armes Kind, das keinen Vater und Mutter mehr hat.» Fragte er weiter: «Wozu bist du in meinem Schloß?» Antwortete es: «Ich bin zu nichts gut, als daß mir die Stiefeln um den Kopf geworfen werden.» Fragt er weiter: «Wo hast du den Ring her, der in der Suppe war?» Antwortete es: «Von dem Ring weiß ich nichts.» Also konnte der König nichts erfahren und mußte es wieder fortschicken.

Über eine Zeit war wieder ein Fest, da bat Allerleirauh den Koch wie vorigesmal um Erlaubnis, zusehen zu dürfen. Antwortete er: «Ja, aber komm in einer halben Stunde wieder und koch dem König die Brotsuppe, die er so gern ißt.» Da lief es in sein Ställchen, wusch sich geschwind und nahm aus der Nuß das Kleid, das so silbern war wie der Mond, und tat es an. Da ging sie hinauf und glich einer Königstochter: und der König trat ihr entgegen und freute sich, daß er sie wiedersah, und weil eben der Tanz anhub, so tanzten sie zusammen. Als aber der Tanz zu Ende war, verschwand sie wieder so schnell, daß der König nicht bemerken konnte, wo sie hinging. Sie sprang aber in ihr Ställchen und machte sich wieder zum Rauhtierchen und ging in die Küche, die Brotsuppe zu kochen. Als der Koch oben war, holte es das goldene Spinnrad und tat es in die Schüssel, so daß die Suppe darüber angerichtet wurde. Danach ward sie dem König gebracht, der aß sie, und sie schmeckte ihm so gut wie das vorigemal, und ließ den Koch kommen, der mußte auch diesmal gestehen, daß Allerleirauh die Suppe gekocht hätte. Allerleirauh kam da wieder vor den König, aber sie antwortete, daß sie nur dazu da wäre, daß ihr die Stiefeln an den Kopf geworfen würden, und daß sie von dem goldenen Spinnrädchen gar nichts wüßte.

Als der König zum drittenmal ein Fest anstellte, da ging es nicht anders als die vorigen Male. Der Koch sprach zwar: «Du bist eine Hexe, Rauhtierchen, und tust immer was in die Suppe, davon sie so gut wird und dem König besser schmeckt, als was ich koche»; doch weil es so bat, so ließ er es auf eine bestimmte Zeit hingehen. Nun zog es ein Kleid an, das wie die Sterne glänzte, und trat damit in den Saal. Der König tanzte wieder mit der schönen Jungfrau und meinte, daß sie noch niemals so schön gewesen wäre. Und während er tanzte, steckte er ihr, ohne daß sie es merkte, einen goldenen

Ring an den Finger und hatte befohlen, daß der Tanz recht lang währen sollte. Wie er zu Ende war, wollte er sie an den Händen festhalten, aber sie riß sich los und sprang so geschwind unter die Leute, daß sie vor seinen Augen verschwand. Sie lief, was sie konnte, in ihr Ställchen unter der Treppe; weil sie aber zu lange und über eine halbe Stunde geblieben war, so konnte sie das schöne Kleid nicht ausziehen, sondern warf nur den Mantel von Pelz darüber, und in der Eile machte sie sich auch nicht ganz rußig, sondern ein Finger blieb weiß. Allerleirauh lief nun in die Küche, kochte dem König die Brotsuppe und legte, wie der Koch fort war, den goldenen Haspel hinein. Der König, als er den Haspel auf dem Grunde fand, ließ Allerleirauh rufen: da erblickte er den weißen Finger und sah den Ring, den er im Tanze ihr angesteckt hatte. Da ergriff er sie an der Hand und hielt sie fest, und als sie sich losmachen und fortspringen wollte, tat sich der Pelzmantel ein wenig auf, und das Sternenkleid schimmerte hervor. Der König faßte den Mantel und riß ihn ab. Da kamen die goldenen Haare hervor, und sie stand da in voller Pracht und konnte sich nicht länger verbergen. Und als sie Ruß und Asche aus ihrem Gesicht gewischt hatte, da war sie schöner, als man noch jemand auf Erden gesehen hat. Der König aber sprach: «Du bist meine liebe Braut, und wir scheiden nimmermehr voneinander.» Darauf ward die Hochzeit gefeiert, und sie lebten vergnügt bis an ihren Tod.

HÄSICHENBRAUT

Et was ene Frou mit ener Toachter in änen
schöhnen Goarten mit Koal; dahin kam än Häsichen und froaß zo Wenterszit allen Koal. Da
seit de Frou zur Toachter: «Gäh in den Goarten und jags Häsichen.» Seits Mäken zum Häsichen: «Schu! schu! du Häsichen, frißt noch
allen Koal.» Seits Häsichen: «Kumm, Mäken, und sett dich uf min Hoasenschwänzeken
und kumm mit mer in min Hoasenhüttchen.»
Mäken well nech. Am annern Tog kummts Häsichen weder und frißt den Koal, do seit de
Frou zur Toachter: «Gäh in den Goarten und
jags Häsichen.» Seits Mäken zum Häsichen:
«Schu! schu! du Häsichen, frißt noch allen
Koal.» Seits Häsichen: «Kumm, Mäken, sett
dich uf min Hoasenschwänzeken und kumm
mit mer in min Hoasenhüttchen.» Mäken well
nech. Am dretten Tag kummts Häsichen weder
und frißt den Koal. Da seit de Frou zur Toachter: «Gäh in den Goarten und jags Häsichen.»
Seits Mäken: «Schu! schu! du Häsichen, frißt
noch allen Koal.» Seits Häsichen: «Kumm,
Mäken, sett dich uf min Hoasenschwänzeken
und kumm mit mer in min Hoasenhüttchen.»
Mäken sätzt sich uf den Hoasenschwänzeken,
do bracht's Häsichen weit raus in sin Hüttchen
und seit: «Nu koach Grinkoal und Hersche
(Hirse), ick well de Hochtidlüd beten.» Do
kamen alle Hochtidlüd zusam'm. (Wer waren

denn die Hochzeitsleute? Das kann ich dir sagen, wie mir's ein anderer erzählt hat: das waren alle Hasen, und die Krähe war als Pfarrer dabei, die Brautleute zu trauen, und der Fuchs als Küster, und der Altar war unterm Regenbogen.)

Mäken oaber was trurig, da se so alleene was. Kummts Häsichen und seit: «Tu uf, tu uf, de Hochtidlüd senn fresch (frisch, lustig).» De Braut seit nischt und wint. Häsichen gäht fort, Häsichen kummt weder und seit: «Tu uf, tu uf, de Hochtidlüd senn hongrig.» De Braut seit weder nischt und wint. Häsichen gäht fort, Häsichen kummt und seit: «Tu uf, tu uf, die Hochtidlüd woarten.» Do seit de Braut nischt, und Häsichen gäht fort, oaber se macht ene Puppen von Stroah met eren Kleedern und gibt er enen Röhrleppel und set se an den Kessel med Hersche und gäht zor Motter. Häsichen kummt noch ämahl und seit: «Tu uf, tu uf», und macht uf und smet de Puppe an Kopp, daß er de Hube abfällt.

Do set Häsichen, daß sine Braut nech es, und gäht fort und es trurig.

DIE ZWÖLF JÄGER

Es war einmal ein Königssohn, der hatte eine Braut und hatte sie sehr lieb. Als er nun bei ihr saß und ganz vergnügt war, da kam die Nachricht, daß sein Vater todkrank läge und ihn

noch vor seinem Ende zu sehen verlangte. Da sprach er zu seiner Liebsten: «Ich muß nun fort und muß dich verlassen, da geb ich dir einen Ring zu meinem Andenken. Wann ich König bin, komm ich wieder und hol dich heim.» Da ritt er fort, und als er bei seinem Vater anlangte, war dieser sterbenskrank und dem Tode nah. Er sprach zu ihm: «Liebster Sohn, ich habe dich vor meinem Ende noch einmal sehen wollen, versprich mir, nach meinem Willen dich zu verheiraten», und nannte ihm eine gewisse Königstochter, die sollte seine Gemahlin werden. Der Sohn war so betrübt, daß er sich gar nicht bedachte, sondern sprach: «Ja, lieber Vater, was Euer Wille ist, soll geschehen», und darauf schloß der König die Augen und starb.

Als nun der Sohn zum König ausgerufen und die Trauerzeit verflossen war, mußte er das Versprechen halten, das er seinem Vater gegeben hatte, und ließ um die Königstochter werben, und sie ward ihm auch zugesagt. Das hörte seine erste Braut und grämte sich über die Untreue so sehr, daß sie fast verging. Da sprach ihr Vater zu ihr: «Liebstes Kind, warum bist du so traurig? Was du dir wünschest, das sollst du haben.» Sie bedachte sich einen Augenblick, dann sprach sie: «Lieber Vater, ich wünsche mir elf Mädchen, von Angesicht, Gestalt und Wuchs mir völlig gleich.» Sprach der König: «Wenn's möglich ist, soll dein Wunsch erfüllt werden», und ließ in seinem ganzen Reich so lange suchen, bis elf Jungfrauen gefunden waren, seiner Tochter von Angesicht, Gestalt und Wuchs völlig gleich.

Als sie zu der Königstochter kamen, ließ diese zwölf Jägerkleider machen, eins wie das andere, und die elf Jungfrauen mußten die Jägerkleider anziehen, und sie selber zog das zwölfte an. Darauf nahm sie Abschied von ihrem Vater und ritt mit ihnen fort und ritt an den Hof ihres ehemaligen Bräutigams, den sie so sehr liebte. Da fragte sie an, ob er Jäger brauchte und ob er sie nicht alle zusammen in seinen Dienst nehmen wollte. Der König sah sie an und erkannte sie nicht; weil es aber so schöne Leute waren, sprach er ja, er wollte sie gerne nehmen; und da waren sie die zwölf Jäger des Königs.

Der König aber hatte einen Löwen, das war ein wunderliches Tier, denn er wußte alles Verborgene und Heimliche. Es trug sich zu, daß er eines Abends zum König sprach: «Du meinst, du hättest da zwölf Jäger?» — «Ja», sagte der König, «zwölf Jäger sind's.» Sprach der Löwe weiter: «Du irrst dich, das sind zwölf Mädchen.» Antwortete der König: «Das ist nimmermehr wahr, wie willst du mir das beweisen?» — «Oh, laß nur Erbsen in dein Vorzimmer streuen», antwortete der Löwe, «da wirst du's gleich sehen. Männer haben einen festen Tritt; wenn die über Erbsen hingehen, regt sich keine, aber Mädchen, die trippeln und trappeln und schlurfen, und die Erbsen rollen.» Dem König gefiel der Rat wohl, und er ließ die Erbsen streuen.

Es war aber ein Diener des Königs, der war den Jägern gut, und wie er hörte, daß sie sollten auf die Probe gestellt werden, ging er hin und erzählte ihnen alles wieder und sprach: «Der Löwe will dem König weismachen, ihr wärt Mädchen.» Da dankte ihm die Königstochter und sprach hernach zu ihren Jungfrauen: «Tut euch Gewalt an und tretet fest auf die Erbsen.» Als nun der König am andern Morgen die zwölf Jäger zu sich rufen ließ und sie ins Vorzimmer kamen, wo die Erbsen lagen, so traten sie so fest darauf und hatten einen so sichern starken Gang, daß auch nicht eine rollte oder sich bewegte. Da gingen sie wieder fort, und der König sprach zum Löwen: «Du hast mich belogen, sie gehen ja wie Männer.» Antwortete der Löwe: «Sie haben's gewußt, daß sie sollten auf die Probe gestellt werden, und haben sich Gewalt angetan. Laß nur einmal zwölf Spinnräder ins Vorzimmer bringen, so werden sie herzukommen und werden sich daran freuen, und das tut kein Mann.» Dem König gefiel der Rat, und er ließ die Spinnräder ins Vorzimmer stellen.

Der Diener aber, der's redlich mit den Jägern meinte, ging hin und entdeckte ihnen den

Anschlag. Da sprach die Königstochter, als sie allein waren, zu ihren elf Mädchen: «Tut euch Gewalt an und blickt euch nicht um nach den Spinnrädern.» Wie nun der König am andern Morgen seine zwölf Jäger rufen ließ, so kamen sie durch das Vorzimmer und sahen die Spinnräder gar nicht an. Da sprach der König wiederum zum Löwen: «Du hast mich belogen, es sind Männer, denn sie haben die Spinnräder nicht angesehen.» Der Löwe antwortete: «Sie haben's gewußt, daß sie sollten auf die Probe gestellt werden, und haben sich Gewalt angetan.» Der König aber wollte dem Löwen nicht mehr glauben.

Die zwölf Jäger folgten dem König beständig zur Jagd, und er hatte sie je länger je lieber. Nun geschah es, daß, als sie einmal auf der Jagd waren, Nachricht kam, die Braut des Königs wäre im Anzug. Wie die rechte Braut das hörte, tat's ihr so weh, daß es ihr fast das Herz abstieß und sie ohnmächtig auf die Erde fiel. Der König meinte, seinem lieben Jäger sei etwas begegnet, lief hinzu und wollte ihm helfen und zog ihm den Handschuh aus. Da erblickte er den Ring, den er seiner ersten Braut gegeben, und als er ihr in das Gesicht sah, erkannte er sie. Da ward sein Herz so gerührt, daß er sie küßte, und als sie die Augen aufschlug, sprach er: «Du bist mein, und ich bin dein, und kein Mensch auf der Welt kann das ändern.» Zu der andern Braut aber schickte er einen Boten und ließ sie bitten, in ihr Reich zurückzukehren, denn er habe schon eine Ge-

mahlin, und wer einen alten Schlüssel wiedergefunden habe, brauche den neuen nicht. Darauf ward die Hochzeit gefeiert, und der Löwe
kam wieder in Gnade, weil er doch die Wahrheit gesagt hatte.

68

DE GAUDEIF UN SIEN MEESTER

Jan wull sien Sohn en Handwerk lehren loeten,
do gonk Jan in de Kerke un beddet to ussen
Herrgott, wat üm wull selig (zuträglich) wöre:
do steit de Köster achter dat Altar und seg:
«Dat Gaudeifen, dat Gaudeifen (gaudieben).»
Do geit Jan wier to sien Sohn, he möst dat
Gaudeifen lehren, dat hedde em usse Herrgot
segt. Geit he met sienen Sohn un sögt sik
enen Mann, de dat Gaudeifen kann. Do goht
se ene ganze Tied, kummt in so'n graut Wold,
do steit so'n klein Hüsken mot so'ne olle
Frau derin; seg Jan: «Wiet ji nich enen Mann,
de dat Gaudeifen kann?» — «Dat känn ji hier
wull lehren», seg de Frau, «mien Sohn is en
Meester dervon.» Do kührt (spricht) he met
den Sohn, of he dat Gaudeifen auk recht könne?
De Gaudeifsmeester seg: «Ick willt juen Sohn
wull lehren, dann kummt övern Johr wier;
wann ji dann juen Sohn noch kennt, dann will ick
gar kien Lehrgeld hebben, un kenne ji em nig,
dann müge ji mi twe hunnert Dahler giewen.»

De Vader geit wier noh Hues, un de Sohn
lehret gut hexen un gaudeifen. Asse dat Johr
um is, geit de Vader alle un grient, wu he dat
anfangen will, dat he sienen Sohn kennt. Asse
he der so geit un grient, do kümmt em so'n
klein Männken in die Möte (entgegen), dat
seg: «Mann, wat grien ji? Ji sind je so bedröft.» — «Oh», seg Jan, «ick hebbe mienen
Sohn vör en Johr bi en Gaudeifsmeester ver-
met, do sede de mig, ick söll övert Johr wier
kummen, un wann ick dann mienen Sohn nich
kennde, dann söll ick em twe hunnert Dahler
giewen, und wann ick em kennde, dann höf ick
nix to giewen; nu sin ick so bange, dat ick em nig
kenne, un ick weet nig, wo ick dat Geld her kriegen sall». Do seg dat Männken, he söll en Körfken Braut met niemen un gohen unner den Kamin
stohen: «Do up den Hahlbaum steit en Körfken, do kiekt en Vügelken uht, dat is jue Sohn.»
Do geit Jan hen un schmit en Körfken
Schwatbraut vör den Korf, do kümmt dat
Vügelken daruht un blickt der up. «Holla,
mien Sohn, bist du hier?» seg de Vader. Do
freude sick de Sohn, dat he sinen Vader sog;
awerst de Lehrmeester seg: «Dat het ju de
Düvel in giewen, wo könn ji sus juen Sohn
kennen?» — «Vader, loet us gohn», sede de
Junge.
Do will de Vader met sienen Sohn nach
Hues hengohn; unnerweges kümmt der ne
Kutske anföhren, do segd de Sohn to sienen
Vader: «Ick will mie in enen grauten Wind-
hund maken, dann künn ji viel Geld met mie

487

verdienen.» Do röpt de Heer uht de Kutske: «Mann, will ji den Hund verkaupen?» — «Jau», sede de Vader. «Wu viel Geld will ji den vör hebben?» — «Dertig Dahler.» — «Je, Mann, dat is je viel, men wegen dat et so'n eislicke rohren Ruen (gewaltig schöner Rüde) is, so will ick en beholten.» De Heer nimmt en in siene Kutske; asse de en lück (wenig) wegföhrt is, do sprinkt de Hund uht den Wagen dör de Glase, un do was he kien Windhund mehr un was wier bi sienen Vader.

Do goht sie tosamen noh Hues. Den annern Dag is in dat neigste Dorb Markt; do seg de Junge to sienen Vader: «Ick will mie nu in en schön Perd maken, dann verkaupet mie; averst wann ji mi verkaupet, do möt ji mi den Taum uttrecken, süs kann ick kien Mensk wier weren.» Do treckt de Vader met dat Perd noh't Markt, do kümmt de Gaudeifsmeester un köft dat Perd för hunnert Dahler, un de Vader verget un treckt em den Taum nig uht. Do treckt de Mann mit das Perd noh Hues un doet et in en Stall. Asse de Magd öwer de Dele geiht, do segt dat Perd: «Tüh mie den Taum uht, tüh mie den Taum uht.» Do steiht de Magd un lustert: «Je, kannst du kühren?» Geit hen un tüht em den Taum uht, do werd dat Perd en Lüning (Sperling) un flügt öwer de Döhre, un de Hexenmeester werd auk en Lüning un flügt em noh. Do kümmt se bie ene (zusammen) un bietet sick, awerst de Meester verspielt un mäk sick in't Water, un is en Fisk. Do werd de Junge auk en Fisk,

un se bietet sick wier, dat de Meester ver-
spielen mot. Do mäk sick de Meester in en
Hohn, un de Junge werd en Voß un bitt den
Meester den Kopp af; do is he storwen un
liegt daut bes up düssen Dag.

69

JORINDE UND JORINGEL

Es war einmal ein altes Schloß mitten in einem
großen dicken Wald, darinnen wohnte eine
alte Frau ganz allein, das war eine Erzzauberin.
Am Tage machte sie sich zur Katze oder zur
Nachteule, des Abends aber wurde sie wieder
ordentlich wie ein Mensch gestaltet. Sie konnte
das Wild und die Vögel herbeilocken, und dann
schlachtete sie, kochte und briet es. Wenn
jemand auf hundert Schritte dem Schloß nahe-
kam, so mußte er stillestehen und konnte sich
nicht von der Stelle bewegen, bis sie ihn los-

sprach: wenn aber eine keusche Jungfrau in diesen Kreis kam, so verwandelte sie dieselbe in einen Vogel und sperrte sie dann in einen Korb ein und trug den Korb in eine Kammer des Schlosses. Sie hatte wohl siebentausend solcher Körbe mit so raren Vögeln im Schlosse.

Nun war einmal eine Jungfrau, die hieß Jorinde: sie war schöner als alle andern Mädchen. Die und dann ein gar schöner Jüngling, namens Joringel, hatten sich zusammen versprochen. Sie waren in den Brauttagen, und sie hatten ihr größtes Vergnügen eins am andern. Damit sie nun einsmalen vertraut zusammen reden könnten, gingen sie in den Wald spazieren. «Hüte dich», sagte Joringel, «daß du nicht so nahe ans Schloß kommst.» Es war ein schöner Abend, die Sonne schien zwischen den Stämmen der Bäume hell ins dunkle Grün des Waldes, und die Turteltaube sang kläglich auf den alten Maibuchen.

Jorinde weinte zuweilen, setzte sich hin im Sonnenschein und klagte; Joringel klagte auch. Sie waren so bestürzt, als wenn sie hätten sterben sollen: sie sahen sich um, waren irre und wußten nicht, wohin sie nach Hause gehen sollten. Noch halb stand die Sonne über dem Berg, und halb war sie unter. Joringel sah durchs Gebüsch und sah die alte Mauer des Schlosses nah bei sich; er erschrak und wurde todbang. Jorinde sang:

«Mein Vöglein mit dem Ringlein rot
Singt Leide, Leide, Leide:

Es singt dem Täubelein seinen Tod,
Singt Leide, Lei — zucküht, zicküth, zicküth.»

Joringel sah nach Jorinde. Jorinde war in
eine Nachtigall verwandelt, die sang: «Zicküth, zicküth.» Eine Nachteule mit glühenden
Augen flog dreimal um sie herum und schrie
dreimal: «Schu, hu, hu, hu.» Joringel konnte
sich nicht regen: er stand da wie ein Stein,
konnte nicht weinen, nicht reden, nicht Hand
noch Fuß regen. Nun war die Sonne unter:
die Eule flog in einen Strauch, und gleich
darauf kam eine alte krumme Frau aus diesem
hervor, gelb und mager: große rote Augen,
krumme Nase, die mit der Spitze ans Kinn
reichte. Sie murmelte, fing die Nachtigall und
trug sie auf der Hand fort. Joringel konnte
nichts sagen, nicht von der Stelle kommen;
die Nachtigall war fort. Endlich kam das
Weib wieder und sagte mit dumpfer Stimme:
«Grüß dich, Zachiel, wenns Möndel ins Körbel
scheint, bind los, Zachiel, zu guter Stund.»
Da wurde Joringel los. Er fiel vor dem Weib
auf die Knie und bat, sie möchte ihm seine
Jorinde wieder geben; aber sie sagte, er sollte
sie nie wieder haben, und ging fort. Er rief,
er weinte, er jammerte, aber alles umsonst.
«Uu, was soll mir geschehen?» Joringel ging
fort und kam endlich in ein fremdes Dorf: da
hütete er die Schafe lange Zeit. Oft ging er
rund um das Schloß herum, aber nicht zu nahe
dabei. Endlich träumte er einmal des Nachts,
er fände eine blutrote Blume, in deren Mitte

eine schöne große Perle war. Die Blume brach er ab, ging damit zum Schlosse: alles, was er mit der Blume berührte, ward von der Zauberei frei; auch träumte er, er hätte seine Jorinde dadurch wieder bekommen. Des Morgens, als er erwachte, fing er an, durch Berg und Tal zu suchen, ob er eine solche Blume fände: er suchte bis an den neunten Tag, da fand er die blutrote Blume am Morgen früh. In der Mitte war ein großer Tautropfen, so groß wie die schönste Perle. Diese Blume trug er Tag und Nacht bis zum Schloß. Wie er auf hundert Schritt nahe bis zum Schloß kam, da ward er nicht fest, sondern ging fort bis ans Tor. Joringel freute sich hoch, berührte die Pforte mit der Blume, und sie sprang auf. Er ging hinein, durch den Hof, horchte, wo er die vielen Vögel vernähme: endlich hörte er's. Er ging und fand den Saal, darauf war die Zauberin und fütterte die Vögel in den siebentausend Körben. Wie sie den Joringel sah, ward sie bös, sehr bös, schalt, spie Gift und Galle gegen ihn aus, aber sie konnte auf zwei Schritte nicht an ihn kommen. Er kehrte sich nicht an sie und ging, besah die Körbe mit den Vögeln; da waren aber viele hundert Nachtigallen, wie sollte er nun seine Jorinde wieder finden? Indem er so zusah, merkte er, daß die Alte heimlich ein Körbchen mit einem Vogel wegnahm und damit nach der Türe ging. Flugs sprang er hinzu, berührte das Körbchen mit der Blume und auch das alte Weib: nun konnte sie nichts mehr zaubern, und Jorinde stand da,

hatte ihn um den Hals gefaßt, so schön, wie
sie ehemals war. Da machte er auch alle die
andern Vögel wieder zu Jungfrauen, und da
ging er mit seiner Jorinde nach Hause, und
sie lebten lange vergnügt zusammen.

70

DIE DREI GLÜCKSKINDER

Ein Vater ließ einmal seine drei Söhne vor sich
kommen und schenkte dem ersten einen Hahn,
dem zweiten eine Sense, dem dritten eine Katze.
«Ich bin schon alt», sagte er, «und mein Tod
ist nah; da wollte ich euch vor meinem Ende
noch versorgen. Geld hab ich nicht, und was
ich euch jetzt gebe, scheint wenig wert, es
kommt aber bloß darauf an, daß ihr es verständig anwendet: sucht euch nur ein Land,
wo dergleichen Dinge noch unbekannt sind,
so ist euer Glück gemacht.» Nach dem Tode
des Vaters ging der älteste mit seinem Hahn
aus, wo er aber hinkam, war der Hahn schon
bekannt: in den Städten sah er ihn schon von
weitem auf den Türmen sitzen und sich mit
dem Wind umdrehen, in den Dörfern hörte er
mehr als einen krähen, und niemand wollte
sich über das Tier wundern, so daß es nicht
das Ansehn hatte, als würde er sein Glück damit
machen. Endlich aber geriet's ihm doch, daß
er auf eine Insel kam, wo die Leute nichts von
einem Hahn wußten, sogar ihre Zeit nicht

einzuteilen verstanden. Sie wußten wohl, wenn's Morgen oder Abend war, aber nachts, wenn sie's nicht verschliefen, wußte sich keiner aus der Zeit herauszufinden. «Seht», sprach er, «was für ein stolzes Tier, es hat eine rubinrote Krone auf dem Kopf und trägt Sporn wie ein Ritter: es ruft euch des Nachts dreimal zu bestimmter Zeit an, und wenn's das letztemal ruft, so geht die Sonne bald auf. Wenn's aber bei hellem Tag ruft, so richtet euch darauf ein, dann gibt's gewiß anderes Wetter.» Den Leuten gefiel das wohl, sie schliefen eine ganze Nacht nicht und hörten mit großer Freude, wie der Hahn um zwei, vier und sechs Uhr laut und vernehmlich die Zeit abrief. Sie fragten ihn, ob das Tier nicht feil wäre und wieviel er dafür verlangte. «Etwa so viel, als ein Esel Gold trägt», antwortete er. «Ein Spottgeld für ein so kostbares Tier», riefen sie insgesamt und gaben ihm gerne, was er gefordert hatte.

Als er mit dem Reichtum heimkam, verwunderten sich seine Brüder, und der zweite sprach: «So will ich mich doch aufmachen und sehen, ob ich meine Sense auch so gut losschlagen kann.» Es hatte aber nicht das Ansehen danach, denn überall begegneten ihm Bauern und hatten so gut eine Sense auf der Schulter als er. Doch zuletzt glückte es ihm auch auf einer Insel, wo die Leute nichts von einer Sense wußten. Wenn dort das Korn reif war, so fuhren sie Kanonen vor den Feldern auf und schossen's herunter. Das war nun ein ungewisses Ding; mancher schoß drüber hinaus, ein anderer traf statt des Halms die Ähren und schoß sie fort, dabei ging viel zugrund, und obendrein gab's einen lästerlichen Lärmen. Da stellte sich der Mann hin und mähte es so still und so geschwind nieder, daß die Leute Maul und Nase vor Verwunderung aufsperrten. Sie waren willig, ihm dafür zu geben, was er verlangte, und er bekam ein Pferd, dem war Gold aufgeladen, so viel es tragen konnte.

Nun wollte der dritte Bruder seine Katze auch an den rechten Mann bringen. Es ging ihm wie den andern: solange er auf dem festen Lande blieb, war nichts auszurichten, es gab aller Orten Katzen und waren ihrer so viel, daß die neugebornen Jungen meist im Wasser ersäuft wurden. Endlich ließ er sich auf eine Insel überschiffen, und es traf sich glücklicherweise, daß dort noch niemals eine gesehen war und doch die Mäuse so überhandgenommen hatten, daß sie auf den Tischen und Bänken tanzten, der Hausherr mochte daheim sein oder nicht. Die Leute jammerten gewaltig über die Plage, der König selbst wußte sich in seinem Schlosse nicht dagegen zu retten: in allen Ecken pfiffen Mäuse und zernagten, was sie mit ihren Zähnen nur packen konnten. Da fing nun die Katze ihre Jagd an und hatte bald ein paar Säle gereinigt, und die Leute baten den König, das Wundertier für das Reich zu kaufen. Der König gab gerne, was gefordert wurde: das war ein mit Gold beladener Maulesel, und der dritte Bruder kam mit den allergrößten Schätzen heim.

Die Katze machte sich in dem königlichen Schlosse mit den Mäusen eine rechte Lust und biß so viele tot, daß sie nicht mehr zu zählen waren. Endlich ward ihr von der Arbeit heiß, und sie bekam Durst: da blieb sie stehen, drehte den Kopf in die Höhe und schrie: «Miau, miau.» Der König samt allen seinen Leuten, als sie das seltsame Geschrei vernahmen, erschraken und liefen in ihrer Angst sämtlich zum Schloß hinaus. Unten hielt der König Rat, was zu tun das beste wäre; zuletzt ward beschlossen, einen Herold an die Katze abzuschicken und sie aufzufordern, das Schloß zu verlassen oder zu gewärtigen, daß Gewalt gegen sie gebraucht würde. Die Räte sagten: «Lieber wollen wir uns von den Mäusen plagen lassen, an das Übel sind wir gewöhnt, als unser Leben einem solchen Untier preisgeben.» Ein Edelknabe mußte hinaufgehen und die Katze fragen, ob sie das Schloß gutwillig räumen wollte. Die Katze aber, deren Durst nur noch größer geworden war, antwortete bloß: «Miau, miau.» Der Edelknabe verstand: «Durchaus, durchaus nicht», und überbrachte dem König die Antwort. «Nun», sprachen die Räte, «soll sie der Gewalt weichen.» Es wurden Kanonen aufgeführt und das Haus in Brand geschossen. Als das Feuer in den Saal kam, wo die Katze saß, sprang sie glücklich zum Fenster hinaus; die Belagerer hörten aber nicht eher auf, als bis das ganze Schloß in Grund und Boden geschossen war.

71

SECHSE KOMMEN DURCH DIE GANZE WELT

Es war einmal ein Mann, der verstand allerlei
Künste: er diente im Krieg und hielt sich brav
und tapfer, aber als der Krieg zu Ende war,
bekam er den Abschied und drei Heller Zehr-
geld auf den Weg. «Wart», sprach er, «das
laß ich mir nicht gefallen, finde ich die rechten
Leute, so soll mir der König noch die Schätze
des ganzen Landes herausgeben.» Da ging er
voll Zorn in den Wald und sah einen darin
stehen, der hatte sechs Bäume ausgerupft, als
wären's Kornhalme. Sprach er zu ihm: «Willst
du mein Diener sein und mit mir ziehen?» —
«Ja», antwortete er, «aber erst will ich meiner
Mutter das Wellchen Holz heimbringen», und
nahm einen von den Bäumen und wickelte ihn
um die fünf andern, hob die Welle auf die
Schulter und trug sie fort. Dann kam er wieder
und ging mit seinem Herrn, der sprach: «Wir
zwei sollten wohl durch die ganze Welt kommen.» Und als sie ein Weilchen gegangen waren, fanden sie einen Jäger, der lag auf den
Knien, hatte die Büchse angelegt und zielte.
Sprach der Herr zu ihm: «Jäger, was willst du
schießen?» Er antwortete: «Zwei Meilen von
hier sitzt eine Fliege auf dem Ast eines Eich-
baums, der will ich das linke Auge heraus-
schießen.» — «Oh, geh mit mir», sprach der
Mann, «wenn wir drei zusammen sind, sollten
wir wohl durch die ganze Welt kommen.» Der

Jäger war bereit und ging mit ihm, und sie kamen zu sieben Windmühlen, deren Flügel trieben ganz hastig herum, und ging doch links und rechts kein Wind und bewegte sich kein Blättchen. Da sprach der Mann: «Ich weiß nicht, was die Windmühlen treibt, es regt sich ja kein Lüftchen», und ging mit seinen Dienern weiter, und als sie zwei Meilen fortgegangen waren, sahen sie einen auf einem Baum sitzen, der hielt das eine Nasenloch zu und blies aus dem andern. «Mein, was treibst du da oben?» fragte der Mann. Er antwortete: «Zwei Meilen von hier stehen sieben Windmühlen, seht, die blase ich an, daß sie laufen.» — «Oh, geh mit mir», sprach der Mann, «wenn wir vier zusammen sind, sollten wir wohl durch die ganze Welt kommen.» Da stieg der Bläser herab und ging mit, und über eine Zeit sahen sie einen, der stand da auf einem Bein und hatte das andere abgeschnallt und neben sich gelegt. Da sprach der Herr: «Du hast dir's ja bequem gemacht zum Ausruhen.» — «Ich bin ein Laufer», antwortete er, «und damit ich nicht gar zu schnell springe, habe ich mir das eine Bein abgeschnallt; wenn ich mit zwei Beinen laufe, so geht's geschwinder, als ein Vogel fliegt.» — «Oh, geh mit mir, wenn wir fünf zusammen sind, sollten wir wohl durch die ganze Welt kommen.» Da ging er mit, und gar nicht lang, so begegneten sie einem, der hatte ein Hütchen auf, hatte es aber ganz auf dem einen Ohr sitzen. Da sprach der Herr zu ihm: «Manierlich! manierlich! häng deinen Hut doch nicht

auf ein Ohr, du siehst ja aus wie ein Hans Narr.»
— «Ich darf's nicht tun», sprach der andere,
«denn setz ich meinen Hut gerad, so kommt
ein gewaltiger Frost, und die Vögel unter dem
Himmel erfrieren und fallen tot zur Erde.» —
«Oh, geh mit mir», sprach der Herr, «wenn wir
sechs zusammen sind, sollten wir wohl durch
die ganze Welt kommen.»

Nun gingen die sechse in eine Stadt, wo der
König hatte bekanntmachen lassen, wer mit
seiner Tochter in die Wette laufen wollte und
den Sieg davontrüge, der sollte ihr Gemahl
werden; wer aber verlöre, müßte auch seinen
Kopf hergeben. Da meldete sich der Mann und
sprach: «Ich will aber meinen Diener für mich
laufen lassen.» Der König antwortete: «Dann
mußt du auch noch dessen Leben zum Pfand
setzen, also daß sein und dein Kopf für den
Sieg haften.» Als das verabredet und festge-
macht war, schnallte der Mann dem Laufer
das andere Bein an und sprach zu ihm: «Nun
sei hurtig und hilf, daß wir siegen.» Es war
aber bestimmt, daß wer am ersten Wasser aus
einem weit abgelegenen Brunnen brächte, der
sollte Sieger sein. Nun bekam der Laufer einen
Krug und die Königstochter auch einen, und
sie fingen zu gleicher Zeit zu laufen an: aber
in einem Augenblick, als die Königstochter
erst eine kleine Strecke fort war, konnte den
Laufer schon kein Zuschauer mehr sehen, und
es war nicht anders, als wäre der Wind vorbei-
gesaust. In kurzer Zeit langte er bei dem Brunnen an, schöpfte den Krug voll Wasser und

kehrte wieder um. Mitten aber auf dem Heimweg überkam ihn eine Müdigkeit; da setzte er den Krug hin, legte sich nieder und schlief ein. Er hatte aber einen Pferdeschädel, der da auf der Erde lag, zum Kopfkissen gemacht, damit er hart läge und bald wieder erwachte. Indessen war die Königstochter, die auch gut laufen konnte, so gut es ein gewöhnlicher Mensch vermag, bei dem Brunnen angelangt und eilte mit ihrem Krug voll Wasser zurück; und als sie den Laufer da liegen und schlafen sah, war sie froh und sprach: «Der Feind ist in meine Hände gegeben», leerte seinen Krug aus und sprang weiter. Nun wäre alles verloren gewesen, wenn nicht zu gutem Glück der Jäger mit seinen scharfen Augen oben auf dem Schloß gestanden und alles mit angesehen hätte. Da sprach er: «Die Königstochter soll doch gegen uns nicht aufkommen», lud seine Büchse und schoß so geschickt, daß er dem Laufer den Pferdeschädel unter dem Kopf wegschoß, ohne ihm weh zu tun. Da erwachte der Laufer, sprang in die Höhe und sah, daß sein Krug leer und die Königstochter schon weit voraus war. Aber er verlor den Mut nicht, lief mit dem Krug wieder zum Brunnen zurück, schöpfte aufs neue Wasser und war noch zehn Minuten eher als die Königstochter daheim. «Seht ihr», sprach er, «jetzt hab ich erst die Beine aufgehoben, vorher war's gar kein Laufen zu nennen.»

Den König aber kränkte es und seine Tochter noch mehr, daß sie so ein gemeiner ab-

gedankter Soldat davontragen sollte; sie ratschlagten miteinander, wie sie ihn samt seinen
Gesellen loswürden. Da sprach der König zu
ihr: «Ich habe ein Mittel gefunden, laß dir
nicht bang sein, sie sollen nicht wieder heimkommen.» Und sprach zu ihnen: «Ihr sollt
euch nun zusammen lustig machen, essen und
trinken», und führte sie zu einer Stube, die
hatte einen Boden von Eisen, und die Türen
waren auch von Eisen, und die Fenster waren
mit eisernen Stäben verwahrt. In der Stube
war eine Tafel mit köstlichen Speisen besetzt;
da sprach der König zu ihnen: «Geht hinein
und laßt's euch wohl sein.» Und wie sie darinnen waren, ließ er die Türe verschließen und
verriegeln. Dann ließ er den Koch kommen
und befahl ihm, ein Feuer so lang unter die
Stube zu machen, bis das Eisen glühend würde.
Das tat der Koch, und es fing an und ward den
sechsen in der Stube, während sie an der Tafel
saßen, ganz warm, und sie meinten, das käme
vom Essen; als aber die Hitze immer größer
ward und sie hinaus wollten, Türe und Fenster
aber verschlossen fanden, da merkten sie, daß
der König Böses im Sinne gehabt hatte und
sie ersticken wollte. «Es soll ihm aber nicht
gelingen», sprach der mit dem Hütchen, «ich
will einen Frost kommen lassen, vor dem sich
das Feuer schämen und verkriechen soll.»
Da setzte er sein Hütchen gerade, und alsbald
fiel ein Frost, daß alle Hitze verschwand und
die Speisen auf den Schüsseln anfingen zu
frieren. Als nun ein paar Stunden herum waren

und der König glaubte, sie wären in der Hitze verschmachtet, ließ er die Türe öffnen und wollte selbst nach ihnen sehen. Aber wie die Türe aufging, standen sie alle sechse da, frisch und gesund und sagten, es wäre ihnen lieb, daß sie heraus könnten, sich zu wärmen, denn bei der großen Kälte in der Stube frören die Speisen an den Schüsseln fest. Da ging der König voll Zorn hinab zu dem Koch, schalt ihn und fragte, warum er nicht getan hätte, was ihm wäre befohlen worden. Der Koch aber antwortete: «Es ist Glut genug da, seht nur selbst.» Da sah der König, daß ein gewaltiges Feuer unter der Eisenstube brannte, und merkte, daß er den sechsen auf diese Weise nichts anhaben könnte.

Nun sann der König aufs neue, wie er der bösen Gäste los würde, ließ den Meister kommen und sprach: «Willst du Gold nehmen und dein Recht auf meine Tochter aufgeben, so sollst du haben, soviel du willst.» — «O ja, Herr König», antwortete er, «gebt mir soviel, als mein Diener tragen kann, so verlange ich Eure Tochter nicht.» Das war der König zufrieden, und jener sprach weiter: «So will ich in vierzehn Tagen kommen und es holen.» Darauf rief er alle Schneider aus dem ganzen Reich herbei, die mußten vierzehn Tage lang sitzen und einen Sack nähen. Und als er fertig war, mußte der Starke, welcher Bäume ausrupfen konnte, den Sack auf die Schulter nehmen und mit ihm zu dem König gehen. Da sprach der König: «Was ist das für ein ge-

waltiger Kerl, der den hausgroßen Ballen Lein-
wand auf der Schulter trägt?», erschrak und
dachte: Was wird der für Gold wegschleppen!
Da hieß er eine Tonne Gold herbringen, die
mußten sechzehn der stärksten Männer tragen;
aber der Starke packte sie mit einer Hand,
steckte sie in den Sack und sprach: «Warum
bringt ihr nicht gleich mehr, das deckt ja kaum
den Boden.» Da ließ der König nach und nach
seinen ganzen Schatz herbeitragen, den schob
der Starke in den Sack hinein, und der Sack
ward davon noch nicht zur Hälfte voll.
«Schafft mehr herbei», rief er, «die paar Brok-
ken füllen nicht.» Da mußten noch siebentausend Wagen mit Gold in dem ganzen Reich
zusammengefahren werden: die schob der
Starke samt den vorgespannten Ochsen in
seinen Sack. «Ich will's nicht lange besehen»,
sprach er, «und nehmen, was kommt, damit
der Sack nur voll wird.» Wie alles darinstak,
ging doch noch viel hinein; da sprach er: «Ich
will dem Ding nur ein Ende machen, man bindet wohl einmal einen Sack zu, wenn er auch
noch nicht voll ist.» Dann huckte er ihn auf
den Rücken und ging mit seinen Gesellen fort.

Als der König nun sah, wie der einzige
Mann des ganzen Landes Reichtum forttrug,
ward er zornig und ließ seine Reiterei auf-
sitzen, die sollten den sechsen nachjagen und
hatten Befehl, dem Starken den Sack wieder
abzunehmen. Zwei Regimenter holten sie bald
ein und riefen ihnen zu: «Ihr seid Gefangene,
legt den Sack mit dem Gold nieder, oder ihr

werdet zusammengehauen.» — «Was sagt ihr?» sprach der Bläser, «wir wären Gefangene? Eher sollt ihr sämtlich in der Luft herumtanzen», hielt das eine Nasenloch zu und blies mit dem andern die beiden Regimenter an; da fuhren sie auseinander und in die blaue Luft über alle Berge weg, der eine hierhin, der andere dorthin. Ein Feldwebel rief um Gnade, er hätte neun Wunden und wäre ein braver Kerl, der den Schimpf nicht verdiente. Da ließ der Bläser ein wenig nach, so daß er ohne Schaden wieder herabkam; dann sprach er zu ihm: «Nun geh heim zum König und sag, er sollte nur noch mehr Reiterei schicken, ich wollte sie alle in die Luft blasen.» Der König, als er den Bescheid vernahm, sprach: «Laßt die Kerle gehen, die haben etwas an sich.» Da brachten die sechs den Reichtum heim, teilten ihn unter sich und lebten vergnügt bis an ihr Ende.

72

DER WOLF UND DER MENSCH

Der Fuchs erzählte einmal dem Wolf von der Stärke des Menschen, kein Tier könnte ihm widerstehen, und sie müßten List gebrauchen, um sich vor ihm zu erhalten. Da antwortete der Wolf: «Wenn ich nur einmal einen Menschen zu sehen bekäme, ich wollte doch auf ihn losgehen.» — «Dazu kann ich dir helfen», sprach der Fuchs, «komm nur morgen früh zu mir, so will ich dir einen zeigen.» Der Wolf stellte sich frühzeitig ein, und der Fuchs brachte ihn hinaus auf den Weg, den der Jäger alle Tage ging. Zuerst kam ein alter abgedankter Soldat. «Ist das ein Mensch?» fragte der Wolf. «Nein», antwortete der Fuchs, «das ist einer gewesen.» Danach kam ein kleiner Knabe, der zur Schule wollte. «Ist das ein Mensch?» — «Nein, das will erst einer werden.» Endlich kam der Jäger, die Doppelflinte auf dem Rücken und den Hirschfänger an der Seite. Sprach der Fuchs zum Wolf: «Siehst du, dort kommt ein Mensch, auf den mußt du losgehen, ich aber will mich fort in meine Höhle machen.» Der Wolf ging nun auf den Menschen los, der Jäger, als er ihn erblickte, sprach: «Es ist schade, daß ich keine Kugel geladen habe», legte an und schoß dem Wolf das Schrot ins Gesicht. Der Wolf verzog das Gesicht gewaltig, doch ließ er sich nicht schrecken und ging vorwärts: da gab ihm der Jäger die zweite Ladung. Der Wolf verbiß den Schmerz und rückte dem Jäger zu Leibe: da zog dieser seinen blanken Hirschfänger und gab ihm links und rechts ein paar Hiebe, daß er, über und über blutend, mit Geheul zu dem Fuchs zurücklief. «Nun, Bruder Wolf», sprach der Fuchs, «wie bist du mit dem Menschen fertig geworden?» — «Ach», antwortete der Wolf, «so hab ich mir die Stärke des Menschen nicht vorgestellt: erst nahm er einen Stock von der Schulter und blies hinein, da flog mir etwas ins Gesicht, das hat mich ganz entsetzlich gekitzelt; danach pustete er noch einmal in den Stock, da flog mir's um die Nase wie Blitz und Hagelwetter, und wie ich ganz nahe war, da zog er eine blanke Rippe aus dem Leib, damit hat er so auf mich losgeschlagen, daß ich beinah tot wäre liegengeblieben.» — «Siehst du», sprach der Fuchs, «was du für ein Prahlhans bist: du wirfst das Beil so weit, daß du's nicht wieder holen kannst.»

73

DER WOLF UND DER FUCHS

Der Wolf hatte den Fuchs bei sich, und was der Wolf wollte, das mußte der Fuchs tun, weil er der Schwächste war, und der Fuchs wäre gern des Herrn los gewesen. Es trug sich zu, daß sie beide durch den Wald gingen; da sprach der Wolf: «Rotfuchs, schaff mir was zu fressen, oder ich fresse dich selber auf.» Da antwortete der Fuchs: «Ich weiß einen Bauernhof, wo ein paar junge Lämmlein sind; hast du Lust, so wollen wir eins holen.» Dem Wolf war das recht, sie gingen hin, und der Fuchs stahl das Lämmlein, brachte es dem Wolf und machte sich fort. Da fraß es der Wolf auf, war aber damit noch nicht zufrieden, sondern wollte das andere dazu haben und ging es zu holen. Weil er es aber so ungeschickt machte, ward es die Mutter vom Lämmlein gewahr und fing an, entsetzlich zu

schreien und zu bläen, daß die Bauern herbeigelaufen kamen. Da fanden sie den Wolf und
schlugen ihn so erbärmlich, daß er hinkend und
heulend bei dem Fuchs ankam. «Du hast mich
schön angeführt», sprach er, «ich wollte das
andere Lamm holen, da haben mich die Bauern
erwischt und haben mich weichgeschlagen.»
Der Fuchs antwortete: «Warum bist du so ein
Nimmersatt.»

Am andern Tag gingen sie wieder ins Feld,
sprach der gierige Wolf abermals: «Rotfuchs,
schaff mir was zu fressen, oder ich fresse dich
selber auf.» Da antwortete der Fuchs: «Ich
weiß ein Bauernhaus, da backt die Frau heut
abend Pfannkuchen; wir wollen uns davon
holen.» Sie gingen hin, und der Fuchs schlich
ums Haus herum, guckte und schnupperte so
lange, bis er ausfindig machte, wo die Schüssel
stand, zog dann sechs Pfannkuchen herab und
brachte sie dem Wolf. «Da hast du zu fressen»,
sprach er zu ihm und ging seiner Wege. Der
Wolf hatte die Pfannkuchen in einem Augenblick hinuntergeschluckt und sprach: «Sie
schmecken nach mehr», ging hin und riß
geradezu die ganze Schüssel herunter, daß sie
in Stücke zersprang. Da gab's einen gewaltigen
Lärm, daß die Frau herauskam, und als sie den
Wolf sah, rief sie die Leute, die eilten herbei
und schlugen ihn, was Zeug wollte halten, daß
er mit zwei lahmen Beinen laut heulend zum
Fuchs in den Wald hinaus kam. «Was hast du
mich garstig angeführt!» rief er, «die Bauern
haben mich erwischt und mir die Haut ge-

gerbt.» Der Fuchs aber antwortete: «Warum bist du so ein Nimmersatt.»

Am dritten Tag, als sie beisammen draußen waren und der Wolf mit Mühe nur forthinkte, sprach er doch wieder: «Rotfuchs, schaff mir was zu fressen, oder ich fresse dich selber auf.» Der Fuchs antwortete: «Ich weiß einen Mann, der hat geschlachtet, und das gesalzene Fleisch liegt in einem Faß im Keller, das wollen wir holen.» Sprach der Wolf: «Aber ich will gleich mitgehen, damit du mir hilfst, wenn ich nicht fort kann.» — «Meinetwegen», sagte der Fuchs und zeigte ihm die Schliche und Wege, auf welchen sie endlich in den Keller gelangten. Da war nun Fleisch im Ueberfluß, und der Wolf machte sich gleich daran und dachte, bis ich aufhöre, hat's Zeit. Der Fuchs ließ sich's auch gut schmecken, blickte überall herum, lief aber oft zu dem Loch, durch welches sie gekommen waren, und versuchte, ob sein Leib noch schmal genug wäre, durchzuschlüpfen. Sprach der Wolf: «Lieber Fuchs, sag mir, warum rennst du so hin und her und springst hinaus und herein?» — «Ich muß doch sehen, ob niemand kommt», antwortete der Listige, «friß nur nicht zuviel.» Da sagte der Wolf: «Ich gehe nicht eher fort, als bis das Faß leer ist.» Indem kam der Bauer, der den Lärm von des Fuchses Sprüngen gehört hatte, in den Keller. Der Fuchs, wie er ihn sah, war mit einem Satz zum Loch draußen: der Wolf wollte nach, aber er hatte sich so dick gefressen, daß er nicht mehr durch konnte, sondern steckenblieb. Da kam der Bauer mit einem Knüppel und schlug ihn tot. Der Fuchs aber sprang in den Wald und war froh, daß er den alten Nimmersatt los war.

DER FUCHS UND DIE FRAU GEVATTERIN

Die Wölfin brachte ein Junges zur Welt und ließ den Fuchs zu Gevatter einladen. «Er ist doch nahe mit uns verwandt», sprach sie, «hat einen guten Verstand und viel Geschicklichkeit, er kann mein Söhnlein unterrichten und ihm in der Welt forthelfen.» Der Fuchs erschien auch ganz ehrbar und sprach: «Liebwerte Frau Gevatterin, ich danke Euch für die Ehre, die Ihr mir erzeigt, ich will mich aber auch so halten, daß Ihr Eure Freude daran haben sollt.» Bei dem Fest ließ er sich's schmecken und machte sich ganz lustig, hernach sagte er: «Liebe Frau Gevatterin, es ist unsere Pflicht, für das Kindlein zu sorgen, Ihr müßt gute Nahrung haben, damit es auch zu Kräften kommt. Ich weiß einen Schafstall, woraus wir leicht ein gutes Stück holen können.» Der Wölfin gefiel das Liedlein, und sie ging mit dem Fuchs hinaus nach dem Bauernhof. Er zeigte ihr den Stall aus der Ferne und sprach: «Dort werdet Ihr ungesehen hineinkriechen können, ich will mich derweil auf der andern Seite umsehen, ob ich nicht etwa ein

Hühnlein erwische.» Er ging aber nicht hin, sondern ließ sich am Eingang des Waldes nieder, streckte die Beine und ruhte sich. Die Wölfin kroch in den Stall; da lag ein Hund und machte Lärm, so daß die Bauern gelaufen kamen, die Frau Gevatterin ertappten und eine scharfe Lauge von ungebrannter Asche über ihr Fell gossen. Endlich entkam sie doch und schleppte sich hinaus: da lag der Fuchs, tat ganz kläglich und sprach: «Ach, liebe Frau Gevatterin, wie ist mir's schlimm ergangen! Die Bauern haben mich überfallen und mir alle Glieder zerschlagen; wenn Ihr nicht wollt, daß ich auf dem Platz liegenbleiben und verschmachten soll, so müßt Ihr mich forttragen.» Die Wölfin konnte selbst nur langsam fort, doch hatte sie große Sorge für den Fuchs, daß sie ihn auf ihren Rücken nahm und den ganz gesunden und heilen Gevatter langsam bis zu ihrem Haus trug. Da rief er ihr zu: «Lebt wohl, liebe Frau Gevatterin, und laßt Euch den Braten wohl bekommen», lachte sie gewaltig aus und sprang fort.

DER FUCHS UND DIE KATZE

Es trug sich zu, daß die Katze in einem Walde dem Herrn Fuchs begegnete, und weil sie dachte: Er ist gescheit und wohl erfahren und gilt viel in der Welt, so sprach sie ihm freundlich zu. «Guten Tag, lieber Herr Fuchs, wie geht's? wie steht's? wie schlagt Ihr Euch durch in dieser teuren Zeit?» Der Fuchs, alles Hochmutes voll, betrachtete die Katze von Kopf bis zu Füßen und wußte lange nicht, ob er eine Antwort geben sollte. Endlich sprach er: «O du armseliger Bartputzer, du buntscheckiger Narr, Hungerleider und Mäusejäger, was kommt dir in den Sinn? Du unterstehst dich zu fragen, wie mir's gehe? Was hast du gelernt? Wieviel Künste verstehst du?» — «Ich verstehe nur eine einzige», antwortete bescheidentlich die Katze. «Was ist das für eine Kunst?» fragte der Fuchs. «So die Hunde hinter mir her sind, kann ich auf einen Baum springen und mich retten.» — «Ist das alles?» sagte

der Fuchs, «ich bin Herr über hundert Künste und habe überdies noch einen Sack voll Liste. Du jammerst mich, komm mit mir, ich will dich lehren, wie man den Hunden entgeht.» Indem kam ein Jäger mit vier Hunden daher. Die Katze sprang behend auf einen Baum und setzte sich in den Gipfel, wo Äste und Laubwerk sie völlig verbargen. «Bindet den Sack auf, Herr Fuchs, bindet den Sack auf», rief ihm die Katze zu, aber die Hunde hatten ihn schon gepackt und hielten ihn fest. «Ei, Herr Fuchs», rief die Katze, «Ihr bleibt mit Euern hundert Künsten stecken. Hättet Ihr herauf kriechen können wie ich, so wär's nicht um Euer Leben geschehen.»

DIE NELKE

Es war eine Königin, die hatte unser Herr Gott verschlossen, daß sie keine Kinder gebar. Da ging sie alle Morgen in den Garten und bat zu Gott im Himmel, er möchte ihr einen Sohn oder eine Tochter bescheren. Da kam ein Engel vom Himmel und sprach: «Gib dich zufrieden, du sollst einen Sohn haben mit wünschlichen Gedanken, denn was er sich wünscht auf der Welt, das wird er erhalten.» Sie ging zum König und sagte ihm die fröhliche Botschaft, und als die Zeit herum war, gebar sie einen Sohn, und der König war in großer Freude.

Nun ging sie alle Morgen mit dem Kind in den Tiergarten und wusch sich da bei einem klaren Brunnen. Es geschah einstmals, als das Kind schon ein wenig älter war, daß es ihr auf dem Schoß lag und sie entschlief. Da kam der alte Koch, der wußte, daß das Kind wünschliche Gedanken hatte, und raubte es und nahm ein Huhn und zerriß es und tropfte ihr das Blut auf die Schürze und das Kleid. Da trug er das Kind fort an einen verborgenen Ort, wo es eine Amme tränken mußte, und lief zum König und klagte die Königin an, sie habe ihr Kind von den wilden Tieren rauben lassen. Und als der König das Blut an der Schürze sah, glaubte er es und geriet in einen solchen Zorn, daß er einen tiefen Turm bauen ließ,

in den weder Sonne noch Mond schien, und
ließ seine Gemahlin hineinsetzen und ver-
mauern; da sollte sie sieben Jahre sitzen, ohne
Essen und Trinken, und sollte verschmachten.
Aber Gott schickte zwei Engel vom Himmel
in Gestalt von weißen Tauben, die mußten
täglich zweimal zu ihr fliegen und ihr das
Essen bringen, bis die sieben Jahre herum
waren.

Der Koch aber dachte bei sich, hat das Kind
wünschliche Gedanken und ich bin hier, so
könnte es mich leicht ins Unglück bringen. Da
machte er sich vom Schloß weg und ging zu
dem Knaben, der war schon so groß, daß er
sprechen konnte, und sagte zu ihm: «Wünsche
dir ein schönes Schloß mit einem Garten und
was dazu gehört.» Und kaum waren die Worte
aus dem Munde des Knaben, so stand alles da,
was er gewünscht hatte. Über eine Zeit sprach
der Koch zu ihm: «Es ist nicht gut, daß du
so allein bist, wünsche dir eine schöne Jungfrau zur Gesellschaft.» Da wünschte sie der
Königssohn herbei, und sie stand gleich vor
ihm und war so schön, wie sie kein Maler
malen konnte. Nun spielten die beiden zusammen und hatten sich von Herzen lieb, und
der alte Koch ging auf die Jagd wie ein vornehmer Mann. Es kam ihm aber der Gedanke,
der Königssohn könnte einmal wünschen, bei
seinem Vater zu sein, und ihn damit in große
Not bringen. Da ging er hinaus, nahm das
Mädchen beiseit und sprach: «Diese Nacht,
wenn der Knabe schläft, so geh an sein Bett

und stoß ihm das Messer ins Herz und bring mir Herz und Zunge von ihm; und wenn du das nicht tust, so sollst du dein Leben verlieren.» Darauf ging er fort, und als er am andern Tag wieder kam, so hatte sie es nicht getan und sprach: «Was soll ich ein unschuldiges Blut ums Leben bringen, das noch niemand beleidigt hat?» Sprach der Koch wieder: «Wo du es nicht tust, so kostet dich's selbst dein Leben.» Als er weggegangen war, ließ sie sich eine kleine Hirschkuh herbeiholen und ließ sie schlachten und nahm Herz und Zunge und legte sie auf einen Teller, und als sie den Alten kommen sah, sprach sie zu dem Knaben: «Leg dich ins Bett und zieh die Decke über dich.»

Da trat der Bösewicht herein und sprach: «Wo ist Herz und Zunge von dem Knaben?» Das Mädchen reichte ihm den Teller, aber der Königssohn warf die Decke ab und sprach: «Du alter Sünder, warum hast du mich töten wollen? Nun will ich dir dein Urteil sprechen. Du sollst ein schwarzer Pudelhund werden und eine goldene Kette um den Hals haben, und sollst glühende Kohlen fressen, daß dir die Lohe zum Hals herausschlägt.» Und wie er die Worte ausgesprochen hatte, so war der Alte in einen Pudelhund verwandelt und hatte eine goldene Kette um den Hals, und die Köche mußten lebendige Kohlen heraufbringen, die fraß er, daß ihm die Lohe aus dem Hals herausschlug. Nun blieb der Königssohn noch eine kleine Zeit da und dachte an seine Mutter und ob sie noch am Leben wäre. Endlich sprach er zu dem Mädchen: «Ich will heim in mein Vaterland; willst du mit mir gehen, so will ich dich ernähren.» — «Ach», antwortete sie, «der Weg ist so weit, und was soll ich in einem fremden Lande machen, wo ich unbekannt bin.» Weil es also ihr Wille nicht recht war und sie doch voneinander nicht lassen wollten, wünschte er sie zu einer schönen Nelke und steckte sie bei sich.

Da zog er fort, und der Pudelhund mußte mitlaufen, und zog in sein Vaterland. Nun ging er zu dem Turm, wo seine Mutter darin saß, und weil der Turm so hoch war, wünschte er eine Leiter herbei, die bis obenhin reichte. Da stieg er hinauf und sah hinein und rief: «Herzliebste Mutter, Frau Königin, seid Ihr noch am Leben oder seid Ihr tot?» Sie antwortete: «Ich habe ja eben gegessen und bin noch satt», und meinte, die Engel wären da. Sprach er: «Ich bin Euer lieber Sohn, den die wilden Tiere Euch sollen vom Schoß geraubt haben: aber ich bin noch am Leben und will Euch bald erretten.» Nun stieg er herab und ging zu seinem Herrn Vater und ließ sich anmelden als ein fremder Jäger, ob er könnte Dienste bei ihm haben. Antwortete der König ja, wenn er gelernt wäre und ihm Wildbret schaffen könnte, sollte er herkommen; es hatte sich aber auf der ganzen Grenze und Gegend niemals Wild aufgehalten. Da versprach der Jäger, er wollte ihm so viel Wild schaffen, als er nur auf der königlichen Tafel brauchen könnte. Dann hieß er die

Jägerei zusammenkommen, sie sollten alle mit ihm hinaus in den Wald gehen. Da gingen sie mit, und draußen hieß er sie, einen großen Kreis schließen, der an einem Ende offenblieb, und dann stellte er sich hinein und fing an zu wünschen. Alsbald kamen zweihundert und etliche Stück Wildbret in den Kreis gelaufen, und die Jäger mußten es schießen. Da ward alles auf sechzig Bauerwagen geladen und dem König heimgefahren; da konnte er einmal seine Tafel mit Wildbret zieren, nachdem er lange Jahre keins gehabt hatte.

Nun empfand der König große Freude darüber und bestellte, es sollte des andern Tags seine ganze Hofhaltung bei ihm speisen, und machte ein großes Gastmahl. Wie sie alle beisammen waren, sprach er zu dem Jäger: «Weil du so geschickt bist, so sollst du neben mir sitzen.» Er antwortete: «Herr König, Ew. Majestät halte zu Gnaden, ich bin ein schlechter Jägerbursch.» Der König aber bestand darauf und sagte: «Du sollst dich neben mich setzen», bis er es tat. Wie er da saß, dachte er an seine liebste Frau Mutter und wünschte, daß nur einer von des Königs ersten Dienern von ihr anfinge und fragte, wie es wohl der Frau Königin im Turm ginge, ob sie wohl noch am Leben wäre oder verschmachtet. Kaum hatte er es gewünscht, so fing auch schon der Marschall an und sprach: «Königliche Majestät, wir leben hier in Freuden, wie geht es wohl der Frau Königin im Turm, ob sie wohl noch am Leben oder verschmachtet ist?» Aber der König antwortete: «Sie hat mir meinen lieben Sohn von den wilden Tieren zerreißen lassen, davon will ich nichts hören.» Da stand der Jäger auf und sprach: «Gnädigster Herr Vater, sie ist noch am Leben, und ich bin ihr Sohn, und die wilden Tiere haben ihn nicht geraubt, sondern der Bösewicht, der alte Koch, hat es getan, der hat mich, als sie eingeschlafen war, von ihrem Schoß weggenommen und ihre Schürze mit dem Blut eines Huhns betropft.» Darauf nahm er den Hund mit dem goldenen Halsband und sprach: «Das ist der Bösewicht», und ließ glühende Kohlen bringen, die mußte er angesichts aller fressen, daß ihm die Lohe aus dem Hals schlug. Darauf fragte er den König, ob er ihn in seiner wahren Gestalt sehen wollte, und wünschte ihn wieder zum Koch; da stand er alsbald mit der weißen Schürze und dem Messer an der Seite. Der König, wie er ihn sah, ward zornig und befahl, daß er in den tiefsten Kerker sollte geworfen werden. Darauf sprach der Jäger weiter: «Herr Vater, wollt Ihr auch das Mädchen sehen, das mich so zärtlich aufgezogen hat und mich hernach ums Leben bringen sollte, es aber nicht getan hat, obgleich sein eigenes auf dem Spiel stand?» Antwortete der König: «Ja, ich will sie gerne sehen.» Sprach der Sohn: «Gnädigster Herr Vater, ich will sie Euch zeigen in Gestalt einer schönen Blume.» Und griff in die Tasche und holte die Nelke und stellte sie auf die königliche Tafel, und sie war so schön, wie der König nie eine gesehen hatte. Darauf sprach der

Sohn: «Nun will ich sie auch in ihrer wahren Gestalt zeigen», und wünschte sie zu einer Jungfrau; da stand sie da und war so schön, daß kein Maler sie hätte schöner malen können.

Der König aber schickte zwei Kammerfrauen und zwei Diener hinab in den Turm, die sollten die Frau Königin holen und an die königliche Tafel bringen. Als sie aber dahin geführt ward, aß sie nichts mehr und sagte: «Der gnädige barmherzige Gott, der mich im Turm erhalten hat, wird mich bald erlösen.» Da lebte sie noch drei Tage und starb dann selig; und als sie begraben ward, da folgten ihr die zwei weißen Tauben nach, die ihr das Essen in den Turm gebracht hatten und Engel vom Himmel waren, und setzten sich auf ihr Grab. Der alte König ließ den Koch in vier Stücke zerreißen, aber der Gram zehrte an seinem Herzen, und er starb bald. Der Sohn heiratete die schöne Jungfrau, die er als Blume in der Tasche mitgebracht hatte, und ob sie noch leben, das steht bei Gott.

DAS KLUGE GRETEL

Es war eine Köchin, die hieß Gretel, die trug Schuhe mit roten Absätzen, und wenn sie damit ausging, so drehte sie sich hin und her, war ganz fröhlich und dachte: Du bist doch ein schönes Mädel. Und wenn sie nach Haus kam, so trank sie aus Fröhlichkeit einen Schluck Wein, und weil der Wein auch Lust zum Essen macht, so versuchte sie das Beste, was sie kochte, so lang, bis sie satt war, und sprach: «Die Köchin muß wissen, wie 's Essen schmeckt.»

Es trug sich zu, daß der Herr einmal zu ihr sagte: «Gretel, heut abend kommt ein Gast, richte mir zwei Hühner fein wohl zu.» — «Will's schon machen, Herr», antwortete Gretel. Nun stach's die Hühner ab, brühte sie, rupfte sie, steckte sie an den Spieß und brachte sie, wie's gegen Abend ging, zum Feuer, damit sie braten sollten. Die Hühner fingen an braun und gar zu werden, aber der Gast war noch nicht gekommen. Da rief Gretel dem Herrn: «Kommt der Gast nicht, so muß ich die Hühner vom Feuer tun, ist aber Jammer und Schade, wenn sie nicht bald gegessen werden, wo sie am besten im Saft sind.» Sprach der Herr: «So will ich nur selbst laufen und den Gast holen.» Als der Herr den Rücken gekehrt hatte, legte Gretel den Spieß mit den Hühnern beiseite und dachte: So lange da beim Feuer stehen, macht schwitzen und durstig; wer weiß, wann die kommen! Derweil spring ich in den Keller und tue einen Schluck. Lief hinab, setzte einen Krug an, sprach: «Gott gesegne's dir, Gretel», und tat einen guten Zug. «Der Wein hängt aneinander», sprach's weiter, «und ist nicht gut abbrechen», und tat noch einen ernsthaften Zug. Nun ging es und stellte die Hühner wieder übers Feuer, strich sie mit Butter und trieb den Spieß lustig herum. Weil aber der Braten so gut roch, dachte Gretel: Es könnte etwas fehlen, versucht muß er werden! schleckte mit dem Finger und sprach: «Ei, was sind die Hühner so gut! Ist ja Sünd und Schand, daß man sie nicht gleich ißt!» Lief zum Fenster, ob der Herr mit dem Gast noch nicht käm, aber es sah niemand, stellte sich wieder zu den Hühnern, dachte: Der eine Flügel verbrennt; besser ist's, ich eß ihn weg. Also schnitt es ihn ab und aß ihn auf, und er schmeckte ihm; und wie es damit fertig war, dachte es: Der andere muß auch herab, sonst merkt der Herr, daß etwas fehlt. Wie die zwei Flügel verzehrt waren, ging es wieder und schaute nach dem Herrn und sah ihn nicht. Wer weiß, fiel ihm ein, sie kommen wohl gar nicht und sind wo eingekehrt. Da sprach's: «Hei, Gretel, sei guter Dinge, das eine ist doch angegriffen, tu noch einen frischen Trunk und iß es vollends auf; wenn's all ist, hast du Ruhe: warum soll die gute Gottesgabe umkommen?» Also lief es noch einmal in den Keller, tat einen ehrbaren Trunk und aß das eine Huhn in aller Freudigkeit auf. Wie das eine Huhn hinunter war und der Herr noch immer nicht kam, sah Gretel das andere an und sprach: «Wo das eine ist, muß das andere auch sein, die zwei gehören zusammen: was dem einen recht ist, das ist dem andern billig; ich glaube, wenn ich noch einen Trunk tue, so sollte mir's nicht schaden.» Also tat es noch einen herzhaften Trunk und ließ das zweite Huhn wieder zum andern laufen.

Wie es so im besten Essen war, kam der Herr dahergegangen und rief: «Eil dich, Gretel, der Gast kommt gleich nach.» — «Ja, Herr, will's schon zurichten», antwortete Gretel. Der Herr sah indessen, ob der Tisch wohl gedeckt war, nahm das große Messer, womit er die Hühner zerschneiden wollte, und wetzte es auf dem Gang. Indem kam der Gast, klopfte sittig und höflich an der Haustüre. Gretel lief und schaute, wer da war, und als es den Gast sah, hielt es den Finger an den Mund und sprach: «Still! still! Macht geschwind, daß Ihr wieder fortkommt; wenn Euch mein Herr erwischt, so seid Ihr unglücklich; er hat Euch zwar zum Nachtessen eingeladen, aber er hat nichts anders im Sinn, als Euch die beiden Ohren abzuschneiden. Hört nur, wie er das Messer dazu wetzt.» Der Gast hörte das Wetzen und eilte, was er konnte, die Stiegen wieder hinab. Gretel war nicht faul, lief schreiend zu dem Herrn und rief: «Da habt Ihr einen schönen Gast eingeladen!» — «Ei, warum, Gretel? Was meinst du damit?» — «Ja», sagte es, «der hat mir beide Hühner, die ich eben auftragen wollte, von der Schüssel genommen und ist damit fortgelaufen.» — «Das ist feine Weise!» sprach der Herr, und ward ihm leid um die schönen Hühner, «wenn er mir dann wenigstens das eine gelassen hätte, damit mir was zu essen geblieben wäre.» Er rief ihm nach, er sollte

bleiben, aber der Gast tat, als hörte er es nicht.
Da lief er hinter ihm her, das Messer noch
immer in der Hand und schrie: «Nur eins!
Nur eins!», und meinte, der Gast sollte ihm
nur ein Huhn lassen und nicht alle beide nehmen: der Gast aber meinte nicht anders, als
er sollte eins von seinen Ohren hergeben, und
lief, als wenn Feuer unter ihm brennte, damit
er sie beide heimbrächte.

DER ALTE GROSSVATER UND DER ENKEL

Es war einmal ein steinalter Mann, dem waren
die Augen trüb geworden, die Ohren taub,
und die Knie zitterten ihm. Wenn er nun bei
Tische saß und den Löffel kaum halten konnte,
schüttete er Suppe auf das Tischtuch, und es
floß ihm auch etwas wieder aus dem Mund.
Sein Sohn und dessen Frau ekelten sich davor,
und deswegen mußte sich der alte Großvater
endlich hinter den Ofen in die Ecke setzen,
und sie gaben ihm sein Essen in ein irdenes
Schüsselchen und noch dazu nicht einmal satt;
da sah er betrübt nach dem Tisch, und die
Augen wurden ihm naß. Einmal auch konnten
seine zitterigen Hände das Schüsselchen nicht
festhalten, es fiel zur Erde und zerbrach. Die
junge Frau schalt, er sagte aber nichts und
seufzte nur. Da kaufte sie ihm ein hölzernes
Schüsselchen für ein paar Heller, daraus mußte

er nun essen. Wie sie da so sitzen, so trägt der kleine Enkel von vier Jahren auf der Erde kleine Brettlein zusammen. «Was machst du da?» fragte der Vater. «Ich mache ein Tröglein», antwortete das Kind, «daraus sollen Vater und Mutter essen, wenn ich groß bin.» Da sahen sich Mann und Frau eine Weile an, fingen endlich an zu weinen, holten alsofort den alten Großvater an den Tisch und ließen ihn von nun an immer mitessen, sagten auch nichts, wenn er ein wenig verschüttete.

DIE WASSERNIXE

Ein Brüderchen und ein Schwesterchen spielten an einem Brunnen, und wie sie so spielten, plumpten sie beide hinein. Da war unten eine Wassernixe, die sprach: «Jetzt hab ich euch, jetzt sollt ihr mir brav arbeiten», und führte sie mit sich fort. Dem Mädchen gab sie verwirrten garstigen Flachs zu spinnen, und es mußte Wasser in ein hohles Faß schleppen, der Junge aber sollte einen Baum mit einer stumpfen Axt hauen; und nichts zu essen bekamen sie als steinharte Klöße. Da wurden zuletzt die Kinder so ungeduldig, daß sie warteten, bis eines Sonntags die Nixe in der Kirche war; da entflohen sie. Und als die Kirche vorbei war, sah die Nixe, daß die Vögel ausgeflogen waren, und setzte ihnen mit großen Sprüngen nach. Die Kinder erblickten sie aber von weitem, und das Mädchen warf eine Bürste hinter sich, das gab einen großen Bürstenberg, mit tausend und tausend Stacheln, über den die Nixe mit großer Mühe klettern mußte; endlich aber kam sie doch hinüber. Wie das die Kinder sahen, warf der Knabe einen Kamm hinter sich, das gab einen großen Kammberg mit tausendmal tausend Zinken, aber die Nixe wußte sich daran festzuhalten und kam zuletzt doch drüber. Da warf das Mädchen einen Spiegel hinterwärts, welches einen Spiegelberg gab, der war so glatt, daß sie unmöglich drüber konnte. Da dachte sie: Ich will geschwind nach Haus gehen und meine Axt holen und den Spiegelberg entzweihauen. Bis sie aber wieder kam und das Glas aufgehauen hatte, waren die Kinder längst weit entflohen, und die Wassernixe mußte sich wieder in ihren Brunnen trollen.

VON DEM TODE DES HÜHNCHENS

Auf eine Zeit ging das Hühnchen mit dem Hähnchen in den Nußberg, und sie machten miteinander aus, wer einen Nußkern fände, sollte ihn mit dem andern teilen. Nun fand das Hühnchen eine große große Nuß, sagte aber nichts davon und wollte den Kern allein essen.

Der Kern war aber so dick, daß es ihn nicht hinunterschlucken konnte und er ihm im Hals steckenblieb, daß ihm angst wurde, es müßte ersticken. Da schrie das Hühnchen: «Hähnchen, ich bitte dich, lauf, was du kannst, und hol mir Wasser, sonst erstick ich.» Das Hähnchen lief, was es konnte, zum Brunnen und sprach: «Born, du sollst mir Wasser geben; das Hühnchen liegt auf dem Nußberg, hat einen großen Nußkern geschluckt und will ersticken.» Der Brunnen antwortete: «Lauf erst hin zur Braut und laß dir rote Seide geben.» Das Hähnchen lief zur Braut: «Braut, du sollst mir rote Seide geben: rote Seide will ich dem Brunnen geben, der Brunnen soll mir Wasser geben, das Wasser will ich dem Hühnchen bringen, das liegt auf dem Nußberg, hat einen großen Nußkern geschluckt und will daran ersticken.» Die Braut antwortete: «Lauf erst und hol mir mein Kränzlein, das blieb an einer Weide hängen.» Da lief das Hähnchen zur Weide und zog das Kränzlein von dem Ast und brachte es der Braut, und die Braut gab ihm rote Seide dafür, die brachte es dem Brunnen, der gab ihm Wasser dafür. Da brachte das Hähnchen das Wasser zum Hühnchen; wie es aber hinkam, war derweil das Hühnchen erstickt und lag da tot und regte sich nicht. Da war das Hähnchen so traurig, daß es laut schrie, und kamen alle Tiere und beklagten das Hühnchen; und sechs Mäuse bauten einen kleinen Wagen, das Hühnchen darin zum Grabe zu fahren; und als der Wagen fertig war, spannten sie sich davor, und das Hähnchen fuhr. Auf dem Wege aber kam der Fuchs: «Wo willst du hin, Hähnchen?» — «Ich will mein Hühnchen begraben.» — «Darf ich mitfahren?»

«Ja, aber setz dich hinten auf den Wagen,
Vorn können's meine Pferdchen nicht ver-
tragen.»

Da setzte sich der Fuchs hinten auf, dann der Wolf, der Bär, der Hirsch, der Löwe und alle Tiere in dem Wald. So ging die Fahrt fort, da kamen sie an einen Bach. «Wie sollen wir nun hinüber?» sagte das Hähnchen. Da lag ein Strohhalm am Bach, der sagte: «Ich will mich quer drüberlegen, so könnt ihr über mich fahren.» Wie aber die sechs Mäuse auf die Brücke kamen, rutschte der Strohhalm und fiel ins Wasser, und die sechs Mäuse fielen alle hinein und ertranken. Da ging die Not von neuem an, und kam eine Kohle und sagte: «Ich bin groß genug, ich will mich darüber legen, und ihr sollt über mich fahren.» Die Kohle legte sich auch an das Wasser, aber sie berührte es unglücklicherweise ein wenig, da zischte sie, verlöschte und war tot. Wie das ein Stein sah, erbarmte er sich und wollte dem Hähnchen helfen und legte sich über das Wasser. Da zog nun das Hähnchen den Wagen selber; wie es ihn aber bald drüben hatte und war mit dem toten Hühnchen auf dem Land und wollte die andern, die hinten auf-

saßen, auch heranziehen, da waren ihrer zuviel geworden, und der Wagen fiel zurück, und
alles fiel miteinander in das Wasser und ertrank.
Da war das Hähnchen noch allein mit dem
toten Hühnchen und grub ihm ein Grab und
legte es hinein und machte einen Hügel darüber; auf den setzte es sich und grämte sich so
lang, bis es auch starb; und da war alles tot.

81

BRUDER LUSTIG

Es war einmal ein großer Krieg, und als der
Krieg zu Ende war, bekamen viele Soldaten
ihren Abschied. Nun bekam der *Bruder Lustig*
auch seinen Abschied und sonst nichts als ein
kleines Laibchen Kommißbrot und vier Kreuzer an Geld; damit zog er fort. Der heilige
Petrus aber hatte sich als ein armer Bettler an
den Weg gesetzt, und wie der Bruder Lustig
daherkam, bat er ihn um ein Almosen. Er
antwortete: «Lieber Bettelmann, was soll ich
dir geben? Ich bin Soldat gewesen und
habe meinen Abschied bekommen und habe
sonst nichts als das kleine Kommißbrot und
vier Kreuzer Geld; wenn das all ist, muß ich
betteln so gut wie du. Doch geben will ich
dir was.» Darauf teilte er den Laib in vier
Teile und gab davon dem Apostel einen und
auch einen Kreuzer. Der heilige Petrus bedankte sich, ging weiter und setzte sich in einer

andern Gestalt wieder als Bettelmann dem Soldaten an den Weg, und als er zu ihm kam, bat er ihn, wie das vorige Mal, um eine Gabe. Der Bruder Lustig sprach wie vorher und gab ihm wieder ein Viertel von dem Brot und einen Kreuzer. Der heilige Petrus bedankte sich und ging weiter, setzte sich aber zum drittenmal in einer andern Gestalt als ein Bettler an den Weg und sprach den Bruder Lustig an. Der Bruder Lustig gab ihm auch das dritte Viertel Brot und den dritten Kreuzer. Der heilige Petrus bedankte sich, und der Bruder Lustig ging weiter und hatte nicht mehr als ein Viertel Brot und einen Kreuzer. Damit ging er in ein Wirtshaus, aß das Brot und ließ sich für den Kreuzer Bier dazu geben. Als er fertig war, zog er weiter, und da ging ihm der heilige Petrus gleichfalls in der Gestalt eines verabschiedeten Soldaten entgegen und redete ihn an: «Guten Tag, Kamerad, kannst du mir nicht ein Stück Brot geben und einen Kreuzer zu einem Trunk?» — «Wo soll ich's hernehmen», antwortete der Bruder Lustig, «ich habe meinen Abschied und sonst nichts als einen Laib Kommißbrot und vier Kreuzer an Geld bekommen. Drei Bettler sind mir auf der Landstraße begegnet, davon hab ich jedem ein Viertel von meinem Brot und einen Kreuzer Geld gegeben. Das letzte Viertel hab ich im Wirtshaus gegessen und für den letzten Kreuzer dazu getrunken. Jetzt bin ich leer, und wenn du auch nichts mehr hast, so können wir miteinander betteln gehen.» — «Nein», antwortete der heilige Petrus, «das wird just nicht nötig sein: ich verstehe mich ein wenig auf die Doktorei, und damit will ich mir schon soviel verdienen, als ich brauche.» — «Ja», sagte der Bruder Lustig, «davon verstehe ich nichts, also muß ich allein betteln gehen.» — «Nun, komm nur mit», sprach der heilige Petrus, «wenn ich was verdiene, sollst du die Hälfte davon haben.» — «Das ist mir wohl recht», sagte der Bruder Lustig. Also zogen sie miteinander fort.

Nun kamen sie an ein Bauernhaus und hörten darin gewaltig jammern und schreien; da gingen sie hinein, so lag der Mann darin auf den Tod krank und war nah am Verscheiden, und die Frau heulte und weinte ganz laut. «Laßt Euer Heulen und Weinen», sprach der heilige Petrus, «ich will den Mann wieder gesund machen», nahm eine Salbe aus der Tasche und heilte den Kranken augenblicklich, so daß er aufstehen konnte und ganz gesund war. Sprachen Mann und Frau in großer Freude: «Wie können wir Euch lohnen? Was sollen wir Euch geben?» Der heilige Petrus aber wollte nichts nehmen, und je mehr ihn die Bauersleute baten, desto mehr weigerte er sich. Der Bruder Lustig aber stieß den heiligen Petrus an und sagte: «So nimm doch was, wir brauchen's ja.» Endlich brachte die Bäuerin ein Lamm und sprach zu dem heiligen Petrus, das müßte er annehmen, aber er wollte es nicht. Da stieß ihn der Bruder Lustig in die Seite und sprach: «Nimm's doch, dummer Teufel, wir brauchen's ja.» Da sagte der heilige Petrus endlich: «Ja, das Lamm will ich nehmen, aber ich trag's nicht: wenn du's willst, so mußt du es tragen.» — «Das hat keine Not», sprach der Bruder Lustig, «das will ich schon tragen», und nahm's auf die Schulter. Nun gingen sie fort und kamen in einen Wald; da war das Lamm dem Bruder Lustig schwer geworden, er aber war hungrig, also sprach er zu dem heiligen Petrus: «Schau, da ist ein schöner Platz, da könnten wir das Lamm kochen und verzehren.» — «Mir ist's recht», antwortete der heilige Petrus, «doch kann ich mit der Kocherei nicht umgehen: willst du kochen, so hast du da einen Kessel, ich will derweil auf und ab gehen, bis es gar ist. Du mußt aber nicht eher zu essen anfangen, als bis ich wieder zurück bin; ich will schon zu rechter Zeit kommen.» — «Geh nur», sagte Bruder Lustig, «ich verstehe mich aufs Kochen, ich will's schon machen.» Da ging der heilige Petrus fort, und der Bruder Lustig schlachtete das Lamm, machte Feuer an, warf das Fleisch in den Kessel und kochte. Das Lamm war aber schon gar und der Apostel noch immer nicht zurück; da nahm es der Bruder Lustig aus dem Kessel, zerschnitt es und fand das Herz. «Das soll das Beste sein», sprach er und versuchte es, zuletzt aber aß er es ganz auf. Endlich kam der heilige Petrus zurück und sprach: «Du kannst das ganze Lamm allein essen, ich will nur das Herz davon, das gib mir.» Da nahm Bruder Lustig Messer und Gabel, tat, als suchte er eifrig in dem Lammfleisch herum, konnte aber das Herz nicht finden; endlich sagte er kurzweg: «Es ist keins da.» — «Nun, wo soll's denn sein?» sagte der Apostel. «Das weiß ich nicht», antwortete der Bruder Lustig; «aber schau, was sind wir alle beide für Narren, suchen das Herz vom Lamm und fällt keinem von uns ein, ein Lamm hat ja kein Herz!» — «Ei», sprach der heilige Petrus, «das ist was ganz Neues, jedes Tier hat ja ein Herz, warum sollt ein Lamm kein Herz haben?» — «Nein, gewißlich, Bruder, ein Lamm hat kein Herz, denk nur recht nach, so wird dir's einfallen, es hat im Ernst keins.» — «Nun, es ist schon gut», sagte der heilige Petrus, «ist kein Herz da, so brauch ich auch nichts vom Lamm, du kannst's allein essen.» — «Was ich halt nicht aufessen kann, das nehm ich mit in meinem Ranzen», sprach der Bruder Lustig, aß das halbe Lamm und steckte das übrige in seinen Ranzen.

Sie gingen weiter; da machte der heilige Petrus, daß ein großes Wasser quer über den Weg floß und sie hindurch mußten. Sprach der heilige Petrus: «Geh du nur voran.» — «Nein», antwortete der Bruder Lustig, «geh du voran», und dachte: Wenn dem das Wasser zu tief ist, so bleib ich zurück. Da schritt der heilige Petrus hindurch, und das Wasser ging ihm nur bis ans Knie. Nun wollte Bruder Lustig auch hindurch, aber das Wasser wurde größer und stieg ihm an den Hals. Da rief er: «Bruder, hilf mir.» Sagte der heilige Petrus: «Willst du auch gestehen, daß du das Herz von dem Lamm gegessen hast?» — «Nein», antwortete er, «ich hab es nicht gegessen.» Da ward das Wasser noch größer und stieg ihm bis an den Mund: «Hilf mir, Bruder», rief der Soldat. Sprach der heilige Petrus noch einmal: «Willst du auch gestehen, daß du das Herz vom Lamm gegessen hast?» — «Nein», antwortete er, «ich hab es nicht gegessen.» Der heilige Petrus wollte ihn doch nicht ertrinken lassen, ließ das Wasser wieder fallen und half ihm hinüber.

Nun zogen sie weiter und kamen in ein Reich, da hörten sie, daß die Königstochter todkrank läge. «Holla, Bruder», sprach der Soldat zum heiligen Petrus, «da ist ein Fang für uns; wenn wir die gesund machen, so ist uns auf ewige Zeiten geholfen.» Da war ihm der heilige Petrus nicht geschwind genug; «nun, heb die Beine auf, Bruderherz», sprach er zu ihm, «daß wir noch zu rechter Zeit hinkommen.» Der heilige Petrus ging aber immer langsamer, wie auch der Bruder Lustig ihn trieb und schob, bis sie endlich hörten, die Königstochter wäre gestorben. «Da haben wir's», sprach der Bruder Lustig, «das kommt von deinem schläfrigen Gang.» — «Sei nur still», antwortete der heilige Petrus, «ich kann noch mehr, als Kranke gesund machen, ich

kann auch Tote wieder ins Leben erwecken.»—
«Nun, wenn das ist», sagte der Bruder Lustig,
«so laß ich mir's gefallen, das halbe Königreich
mußt du uns aber zum wenigsten damit verdienen.» Darauf gingen sie in das königliche
Schloß, wo alles in großer Trauer war: der
heilige Petrus aber sagte zu dem König, er
wolle die Tochter wieder lebendig machen.
Da ward er zu ihr geführt, und dann sprach er:
«Bringt mir einen Kessel mit Wasser», und
wie der gebracht war, hieß er jedermann hinausgehen, und nur der Bruder Lustig durfte
bei ihm bleiben. Darauf schnitt er alle Glieder
der Toten los und warf sie ins Wasser, machte
Feuer unter den Kessel und ließ sie kochen.
Und wie alles Fleisch von den Knochen herabgefallen war, nahm er das schöne weiße Gebein
heraus und legte es auf eine Tafel und reihte
und legte es nach seiner natürlichen Ordnung
zusammen. Als das geschehen war, trat er davor und sprach dreimal: «Im Namen der allerheiligsten Dreifaltigkeit, Tote, steh auf.» Und
beim drittenmal erhob sich die Königstochter
lebendig, gesund und schön. Nun war der
König darüber in großer Freude und sprach
zum heiligen Petrus: «Begehre deinen Lohn,
und wenn's mein halbes Königreich wäre, so
will ich dir's geben.» Der heilige Petrus aber
antwortete: «Ich verlange nichts dafür.» —
Oh, du Hans Narr! dachte der Bruder Lustig
bei sich, stieß seinen Kameraden in die Seite
und sprach: «Sei doch nicht so dumm, wenn
du nichts willst, so brauch ich doch was.»

Der heilige Petrus aber wollte nichts; doch weil der König sah, daß der andere gerne was wollte, ließ er ihm vom Schatzmeister seinen Ranzen mit Gold anfüllen.

Sie zogen darauf weiter, und wie sie in einen Wald kamen, sprach der heilige Petrus zum Bruder Lustig: «Jetzt wollen wir das Gold teilen.» — «Ja», antwortete er, «das wollen wir tun.» Da teilte der heilige Petrus das Gold und teilte es in drei Teile. Dachte der Bruder Lustig: Was er wieder für einen Sparren im Kopf hat! Macht drei Teile, und unser sind zwei. Der heilige Petrus aber sprach: «Nun habe ich genau geteilt, ein Teil für mich, ein Teil für dich und ein Teil für den, der das Herz vom Lamm gegessen hat!» — «Oh, das hab ich gegessen», antwortete der Bruder Lustig und strich geschwind das Gold ein, «das kannst du mir glauben.» — «Wie kann das wahr sein», sprach der heilige Petrus, «ein Lamm hat ja kein Herz.» — «Ei was, Bruder, wo denkst du hin! Ein Lamm hat ja ein Herz so gut wie jedes Tier, warum sollte das allein keins haben?» — «Nun, es ist schon gut», sagte der heilige Petrus, «behalt das Gold allein, aber ich bleibe nicht mehr bei dir und will meinen Weg allein gehen.» — «Wie du willst, Bruderherz», antwortete der Soldat, «leb wohl.»

Da ging der heilige Petrus eine andere Straße, Bruder Lustig aber dachte: Es ist gut, daß er abtrabt, es ist doch ein wunderlicher Heiliger. Nun hatte er zwar Geld genug, wußte aber nicht mit umzugehen, vertat's, verschenkt's, und wie eine Zeit herum war, hatte er wieder nichts. Da kam er in ein Land, wo er hörte, daß die Königstochter gestorben wäre. Holla, dachte er, das kann gut werden, die will ich wieder lebendig machen und mir's bezahlen lassen, daß es eine Art hat. Ging also zum König und bot ihm an, die Tote wieder zu erwecken. Nun hatte der König gehört, daß ein abgedankter Soldat herumziehe und die Gestorbenen wieder lebendig mache, und dachte, der Bruder Lustig wäre dieser Mann, doch, weil er kein Vertrauen zu ihm hatte, fragte er erst seine Räte, die sagten aber, er könnte es wagen, da seine Tochter doch tot wäre. Nun ließ sich der Bruder Lustig Wasser im Kessel bringen, hieß jedermann hinausgehen, schnitt die Glieder ab, warf sie ins Wasser und machte Feuer darunter, gerade wie er es beim heiligen Petrus gesehen hatte. Das Wasser fing an zu kochen, und das Fleisch fiel herab; da nahm er das Gebein heraus und tat es auf die Tafel; er wußte aber nicht, in welcher Ordnung es liegen mußte, und legte alles verkehrt durcheinander. Dann stellte er sich davor und sprach: «Im Namen der allerheiligsten Dreifaltigkeit, Tote, steh auf», und sprach's dreimal; aber die Gebeine rührten sich nicht. Da sprach er es noch dreimal, aber gleichfalls umsonst. «Du Blitzmädel, steh auf», rief er, «steh auf, oder es geht dir nicht gut.» Wie er das gesprochen, kam der heilige Petrus auf einmal in seiner vorigen Gestalt, als verabschiedeter Soldat, durchs Fenster hereingegangen und sprach: «Du gottloser Mensch, was treibst du da, wie kann die Tote auferstehen, da du ihr Gebein so untereinander geworfen hast?» — «Bruderherz, ich hab's gemacht, so gut ich konnte», antwortete er. «Diesmal will ich dir aus der Not helfen, aber das sag ich dir, wo du noch einmal so etwas unternimmst, so bist du unglücklich; auch darfst du von dem König nicht das geringste dafür begehren oder annehmen.» Darauf legte der heilige Petrus die Gebeine in ihre rechte Ordnung, sprach dreimal zu ihr: «Im Namen der allerheiligsten Dreifaltigkeit, Tote, steh auf», und die Königstochter stand auf, war gesund und schön wie vorher. Nun ging der heilige Petrus wieder durchs Fenster hinaus: der Bruder Lustig war froh, daß es so gut abgelaufen war, ärgerte sich aber doch, daß er nichts dafür nehmen sollte. Ich möchte nur wissen, dachte er, was der für Mucken im Kopf hat; denn was er mit der einen Hand gibt, das nimmt er mit der andern: da ist kein Verstand drin. Nun bot der König dem Bruder Lustig an, was er haben wollte, er durfte aber nichts nehmen, doch brachte er es durch Anspielung und Listigkeit dahin, daß ihm der König seinen Ranzen mit Gold füllen ließ, und damit zog er ab. Als er hinauskam, stand vor dem Tor der heilige Petrus und sprach: «Schau, was du für ein Mensch bist; habe ich dir nicht verboten, etwas zu nehmen, und nun hast du den Ranzen doch voll Gold.» — «Was kann ich dafür», antwortete Bruder Lustig, «wenn mir's hineingesteckt wird.» — «Das sag ich dir, daß du nicht zum zweitenmal solche Dinge unternimmst, sonst soll es dir schlimm ergehen.» — «Ei, Bruder, sorg doch nicht, jetzt hab ich Gold, was soll ich mich da mit dem Knochenwaschen abgeben.» — «Ja», sprach der heilige Petrus, «das Gold wird lang dauern! Damit du aber hernach nicht wieder auf unerlaubten Wegen gehst, so will ich deinem Ranzen die Kraft geben, daß alles, was du dir hineinwünschest, auch darin sein soll. Leb wohl, du siehst mich nun nicht wieder.» — «Gott befohlen», sprach der Bruder Lustig und dachte: Ich bin froh, daß du fortgehst, du wunderlicher Kauz, ich will dir wohl nicht nachgehen. An die Wunderkraft aber, die seinem Ranzen verliehen war, dachte er nicht weiter.

Bruder Lustig zog mit seinem Gold umher und vertat's und verfumfeits wie das erstemal. Als er nun nichts mehr als vier Kreuzer hatte, kam er an einem Wirtshaus vorbei und dachte: Das Geld muß fort, und ließ sich für drei Kreuzer Wein und einen Kreuzer Brot geben. Wie er da saß und trank, kam ihm der Geruch von gebratenen Gänsen in die Nase. Bruder Lustig schaute und guckte und sah, daß der Wirt zwei Gänse in der Ofenröhre stehen hatte. Da fiel ihm ein, daß ihm sein Kamerad gesagt hatte, was er sich in seinen Ranzen wünschte, das sollte darin sein. «Holla, das mußt du mit den Gänsen versuchen!» Also ging er hinaus, und vor der Türe sprach er: «So wünsch ich die zwei gebratenen Gänse aus der Ofenröhre in meinen Ranzen.» Wie er das gesagt hatte, schnallte er ihn auf und schaute hinein, da lagen sie beide darin. «Ach, so ist's recht», sprach er, «nun bin ich ein gemachter Kerl», ging fort auf eine Wiese und holte den Braten hervor. Wie er so im besten Essen war, kamen zwei Handwerksburschen daher und sahen die eine Gans, die noch nicht angerührt war, mit hungrigen Augen an. Dachte der Bruder Lustig: Mit einer hast du genug, rief die zwei Bursche herbei und sprach: «Da nehmt die Gans und verzehrt sie auf meine Gesundheit.» Sie bedankten sich, gingen damit ins Wirtshaus, ließen sich eine Halbe Wein und ein Brot geben, packten die geschenkte Gans aus und fingen an zu essen. Die Wirtin sah zu und sprach zu ihrem Mann: «Die zwei essen eine Gans, sieh doch nach, ob's nicht eine von unsern aus der Ofenröhre ist.» Der Wirt lief hin, da war die Ofenröhre leer: «Was, ihr Diebsgesindel, so wohlfeil wollt ihr Gänse essen! Gleich bezahlt, oder ich will euch mit grünem Haselsaft waschen.» Die zwei sprachen: «Wir sind keine Diebe, ein abgedankter Soldat hat uns die Gans draußen auf der Wiese geschenkt.» — «Ihr sollt mir keine Nase drehen, der Soldat ist hier gewesen, aber als ein ehrlicher Kerl zur Tür hinausgegangen, auf den hab ich acht gehabt: ihr seid die Diebe und sollt bezahlen.» Da sie aber nicht bezahlen konnten, nahm er den Stock und prügelte sie zur Türe hinaus.

Bruder Lustig ging seiner Wege und kam an einen Ort, da stand ein prächtiges Schloß und nicht weit davon ein schlechtes Wirtshaus. Er ging in das Wirtshaus und bat um ein Nachtlager, aber der Wirt wies ihn ab und sprach: «Es ist kein Platz mehr da, das Haus ist voll vornehmer Gäste.» — «Das nimmt mich wunder», sprach der Bruder Lustig, «daß sie zu Euch kommen und nicht in das prächtige Schloß gehen.» — «Ja», antwortete der Wirt, «es hat was an sich, dort eine Nacht zu liegen; wer's noch versucht hat, ist nicht lebendig wieder herausgekommen.» — «Wenn's andere versucht haben,» sagte der Bruder Lustig, «will ich's auch versuchen.» — «Das laßt nur bleiben», sprach der Wirt, «es geht Euch an den Hals.» — «Es wird nicht gleich an den Hals gehen», sagte der Bruder Lustig, «gebt mir nur die Schlüssel und brav Essen und Trinken mit.» Nun gab ihm der Wirt die Schlüssel und Essen und Trinken, und damit ging der Bruder Lustig ins Schloß, ließ sich's gut schmecken, und als er endlich schläfrig wurde, legte er sich auf die Erde, denn es war kein Bett da. Er schlief auch bald ein, in der Nacht aber wurde er von einem großen Lärm aufgeweckt, und wie er sich ermunterte, sah er neun häßliche Teufel in dem Zimmer, die hatten einen Kreis um ihn gemacht und tanzten um ihn herum. Sprach der Bruder Lustig: «Nun tanzt, so lang ihr wollt, aber komm mir keiner zu nah.» Die Teufel aber drangen immer näher auf ihn ein und traten ihn mit ihren garstigen Füßen fast ins Gesicht. «Habt Ruh, ihr Teufelsgespenster», sprach er, aber sie trieben's immer ärger. Da ward der Bruder Lustig bös und rief: «Holla, ich will bald Ruhe stiften!», kriegte ein Stuhlbein und schlug mitten hinein. Aber neun Teufel gegen einen Soldaten war doch zuviel, und wenn er auf den vordern zuschlug, so packten ihn die andern hinten bei den Haaren und rissen ihn erbärmlich. «Teufelspack», rief er, «jetzt wird mir's zu arg: wartet aber! Alle neune in meinen Ranzen hinein!» Husch, steckten sie darin, und nun schnallte er ihn zu und warf ihn in eine Ecke. Da war's auf einmal still, und der Bruder Lustig legte sich wieder hin und schlief bis an den hellen Morgen. Nun kamen der Wirt und der Edelmann, dem das Schloß gehörte, und wollten sehen, wie es ihm ergangen wäre; als sie ihn gesund und munter erblickten, erstaunten sie und fragten: «Haben Euch denn die Geister nichts getan?» — «Warum nicht gar», antwortete Bruder Lustig, «ich habe sie alle neune in meinem Ranzen. Ihr könnt Euer Schloß wieder ganz ruhig bewohnen, es wird von nun an keiner mehr darin umgehen!» Da dankte ihm der Edelmann, beschenkte ihn reichlich und bat ihn, in seinen Diensten zu bleiben, er wollte ihn auf sein Lebtag versorgen. «Nein», antwortete er, «ich bin an das Herumwandern gewöhnt, ich will weiterziehen.» Da ging der Bruder Lustig fort, trat in eine Schmiede und legte den Ranzen, worin die neun Teufel waren, auf den Amboß und bat den Schmied und seine Gesellen zuzuschlagen. Die schlugen mit ihren großen Hämmern aus allen Kräften zu, daß die Teufel ein erbärmliches Gekreisch erhoben. Wie er danach den Ranzen aufmachte, waren achte tot, einer aber, der in einer Falte gesessen hatte, war noch lebendig, schlüpfte heraus und fuhr wieder in die Hölle.

Darauf zog der Bruder Lustig noch lange in der Welt herum, und wer's wüßte, könnte viel davon erzählen. Endlich aber wurde er alt und dachte an sein Ende; da ging er zu einem Einsiedler, der als ein frommer Mann bekannt war, und sprach zu ihm: «Ich bin das Wandern müde und will nun trachten, in das Himmelreich zu kommen.» Der Einsiedler antwortete: «Es gibt zwei Wege, der eine ist breit und angenehm und führt zur Hölle, der andere ist eng und rauh und führt zum Himmel.» Da müßt ich ein Narr sein, dachte der Bruder Lustig, wenn ich den engen und rauhen Weg gehen sollte. Machte sich auf und ging den breiten und angenehmen Weg und kam endlich zu einem großen schwarzen Tor, und das war das Tor der Hölle. Bruder Lustig klopfte an, und der Torwächter guckte, wer da wäre. Wie er aber den Bruder Lustig sah, erschrak er, denn er war gerade der neunte Teufel, der mit in dem Ranzen gesteckt hatte und mit einem blauen Auge davongekommen war. Darum schob er den Riegel geschwind wieder vor, lief zum Obersten der Teufel und sprach: «Draußen ist ein Kerl mit einem Ranzen und will herein; aber laßt ihn beileibe nicht herein, er wünscht sonst die ganze Hölle in seinen Ranzen. Er hat mich einmal garstig

darin hämmern lassen.» Also ward dem Bruder Lustig hinausgerufen, er sollte wieder abgehen, er käme nicht herein. Wenn sie mich da nicht wollen, dachte er, will ich sehen, ob ich im Himmel ein Unterkommen finde, irgendwo muß ich doch bleiben. Kehrte also um und zog weiter, bis er vor das Himmelstor kam, wo er auch anklopfte. Der heilige Petrus saß gerade

dabei als Torwächter; der Bruder Lustig erkannte ihn gleich und dachte: Hier findest du einen alten Freund, da wird's besser gehen. Aber der heilige Petrus sprach: «Ich glaube gar, du willst in den Himmel?» — «Laß mich doch ein, Bruder, ich muß doch wo einkehren; hätten sie mich in der Hölle aufgenommen, so wär ich nicht hierhergegangen.» — «Nein», sagte der heilige Petrus, «du kommst nicht herein.» — «Nun, willst du mich nicht einlassen, so nimm auch deinen Ranzen wieder: dann will ich gar nichts von dir haben», sprach der Bruder Lustig. «So gib ihn her», sagte der heilige Petrus. Da reichte er den Ranzen durchs Gitter in den Himmel hinein, und der heilige Petrus nahm ihn und hing ihn neben seinen Sessel auf. Da sprach der Bruder Lustig: «Nun wünsch ich mich selbst in meinen Ranzen hinein.» Husch, war er darin und saß nun im Himmel, und der heilige Petrus mußte ihn darin lassen.

82

DE SPIELHANSL

Is is emohl e Mon gewön, der hot ninx us (als)
g'spielt, und do hobend'n d' Leut nur in *Spielhansl* g'hoaßen, und wal (weil) e gor nit af-
g'hört zen spieln, se hot e san (sein) Haus und
ullss (alles) vespielt. Hietzt (jetzt), nette (eben)
in lötzten Tog, eh's iahm (ihm) d' Schuldne
schon s' Haus hobend wögnehme willn, is unse
Herrgout und de halli Pedrus kemme und hobend g'sogt, er sull's übe d'Nacht g'holte (bei
sich behalten). Oft (da) hot de Spielhansl g'sogt:
«Wögn meine kints do bleibn döi Nocht; ober
i kong eng koan Bött und ninx z'össn (zu essen)
gebn.» Oft hot unse Herrgout g'sogt, er sulls
ne (nur) g'holten, und söi willetn ian (ihnen)
selbe wos z'össn kaffen; dos is in Spielhansl
recht g'wön. Oft hot iahm de halli Pedrus drei
Grouschn gebn, und er sull zen Böcke (Becker)
gehn und e Brod huhln. Hietzt is hullt (halt)
de Spielhansl gonge, wie er aber ze den Haus
kemme is, wou die onnen Spiellumpn drin
g'wön sand, döi iahm ullss ogwunge hobnd,
do hobend's n g'ruefft und hobend g'schrien:
«Hansl, geh ahne (herein).» — «Jo», hot e
g'sogt, «willt's me die drei Grouschn a non
ogwinge.» Döi hobend'n obe (aber) nit aus-
g'lossn. Hietzt is e hullt anhi (hinein) und oft
hot e die drei Grouschn a no vespielt. De halli
Pedrus und unse Herrgout hobend ollewall

(immer) g'wort't, und wie er ian z'long nit kemme is, sand's iahm intgögn gonge. De Spielhansl obe, wie e kemme is, hot ton, us wenn iahm's Geld in ne Locken (Laken) g'folln war, und hot ollewall drin herumkrobbelt: obe unse Herrgout hots schon g'wißt, daß e's vespielt hot. Oft hot iahm de halli Pedrus non mohl drei Grouschn gebn. Hietzt hot e si obe nimme veführn losse und hot ian 's Brod brocht. Oft hot'n unse Herrgout g'frogt, wou e koan'n Wein nit hot, do e g'sogt: «U, Herr, d'Fasse sand alli laar.» Oft hot unse Herrgout g'sogt, er sull ner in Költe (Keller) ohi (hinab) gehn, «is is non de böst Wein int.» Er hots long nit glaubn willn, obe af d'löst hot e g'sogt: «I will ohi gehn, ober i woaß's, daß koane int is.» Wie er obe's Fassl onzapft hot, se is de böst Wein ausse g'runne. Hietzt hot er ian in Wein brocht, und döi zwoa sand übe d'Nocht do blieb'n. In onnen Tog, in de Früe, hot unse Herrgout zen Spielhansl g'sogt, er sull si (sich) drei Gnodn ausbittn. Er hot g'moant, er wird sie 'n Himmel ausbittn, obe de Spielhansl hot bettn um e Kortn, mit der er ullss g'wingt; um Würfl, mit den er a ullss g'wingt, und um en Bam (Baum), wou ullss Oubst draf wochst, und wonn oane (einer) affi steigt, daß e nimme ohe kon (herab kann), bis er iahm's schofft (befiehlt). Hietzt hot iahm unse Herrgout ullss gebn, wos e velangt hot, und is mit'n hallin Pedrus wiede fuert (fort).

Hietzt hot hullt de Spielhansl erst recht zen spieln ongfongt und hätt bold d' halbeti Welt zomg'wunge. Oft hot de halli Pedrus zen unse Herrgoutn g'sogt: «Herr, dos Ding thuet koan guet, er g'winget af d'löst non (noch) d' ganzi Welt; me müeßn iahm in (den) Toid schickn.» Hietzt habends iahm in Toid g'schickt. Wie de Toid kemme is, is de Spielhansl nette be'n Spieltisch g'sössn; oft hot de Toid g'sogt: «Hansl, kimm e bissl ausse.» De Spielhansl obe hot g'sogt: «Wort nur e bissl, bis dos G'spiel aus is, und steig dewall e weng af'n Bam do affi und brouck uns e wengerl wos o, das me afn Wög wos z'noschn hobn.» Hietzt is hullt de Toid affi g'stiegn, und wie e wiede hot ohi wille, hot i nit kinne, und de Spielhansl hot'n sieben Johr droubn lossn, und dewall is koan Mensch nit g'storbn.

Oft hot de halli Pedrus zen unsen Herrgoutn g'sogt: «Herr, dos Ding thuet koan guet, is sterbet jo koan Mensch mehr; mir müeßn schon selbe kemme.» Hietzt sand's hullt selbe kemme, und do hot iahm unse Herrgout g'schofft, daß er in Toid ohe lossn sull. Oft is er obe glei gonge und hot zen Toid g'sogt: «Geh ohe», und der hot'n glei g'numme und hot'n okragelt (erwürgt). Oft sand's mit enonne fuert und sand in d' onneri Welt kemme, do is hullt man (mein) Spielhansl zen Himmeltoir gonge und hot onkloupft. «Wer is draußt?» — «De Spielhansl.» — «Ach, den brauche me nit, geh ne wiede fuert.» Oft is e zen Fegfiurtoir gonge und hot wiede kloupft. «Wer is draußt?» — «De Spielhansl.» — «Ach is is e so (ohne das) Jomme und Noit g'nue be'n uns, mir willn nit spieln; geh ne wiede fuert.» Of is e zen Hüllntoir gonge, und do hobend's 'n anhi lossn, is is obe niamd dehoambt g'wön, us de olti Luzifar und krumpn Tuifln (die g'rodn hobend af de Welt z'toan g'hot), und oft hot e si glei ine (nieder) g'sötzt und hot wiede zen spieln ong'fongt. Hietzt hot obe de Luzifar ninx g'hot, us sani krumpn Tuifln: döi hot iahm de Spielhansl ogwunge, wall e mit sann Kortn ullss hot g'winge müeßn. Hietzt is e mit sann krumpn Tuifln fuert, und oft sand's af Hoihefuert (nach Hohenfurt) und hobend d' Houpfnstange ausg'rissn und san demit zen Himml affi und hobend zen wägn ong'fongt; und hietzt hot de Himml schon krocht (ge-kracht). Oft hot de halli Pedrus wiede g'sogt: «Herr, dos Ding tuet koan guet, mir müeßn ne anhe (herein) lossn, sunst werfet er uns in Himml ohi (hinab).» Hietzt hobend's 'n hullt anhi lossn. Obe de Spielhansl hot glei wiede zen spieln ong'fongt, und do is glei e Lärm und e Getös won (worden), daß me san oagns Wort nit vestondn hot. Oft hat de halli Pedrus wiede g'sogt: «Herr, dos Ding tuet koan guet, mir müeßn ne ohi werfen, er machet uns sunst in gonzn Himml rewellisch.» Hietzt sand's hullt her und hobend'n ohe g'worfn, und da hoe si san Seel z'taoalt (hat sich seine Seele zerteilt) und is in d'onnen Spiellumpn g'fohrn, döi non (noch) bis date lebnd.

83

HANS IM GLÜCK

Hans hatte sieben Jahre bei seinem Herrn gedient, da sprach er zu ihm: «Herr, meine Zeit
ist herum, nun wollte ich gerne wieder heim
zu meiner Mutter, gebt mir meinen Lohn.»
Der Herr antwortete: «Du hast mir treu und
ehrlich gedient; wie der Dienst war, so soll der
Lohn sein», und gab ihm ein Stück Gold, das
so groß als Hansens Kopf war. Hans zog sein
Tüchlein aus der Tasche, wickelte den Klumpen hinein, setzte ihn auf die Schulter und
machte sich auf den Weg nach Haus. Wie er so
dahinging und immer ein Bein vor das andere
setzte, kam ihm ein Reiter in die Augen, der
frisch und fröhlich auf einem muntern Pferd
vorbeitrabte. «Ach», sprach Hans ganz laut,
«was ist das Reiten ein schönes Ding! Da sitzt
einer wie auf einem Stuhl, stößt sich an keinen
Stein, spart die Schuh und kommt fort, er weiß
nicht wie.» Der Reiter, der das gehört hatte,
hielt an und rief: «Ei, Hans, warum läufst du
auch zu Fuß?» — «Ich muß ja wohl», antwortete er, «da habe ich einen Klumpen heimzu-
tragen: es ist zwar Gold, aber ich kann den
Kopf dabei nicht gerad halten, auch drückt
mir's auf die Schulter.» — «Weißt du was»,
sagte der Reiter, «wir wollen tauschen: ich gebe
dir mein Pferd, und du gibst mir deinen Klumpen.» — «Von Herzen gern», sprach Hans,
«aber ich sage Euch, Ihr müßt Euch damit

schleppen.» Der Reiter stieg ab, nahm das Gold und half dem Hans hinauf, gab ihm die Zügel fest in die Hände und sprach: «Wenn's nun recht geschwind soll gehen, so mußt du mit der Zunge schnalzen und hopp hopp rufen.»

Hans war seelenfroh, als er auf dem Pferde saß und so frank und frei dahinritt. Über ein Weilchen fiel's ihm ein, es sollte noch schneller gehen, und fing an, mit der Zunge zu schnalzen und hopp hopp zu rufen. Das Pferd setzte sich in starken Trab, und ehe sich's Hans versah, war er abgeworfen und lag in einem Graben, der die Äcker von der Landstraße trennte. Das Pferd wäre auch durchgegangen, wenn es nicht ein Bauer aufgehalten hätte, der des Weges kam und eine Kuh vor sich her trieb. Hans suchte seine Glieder zusammen und machte

sich wieder auf die Beine. Er war aber verdrießlich und sprach zu dem Bauer: «Es ist ein
schlechter Spaß, das Reiten, zumal wenn man
auf so eine Mähre gerät wie diese, die stößt
und einen herabwirft, daß man den Hals brechen kann; ich setze mich nun und nimmermehr wieder auf. Da lob ich mir Eure Kuh, da
kann einer mit Gemächlichkeit hinterhergehen
und hat obendrein seine Milch, Butter und
Käse jeden Tag gewiß. Was gäb ich darum,
wenn ich so eine Kuh hätte!» — «Nun», sprach
der Bauer, «geschieht Euch so ein großer Gefallen, so will ich Euch wohl die Kuh für das
Pferd vertauschen.» Hans willigte mit tausend
Freuden ein: der Bauer schwang sich aufs Pferd
und ritt eilig davon.

Hans trieb seine Kuh ruhig vor sich her und
bedachte den glücklichen Handel. «Hab ich
nur ein Stück Brot, und daran wird mir's doch
nicht fehlen, so kann ich, so oft mir's beliebt,
Butter und Käse dazu essen; hab ich Durst, so
melk ich meine Kuh und trinke Milch. Herz,
was verlangst du mehr?» Als er zu einem
Wirtshaus kam, machte er Halt, aß in der großen Freude alles, was er bei sich hatte, sein
Mittags- und Abendbrot, rein auf und ließ
sich für seine letzten paar Heller ein halbes
Glas Bier einschenken. Dann trieb er seine Kuh
weiter, immer nach dem Dorfe seiner Mutter
zu. Die Hitze ward drückender, je näher der
Mittag kam, und Hans befand sich in einer
Heide, die wohl noch eine Stunde dauerte. Da
ward es ihm ganz heiß, so daß ihm vor Durst

die Zunge am Gaumen klebte. Dem Ding ist zu helfen, dachte Hans, jetzt will ich meine Kuh melken und mich an der Milch laben. Er band sie an einen dürren Baum, und da er keinen Eimer hatte, so stellte er seine Ledermütze unter, aber wie er sich auch bemühte, es kam kein Tropfen Milch zum Vorschein. Und weil er sich ungeschickt dabei anstellte, so gab ihm das ungeduldige Tier endlich mit einem der Hinterfüße einen solchen Schlag vor den Kopf, daß er zu Boden taumelte und eine Zeitlang sich gar nicht besinnen konnte, wo er war. Glücklicherweise kam gerade ein Metzger des Weges, der auf einem Schubkarren ein junges Schwein liegen hatte. «Was sind das für Streiche!» rief er und half dem guten Hans auf. Hans erzählte, was vorgefallen war. Der Metzger reichte ihm seine Flasche und sprach: «Da trinkt einmal und erholt Euch. Die Kuh will wohl keine Milch geben, das ist ein altes Tier, das höchstens noch zum Ziehen taugt oder zum Schlachten.» — «Ei, ei», sprach Hans und strich sich die Haare über den Kopf, «wer hätte das gedacht! Es ist freilich gut, wenn man so ein Tier ins Haus abschlachten kann, was gibt's für Fleisch! Aber ich mache mir aus dem Kuhfleisch nicht viel, es ist mir nicht saftig genug. Ja, wer so ein junges Schwein hätte! Das schmeckt anders, dabei noch die Würste.» — «Hört, Hans», sprach da der Metzger, «Euch zuliebe will ich tauschen und will Euch das Schwein für die Kuh lassen.» — «Gott lohn Euch Eure Freundschaft», sprach Hans, übergab ihm die Kuh, ließ sich das Schweinchen vom Karren losmachen und den Strick, woran es gebunden war, in die Hand geben.

Hans zog weiter und überdachte, wie ihm doch alles nach Wunsch ginge; begegnete ihm

je eine Verdrießlichkeit, so würde sie doch gleich wieder gutgemacht. Es gesellte sich danach ein Bursch zu ihm, der trug eine schöne weiße Gans unter dem Arm. Sie boten einander die Zeit, und Hans fing an, von seinem Glück zu erzählen und wie er immer so vorteilhaft getauscht hätte. Der Bursch erzählte ihm, daß er die Gans zu einem Kindtaufschmaus brächte. «Hebt einmal», fuhr er fort und packte sie bei den Flügeln, «wie schwer sie ist; sie ist aber auch acht Wochen lang genudelt worden. Wer in den Braten beißt, muß sich das Fett von beiden Seiten abwischen.» — «Ja», sprach Hans und wog sie mit der einen Hand, «die hat ihr Gewicht, aber mein Schwein ist auch keine Sau.» Indessen sah sich der Bursch nach allen Seiten ganz bedenklich um, schüttelte auch wohl mit dem Kopf. «Hört», fing er darauf an, «mit Eurem Schweine mag's nicht ganz richtig sein. In dem Dorf, durch das ich gekommen bin, ist eben dem Schulzen eins aus dem Stall gestohlen worden. Ich fürchte, ich fürchte, Ihr habt's da in der Hand. Sie haben Leute ausgeschickt, und es wäre ein schlimmer Handel, wenn sie Euch mit dem Schwein erwischten: das geringste ist, daß Ihr ins finstere Loch gesteckt werdet.» Dem guten Hans ward bang. «Ach Gott», sprach er, «helft mir aus der Not, Ihr wißt hierherum bessern Bescheid, nehmt mein Schwein da und laßt mir Eure Gans.» — «Ich muß schon etwas aufs Spiel setzen», antwortete der Bursche, «aber ich will doch nicht schuld sein, daß Ihr ins Unglück geratet.» Er nahm also das Seil in die Hand und trieb das Schwein schnell auf einem Seitenweg fort: der gute Hans aber ging, seiner Sorgen entledigt, mit der Gans unter dem Arme der Heimat zu. «Wenn ich's recht überlege», sprach er mit sich selbst, «habe ich noch Vorteil bei dem Tausch: erstlich den guten Braten, hernach die Menge von Fett, die herausträufeln wird, das gibt Gänsefettbrot auf ein Vierteljahr: und endlich die schönen weißen Federn, die laß ich mir in mein Kopfkissen stopfen, und darauf will ich wohl ungewiegt einschlafen. Was wird meine Mutter eine Freude haben!»

Als er durch das letzte Dorf gekommen war, stand da ein Scherenschleifer mit seinem Karren, sein Rad schnurrte, und er sang dazu:

«Ich schleife die Schere und drehe geschwind
Und hänge mein Mäntelchen nach dem Wind.»

Hans blieb stehen und sah ihm zu; endlich redete er ihn an und sprach: «Euch geht's wohl, weil Ihr so lustig bei Eurem Schleifen seid.» — «Ja», antwortete der Scherenschleifer, «das Handwerk hat einen güldenen Boden. Ein rechter Schleifer ist ein Mann, der, sooft er in die Tasche greift, auch Geld darin findet. Aber wo habt Ihr die schöne Gans gekauft?» — «Die hab ich nicht gekauft, sondern für mein Schwein eingetauscht.» — «Und das Schwein?» — «Das hab ich für eine Kuh gekriegt.» — «Und die Kuh?» — «Die hab ich für ein Pferd bekommen.» — «Und das Pferd?» — «Dafür hab ich einen Klumpen Gold, so groß als mein Kopf, gegeben.» — «Und das Gold?» — «Ei, das war mein Lohn für sieben Jahre Dienst.» — «Ihr habt Euch jederzeit zu helfen gewußt», sprach der Schleifer, «könnt Ihr's nun dahin bringen, daß Ihr das Geld in der Tasche springen hört, wenn Ihr aufsteht, so habt Ihr Euer Glück gemacht.» — «Wie soll ich das anfangen?» sprach Hans. «Ihr müßt ein Schleifer werden wie ich; dazu gehört eigentlich nichts als ein Wetzstein, das andere findet sich schon von selbst. Da hab ich einen, der ist zwar ein wenig schadhaft, dafür sollt Ihr mir aber auch weiter nichts als Eure Gans geben; wollt Ihr das?» — «Wie könnt Ihr noch fragen», antwortete Hans, «ich werde ja zum glücklichsten Menschen auf Erden; habe ich Geld, sooft ich in die Tasche greife, was brauche ich da länger zu sorgen?» reichte ihm die Gans hin und nahm den Wetzstein in Empfang. «Nun», sprach der Schleifer und hob einen gewöhnlichen schweren Feldstein, der neben ihm lag, auf, «da habt Ihr noch einen tüchtigen Stein dazu, auf dem sich's gut schlagen läßt und Ihr Eure alten Nägel geradeklopfen könnt. Nehmt ihn und hebt ihn ordentlich auf.»

Hans lud den Stein auf und ging mit vergnügtem Herzen weiter; seine Augen leuchteten vor Freude. «Ich muß in einer Glückshaut geboren sein», rief er aus, «alles, was ich wünsche, trifft mir ein wie einem Sonntagskind.» Indessen, weil er seit Tagesanbruch auf den Beinen gewesen war, begann er müde zu werden; auch plagte ihn der Hunger, da er allen Vorrat auf einmal in der Freude über die erhandelte Kuh aufgezehrt hatte. Er konnte endlich nur mit Mühe weitergehen und mußte jeden Augenblick haltmachen; dabei drückten ihn die Steine ganz erbärmlich. Da konnte er sich des Gedankens nicht erwehren, wie gut es wäre, wenn er sie gerade jetzt nicht zu tragen brauchte. Wie eine Schnecke kam er zu einem Feldbrunnen geschlichen, wollte da ruhen und sich mit einem frischen Trunk laben: damit er aber die Steine im Niedersitzen nicht beschädigte, legte er sie bedächtig neben sich auf den Rand des Brunnens. Darauf setzte er sich nieder und wollte sich zum Trinken bücken; da versah er's, stieß ein klein wenig an, und beide Steine plumpten hinab. Hans, als er sie mit seinen Augen in die Tiefe hatte versinken sehen, sprang vor

Freuden auf, kniete dann nieder und dankte Gott mit Tränen in den Augen, daß er ihm auch diese Gnade noch erwiesen und ihn auf eine so gute Art und ohne daß er sich einen Vorwurf zu machen brauchte, von den schweren Steinen befreit hätte, die ihm allein noch hinderlich gewesen wären. «So glücklich wie ich», rief er aus, «gibt es keinen Menschen unter der Sonne.» Mit leichtem Herzen und frei von aller Last sprang er nun fort, bis er daheim bei seiner Mutter war.

84

HANS HEIRATET

Es war einmal ein junger Bauer, der hieß Hans, dem wollte sein Vetter gern eine reiche Frau werben. Da setzte er den Hans hinter den Ofen und ließ gut einheizen. Dann holte er einen Topf Milch und eine gute Menge Weißbrot, gab ihm einen neugemünzten, glänzenden Heller in die Hand und sprach: «Hans, den Heller da halt fest und das Weißbrot, das brocke in die Milch und bleib da sitzen und geh mir nicht von der Stelle, bis ich wiederkomme.» — «Ja», sprach der Hans, «das will ich alles ausrichten.» Nun zog der Werber ein Paar alte verplackte Hosen an, ging ins andere Dorf zu einer reichen Bauerntochter und sprach: «Wollt Ihr nicht meinen Vetter Hans heiraten? Ihr kriegt einen wackern und gescheiten Mann, der

Euch gefallen wird.» Fragte der geizige Vater:
«Wie sieht's aus mit seinem Vermögen? Hat
er auch was einzubrocken?» — «Lieber
Freund», antwortete der Werber, «mein junger
Vetter sitzt warm, hat einen guten schönen
Pfennig in der Hand und hat wohl einzubrocken. Er sollte auch nicht weniger Placken
(wie man die Güter nannte) zählen als ich»,
und schlug sich dabei auf seine geplackte Hose.
«Wollt Ihr Euch die Mühe nehmen, mit mir
hinzugehen, soll Euch zur Stunde gezeigt
werden, daß alles so ist, wie ich sage.» Da
wollte der Geizhals die gute Gelegenheit nicht
fahren lassen und sprach: «Wenn dem so ist,
so habe ich weiter nichts gegen die Heirat.»
  Nun ward die Hochzeit an dem bestimmten
Tag gefeiert, und als die junge Frau ins Feld
gehen und die Güter des Bräutigams sehen
wollte, zog Hans erst sein sonntägliches Kleid
aus und seinen verplackten Kittel an und
sprach: «Ich könnte mir das gute Kleid ver-
unehren.» Da gingen sie zusammen ins Feld,
und wo sich auf dem Weg der Weinstock ab-
zeichnete oder Äcker und Wiesen abgeteilt waren, deutete Hans mit dem Finger und schlug
dann an einen großen oder kleinen Placken
seines Kittels und sprach: «Der Placken ist
mein und jener auch, mein Schatz, schauet nur
danach», und wollte damit sagen, die Frau
sollte nicht in das weite Feld gaffen, sondern
auf sein Kleid schauen, das wäre sein eigen.
  «Bist du auch auf der Hochzeit gewesen?»
— «Jawohl bin ich darauf gewesen, und in

vollem Staat. Mein Kopfputz war von Schnee, da kam die Sonne, und er ist mir abgeschmolzen; mein Kleid war von Spinneweb, da kam ich durch Dornen, die rissen mir es ab; meine Pantoffel waren von Glas, da stieß ich an einen Stein, da sagten sie klink! und sprangen entzwei.»

DIE GOLDKINDER

Es war ein armer Mann und eine arme Frau, die hatten nichts als eine kleine Hütte und nährten sich vom Fischfang, und es ging bei ihnen von Hand zu Mund. Es geschah aber, als der Mann eines Tages beim Wasser saß und sein Netz auswarf, daß er einen Fisch herauszog, der ganz golden war. Und als er den Fisch voll Verwunderung betrachtete, hub dieser an zu reden und sprach: «Hör, Fischer, wirfst du mich wieder hinab ins Wasser, so mach ich deine kleine Hütte zu einem prächtigen Schloß.» Da antwortete der Fischer: «Was hilft mir ein Schloß, wenn ich nichts zu essen habe?» Sprach der Goldfisch weiter: «Auch dafür soll gesorgt sein; es wird ein Schrank im Schloß sein; wenn du den aufschließest, so stehen Schüsseln darin mit den schönsten Speisen, soviel du dir wünschest.» — «Wenn das ist», sprach der Mann, «so kann ich dir wohl den Gefallen tun.» — «Ja», sagte der Fisch, «es ist aber die Bedingung dabei, daß du keinem Menschen auf der Welt, wer es auch immer sein mag, entdeckst, worin dein Glück gekommen ist; sprichst du ein einziges Wort, so ist alles vorbei.»

Nun warf der Mann den wunderbaren Fisch wieder ins Wasser und ging heim. Wo aber sonst seine Hütte gestanden hatte, da stand jetzt ein großes Schloß. Da machte er ein paar Augen, trat hinein und sah seine Frau, mit schönen Kleidern geputzt, in einer prächtigen Stube sitzen. Sie war ganz vergnügt und sprach: «Mann, wie ist das auf einmal gekommen? Das gefällt mir wohl.» — «Ja», sagte der Mann, «es gefällt mir auch, aber es hungert mich auch gewaltig, gib mir erst was zu essen.» Sprach die Frau: «Ich habe nichts und weiß in dem neuen Haus nichts zu finden.» — «Das hat keine Not», sagte der Mann, «dort sehe ich einen großen Schrank, den schließ einmal auf.» Wie sie den Schrank aufschloß, stand da Kuchen, Fleisch, Obst, Wein und lachte einen ordentlich an. Da rief die Frau voll Freude: «Herz, was begehrst du nun?» und sie setzten sich nieder, aßen und tranken zusammen. Wie sie satt waren, fragte die Frau: «Aber, Mann, wo kommt all dieser Reichtum her?» — «Ach», antwortete er, «frage mich nicht darum, ich darf dir's nicht sagen; wenn ich's jemand entdecke, so ist unser Glück wieder dahin.» — «Gut», sprach sie, «wenn ich's nicht wissen soll, so begehr ich's auch nicht zu wissen.» Das war aber ihr Ernst nicht, es ließ ihr keine Ruhe Tag und Nacht, und sie quälte und stachelte den Mann so lang, bis er in der Ungeduld heraussagte, es käme alles von einem wunderbaren goldenen Fisch, den er gefangen und dafür wieder in Freiheit gelassen hätte. Und wie's heraus war, da verschwand alsbald das schöne Schloß mit dem Schrank, und sie saßen wieder in der alten Fischerhütte.

Der Mann mußte von vornen anfangen, seinem Gewerbe nachgehen und fischen. Das Glück wollte es aber, daß er den goldenen Fisch noch einmal herauszog. «Hör», sprach der Fisch, «wenn du mich wieder ins Wasser wirfst, so will ich dir noch einmal das Schloß mit dem Schrank voll Gesottenem und Gebratenem zurückgeben; nur halt dich fest und verrat beileibe nicht, von wem du's hast, sonst geht's wieder verloren.» — «Ich will mich schon hüten», antwortete der Fischer und warf den Fisch in sein Wasser hinab. Daheim war nun alles wieder in voriger Herrlichkeit, und die Frau war in einer Freude über das Glück; aber die Neugierde ließ ihr doch keine Ruhe, daß sie nach ein paar Tagen wieder zu fragen anhub, wie es zugegangen wäre und wie er es angefangen habe. Der Mann schwieg eine Zeitlang still dazu, endlich aber machte sie ihn so ärgerlich, daß er herausplatzte und das Geheimnis verriet. In dem Augenblick verschwand das Schloß, und sie saßen wieder in der alten Hütte. «Nun hast du's», sagte der Mann, «jetzt können wir wieder am Hungertuch nagen.» — «Ach», sprach die Frau, «ich will den Reichtum lieber nicht, wenn ich nicht weiß, von wem er kommt; sonst habe ich doch keine Ruhe.»

Der Mann ging wieder fischen, und über eine Zeit so war's nicht anders, er holte den Goldfisch zum drittenmal heraus. «Hör», sprach der Fisch, «ich sehe wohl, ich soll immer wieder in deine Hände fallen; nimm mich mit nach Haus und zerschneid mich in sechs Stücke, zwei davon gib deiner Frau zu essen, zwei deinem Pferd, und zwei leg in die Erde, so wirst du Segen davon haben.» Der Mann nahm den Fisch mit nach Haus und tat, wie er ihm gesagt hatte. Es geschah aber, daß aus den zwei Stücken, die in die Erde gelegt waren, zwei goldene Lilien aufwuchsen, und daß das Pferd zwei goldene Füllen bekam, und des Fischers Frau zwei Kinder gebar, die ganz golden waren.

Die Kinder wuchsen heran, wurden groß und schön, und die Lilien und Pferde wuchsen mit ihnen. Da sprachen sie: «Vater, wir wollen uns auf unsere goldenen Rosse setzen und in die Welt ausziehen.» Er aber antwortete betrübt: «Wie will ich's aushalten, wenn ihr fortzieht und ich nicht weiß, wie's euch geht?» Da sagten sie: «Die zwei goldenen Lilien bleiben hier, daran könnt ihr sehen, wie's uns geht: sind sie frisch, so sind wir gesund; sind sie welk, so sind wir krank; fallen sie um, so sind wir tot.» Sie ritten fort und kamen in ein Wirtshaus, darin waren viele Leute, und als sie die zwei Goldkinder erblickten, fingen sie an zu lachen und zu spotten. Wie der eine das Ge-

spött hörte, so schämte er sich, wollte nicht in
die Welt, kehrte um und kam wieder heim zu
seinem Vater. Der andere aber ritt fort und gelangte zu einem großen Wald. Und als er hin-
einreiten wollte, sprachen die Leute: «Es geht
nicht, daß Ihr durchreitet, der Wald ist voll
Räuber, die werden übel mit Euch umgehen,
und gar, wenn sie sehen, daß Ihr golden seid
und Euer Pferd auch, so werden sie Euch totschlagen.» Er aber ließ sich nicht schrecken
und sprach: «Ich muß und soll hindurch.» Da
nahm er Bärenfelle und überzog sich und sein
Pferd damit, daß nichts mehr vom Gold zu
sehen war, und ritt getrost in den Wald hinein.
Als er ein wenig fortgeritten war, so hörte er es
in den Gebüschen rauschen und vernahm
Stimmen, die miteinander sprachen. Von der
einen Seite rief's: «Da ist einer», von der andern aber: «Laß ihn laufen, das ist ein Bärenhäuter und arm und kahl wie eine Kirchen-
maus, was sollen wir mit ihm anfangen!» So
ritt das Goldkind glücklich durch den Wald
und geschah ihm kein Leid.

Eines Tags kam er in ein Dorf, darin sah er
ein Mädchen, das war so schön, daß er nicht
glaubte, es könnte ein schöneres auf der Welt
sein. Und weil er eine so große Liebe zu ihm
empfand, so ging er zu ihm und sagte: «Ich
habe dich von ganzem Herzen lieb, willst du
meine Frau werden?» Er gefiel aber auch dem
Mädchen so sehr, daß es einwilligte und sprach:
«Ja, ich will deine Frau werden und dir treu
sein mein Lebelang.» Nun hielten sie Hoch-

zeit zusammen, und als sie eben in der größten Freude waren, kam der Vater der Braut heim, und als er sah, daß seine Tochter Hochzeit machte, verwunderte er sich und sprach: «Wo ist der Bräutigam?» Sie zeigten ihm das Goldkind, das hatte aber noch seine Bärenfelle um. Da sprach der Vater zornig: «Nimmermehr soll ein Bärenhäuter meine Tochter haben», und wollte ihn ermorden. Da bat ihn die Braut, was sie konnte, und sprach: «Er ist einmal mein Mann, und ich habe ihn von Herzen lieb», bis er sich endlich besänftigen ließ. Doch aber kam's ihm nicht aus den Gedanken, so daß er am andern Morgen früh aufstand und seiner Tochter Mann sehen wollte, ob er ein gemeiner und verlumpter Bettler wäre. Wie er aber hinblickte, sah er einen herrlichen, goldenen Mann im Bette, und die abgeworfenen Bärenfelle lagen auf der Erde. Da ging er zurück und dachte: «Wie gut ist's, daß ich meinen Zorn bändigte, ich hätte eine große Missetat begangen.»

Dem Goldkind aber träumte, er zöge hinaus auf die Jagd nach einem prächtigen Hirsch, und als er am Morgen erwachte, sprach er zu seiner Braut: «Ich will hinaus auf die Jagd.» Ihr war angst, und sie bat ihn dazubleiben und sagte: «Leicht kann dir ein großes Unglück begegnen», aber er antwortete: «Ich soll und muß fort.» Da stand er auf und zog hinaus in den Wald, und gar nicht lange, so hielt auch ein stolzer Hirsch vor ihm, ganz nach seinem Traume. Er legte an und wollte ihn schießen, aber der Hirsch sprang fort. Da jagte er ihm nach, über Gräben und durch Gebüsche, und ward nicht müde den ganzen Tag; am Abend aber verschwand der Hirsch vor seinen Augen. Und als das Goldkind sich umsah, so stand er vor einem kleinen Haus, darin saß eine Hexe. Er klopfte an, und ein Mütterchen kam heraus und fragte: «Was wollt Ihr so spät noch mitten in dem großen Wald?» Er sprach: «Habt Ihr keinen Hirsch gesehen?» — «Ja», antwortete sie, «den Hirsch kenn ich wohl», und ein Hündlein, das mit ihr aus dem Haus gekommen war, bellte dabei den Mann heftig an. «Willst du schweigen, du böse Kröte», sprach er, «sonst schieß ich dich tot.» Da rief die Hexe zornig: «Was, mein Hündchen willst du töten!» und verwandelte ihn alsbald, daß er dalag wie ein Stein, und seine Braut erwartete ihn umsonst und dachte: Es ist gewiß eingetroffen, was mir so angst machte und so schwer auf dem Herzen lag.

Daheim aber stand der andere Bruder bei den Goldlilien, als plötzlich eine davon umfiel. «Ach Gott», sprach er, «meinem Bruder ist ein großes Unglück zugestoßen, ich muß fort, ob ich ihn vielleicht errette.» Da sagte der Vater: «Bleib hier, wenn ich auch dich verliere, was soll ich anfangen?» Er aber antwortete: «Ich soll und muß fort.» Da setzte er sich auf sein goldenes Pferd und ritt fort und kam in den großen Wald, wo sein Bruder lag und Stein war. Die alte Hexe kam aus ihrem Haus, rief ihn an und wollte ihn auch berücken, aber er näherte sich nicht, sondern sprach: «Ich schieße dich nieder, wenn du meinen Bruder nicht wieder lebendig machst.» Sie rührte, so ungerne sie's auch tat, den Stein mit dem Finger an, und alsbald erhielt er sein menschliches Leben zurück. Die beiden Goldkinder aber freuten sich, als sie sich wiedersahen, küßten und herzten sich und ritten zusammen fort aus dem Wald, der eine zu seiner Braut, der andere heim zu seinem Vater. Da sprach der Vater: «Ich wußte wohl, daß du deinen Bruder erlöst hattest, denn die goldene Lilie ist auf einmal wieder aufgestanden und hat fortgeblüht.» Nun lebten sie vergnügt, und es ging ihnen wohl bis an ihr Ende.

86

DER FUCHS UND DIE GÄNSE

Der Fuchs kam einmal auf eine Wiese, wo eine Herde schöner fetter Gänse saß; da lachte er und sprach: «Ich komme ja wie gerufen, ihr sitzt hübsch beisammen, so kann ich eine nach der andern auffressen.» Die Gänse gackerten vor Schrecken, sprangen auf, fingen an zu jammern und kläglich um ihr Leben zu bitten. Der Fuchs aber wollte auf nichts hören und sprach: «Da ist keine Gnade, ihr müßt sterben.» Endlich nahm sich eine das Herz und sagte: «Sollen wir armen Gänse doch einmal unser jung frisch Leben lassen, so erzeige uns die einzige Gnade und erlaub uns noch ein Gebet, damit

567

wir nicht in unsern Sünden sterben: hernach wollen wir uns auch in eine Reihe stellen, damit du dir immer die fetteste aussuchen kannst.» — «Ja», sagte der Fuchs, «das ist billig und ist eine fromme Bitte: betet, ich will solange warten.» Also fing die erste ein recht langes Gebet an, immer «ga! ga!», und weil sie gar nicht aufhören wollte, wartete die zweite nicht, bis die Reihe an sie kam, sondern fing auch an «ga! ga!» Die dritte und vierte folgte ihr, und bald gackerten sie alle zusammen. (Und wenn sie ausgebetet haben, soll das Märchen weiter erzählt werden, sie beten aber alleweile noch immer fort.)

87

DER ARME UND DER REICHE

Vor alten Zeiten, als der liebe Gott noch selber auf Erden unter den Menschen wandelte, trug es sich zu, daß er eines Abends müde war und ihn die Nacht überfiel, bevor er zu einer Herberge kommen konnte. Nun standen auf dem Weg vor ihm zwei Häuser einander gegenüber, das eine groß und schön, das andere klein und ärmlich anzusehen, und gehörte das große einem reichen, das kleine einem armen Manne. Da dachte unser Herrgott: Dem Reichen werde ich nicht beschwerlich fallen; bei ihm will ich übernachten. Der Reiche, als er an seine Türe klopfen hörte, machte das Fenster auf und fragte den Fremdling, was er suche? Der Herr antwortete: «Ich bitte um ein Nachtlager.» Der Reiche guckte den Wandersmann vom Haupt bis zu den Füßen an, und weil der liebe Gott schlichte Kleider trug und nicht aussah wie einer, der viel Geld in der Tasche hat, schüttelte er mit dem Kopf und sprach: «Ich kann Euch nicht aufnehmen, meine Kammern liegen voll Kräuter und Samen, und sollte ich einen jeden beherbergen, der an meine Türe klopft, so könnte ich selber den Bettelstab in die Hand nehmen. Sucht Euch anderswo ein Auskommen.» Schlug damit sein Fenster zu und ließ den lieben Gott stehen. Also kehrte ihm der liebe Gott den Rücken und ging hinüber zu dem kleinen Haus. Kaum hatte er angeklopft, so klinkte der Arme schon sein Türchen auf und bat den Wandersmann einzutreten. «Bleibt die Nacht über bei mir», sagte er, «es ist schon finster, und heute könnt Ihr doch nicht weiterkommen.» Das gefiel dem lieben Gott, und er trat zu ihm ein. Die Frau des Armen reichte ihm die Hand, hieß ihn willkommen und sagte, er möchte sich's bequem machen und vorliebnehmen, sie hätten nicht viel, aber was es wäre, gäben sie von Herzen gerne. Dann setzte sie Kartoffeln ans Feuer, und derweil sie kochten, melkte sie ihre Ziege, damit sie ein wenig Milch dazu hätten. Und als der Tisch gedeckt war, setzte sich der liebe Gott nieder und aß mit ihnen, und schmeckte ihm die schlechte Kost gut, denn es waren vergnügte Gesichter dabei. Nachdem sie gegessen hatten und Schlafenszeit war, rief die Frau heimlich ihren Mann und sprach: «Hör, lieber Mann, wir wollen uns heute Nacht eine Streu machen, damit der arme Wanderer sich in unser Bett legen und ausruhen kann: er ist den ganzen Tag über gegangen, da wird einer müde.» — «Von Herzen gern», antwortete er, «ich will's ihm anbieten», ging zu dem lieben Gott und bat ihn, wenn's ihm recht wäre, möchte er sich in ihr Bett legen und seine Glieder ordentlich ausruhen. Der liebe Gott wollte den beiden Alten ihr Lager nicht nehmen, aber sie ließen nicht ab, bis er es endlich tat und sich in ihr Bett legte: sich selber aber machten sie eine Streu auf die Erde. Am andern Morgen standen sie vor Tag schon auf und kochten dem Gast ein Frühstück, so gut sie es hatten. Als nun die Sonne durchs Fensterlein schien und der liebe Gott aufgestanden war, aß er wieder mit ihnen und wollte dann seines Weges ziehen. Als er in der Türe stand, kehrte er sich um und sprach: «Weil ihr so mitleidig und fromm seid, so wünscht euch dreierlei, das will ich euch erfüllen.» Da sagte der Arme: «Was soll ich mir sonst wünschen als die ewige Seligkeit, und daß wir zwei, solang wir leben, gesund dabei bleiben und unser notdürftiges tägliches Brot haben; fürs dritte weiß ich mir nichts zu wünschen.» Der liebe Gott sprach: «Willst du dir nicht ein neues Haus für das alte wünschen?» — «O ja», sagte der Mann, «wenn ich das auch noch erhalten kann, so wär mir's wohl lieb.» Da erfüllte der Herr ihre Wünsche, verwandelte ihr altes Haus in ein neues, gab ihnen nochmals seinen Segen und zog weiter.

Es war schon voller Tag, als der Reiche aufstand. Er legte sich ins Fenster und sah gegenüber ein neues reinliches Haus mit roten Ziegeln, wo sonst eine alte Hütte gestanden hatte. Da machte er große Augen, rief seine Frau herbei und sprach: «Sag mir, was ist geschehen? Gestern abend stand noch die alte elende Hütte, und heute steht da ein schönes neues Haus. Lauf hinüber und höre, wie das gekommen ist.» Die Frau ging und fragte den Armen aus; er erzählte ihr: «Gestern abend kam ein Wanderer, der suchte Nachtherberge, und heute morgen beim Abschied hat er uns drei Wünsche gewährt, die ewige Seligkeit, Gesundheit in diesem Leben und das notdürftige tägliche Brot dazu und zuletzt noch statt unserer alten Hütte ein schönes neues Haus.» Die Frau des Reichen lief eilig zurück und erzählte ihrem Manne, wie alles gekommen war. Der Mann sprach: «Ich möchte mich zerreißen und zerschlagen: hätte ich das nur gewußt! Der Fremde ist zuvor hier gewesen und hat bei uns übernachten wollen, ich habe ihn aber abgewiesen.» — «Eil dich», sprach die Frau, «und setze dich auf dein Pferd, so kannst du den Mann noch einholen, und dann mußt du dir auch drei Wünsche gewähren lassen.»

Der Reiche befolgte den guten Rat, jagte mit seinem Pferd davon und holte den lieben Gott noch ein. Er redete fein und lieblich und bat, er möcht's nicht übelnehmen, daß er nicht gleich wäre eingelassen worden, er hätte den Schlüssel zur Haustüre gesucht, derweil wäre er weggegangen: wenn er des Weges zurückkäme, müßte er bei ihm einkehren. «Ja», sprach der liebe Gott, «wenn ich einmal zurückkomme, will ich es tun.» Da fragte der Reiche, ob er nicht auch drei Wünsche tun dürfte wie sein Nachbar? Ja, sagte der liebe Gott, das dürfte er wohl, es wäre aber nicht gut für ihn, und er sollte sich lieber nichts wünschen. Der Reiche meinte, er wollte sich schon etwas aussuchen, das zu seinem Glück gereiche, wenn er nur wüßte, daß es erfüllt würde. Sprach der liebe Gott: «Reit heim, und drei Wünsche, die du tust, die sollen in Erfüllung gehen.»

Nun hatte der Reiche, was er verlangte, ritt heimwärts und fing an nachzusinnen, was er sich wünschen sollte. Wie er sich so bedachte und die Zügel fallen ließ, fing das Pferd an zu springen, so daß er immerfort in seinen Gedanken gestört wurde und sie gar nicht zusammenbringen konnte. Er klopfte ihm an den Hals und sagte: «Sei ruhig, Liese», aber das Pferd machte aufs neue Männerchen. Da ward er zuletzt ärgerlich und rief ganz ungeduldig: «So wollt ich, daß du den Hals zerbrächst!» Wie er das Wort ausgesprochen hatte, plump, fiel er auf die Erde und lag das Pferd tot und regte sich nicht mehr; damit war der erste Wunsch erfüllt. Weil er aber von Natur geizig war, wollte er das Sattelzeug nicht im Stich lassen, schnitt's ab, hing's auf seinen Rücken und mußte nun zu Fuß gehen. Du hast noch zwei

Wünsche übrig, dachte er und tröstete sich damit. Wie er nun langsam durch den Sand dahinging und zu Mittag die Sonne heiß brannte, ward's ihm so warm und verdrießlich zumut: der Sattel drückte ihn auf den Rücken, auch war ihm noch immer nicht eingefallen, was er sich wünschen sollte. «Wenn ich mir auch alle Reiche und Schätze der Welt wünsche», sprach er zu sich selbst, «so fällt mir hernach noch allerlei ein, dieses und jenes, das weiß ich im voraus: ich will's aber so einrichten, daß mir gar nichts mehr übrig zu wünschen bleibt.» Dann seufzte er und sprach: «Ja, wenn ich der bayrische Bauer wäre, der auch drei Wünsche frei hatte, der wußte sich zu helfen, der wünschte sich zuerst recht viel Bier und zweitens so viel Bier, als er trinken könnte, und drittens noch ein Faß Bier dazu.» Manchmal meinte er, jetzt hätte er es gefunden, aber hernach schien's ihm doch zu wenig. Da kam ihm so in die Gedanken, was es jetzt seine Frau gut hätte, die säße daheim in einer kühlen Stube und ließe sich's wohl schmecken. Das ärgerte ihn ordentlich, und ohne daß er's wußte, sprach er so hin: «Ich wollte, die säße daheim auf dem Sattel und könnte nicht herunter, statt daß ich ihn da auf meinem Rücken schleppe.» Und wie das letzte Wort aus seinem Munde kam, so war der Sattel von seinem Rücken verschwunden, und er merkte, daß sein zweiter Wunsch auch in Erfüllung gegangen war. Da ward ihm erst recht heiß; er fing an zu laufen und wollte sich daheim ganz einsam in

seine Kammer hinsetzen und auf etwas Großes für den letzten Wunsch sinnen. Wie er aber
ankommt und die Stubentür aufmacht, sitzt da
seine Frau mittendrin auf dem Sattel und kann
nicht herunter, jammert und schreit. Da sprach
er: «Gib dich zufrieden, ich will dir alle Reichtümer der Welt herbeiwünschen, nur bleib da
sitzen.» Sie schalt ihn aber einen Schafskopf
und sprach: «Was helfen mir alle Reichtümer
der Welt, wenn ich auf dem Sattel sitze; du hast
mich darauf gewünscht, du mußt mir auch
wieder herunterhelfen.» Er mochte wollen
oder nicht, er mußte den dritten Wunsch tun,
daß sie vom Sattel ledig wäre und herunter-
steigen könnte; und der Wunsch ward alsbald
erfüllt. Also hatte er nichts davon als Ärger,
Mühe, Scheltworte und ein verlorenes Pferd:
die Armen aber lebten vergnügt, still und
fromm bis an ihr seliges Ende.

DAS SINGENDE SPRINGENDE LÖWENECKERCHEN

Es war einmal ein Mann, der hatte eine große
Reise vor, und beim Abschied fragte er seine drei
Töchter, was er ihnen mitbringen sollte. Da
wollte die älteste Perlen, die zweite wollte Dia-
manten, die dritte aber sprach: «Lieber Vater,
ich wünsche mir ein singendes springendes
Löweneckerchen (Lerche).» Der Vater sagte:
«Ja, wenn ich es kriegen kann, sollst du es ha-

ben», küßte alle drei und zog fort. Als nun die Zeit kam, daß er wieder auf dem Heimweg war, so hatte er Perlen und Diamanten für die zwei ältesten gekauft, aber das singende springende Löweneckerchen für die jüngste hatte er umsonst allerorten gesucht, und das tat ihm leid, denn sie war sein liebstes Kind. Da führte ihn der Weg durch einen Wald, und mitten darin war ein prächtiges Schloß, und nah am Schloß stand ein Baum, ganz oben auf der Spitze des Baums aber sah er ein Löweneckerchen singen und springen. «Ei, du kommst mir gerade recht», sagte er ganz vergnügt und rief seinem Diener, er sollte hinaufsteigen und das Tierchen fangen. Wie er aber zu dem Baum trat, sprang ein Löwe darunter auf, schüttelte sich und brüllte, daß das Laub an den Bäumen zitterte. «Wer mir mein singendes springendes Löweneckerchen stehlen will», rief er, «den fresse ich auf.» Da sagte der Mann: «Ich habe nicht gewußt, daß der Vogel dir gehört: ich will mein Unrecht wieder gutmachen und mich mit schwerem Golde loskaufen, laß mir nur das Leben.» Der Löwe sprach: «Dich kann nichts retten, als wenn du mir zu eigen versprichst, was dir daheim zuerst begegnet; willst du das aber tun, so schenke ich dir das Leben und den Vogel für deine Tochter obendrein.» Der Mann aber weigerte sich und sprach: «Das könnte meine jüngste Tochter sein, die hat mich am liebsten und läuft mir immer entgegen, wenn ich nach Haus komme.» Dem Diener aber war angst, und er sagte: «Muß

Euch denn gerade Eure Tochter begegnen, es könnte ja auch eine Katze oder ein Hund sein.» Da ließ sich der Mann überreden, nahm das singende springende Löweneckerchen und versprach dem Löwen zu eigen, was ihm daheim zuerst begegnen würde.

Wie er daheim anlangte und in sein Haus eintrat, war das erste, was ihm begegnete, niemand anders als seine jüngste liebste Tochter: die kam gelaufen, küßte und herzte ihn, und als sie sah, daß er ein singendes springendes Löweneckerchen mitgebracht hatte, war sie außer sich vor Freude. Der Vater aber konnte sich nicht freuen, sondern fing an zu weinen und sagte: «Mein liebstes Kind, den kleinen Vogel habe ich teuer gekauft, ich habe dich dafür einem wilden Löwen versprechen müssen, und wenn er dich hat, wird er dich zerreißen und fressen», und erzählte ihr da alles, wie es zugegangen war, und bat sie, nicht hinzugehen, es möchte auch kommen, was da wollte. Sie tröstete ihn aber und sprach: «Liebster Vater, was Ihr versprochen habt, muß auch gehalten werden: ich will hingehen und will den Löwen schon besänftigen, daß ich wieder gesund zu Euch komme.» Am andern Morgen ließ sie sich den Weg zeigen, nahm Abschied und ging getrost in den Wald hinein. Der Löwe aber war ein verzauberter Königssohn und war bei Tag ein Löwe, und mit ihm wurden alle seine Leute Löwen, in der Nacht aber hatten sie ihre natürliche menschliche Gestalt. Bei ihrer Ankunft ward sie freund-

lich empfangen und in das Schloß geführt. Als
die Nacht kam, war er ein schöner Mann, und
die Hochzeit ward mit Pracht gefeiert. Sie
lebten vergnügt miteinander, wachten in der
Nacht und schliefen am Tag. Zu einer Zeit
kam er und sagte: «Morgen ist ein Fest in deines Vaters Haus, weil deine älteste Schwester
sich verheiratet, und wenn du Lust hast hinzugehen, so sollen dich meine Löwen hinführen.»
Da sagte sie ja, sie möchte gern ihren Vater
wiedersehen, fuhr hin und ward von den Löwen begleitet. Da war große Freude, als sie
ankam, denn sie hatten alle geglaubt, sie wäre
von dem Löwen zerrissen worden und schon
lange nicht mehr am Leben. Sie erzählte aber,
was sie für einen schönen Mann hätte und wie
gut es ihr ginge, und blieb bei ihnen, solang die
Hochzeit dauerte, dann fuhr sie wieder zurück
in den Wald. Wie die zweite Tochter heiratete
und sie wieder zur Hochzeit eingeladen war,
sprach sie zum Löwen: «Diesmal will ich nicht
allein sein, du mußt mitgehen.» Der Löwe
aber sagte, das wäre zu gefährlich für ihn, denn
wenn dort der Strahl eines brennenden Lichts
ihn berührte, so würde er in eine Taube verwandelt und müßte sieben Jahre lang mit den
Tauben fliegen. «Ach», sagte sie, «geh nur mit
mir: ich will dich schon hüten und vor allem
Licht bewahren.» Also zogen sie zusammen
und nahmen auch ihr kleines Kind mit. Sie ließ
dort einen Saal mauern, so stark und dick, daß
kein Strahl durchdringen konnte; darin sollt
er sitzen, wann die Hochzeitslichter angesteckt

würden. Die Tür aber war von frischem Holz gemacht, das sprang und bekam einen kleinen Ritz, den kein Mensch bemerkte. Nun ward die Hochzeit mit Pracht gefeiert; wie aber der Zug aus der Kirche zurückkam mit den vielen Fackeln und Lichtern an dem Saal vorbei, da fiel ein haarbreiter Strahl auf den Königssohn, und wie dieser Strahl ihn berührt hatte, in dem Augenblick war er auch verwandelt, und als sie hineinkam und ihn suchte, sah sie ihn nicht, aber es saß da eine weiße Taube. Die Taube sprach zu ihr: «Sieben Jahre muß ich in die Welt fortfliegen: alle sieben Schritte aber will ich einen roten Blutstropfen und eine weiße Feder fallenlassen, die sollen dir den Weg zeigen, und wenn du der Spur folgst, kannst du mich erlösen.»

Da flog die Taube zur Tür hinaus, und sie folgte ihr nach, und alle sieben Schritte fiel ein rotes Blutströpfchen und ein weißes Federchen herab und zeigte ihr den Weg. So ging sie immerzu in die weite Welt hinein und schaute nicht um sich und ruhte sich nicht, und waren fast die sieben Jahre herum: da freute sie sich und meinte, sie wären bald erlöst, und war noch so weit davon. Einmal, als sie so fortging, fiel kein Federchen mehr und auch kein rotes Blutströpfchen, und als sie die Augen aufschlug, so war die Taube verschwunden. Und weil sie dachte: Menschen können dir da nicht helfen, so stieg sie zur Sonne hinauf und sagte zu ihr: «Du scheinst in alle Ritzen und über alle Spitzen, hast du keine weiße Taube fliegen sehen?»

— «Nein», sagte die Sonne, «ich habe keine gesehen, aber da schenk ich dir ein Kästchen, das mach auf, wenn du in großer Not bist.» Da dankte sie der Sonne und ging weiter, bis es Abend war und der Mond schien; da fragte sie ihn: «Du scheinst ja die ganze Nacht und durch alle Felder und Wälder, hast du keine weiße Taube fliegen sehen?» — «Nein», sagte der Mond, «ich habe keine gesehen, aber da schenk ich dir ein Ei, das zerbrich, wenn du in großer Not bist.» Da dankte sie dem Mond und ging weiter, bis der Nachtwind herankam und sie anblies; da sprach sie zu ihm: «Du wehst ja über alle Bäume und unter allen Blättern weg, hast du keine weiße Taube fliegen sehen?» — «Nein», sagte der Nachtwind, «ich habe keine gesehen, aber ich will die drei andern Winde fragen, die haben sie vielleicht gesehen.» Der Ostwind und der Westwind kamen und hatten nichts gesehen, der Südwind aber sprach: «Die weiße Taube habe ich gesehen, sie ist zum Roten Meer geflogen, da ist sie wieder ein Löwe geworden, denn die sieben Jahre sind herum, und der Löwe steht dort im Kampf mit einem Lindwurm, der Lindwurm ist aber eine verzauberte Königstochter.» Da sagte der Nachtwind zu ihr: «Ich will dir Rat geben: geh zum Roten Meer, am rechten Ufer da stehen große Ruten, die zähle und die elfte schneid dir ab und schlag den Lindwurm damit, dann kann ihn der Löwe bezwingen, und beide bekommen auch ihren menschlichen Leib wieder. Hernach schau dich um, und du wirst den Vogel Greif sehen, der am Roten Meer sitzt, schwing dich mit deinem Liebsten auf seinen Rücken: der Vogel wird euch übers Meer nach Haus tragen. Da hast du auch eine Nuß; wenn du mitten über dem Meere bist, laß sie herabfallen, alsbald wird sie aufgehen, und ein großer Nußbaum wird aus dem Wasser hervorwachsen, auf dem sich der Greif ausruht; und könnte er nicht ruhen, so wäre er nicht stark genug, euch hinüberzutragen; und wenn du vergißt, die Nuß hinabzuwerfen, so läßt er euch ins Meer fallen.»

Da ging sie hin und fand alles, wie der Nachtwind gesagt hatte. Sie zählte die Ruten am Meer und schnitt die elfte ab, damit schlug sie den Lindwurm, und der Löwe bezwang ihn: alsbald hatten beide ihren menschlichen Leib wieder. Aber wie die Königstochter, die vorher ein Lindwurm gewesen war, vom Zauber frei war, nahm sie den Jüngling in den Arm, setzte sich auf den Vogel Greif und führte ihn mit sich fort. Da stand die arme Weitgewanderte und war wieder verlassen und setzte sich nieder und weinte. Endlich aber ermutigte sie sich und sprach: «Ich will noch so weit gehen, als der Wind weht, und so lange, als der Hahn kräht, bis ich ihn finde.» Und ging fort, lange lange Wege, bis sie endlich zu dem Schloß kam, wo beide zusammen lebten: da hörte sie, daß bald ein Fest wäre, wo sie Hochzeit miteinander machen wollten. Sie sprach aber: «Gott hilft mir noch», und öffnete das Kästchen, das ihr die Sonne gegeben hatte, da lag ein Kleid darin, so glänzend wie die Sonne selber. Da nahm sie es heraus und zog es an und ging hinauf in das Schloß, und alle Leute und die Braut selber sahen sie mit Verwunderung an; und das Kleid gefiel der Braut so gut, daß sie dachte, es könnte ihr Hochzeitskleid geben, und fragte, ob es nicht feil wäre? «Nicht für Geld und Gut», antwortete sie, «aber für Fleisch und Blut.» Die Braut fragte, was sie damit meinte. Da sagte sie: «Laßt mich eine Nacht in der Kammer schlafen, wo der Bräutigam schläft.» Die Braut wollte nicht und wollte doch gerne das Kleid haben, endlich willigte sie ein, aber der Kammerdiener mußte dem Königssohn einen Schlaftrunk geben. Als es nun Nacht war und der Jüngling schon schlief, ward sie in die Kammer geführt. Da setzte sie sich ans Bett und sagte: «Ich bin dir nachgefolgt sieben Jahre, bin bei Sonne und Mond und bei den vier Winden gewesen und habe nach dir gefragt und habe dir geholfen gegen den Lindwurm, willst du mich denn ganz vergessen?» Der Königssohn aber schlief so hart, daß es ihm nur vorkam, als rauschte der Wind draußen in den Tannenbäumen. Wie nun der Morgen anbrach, da ward sie wieder hinausgeführt und mußte das goldene Kleid hingeben. Und als auch das nichts geholfen hatte, ward sie traurig, ging hinaus auf eine Wiese, setzte sich dahin und weinte. Und wie sie so saß, da fiel ihr das Ei noch ein, das ihr der Mond gegeben hatte: sie schlug es auf, da kam eine Glucke heraus mit zwölf Küchlein ganz von Gold, die liefen herum und piepten und krochen der Alten wieder unter die Flügel, so daß nichts Schöneres auf der Welt zu sehen war. Da stand sie auf, trieb sie auf der Wiese vor sich her, so lange, bis die Braut aus dem Fenster sah, und da gefielen ihr die kleinen Küchlein so gut, daß sie gleich herabkam und fragte, ob sie nicht feil wären? «Nicht für Geld und Gut, aber für Fleisch und Blut; laßt mich noch eine Nacht in der Kammer schlafen, wo der Bräutigam schläft.» Die Braut sagte ja und wollte sie betrügen wie am vorigen Abend. Als aber der Königssohn zu Bett ging, fragte er seinen Kammerdiener, was das Murmeln und Rauschen in der Nacht gewesen sei. Da erzählte der Kammerdiener alles, daß er ihm einen Schlaftrunk hätte geben müssen, weil ein armes Mädchen heimlich in der Kammer geschlafen hätte, und heute nacht sollte er ihm wieder einen geben. Sagte der Königssohn: «Gieß den Trank neben das Bett aus.» Zur Nacht wurde sie wieder hereingeführt, und als sie anfing zu erzählen, wie es ihr traurig ergangen wäre, da erkannte er gleich an der Stimme seine liebe Gemahlin, sprang auf und rief: «Jetzt bin ich erst recht erlöst, mir ist gewesen wie in einem Traum, denn die fremde Königstochter hatte mich bezaubert, daß ich dich vergessen mußte, aber Gott hat noch zu rechter Stunde die Betörung von mir genommen.» Da gingen sie beide in der Nacht heimlich aus dem Schloß, denn sie fürchteten sich vor dem Vater der Königstochter, der ein

Zauberer war, und setzten sich auf den Vogel
Greif, der trug sie über das Rote Meer, und als
sie in der Mitte waren, ließ sie die Nuß fallen.
Alsbald wuchs ein großer Nußbaum, darauf
ruhte sich der Vogel, und dann führte er sie
nach Haus, wo sie ihr Kind fanden, das war
groß und schön geworden, und sie lebten von
nun an vergnügt bis an ihr Ende.

89

DIE GÄNSEMAGD

Es lebte einmal eine alte Königin, der war ihr
Gemahl schon lange Jahre gestorben, und sie
hatte eine schöne Tochter. Wie die erwuchs,
wurde sie weit über Feld an einen Königssohn
versprochen. Als nun die Zeit kam, wo sie vermählt werden sollten und das Kind in das
fremde Reich abreisen mußte, packte ihr die
Alte gar viel köstliches Gerät und Geschmeide
ein, Gold und Silber, Becher und Kleinode,
kurz alles, was nur zu einem königlichen Braut-
schatz gehörte, denn sie hatte ihr Kind von
Herzen lieb. Auch gab sie ihr eine Kammerjungfer bei, welche mitreiten und die Braut in
die Hände des Bräutigams überliefern sollte,
und jede bekam ein Pferd zur Reise, aber das
Pferd der Königstochter hieß *Falada* und
konnte sprechen. Wie nun die Abschieds-
stunde da war, begab sich die alte Mutter in
ihre Schlafkammer, nahm ein Messerlein und

583

schnitt damit in ihre Finger, daß sie bluteten: darauf hielt sie ein weißes Läppchen unter und ließ drei Tropfen Blut hineinfallen, gab sie der Tochter und sprach: «Liebes Kind, verwahre sie wohl, sie werden dir unterwegs not tun.»

Also nahmen sie beide voneinander betrübten Abschied: das Läppchen steckte die Königstochter in ihren Busen vor sich, setzte sich aufs Pferd und zog nun fort zu ihrem Bräutigam. Da sie eine Stunde geritten waren, empfand sie heißen Durst und sprach zu ihrer Kammerjungfer: «Steig ab und schöpfe mir mit meinem Becher, den du für mich mitgenommen hast, Wasser aus dem Bache, ich möchte gern einmal trinken.» — «Wenn Ihr Durst habt», sprach die Kammerjungfer, «so steigt selber ab, legt Euch ans Wasser und trinkt, ich mag Eure Magd nicht sein.» Da stieg die Königstochter vor großem Durst herunter, neigte sich über das Wasser im Bach und trank und durfte nicht aus dem goldnen Becher trinken. Da sprach sie: «Ach Gott!», da antworteten die drei Blutstropfen: «Wenn das deine Mutter wüßte, das Herz im Leibe tät ihr zerspringen.» Aber die Königsbraut war demütig, sagte nichts und stieg wieder zu Pferd. So ritten sie etliche Meilen weiter fort, aber der Tag war warm, die Sonne stach, und sie durstete bald von neuem. Da sie nun an einen Wasserfluß kamen, rief sie noch einmal ihrer Kammerjungfer: «Steig ab und gib mir aus meinem Goldbecher zu trinken», denn sie hatte aller bösen Worte längst vergessen. Die

Kammerjungfer sprach aber noch hochmütiger: «Wollt Ihr trinken, so trinkt allein, ich mag nicht Eure Magd sein.» Da stieg die Königstochter hernieder vor großem Durst, legte sich über das fließende Wasser, weinte und sprach: «Ach Gott!», und die Blutstropfen antworteten wiederum: «Wenn das deine Mutter wüßte, das Herz im Leibe tät ihr zerspringen.» Und wie sie so trank und sich recht überlehnte, fiel ihr das Läppchen, worin die drei Tropfen waren, aus dem Busen und floß mit dem Wasser fort, ohne daß sie es in ihrer großen Angst merkte. Die Kammerjungfer hatte aber zugesehen und freute sich, daß sie Gewalt über die Braut bekäme: denn damit, daß diese die Blutstropfen verloren hatte, war sie schwach und machtlos geworden. Als sie nun wieder auf ihr Pferd steigen wollte, das da hieß Falada, sagte die Kammerfrau: «Auf Falada gehör ich, und auf meinen Gaul gehörst du»; und das mußte sie sich gefallen lassen. Dann befahl ihr die Kammerfrau mit harten Worten, die königlichen Kleider auszuziehen und ihre schlechten anzulegen, und endlich mußte sie sich unter freiem Himmel verschwören, daß sie am königlichen Hof keinem Menschen etwas davon sprechen wollte; und wenn sie diesen Eid nicht abgelegt hätte, wäre sie auf der Stelle umgebracht worden. Aber Falada sah das alles an und nahm's wohl in acht.

Die Kammerfrau stieg nun auf Falada und die wahre Braut auf das schlechte Roß, und so zogen sie weiter, bis sie endlich in dem königlichen Schloß eintrafen. Da war große Freude über ihre Ankunft, und der Königssohn sprang ihnen entgegen, hob die Kammerfrau vom Pferde und meinte, sie wäre seine Gemahlin: sie ward die Treppe hinaufgeführt, die wahre Königstochter aber mußte unten stehenbleiben. Da schaute der alte König am Fenster und sah sie im Hof halten und sah, wie sie fein war, zart und gar schön: ging alsbald hin ins königliche Gemach und fragte die Braut nach der, die sie bei sich hätte und da unten im Hofe stände, und wer sie wäre? «Die hab ich mir unterwegs mitgenommen zur Gesellschaft; gebt der Magd was zu arbeiten, daß sie nicht müßig steht.» Aber der alte König hatte keine Arbeit für sie und wußte nichts, als daß er sagte: «Da hab ich so einen kleinen Jungen, der hütet die Gänse, dem mag sie helfen.» Der Junge hieß *Kürdchen* (Konrädchen), dem mußte die wahre Braut helfen, Gänse hüten.

Bald aber sprach die falsche Braut zu dem jungen König: «Liebster Gemahl, ich bitte Euch, tut mir einen Gefallen.» Er antwortete: «Das will ich gerne tun.» — «Nun, so laßt den Schinder rufen und da dem Pferde, worauf ich hergeritten bin, den Hals abhauen, weil es mich unterwegs geärgert hat.» Eigentlich aber fürchtete sie, daß das Pferd sprechen möchte, wie sie mit der Königstochter umgegangen war. Nun war das so weit geraten, daß es geschehen und der treue Falada sterben sollte; da kam es auch der rechten Königstochter zu Ohr, und sie versprach dem Schinder heimlich ein Stück

Geld, das sie ihm bezahlen wollte, wenn er ihr einen kleinen Dienst erwiese. In der Stadt war ein großes finsteres Tor, wo sie abends und morgens mit den Gänsen durch mußte; unter das finstere Tor möchte er dem Falada seinen Kopf hinnageln, daß sie ihn doch noch mehr als einmal sehen könnte. Also versprach das der Schindersknecht zu tun, hieb den Kopf ab und nagelte ihn unter das finstere Tor fest.

Des Morgens früh, da sie und Kürdchen unterm Tor hinaustrieben, sprach sie im Vorbeigehen:

«O du Falada, da du hangest»,

da antwortete der Kopf:

«O du Jungfer Königin, da du gangest,
Wenn das deine Mutter wüßte,
Ihr Herz tät ihr zerspringen.»

Da zog sie still weiter zur Stadt hinaus, und sie trieben die Gänse aufs Feld. Und wenn sie auf der Wiese angekommen war, saß sie nieder und machte ihre Haare auf, die waren eitel Gold, und Kürdchen sah sie und freute sich, wie sie glänzten, und wollte ihr ein paar ausraufen. Da sprach sie:

«Weh, weh, Windchen,
Nimm Kürdchen sein Hütchen,
Und lass'n sich mit jagen,
Bis ich mich geflochten und geschnatzt
Und wieder aufgesatzt.»

Und da kam ein so starker Wind, daß er dem Kürdchen sein Hütchen wegwehte über alle Land, und es mußte ihm nachlaufen. Bis es wieder kam, war sie mit dem Kämmen und Aufsetzen fertig, und er konnte keine Haare kriegen. Da war Kürdchen bös und sprach nicht mit ihr; und so hüteten sie die Gänse, bis daß es Abend ward, dann gingen sie nach Haus.

Den andern Morgen, wie sie unter dem finstern Tor hinaustrieben, sprach die Jungfrau:

«O du Falada, da du hangest.»

Falada antwortete:

«O du Jungfer Königin, da du gangest,
Wenn das deine Mutter wüßte,
Das Herz tät ihr zerspringen.»

Und in dem Feld setzte sie sich wieder auf die Wiese und fing an, ihr Haar auszukämmen, und Kürdchen lief und wollte danach greifen, da sprach sie schnell:

«Weh, weh, Windchen,
Nimm Kürdchen sein Hütchen,
Und lass'n sich mit jagen,
Bis ich mich geflochten und geschnatzt
Und wieder aufgesatzt.»

Da wehte der Wind und wehte ihm das Hütchen vom Kopf weit weg, daß Kürdchen nachlaufen mußte; und als es wieder kam, hatte sie längst ihr Haar zurecht, und es konnte keins davon erwischen; und so hüteten sie die Gänse, bis es Abend ward.

Abends aber, nachdem sie heimgekommen waren, ging Kürdchen vor den alten König und sagte: «Mit dem Mädchen will ich nicht länger Gänse hüten.» — «Warum denn?» fragte der alte König. «Ei, das ärgert mich den ganzen Tag.» Da befahl ihm der alte König zu erzählen, wie's ihm denn mit ihr ginge. Da sagte Kürdchen: «Morgens, wenn wir unter dem finstern Tor mit der Herde durchkommen, so ist da ein Gaulskopf an der Wand, zu dem redet sie:

Falada, da du hangest,

da antwortet der Kopf:

O du Königsjungfer, da du gangest,
Wenn das deine Mutter wüßte,
Das Herz tät ihr zerspringen.»

Und so erzählte Kürdchen weiter, was auf der Gänsewiese geschähe, und wie es da dem Hute im Winde nachlaufen müßte.

Der alte König befahl ihm, den nächsten Tag wieder hinauszutreiben, und er selbst, wie es Morgen war, setzte sich hinter das finstere Tor und hörte da, wie sie mit dem Haupt des Falada sprach: und dann ging er ihr auch nach in das Feld und barg sich in einem Busch auf der Wiese. Da sah er nun bald mit seinen eigenen

Augen, wie die Gänsemagd und der Gänse-
junge die Herde getrieben brachte, und wie
nach einer Weile sie sich setzte und ihre Haare
losflocht, die strahlten von Glanz. Gleich sprach
sie wieder:

«Weh, weh, Windchen,
Nimm Kürdchen sein Hütchen,
Und lass'n sich mit jagen,
Bis ich mich geflochten und geschnatzt
Und wieder aufgesatzt.»

Da kam ein Windstoß und fuhr mit Kürdchens
Hut weg, daß es weit zu laufen hatte, und die
Magd kämmte und flocht ihre Locken still fort,
welches der alte König alles beobachtete. Darauf ging er unbemerkt zurück, und als abends
die Gänsemagd heimkam, rief er sie beiseite
und fragte, warum sie dem allem so täte? «Das
darf ich Euch nicht sagen und darf auch keinem
Menschen mein Leid klagen, denn so hab ich
mich unter freiem Himmel verschworen, weil
ich sonst um mein Leben gekommen wäre.» Er
drang in sie und ließ ihr keinen Frieden, aber
er konnte nichts aus ihr herausbringen. Da
sprach er: «Wenn du mir nichts sagen willst,
so klag dem Eisenofen da dein Leid», und ging
fort. Da kroch sie in den Eisenofen, fing an zu
jammern und zu weinen, schüttete ihr Herz aus
und sprach: «Da sitze ich nun von aller Welt
verlassen und bin doch eine Königstochter,
und eine falsche Kammerjungfer hat mich mit
Gewalt dahin gebracht, daß ich meine könig-

lichen Kleider habe ablegen müssen, und hat meinen Platz bei meinem Bräutigam eingenommen, und ich muß als Gänsemagd gemeine Dienste tun. Wenn das meine Mutter wüßte, das Herz im Leibe tät ihr zerspringen.» Der alte König stand aber außen an der Ofenröhre, lauerte ihr zu und hörte, was sie sprach. Da kam er wieder herein und hieß sie aus dem Ofen gehen. Da wurden ihr königliche Kleider angetan, und es schien ein Wunder, wie sie so schön war. Der alte König rief seinen Sohn und offenbarte ihm, daß er die falsche Braut hätte: die wäre bloß ein Kammermädchen, die wahre aber stände hier als die gewesene Gänsemagd. Der junge König war herzensfroh, als er ihre Schönheit und Tugend erblickte, und ein großes Mahl wurde angestellt, zu dem alle Leute und guten Freunde gebeten wurden. Obenan saß der Bräutigam, die Königstochter zur einen Seite und die Kammerjungfer zur andern, aber die Kammerjungfer war verblendet und erkannte jene nicht mehr in dem glänzenden Schmuck. Als sie nun gegessen und getrunken hatten und gutes Muts waren, gab der alte König der Kammerfrau ein Rätsel auf, was eine solche wert wäre, die den Herrn so und so betrogen hätte, erzählte damit den ganzen Verlauf und fragte: «Welches Urteils ist diese würdig?» Da sprach die falsche Braut: «Die ist nichts Besseres wert, als daß sie splitternackt ausgezogen und in ein Faß gesteckt wird, das inwendig mit spitzen Nägeln beschlagen ist: und zwei weiße Pferde müssen vorgespannt werden, die sie Gasse auf Gasse ab zu Tode schleifen.» — «Das bist du», sprach der alte König, «und hast dein eigen Urteil gefunden, und danach soll dir widerfahren.» Und als das Urteil vollzogen war, vermählte sich der junge König mit seiner rechten Gemahlin, und beide beherrschten ihr Reich in Frieden und Seligkeit.

Inhaltsverzeichnis

Diese Buchausgabe der *Manesse Bibliothek der Weltliteratur*
wurde mit der Bembo gesetzt, im
Bogenoffset gedruckt und in Fadenheftung gebunden.
Alle verwendeten Materialien entsprechen alterungs-
beständiger Qualität, und die Papiere sind
chlor- und säurefrei.

Die Deutsche Bibliothek – CIP-Einheitsaufnahme

Grimm, Brüder:
Kinder- und Hausmärchen / Brüder Grimm
Mit Ill. von Ludwig Richter und Moritz von Schwind
Hrsg. und mit einem Nachw. von Carl Helbling
Zürich : Manesse Verlag
(Manesse Bibliothek der Weltliteratur)
Bd 1. – 1999
ISBN 3-7175-1162-9 Gewebe
ISBN 3-7175-1163-7 Ldr.

Copyright © 1946 by Manesse Verlag, Zürich
Alle Rechte vorbehalten